Forschungen aus Staat und Recht 125

Herausgegeben von
Univ.-Prof. Dr. DDr. h.c. **Günther Winkler**
im Zusammenwirken mit
Univ.-Prof. Dr. Dr. h.c. **Walter Antoniolli**
und Univ.-Prof. Dr. **Bernhard Raschauer**
Universität Wien

Springer Wien New York

Das Elektrizitätsrecht

Die Gesetzgebung als Instrument
der staatlichen Wirtschaftspolitik

Günther Winkler

Springer Wien New York

Verfasser: o. Universitätsprofessor Dr. GÜNTHER WINKLER
Institut für Staats- und Verwaltungsrecht an der Rechtswissenschaftlichen
Fakultät der Universität Wien, Abteilung für Rechtstheorie und Methodenlehre

Das Werk ist urheberrechtlich geschützt.
Die dadurch begründeten Rechte,
insbesondere die der Übersetzung, des Nachdruckes,
der Entnahme von Abbildungen, der Funksendung,
der Wiedergabe auf photomechanischem oder ähnlichem Wege
und der Speicherung in Datenverarbeitungsanlagen,
bleiben, auch bei nur auszugsweiser Verwertung, vorbehalten.

© 2000 Springer-Verlag/Wien
Printed in Austria

Reproduktionsfertige Vorlage des Herausgebers
Druck: Ferdinand Berger & Söhne Gesellschaft m.b.H., A-3580 Horn
Gedruckt auf säurefreiem, chlorfrei gebleichtem Papier – TCF
SPIN: 10755233

Die Deutsche Bibliothek – CIP-Einheitsaufnahme
Ein Titeldatensatz für diese Publikation ist bei
Der Deutschen Bibliothek erhältlich

ISSN 0071-7657
ISBN 3-211-83436-2 Springer-Verlag Wien New York

Vorwort

I. Die Entwicklung der Elektrizitätswirtschaft

Zur Zeit meiner Kindheit erlebte ich die Entstehung von ländlichen Elektrizitätsversorgungs-Genossenschaften und von kommunalen Elektrizitäts-Werken in den Städten, die Errichtung von Leitungsnetzen zwischen den Häusern, über den Straßen der Städte, und von Überlandleitungen am Rand der Landstraßen, als Zeichen eines revolutionären Umbruchs des menschlichen Alltags. Ich beobachtete die Verlegung von Stromleitungen in den Häusern meines Heimatdorfes und wartete mit Spannung auf das erste Aufflammen der Glühbirnen in Wohnungen, Werkstätten und Bauernhöfen. Die Inbetriebnahme von elektrischen Geräten in den privaten Haushalten, in gewerblichen Betrieben und in Bauernhöfen erschien mir wie ein Wunder. Petroleumlampen, Metallbügeleisen, Werkzeuge und viele der durch Naturkräfte (Menschenhand, Pferde- und Wasserkraft) betriebenen, gewerblichen und landwirtschaftlichen Maschinen wurden nach und nach zu Museumsstücken. Der Übergang vom Antrieb der Maschinen durch Menschenhand, Pferdekraft und Wasserkraft zum Antrieb durch elektrischen Strom wurde in einem Zeitraum von wenigen Jahrzehnten zu einer banalen Selbstverständlichkeit.

Die Erzeugung von Elektrizität durch Generatoren und der Transport von Elektrizität durch Stromleitungen ermöglichte die Versorgung gewerblicher und bäuerlicher Betriebe ebenso wie kommunaler Versorgungseinrichtungen und privater Haushalte mit elektrischem Strom. Die Elektrotechnik erlebte einen ungeahnten Aufschwung. Sie schuf unzählige Nutzanwendungen für elektrischen Strom im Gewerbe, in der Landwirtschaft, in der Industrie und in den privaten Haushalten. Der elektrische Strom wurde zu einem alltäglichen wirtschaftlichen Gut Jedermanns.

Die Entwicklung der Elektrotechnik förderte die Verstärkung der Kapazität der Elektrizitätswerke und führte zu einer Ausweitung der örtlichen Stromleitungen in überörtliche und regionale Übertragungs- und Verteilungsnetze zur Versorgung weit entfernter Stromabnehmer. Innerhalb von wenigen Jahrzehnten erfuhren die örtlichen und regionalen Stromversorgungsanlagen eine überregionale Ausweitung. Der elektrische Strom war auf große Entfernungen transportabel geworden. Im Dienst am Energiebedarf von gewerblichen, bäuerlichen und industriellen Betrieben, sowie von privaten Haushalten und kommunalen Versorgungseinrichtungen der Städte, wurden die ortsgebundenen Elektrizitätserzeugungsanlagen größer und leistungsstärker. Neben zahlreichen örtlichen Elektrizitätswerken entstanden riesige Wasserkraftwerke an Flussläufen und an Stauseen im Gebirge. Durch Hochspannungsleitungen und Umspannwerke wurde ein landesweit ausgedehnter Leitungsverbund hergestellt. Entlang den Landstraßen und durch die freie Landschaft, über Wälder und Berge, wurden riesige Strommasten aus Stahl aneinandergereiht und über sie wurden Hochspannungsleitungen über das ganze Bundesgebiet gespannt. Die dichtmaschigen örtlichen, regionalen und überregionalen Starkstromnetze wurden durch einen Ring von Höchstspannungsleitungen bundesweit zu einem nationalen Stromverbund zusammengeschlossen, der zu den nationalen Stromnetzen der benachbarten Staaten geöffnet werden konnte.

Ein Ring von staatlichen Höchstspannungsleitungen umschließt nun die örtlichen und die regionalen Hochspannungsleitungen zu einem dichten Netzwerk von Stromübertragungs- und Stromverteilungsleitungen, das in zahllosen Verästelungen der Versorgung der Wirtschaft, der kommunalen Einrichtungen und der privaten Haushalte Österreichs mit elektrischem Strom dient. Der elektrische Strom ist in wenigen Jahrzehnten ein existentielles wirtschaftliches Bedarfsgut für Jedermann geworden. Stromerzeugung, Stromübertragung und Stromverteilung wurden im Dienst an der Stromversorgung zu einer zentralen Aufgabe der staatlichen Wirtschaftslenkung. Neuere Entwicklungstendenzen deuten nun bereits auf Ausweitungen dieser öffentlichen Aufgabe auf überstaatliche Regionen, in Richtung auf ein die Staatsgrenzen überschreitendes, transnationales Stromerzeugungs-, Stromübertragungs- und Stromverteilungsnetz in einem europäischen Stromversorgungsverbund.

II. Die Entwicklung des Elektrizitätsrechtes

Die Erfindung des Generators, des Elektromotors, der Glühbirne und der Starkstromleitungen markiert Meilensteine auf dem Weg der Elektrizität zu einem volkswirtschaftlichen Gut. Infolge der Erforschung vielfältiger wirtschaftlicher Nutzungsmöglichkeiten der Elektrizität und der Entwicklung technischer Mittel zur Herstellung, zur Verteilung und zur wirtschaftlichen Nutzung wurde der elektrische Strom im 20. Jahrhundert für die Industrie und für private Haushalte gleichermaßen unverzichtbar.

Der technische Fortschritt in Erzeugung, Übertragung und Verteilung von elektrischem Strom sowie in der Entwicklung von Elektrogeräten zu seiner wirtschaftlichen Nutzanwendung hatte schon früh eine gesetzliche

Einbindung der Stromerzeugung, der Stromübertragung und der Stromverteilung zum Zweck der Stromversorgung in das geltende Recht zur Folge. Erzeugung, Übertragung, Verteilung und Nutzung von elektrischem Strom wurden qualifizierte Regelungsgegenstände der Gewerbeordnung. Die ersten Vorschriften aus dem Jahr 1883 banden Herstellung, Verteilung und technische Anwendung der Elektrizität an eine Konzession. Im Jahr 1894 wurden elektrische Geräte der behördlichen Eichung und Überprüfung unterworfen. Diese Regelungen genügten vorerst für die örtliche Erzeugung und für den räumlich begrenzten (kommunalen) Verbrauch von elektrischem Strom. Infolge des Ausbaus der Stromerzeugungsanlagen und der territorialen Ausweitung von Übertragung und Verteilung des elektrischen Stroms, zum Verbrauch im Gewerbe, in der Landwirtschaft, in der Industrie und in den privaten Haushalten, wurde jedoch bald ein besonderes Elektrizitätsrecht erforderlich.

Im Jahr 1920 schuf man durch Art 12 Abs 1 Ziff 7 des Bundes-Verfassungsgesetzes zunächst einen der damaligen regionalen Dezentralisation der Elektrizitätswirtschaft genügenden, föderalistisch geteilten Kompetenztatbestand "Elektrizitätswesen und Wasserrecht". Durch diesen Kompetenztatbestand wurde die Grundsatzgesetzgebung dem Bund und die Ausführungsgesetzgebung den Ländern zugewiesen. Das war für die ortsgebundene Stromerzeugung, die vorwiegend durch Wasserkraft erfolgte, offenbar ausreichend. Die Stromverteilung und die Stromversorgung hatten noch regional begrenzte Reichweiten. Doch die künftige Entwicklung der Elektrizitätswirtschaft zu einer gesamtstaatlichen Angelegenheit war schon damals erkennbar. Der Verfassungsgesetzgeber schränkte daher die föderalistische Teilung der Angelegenheiten „Elektrizitätswesen und Wasserrecht" im Kompetenztatbestand des Art 10 Abs 1 Ziff 7 ein: "soweit sie nicht unter Artikel 10 fallen". Zugleich schuf er im Artikel 10 Abs 1 Ziff 10 zugunsten des Bundes die Kompetenztatbestände: "Starkstromwegerecht, soweit sich die Leitungsanlage auf zwei oder mehr Länder erstreckt" und „Normalisierung und Typisierung elektrischer Anlagen und Einrichtungen, Sicherheitsmaßnahmen auf diesem Gebiete".

Im Jahr 1922 erließ der Bund, unabhängig von der damals noch nicht verbindlich gewordenen Kompetenzaufteilung zwischen dem Bund und den Ländern, zunächst ein gesamtstaatliches Elektrizitätswegegesetz und schützte den elektrischen Strom als eine Sache und als ein wirtschaftliches Gut im Sinn des Strafgesetzes.[1] Im Jahr 1925 trat auf dem Gebiet

---
[1] BGBl 384/1922.

des Elektrizitätswesens die föderalistische Kompetenzaufteilung in Kraft. Daher schuf der Bundesgesetzgeber im Jahr 1929 ein Elektrizitätsgesetz als Grundsatzgesetz.[2] Die Länder erließen dazu innerhalb weniger Jahre entsprechende Ausführungsgesetze.

Der allgemeine volkswirtschaftliche Bedarf an einer gleichmäßigen Versorgung aller Lebensbereiche der staatlichen Gemeinschaft mit elektrischem Strom zeichnete sich zwar bereits im Jahr 1920 ab, doch die territoriale Ausweitung der Elektrizitätswirtschaft war offenbar noch nicht genug fortgeschritten, um gemäß den damals bereits erkennbaren Zukunftsperspektiven verfassungsrechtliche Konsequenzen zu ziehen und das Elektrizitätsrecht zu vereinheitlichen. Da die Elektrizitätsübertragung und die Elektrizitätsverteilung, zum Zweck der Versorgung mit elektrischem Strom, damals noch regional begrenzt waren, galt für das Starkstromwegerecht innerhalb der Länder nach wie vor der geteilte Kompetenztatbestand des Art 12 Abs 1 Ziff 7. Der Bund ergriff allerdings schon damals zugunsten der großen Stromerzeugungs-, Stromübertragungs- und Stromverteilungsunternehmen langfristige Förderungsmaßnahmen, vor allem durch Steuerbegünstigungen.[3]

In der Zeit zwischen den beiden Weltkriegen erlangten die Elektrizitätserzeugung, -übertragung und -verteilung österreichweit einen gemeinwirtschaftlichen Rang. Die technische Möglichkeit und die wirtschaftliche Notwendigkeit der Versorgung der gesamten Wirtschaft und aller privater Haushalte machten den elektrischen Strom zu einem existentiellen gesamtwirtschaftlichen Gut. Der Regelungsbedarf der Elektrizitätswirtschaft hatte die Reichweite der kargen gesetzlichen Vorkehrungen durch das Gewerberecht längst überschritten. Das Elektrizitätsrecht wurde zu einem eigenständigen Rechtsgebiet. Doch es fehlte an einer gesamtstaatlichen Einheit. Einen provisorischen Schritt zur Vereinheitlichung brachte die Einführung des zentralistischen Energiewirtschaftsrechtes des Deutschen Reiches im Jahr 1939.[4] Der bald darauf folgende Krieg nötigte zur Einrichtung eines zentralen Lastverteilers, zum Zweck der Sicherung einer einheitlichen Versorgung des ganzen Reiches mit elektrischem Strom.

Der im Jahr 1945 wiedererstandenen Republik Österreich gereichte diese Rechtsänderung zum Vorteil. Sie übernahm das deutsche Elektrizitätsrecht sinngemäß als einheitliches Bundesrecht. In dieser Zeit entstand

---
[2] BGBl 250/1929.
[3] Wasserkraftförderungsgesetz, BGBl 113/1922; Elektrizitätsförderungsgesetz, BGBl 149/1925.
[4] Verordnungen über die Einführung des Energiewirtschaftsrechtes im Lande Österreich, BGBl I 1939, S 83 und RGBl I 1940, S 202.

auch das 2. Verstaatlichungsgesetz.[5] Durch dieses wurden nicht nur einheitliche organisatorische Regelungen für ganz Österreich getroffen, sondern auch die großen Elektrizitätsunternehmen in das Eigentum des Bundes und der Länder überführt. Die Elektrizitätswirtschaft wurde der staatlichen Wirtschaftslenkung unterworfen. Durch dieses Gesetz, das nach dem Jahr 1955 durch Sonderbestimmungen in den Verfassungsrang angehoben wurde, schuf der Bund ein gemeinwirtschaftliches Konzept für die staatlichen Elektrizitätserzeugungs-, Übertragungs- und Verteilungsunternehmen zur Versorgung aller Stromverbraucher. Privatunternehmen, Selbstversorger und die kommunalen Elektrizitätswerke großer Städte blieben daneben selbständig weiterbestehen.

Der Verfassungsgesetzgeber versäumte damals die günstige Gelegenheit zur Vereinheitlichung der föderalistisch geteilten Kompetenzlage durch Schaffung eines umfassenden Kompetenztatbestandes *Energiewesen* – nach dem deutschen Beispiel – oder zumindest des engeren Kompetenztatbestandes *Elektrizitätswesen* im Art 10 Abs 1 Ziff 10 *zugunsten des Bundes*. Obwohl das *Wasserrecht* bereits vor dem Jahr 1938 zum ausschließlichen Bundesrecht geworden war, sah der Gesetzgeber nach dem Jahr 1945 keinen Bedarf an einer endgültigen Vereinheitlichung des Elektrizitätsrechtes. Für die unmittelbar nach dem II. Weltkrieg aus wirtschaftlichen Gründen unerläßliche Vereinheitlichung des Elektrizitätsrechtes stützte er sich zunächst auf die provisorische Bundeskompetenz des Art 10 Abs 1 Ziff 15: "Aus Anlaß eines Krieges oder im Gefolge eines solchen zur Sicherung der einheitlichen Führung der Wirtschaft notwendig erscheinenden Maßnahmen, insbesondere auch hinsichtlich der Versorgung der Bevölkerung mit Bedarfsgegenständen". Infolge der allgemeinen Normalisierung der Wirtschaftslage sprach man mit dem Inkrafttreten des Staatsvertrages im Jahr 1955 dieser Notkompetenz jedoch ihre weitere Anwendbarkeit ab. Daher schuf der Verfassungsgesetzgeber zunächst befristete, später sogar unbefristete Sonderkompetenztatbestände im Verfassungsrang, um die aus gesamtwirtschaftlichen Gründen nun endgültig erforderlich gewordene vorherrschende Kompetenz des Bundes auf dem Gebiet des Elektrizitätsrechtes aufrecht zu erhalten. Durch die verfassungsgesetzlichen Sondertatbestände wurde der Kompetenztatbestand des Art 12 Abs 1 Ziff 7 in seiner Anwendbarkeit erheblich eingeschränkt. Überdies machte der Bund durch die Ausführlichkeit seines Grundsatzgesetzes[6] die dazu ergangenen Ausführungsgesetze der Länder weitgehend überflüssig. Dennoch blieb die im Art 12 Abs 1 Ziff 7 angeordnete Kompetenzteilung zwischen Bund und Ländern grundsätzlich auf-

---
[5] BGBl 81/1947.
[6] Elektrizitätswirtschaftsgesetz BGBl 280/1975.

recht. Das detaillierte Grundsatzgesetz des Bundes, das den Ausführungsgesetzen der Länder nahezu keinen Gestaltungsspielraum ließ, entsprach aber weder den wirtschaftlichen Gegebenheiten noch den rechtspolitischen Erfordernissen.

Aus dieser Sicht erweist sich der Kompetenztatbestand im Art 10 Abs 1 Ziff 10 B-VG für das *Starkstromwegerecht* und für die *Normalisierung und Typisierung elektrischer Anlagen und Einrichtungen* aus dem Jahr 1920 zugunsten des Bundes zweifellos als weitsichtig. Doch ungeachtet dessen und trotz der Schaffung von befristeten sonderverfassungsrechtlichen Kompetenzen nach dem Inkrafttreten des Staatsvertrages, auch auf dem Gebiet der Elektrizitätswirtschaft, und trotz der Intensität der Grundsatzgesetzgebung des Bundes konnte sich der Verfassungsgesetzgeber nicht entschließen, die zersplitterte Kompetenzlage des Elektrizitätsrechtes zu bereinigen, einen einheitlichen Kompetenztatbestand *Elektrizitätsrecht* oder vielleicht sogar *Energierecht* zu schaffen, um die problematisch gewordene föderale Kompetenzteilung im Art 12 Abs 1 Ziff 7 zur Gänze aufzuheben.

Mit der Notwendigkeit der Anpassung des österreichischen Rechtes an die europäische *Richtlinie 96/92/EG, betreffend gemeinsame Vorschriften für den Elektrizitätsbinnenmarkt* aus dem Jahr 1996, bot sich eine neue Gelegenheit, das seit Jahrzehnten aufgestaute verfassungsrechtliche Kompetenz-Dilemma und die daraus folgende legistische und administrative Zersplitterung und Unübersichtlichkeit der Rechtsmaterie zu beenden. Es wäre sogar im Sinn der Richtlinie gelegen gewesen, hätte man aus Anlaß ihrer Umsetzung in das innerstaatliche Recht die Kompetenzlage zugunsten des Bundes vereinheitlicht und das Elektrizitätsrecht zur Gänze und schlechthin auf eine gesamtstaatliche verfassungsrechtliche Grundlage gestellt. Doch diese günstige Gelegenheit zu einer Verfassungsreform ließ man im Jahr 1998 ungenützt vorbeigehen. Man blieb bei der zu einer Schimäre gewordenen Teilung der Gesetzgebungskompetenzen zwischen dem Bund und den Ländern. Dieser Umstand führte im neuen Elektrizitätswirtschafts- und Organisationsgesetz (ElWOG) geradezu zwangsläufig zu einem bruchstückhaften und inhomogenen Gesetzeswerk. Dabei blieben für die österreichische Elektrizitätswirtschaft wesentliche Möglichkeiten der Richtlinie unausgenützt; vor allem jene, die der gemeinwirtschaftlich konzipierten österreichischen Elektrizitätswirtschaft einen entsprechenden Raum gelassen hätten.[7] Ziele des neuen Gesetzes waren nicht die Rationalisierung und die Stärkung der Elektrizitätswirtschaft, sondern die „Sicherstellung der Wettbewerbsfähigkeit

---

[7] Siehe dazu die umfangreiche Beilage zum Schreiben des Bundesministers für wirtschaftliche Angelegenheiten vom 1. Dezember 1997, GZ.551.352/123-VIII/1/97.

der österreichischen Wirtschaft", ohne planvolle Bedachtnahme auf die Notwendigkeit einer Stärkung der österreichischen Elektrizitätswirtschaft gegenüber dem zu erwartenden zunehmenden Konkurrenzdruck aus dem europäischen Binnenmarkt.[8]

III. Das neue Elektrizitätswirtschafts- und Organisationsgesetz

In seiner Sitzung vom 7. Juli 1998 erhob der Nationalrat den ihm vom Wirtschaftsausschuß vorgelegten Entwurf der Bundesregierung für ein neues Elektrizitätswirtschafts- und Organisationsgesetz (ElWOG) mit qualifizierter Stimmenmehrheit zum Gesetz; teils im Verfassungsrang und teils im einfachgesetzlichen Rang. Das ordnungsgemäß beschlossene und beurkundete Gesetz wurde unter der Nr 143 am 18. August 1998 im Bundesgesetzblatt I kundgemacht. Gleichzeitig mit dem ElWOG wurde das Bundesverfassungsgesetz über einen zumindest fünfzig- bzw einundfünfzigprozentigen Schutz der Eigentumsrechte des Staates an den Elektrizitätsunternehmen des Bundes und der Länder erlassen. Das Kartellgesetz, das Preisgesetz und das Starkstromwegerecht wurden geringfügig geändert und der neuen Rechtslage angepaßt. Das bis dahin geltende Elektrizitätswirtschaftsgesetz aus dem Jahr 1975[9] und das 2. Verstaatlichungsgesetz aus dem Jahr 1947[10] wurden außer Kraft gesetzt.

Für die Vorschriften im Verfassungsrang, für die Vorschriften des unmittelbar anwendbaren Bundesrechtes und für die Änderungen der Nebengesetze durch das neue ElWOG wurde der 19. Februar 1999 als Tag des Inkrafttretens festgesetzt. Für zwei Vorschriften des unmittelbar anwendbaren Bundesrechtes wurde der 1. Dezember 1998 als Tag des Inkrafttretens bestimmt. Für das Inkrafttreten der Grundsatzbestimmungen wurde der auf die Kundmachung folgende Tag angeordnet, also der 19. August 1998. Für bereits anhängige Verfahren wurde die weitere Anwendbarkeit der bisherigen Vorschriften verfügt.

Das neue ElWOG umfaßt 71 Paragraphen. Von diesen sind durch ausdrückliche Anordnung im § 1 des Gesetzes 32 Paragraphen, einzelne Absätze und Teile von solchen in den Verfassungsrang angehoben. Dazu kommen weitere 10, im Gesetz ausdrücklich als Verfassungsbestimmungen bezeichnete Vorschriften; ferner das Bundesverfassungsgesetz, das in 4 Paragraphen im Verfassungsrang die Eigentumsverhältnisse an staatlichen Elektrizitätsunternehmen regelt und das 2. Verstaatlichungsgesetz

---
[8] Schreiben des Bundesminister für wirtschaftliche Angelegenheiten vom 1. Dezember 1999, GZ.55/352/123-VIII/1/97, Vorblatt.
[9] BGBl 260/1975, in der Fassung des BGBl 131/1979.
[10] BGBl 81/1947, in der Fassung des BGBl 762/1992.

aufhebt. Damit in Verbindung sind 3 Abänderungen des Kartellgesetzes in den Verfassungsrang gehoben. Gleichzeitig wurde der Art I des Preisgesetzes durch Verfassungsbestimmung geändert. Diese komplexe Verfassungsbestimmung umschließt 8 paragraphenförmige Übergangsregelungen im Verfassungsrang. Demnach beinhaltet das neue Elektrizitätswirtschafts- und Organisationsgesetz 42 Verfassungsbestimmungen. Hinzu kommen noch 15 weitere Verfassungsbestimmungen in den Änderungen der erwähnten Nebengesetze.

Von den 71 Paragraphen des ElWOG sind 37 ausdrücklich als *unmittelbares Bundesrecht* und 34 als *Grundsatzbestimmungen* gekennzeichnet. Die durch § 1 des ElWOG zu *Verfassungsbestimmungen* erklärten Vorschriften sind der Bundesregierung zur Vollziehung zugewiesen, drei Vorschriften des unmittelbar anwendbaren Bundesrechtes fallen in die Zuständigkeit des Bundesministers für Justiz, eine Vorschrift begründet die Zuständigkeit der Handelsgerichte, die übrigen Bundesvorschriften ressortieren in jene des Bundesministers für wirtschaftliche Angelegenheiten. Die 35 Grundsatzbestimmungen sind aufgrund des Art 12 Abs 1 Ziff 7 B-VG den neun Ländern zur Durchführungsgesetzgebung und zur Vollziehung vorbehalten. Die Vollziehung der Änderungen des Eigentums-Verfassungsgesetzes, der Änderungen des Kartellgesetzes und des Preisgesetzes obliegt der Bundesregierung. Die Vollziehung der gleichzeitig durch BGBl 144/1998 verfügten einfachgesetzlichen Änderungen des Starkstromwegegesetzes und des Gesetzes über elektrische Leitungen in den Ländern ist dem BMfWA zugewiesen.

Auf den ersten Blick erscheinen das neue Gesetz und die Änderungen der Nebengesetze als legistisch gelungen. Das Hauptgesetz umfaßt bloß 71 Paragraphen, die Änderungen der Nebengesetze beinhalten 4 plus 3 plus 8, also insgesamt 17 Paragraphen und paragraphengleiche Vorschriften. Die Änderungen des Starkstromwegerechtes und des Gesetzes über elektrische Leitungen enthalten in 2 Artikeln 8 weitere Vorschriften. Der ganze Komplex der neuen gesetzlichen Regelung umfaßt demnach nur 94 Paragraphen und paragraphengleiche Bestimmungen. Die meisten Vorschriften des neuen Gesetzes und der Gesetzesänderungen sind sprachlich einfach und inhaltlich klar. Doch der Eindruck von Klarheit und Einfachheit der Erscheinungsform täuscht über die Problembeladenheit der Regelungsinhalte hinweg. Die Inhalte sind inhomogen, die Kompetenzzuweisungen sind aufgesplittert und die Gesetzestechnik ist mehr als kritikwürdig. Die Sinngehalte des ElWOG sind fragmentarisch und bleiben sogar hinter der systematischen Klarheit und Geschlossenheit der Vorgaben der europäischen Richtlinie zurück. Die Aufteilung der

Materie auf Grundsatzbestimmungen und auf unmittelbar anwendbares Bundesrecht mutet vielfach willkürlich an.

Durch § 4 Abs 2 des Bundesverfassungsgesetzes, betreffend die Regelung der Eigentumsverhältnisse, wurde das 2. Verstaatlichungsgesetz mit seinen gemeinwirtschaftlich konzipierten Verfassungsvorschriften aufgehoben. Gemäß der Zweiteilung des Art 12 Abs 1 Ziff 7 B-VG wurden die Zuständigkeiten zur Gesetzgebung und Vollziehung auf Bundes- und Landesbehörden beibehalten. Statt die Gesetzgebungskompetenz zur Gänze und einheitlich dem Bund zuzuweisen, wurde der zwischen Bund und Ländern geteilte und gemeinsame Kompetenztatbestand aus dem Jahr 1920, der die Grundsatzgesetzgebung auf dem Gebiet des Elektrizitätswesens dem Bund, die Ausführungsgesetzgebung und deren Vollziehung hingegen den neun Bundesländern zuweist, verfestigt und gleichzeitig durch zahlreiche Verfassungsbestimmungen zugunsten des Bundes auf eine komplizierte Weise weitgehend ausgehöhlt. Diese Verfassungsbestimmungen sind dazu bestimmt, im neuen Elektrizitätswirtschaftsrecht zugunsten des Bundes Ausnahmen von der föderalistischen Kompetenzteilung des Art 12 Abs 1 Ziff 7 B-VG zu schaffen. Eine Verfassungsbestimmung wurde sogar als ein Individual- und Maßnahmegesetz konzipiert. Durch sie wurden bestimmte Verträge, die für einzelne Elektrizitätsgesellschaften von Vorteil sind – wie zu Kaisers Zeiten – in den Rang von verfassungsgesetzlich gewährleisteten Privilegien gehoben.

Das Elektrizitätswesen drängte infolge seiner Intensivierung und territorialen Ausweitung schon seit Jahrzehnten zu einer organisatorischen und funktionellen Konzentration in einer einheitlichen Gesetzgebungs- und Vollziehungskompetenz des Gesamtstaates. Doch der Verfassungsgesetzgeber sah an den schon im Jahr 1920 erkennbaren Signalen der Zeit abermals vorbei. Er ließ sich durch die im Regierungsproporz gesteuerten Elektrizitätsunternehmen der Länder nötigen, die anachronistische föderalistische Kompetenzteilung des Art 12 Abs 1 Ziff 7 beizubehalten. Aus sachlichen Gründen sah er sich aber dennoch veranlaßt, zahlreiche Ausnahmen von der geltenden Kompetenzlage zu schaffen. Hätte der Verfassungsgesetzgeber den Kompetenztatbestand des Art 12 Abs 1 Ziff 7 in die ausschließliche Gesetzgebungs- und Vollziehungskompetenz des Bundes nach Art 10 Abs 1 Ziff 10 verwiesen, dann hätte er sich bis auf diese eine Kompetenzregelung nicht nur alle 40 bis 60 Verfassungsbestimmungen der Neuregelung erspart, sondern auch den Weg zu einer konsequenten und einheitlichen Gesetzgebung und Vollziehung frei gemacht.

Diese gesetzestechnische Zersplitterung bedeutet aber offensichtlich mehr und noch anderes, als einen bloß formalen Mangel. Sie erfolgte vorwiegend zur Verfestigung von Eigeninteressen der Landeselektrizitätsunternehmen, zum Teil aber auch der Industrie. Die Form der Verfassungsbestimmungen wurde aber auch gewählt, um die inhaltliche Mangelhaftigkeit der Gesetzesreform der Kontrolle des Verfassungsgerichtshofs zu entziehen. In einer solchen Verwendung von Verfassungsbestimmungen, zum Schutz von Interessen der bestehenden staatlichen Elektrizitätsunternehmen der Länder und der Industrie, im Vorrang vor jenen der Allgemeinheit, liegt zweifellos ein Rechtsformenmißbrauch. Die Privilegierung der Vertragswerke von bestimmten Elektrizitätsunternehmen durch § 70 Abs 2 des ElWOG im Verfassungsrang ist ein weiteres Indiz für den Zweck des Gesetzes, den individuellen und partikulären Interessen der Landeselektrizitätsunternehmen und der Industrie gegenüber dem legitimen wirtschaftlichen Interesse der Allgemeinheit der Stromverbraucher den Vorrang zu sichern.

IV. Staatspolitik und Wirtschaftsplanung

Im Hinblick auf diese legistische Problemlage, vor allem aber im Hinblick auf die fragmentarischen und willkürlich anmutenden Regelungsinhalte erhebt sich die Frage, von welchen Planungsvorstellungen die für das neue Elektrizitätswirtschafts- und Organisationsgesetz verantwortlichen Politiker geleitet waren. Die in den stenographischen Protokollen aufgezeichneten parlamentarischen Beratungen liefern dafür einen bemerkenswerten Anhaltspunkt.

In der abschließenden parlamentarischen Diskussion zum neuen Gesetzeswerk traf der Bundesminister für wirtschaftliche Angelegenheiten knapp vor dem Beschluß des Gesetzeswerkes unter anderem die folgende Feststellung:

"... die wichtigen Aufgaben sind Netztarife wie auch stranded investment(s). Sie können sich darauf verlassen, daß wir im Einvernehmen mit dem Hauptausschuß Lösungen finden werden, die nicht zu neuerlichen Rentenverhältnissen führen, sondern zur Abgeltung des unabdingbar Nötigen, denn sonst hätten wir nicht so lange darüber verhandeln müssen." Daran anschließend sagte er aufschlußreich:

"Der österreichische Rechtsgelehrte Jel(l)inek hat schon vor Jahrzehnten gesagt, es gibt so etwas wie die normative Kraft des Faktischen. Dazu brauche ich kein Gesetz. Das, was Sie heute hier im Hohen Haus hoffentlich beschließen werden, setzt eine normative Kraft des Faktischen in Bewegung, die zu einem strukturellen Umbruch führen wird, dessen Tempo Sie alle unterschätzen ... . Die österreichische Kernlösung hat durch die jetzt zu beschließende Regelung wesentliche Impulse erhalten, und das Gesetz wird rascher nicht mehr so stehen, wie es heute intendiert ist, wenn wir auf Basis dieser Entschließungen fortfahren."[11]

In diesen Worten des Ressortministers „aus seinem Haus" ist offenbar begründetermaßen keine Rede von *Planung*[12]. Aus ihnen gewinnt man vielmehr den Eindruck, daß das neue Gesetz einer beabsichtigten Planlosigkeit dienen soll. Die Elektrizitätswirtschaft soll offenbar durch eine möglichst großzügige *Liberalisierung* der bis dahin gemeinnützigen Elektrizitätswirtschaft des Staates den Eigengesetzlichkeiten des innerstaatlichen und des europäischen Marktes geöffnet werden, der mehr und mehr vom freien Wettbewerb der auf Gewinn gerichteten Elektrizitätsunternehmen, von industriellen Großunternehmen und von Stromhändlern beherrscht sein wird. Die Existenzsicherung der Elektrizitätswirtschaft ist kein vorrangiges Regelungsziel. Auch die Allgemeinheit, als ein unorganisiertes Interessenkollektiv von Stromkonsumenten, ist für den Gesetzgeber offenbar von nachgeordneter Bedeutung. Ihr wirtschaftlicher Rang ist letztlich den aleatorischen Faktoren einer freien Konkurrenz anheimgegeben, in welcher Großindustrie und Händler bloß zum eigenen Nutzen den Preis bestimmen.

Ein sprechendes Beispiel für die angezielte Planlosigkeit des ElWOG bietet die Regelung des § 69 über die sogenannten gestrandeten Investitionen. Diese wurden nämlich im wesentlichen erst durch das neue Gesetz erzeugt. Ihre Verursachung durch das neue ElWOG, aber auch die Möglichkeit der Entstehung von neuen Investitionskosten, schienen keiner planhaft vorausschauenden Überlegungen wert gewesen zu sein. Sie waren offenbar schon zur Zeit der Vorberatungen zur europäischen Richtlinie von den österreichischen Vertretern vor den europäischen Gremien nicht ausreichend bedacht worden. An den Vorberatungen zur Richtlinie waren dem Vernehmen nach weder die damals noch für die gesamtösterreichische Stromversorgung verantwortliche Verbundgesellschaft noch die allgemeinen Konsumenten interessenmäßig vertreten. Noch im Zeitpunkt der Beschlußfassung über das ElWOG scheint niemand über das Ausmaß der gestrandeten Investitionen verläßlich Be-

---

[11] Stenographisches Protokoll, 133. Sitzung des Nationalrates, XX. Gesetzgebungsperiode vom 7. Juli 1998, 145.

[12] Siehe zur staatspolitischen Planung grundlegend THOMAS WÜRTEMBERGER, Staatsrechtliche Probleme politischer Planung (1979) und JOSEPH H. KAISER, Planung I – VI (1965 – 1972). PETER OBERNDORFER, Strompreisbestimmung aus rechtlicher Sicht (1979). RUDOLF STEINBERG – GABRIELE BRITZ, Der Energieliefer- und -erzeugungsmarkt nach nationalem und europäischem Recht (1995). GABRIELE BRITZ, Örtliche Energieversorgung nach nationalem und europäischem Recht, unter besonderer Berücksichtigung kommunaler Gestaltungsmöglichkeiten (1994). Aus jüngerer Zeit FRIEDRICH SCHNEIDER, Die Neuordnung des Wettbewerbs auf den Elektrizitäts- und Energiemärkten der EU. Symposion der Elektrizitätswirtschaft (1997).

scheid gewusst zu haben. Mitunter war von 36 Milliarden, ein anderes Mal war von 8 Milliarden und von anderen Beträgen die Rede. Die Abgeltung der seit dem ElWOG nicht mehr rentablen Investitionen in einer offenbar noch immer unbekannten Höhe ist dem Wirtschaftsminister durch Verordnung im Einvernehmen mit dem Hauptausschuß des Nationalrates übertragen. Die finanzielle Bereinigung der gestrandeten Investitionskosten soll jedenfalls über die Vorschreibung von Beitragspflichten der zugelassenen Käufer zu den Netzgebühren erfolgen. An die Abgeltung von künftigen, etwa aus der Sanierung schadhaft gewordener, älterer Anlagen noch entstehenden Investitionskosten hat man offenbar überhaupt nicht gedacht.

In den parlamentarischen Reden zum ElWOG fehlt eine sachliche Begründung dafür, warum man das österreichische Elektrizitätsrecht nicht durch eine einfache Verfassungsänderung einheitlich und vollständig der Gesetzgebung des Bundes unterstellte; warum man kein gesamtstaatliches Energierecht schuf; warum man die staatlichen Elektrizitätsunternehmen des Bundes, der Länder und der Kommunen nicht organisatorisch und wirtschaftlich zu einer gesamtösterreichischen Holdinggesellschaft zusammenschloß, um sie durch eine entsprechende wirtschaftliche Größe gegenüber dem zu erwartenden Konkurrenzdruck aus dem europäischen Elektrizitäts-Wirtschaftsmarkt zu stärken und konkurrenzfähiger zu machen und damit die Versorgung der gesamten Volkswirtschaft mit Strom aus eigener Produktion für die Zukunft zu sichern.

Man findet aber auch keine Begründung dafür, warum der Gesetzgeber nicht von der Möglichkeit der europäischen Richtlinie Gebrauch gemacht hat, das österreichische gemeinwirtschaftliche Konzept des 2. Verstaatlichungsgesetzes fortzusetzen und innerstaatlich zu verstärken. Mit welcher sachlichen Rechtfertigung die aus dem Volksvermögen über Jahrzehnte durch staatliche Förderungen (Steuerbegünstigungen) sowie unter großen Opfern der Konsumenten bis in die jüngere Vergangenheit finanziell abgestützte Elektrizitäts-Wirtschaft auch *innerstaatlich* zu einer offenen Konkurrenz liberalisiert werden sollte, blieb unerörtert. Unerklärt blieb vor allem, weshalb durch § 44 ElWOG neben den großen Industrieunternehmen auch alle größeren Elektrizitätsunternehmen als privilegierte Käufer anerkannt wurden, statt – wie in Frankreich die Electricité de France – die Verbundgesellschaft als Alleinabnehmer für ganz Österreich zu bestimmen; ferner, weshalb man dadurch die Elektrizitätsunternehmen Österreichs einzeln dem Preisdruck der atomstromerzeugenden Elektrizitätsunternehmen der europäischen Nachbarländer, einer staatenüberschreitenden erwerbswirtschaftlichen Großindustrie und des gewinnstrebenden Stromhandels unmittelbar aussetzen will.

Im Zeitpunkt der Erlassung des neuen Gesetzeswerks gehörten die Anteile an den als Aktiengesellschaften eingerichteten österreichischen Elektrizitätsunternehmen noch vorwiegend der öffentlichen Hand: dem Bund, den Ländern und den Kommunen. Die Bundesregierung und die Landesregierungen waren zur Zeit der Erlassung des ElWOG von denselben politischen Parteien beherrscht, die für das ElWOG die staatspolitische Verantwortung tragen. Vor der Beschlußfassung des ElWOG wäre es daher – nicht zuletzt wegen der parlamentarischen Mehrheit ihrer Vertreter sogar zur Verfassungsgesetzgebung – durch Eigentümerentscheidungen und durch privatrechtliche Verträge zwischen dem Bund, den Ländern und den Kommunen möglich gewesen, eine gesamtösterreichische Elektrizitätsholding einzurichten, die als eine organisatorische und funktionelle Einheit, nach innen strukturiert vereinheitlicht und nach außen gestärkt, auf dem europäischen Strommarkt einigermaßen konkurrenzfähig geworden wäre.

In den parlamentarischen Schlußberatungen wurden außer den *gestrandeten Investitionen* und außer den *Netzgebühren* weder allgemeine Zukunftsperspektiven noch Planungsfragen diskutiert. Forderungen nach einem gesamtösterreichischen Netzbetreiber blieben unbeachtet. Die parlamentarischen Reden verliefen zumeist in großer Allgemeinheit und Unbestimmtheit. Dabei hätten sich bestimmte Planungsfragen zu einer begründeten Klärung von selbst angeboten:

— In erster Linie die Schaffung eines *einheitlichen Kompetenztatbestandes Elektrizitätsrecht* oder sogar *Energierecht* zugunsten des Bundes in Gesetzgebung und Vollziehung; gegebenenfalls mit einem Schwerpunkt in der mittelbaren Bundesverwaltung durch die Länder.

— Die Erlassung von *gesonderten Gesetzen*:
  – für den *Bau und den Betrieb* von *Stromerzeugungsunternehmen*;
  – für die Betreibung, für die Erhaltung und für den Ausbau der *Stromübertragungs- und Stromverteilungsnetze*;
  – für einen gesamtwirtschaftlichen Stromtransport und Stromausgleich zwischen den staatlichen Stromerzeugungsunternehmen im innerösterreichischen Netzverbund.

— Die Schaffung eines homogenen *Sondergesellschaftsrechtes* für eine *gesamtösterreichische Holdinggesellschaft* der bislang dezentralisierten staatlichen Elektrizitätsunternehmen, einschließlich jener der Kommunen.

— Der *vertragliche Zusammenschluß* aller staatlichen Elektrizitätsunternehmen zu einer *gesamtösterreichischen Stromholding*, aufgrund von

Eigentümerentscheidungen der großkoalitionär beherrschten Elektrizitätsunternehmen des Bundes, der Länder und der Kommunen.
— Die innerstaatliche *Koordination der Elektrizitätswirtschaft* mit der übrigen *Energiewirtschaft* Österreichs (Gas, Fernwärme und Mineralöl).
— Der Verbleib und die bisherige Verwendung des durch *staatliche Förderungen* begünstigten *Rücklagenkapitals* der staatlichen Elektrizitätsunternehmen, das für die Finanzierung des weiteren Ausbaus der Elektrizitätswirtschaft zweckgebunden gehortet war.
— Die Bestellung eines *gesamtösterreichischen Netzbetreibers* für die Übertragungsnetze und für die Verteilungsnetze im Sinn der europäischen Richtlinie, anstatt von neun Landesnetzbetreibern und einem Bundesnetzbetreiber.
— Die Einsetzung eines *gesamtösterreichischen Alleinabnehmers* für elektrischen Strom im Sinn der europäischen Richtlinie, anstatt der Anerkennung aller größeren Elektrizitätsunternehmen als zugelassene Käufer.
— Eine sachliche Begründung für die *Preisgabe der gemeinwirtschaftlichen Konzeption* der österreichischen staatlichen Elektrizitätswirtschaft zugunsten einer existenzgefährdenden erwerbswirtschaftlichen Konzeption.

In den parlamentarischen Beratungen gab es keine Frage nach einer wirtschaftlichen Ausschöpfung von Fristen für einen gesamtwirtschaftlich leichter zu bewältigenden Übergang vom alten System zum neuen System des Elektrizitätsrechts. Das gilt bereits für die Verhandlungen über die Richtlinie vor den europäischen Instanzen. Man hatte es allzu eilig mit der durch die europarechtliche Richtlinie angeblich schlechthin geforderte *Liberalisierung*. Planungsfragen und Planungsantworten zum Schutz der gemeinwirtschaftlich konzipierten österreichischen Elektrizitätswirtschaft, zumindest für einen überschaubaren Zeitraum, waren sichtlich unerwünscht.

Die Politik unserer Zeit richtet sich offenbar bloß auf *Veränderungen* und nicht auf *planvoll konzipierte Reformen auf eine längere Sicht. Die Welt muß verändert werden und das Veränderte muß veränderbar bleiben*, lautete der Ausspruch eines einmal maßgeblich gewesenen österreichischen Politikers. *Veränderungen* um ihrer selbst willen scheinen heutzutage die politische Weisheit zu sein. Das demokratische Gesamtinteresse der einzelnen Bürger kommt dadurch zu kurz. Man scheint keine Planung im Allgemeininteresse zu benötigen, die aus der Gegenwart konstruktiv in eine fernere Zukunft weist und für die volkswirtschaftliche

Güter und Werte erhaltenswert sind, um im Interesse aller gesamtwirtschaftlich gepflegt und vermehrt zu werden.

V. Die wirtschaftspolitische Tragweite der "Reform"

Im neuen Elektrizitätswirtschafts- und Organisationsgesetz sind weniger die Einzelheiten von Bedeutung als das Grundsätzliche. Gemäß den Motiven und den parlamentarischen Beratungen dient das neue Gesetz schlechthin der *Liberalisierung des Strommarktes*; anders gesagt, letztlich einer vollen *Öffnung der österreichischen Elektrizitätswirtschaft zur freien Konkurrenz nach innen und nach außen*. Die wirtschaftspolitische Zielsetzung einer vollen *inneren und äußeren* Marktöffnung ist der vorherrschende Zweck des neuen Gesetzes. Nach zahlreichen Erklärungen von Politikern folgt der österreichische Gesetzgeber damit angeblich verpflichtenden Direktiven der europäischen Richtlinie. Doch die Richtlinie ist ambivalent. Durch sie ist eine volle *Liberalisierung* keineswegs zwingend und ohne Alternative vorgeschrieben. Sie ist nur gegenüber bestimmten Kategorien von Großabnehmern als zugelassene Kunden verpflichtend; und zwar nach Maßgabe der von diesen verbrauchten Strommengen und dies auch nur in Etappen. Mittlere Unternehmen, Kleinabnehmer und Konsumenten sind für den nationalen Gesetzgeber von zweitrangiger Bedeutung, obwohl sie als Verbraucher-Kollektive zweifellos zu den Großabnehmern zählen. Angesichts wiederholter Erklärungen von Politikern über die *Liberalisierung* der österreichischen Elektrizitätswirtschaft *nach innen und nach außen* hat man den Eindruck, daß eine derart weitgehende Liberalisierung in ganz Europa gleichartig erfolgen soll. Dem ist aber nicht so.[13] Die europäische Richtlinie für den Elektrizitätsbinnenmarkt bietet nämlich zwei Alternativen an: ein *gemeinwirtschaftliches* und ein *marktwirtschaftliches* Konzept. Sie erlaubt ferner die Wahl zwischen einem *Netzzugang aufgrund von Einzelverträgen* und einem *Alleinabnehmersystem*. Die Richtlinie ermöglicht überdies einen übergeordneten gesamtstaatlichen *Betreiber der Übertragungsnetze und der Verteilernetze*.

Österreich hat sich zum Unterschied von Frankreich für die Auflösung der bisher gemeinwirtschaftlichen Konzeption seiner Elektrizitätswirtschaft entschieden. Der österreichische Gesetzgeber hat der marktwirtschaftlichen Lösung vor der gemeinwirtschaftlichen den Vorzug gegeben, obwohl die österreichische Elektrizitätswirtschaft bis zum El-

---

[13] Siehe zur Vorgeschichte die Beilage zum Schreiben des Bundesministers für wirtschaftliche Angelegenheiten vom 1. Dezember 1997, GZ.551.352/123-VIII/1/97, Erläuterungen 10 ff insbes 14 ff.

WOG gemeinwirtschaftlich konzipiert war und noch immer zu mehr als 90 % von staatlichen Unternehmen beherrscht ist und überwiegend aus staatlicher Wasserkraft gespeist wird. Der Gesetzgeber unterließ aber auch die Institutionalisierung eines gesamtösterreichischen Netzbetreibers und die Bestimmung eines Alleinabnehmers. Die politisch Verantwortlichen für die Eigentumsrechte von Bund und Ländern an den staatlichen Elektrizitätsunternehmen unterließen aber auch eine Einwirkung auf die staatlichen Elektrizitätsunternehmen des Bundes, der Länder und der Kommunen zur Betriebsrationalisierung, insbesondere aber zur Bildung einer *gesamtösterreichischen Holding* durch entsprechende gesellschaftsrechtliche Maßnahmen, obwohl sie diese Entscheidung gemäß den politischen Mehrheitsverhältnissen im Staat durch privatrechtliche Verträge herbeiführen hätten können. Hätten Bund und Länder als Eigentümer der österreichischen staatlichen Elektrizitätsunternehmen längst schon ihre Betriebe rationalisiert und letztlich sogar eine gesamtösterreichische Holding gebildet, dann hätten sie diesen gesamtösterreichischen Elektrizitätsverbund auch zum Alleinabnehmer bestimmen können. Die Bestellung eines übergeordneten gesamtösterreichischen Netzbetreibers hätte die innerbetrieblichen Rationalisierungs- und Konzentrationsmaßnahmen sinnvoll abgestützt. Dadurch wäre die österreichische Elektrizitätswirtschaft gegenüber dem europäischen Markt wesentlich gestärkt und konkurrenzfähiger geworden. Statt dessen zerstörte der Verfassungsgesetzgeber durch das neue ElWOG das bis dahin geltende, gemeinwirtschaftlich konzipierte Verbundgefüge der österreichischen Elektrizitätswirtschaft. Die verfassungsgesetzlich gewährleistete Verbundgliederung der Elektrizitätswirtschaft wurde durch eine erwerbswirtschaftliche Zersplitterung abgelöst. Durch eine falsch verstandenen Rücksichtnahme auf das Eigentum von Gebietskörperschaften des Staates, das zweifellos dem Gemeinwohl zu dienen hat, wurde die österreichische Elektrizitätswirtschaft gegenüber dem europäischen Binnenmarkt erheblich geschwächt. Im Trend zur allgemeinen Liberalisierung der europäischen Wirtschaft, hauptsächlich zum Vorteil der Großindustrie und multinationaler oder globaler Unternehmen erscheint eine solche Entscheidung zwar konsequent und schlüssig. Sie erweist sich aber als problematisch, wenn man die Entstehung der österreichischen Elektrizitätswirtschaft und damit Hand in Hand gehend die wirtschaftspolitischen Gründe der Entwicklung des österreichischen Elektrizitätsrechtes bedenkt.

Der österreichische Staat förderte von 1920 bis vor wenigen Jahren den Ausbau der Elektrizitäts-Wirtschaft durch enorme Steuervorteile und andere finanzielle Begünstigungen. Die Konsumenten mußten als Steuerzahler und als Strombezieher über Jahrzehnte große finanzielle Opfer erbringen, um eine Verstärkung der Stromerzeugung und die Ausweitung der Stromversorgung auf ganz Österreich zu ermöglichen. Nach dem Ende des II. Weltkrieges wurde die Elektrizitätswirtschaft sogar durch Enteignungen zu einem überregionalen gemeinwirtschaftlichen Verbund zusammengeschlossen. Der Verfassungsgesetzgeber unterstellte die staatlichen Elektrizitätsunternehmen den wirtschaftspolitischen Leitungsbefugnissen der bundeseigenen Verbundgesellschaft, in Verantwortung gegenüber der Bundesregierung.

Seit der Erlassung des ElWOG ist die österreichische Elektrizitätswirtschaft zwar noch immer von staatlichen Unternehmen beherrscht. Der elektrische Strom wird noch immer zu mehr als 90 % von diesen Unternehmen erzeugt. Die Unternehmen sind trotz der Gesetzesreform vorderhand noch dieselben geblieben. Sie stehen als Aktiengesellschaften noch immer weitaus überwiegend im Staatseigentum. Durch das ElWOG sind sie nun aber erwerbswirtschaftlich umgepolt. Schon Jahre vor der Marktöffnung wurde in diese Richtung eine wichtige gesellschaftsrechtliche *Liberalisierungsentscheidung* getroffen. Man begann vor etwa 10 Jahren, Kapitalanteile der bundeseigenen Verbundgesellschaft zu veräußern, um die Staatsfinanzen temporär aufzubessern. In jüngerer Zeit wurden ohne einen elektrizitätswirtschaftlichen Grund Gesellschaftsanteile eines Landesunternehmens auf dem freien Kapitalmarkt veräußert. Der Gesetzgeber bestimmte zwar im ElWOG – wie bisher schon – für den Schutz des Volksvermögens eine untere Grenze von 51 bzw 50 %, doch die Gefahr weiterer Verkäufe von Kapitalanteilen zu Lasten einer uneingeschränkten Willensbildung der Elektrizitätsgesellschaften für eine gesamtösterreichische Holding steht unabweislich im Raum.

Seit der Erlassung des ElWOG wurden ernsthafte Bemühungen um Zusammenschlüsse von selbständigen Elektrizitäts-Unternehmen zu einem größeren oder kleineren regionalen Verbund unternommen. Die noch weitaus überwiegend im Eigentum des Bundes stehende Verbundgesellschaft strebt nach einem gesellschaftsrechtlichen Zusammenschluß mit möglichst vielen staatlichen Landesunternehmen. Namhafte Landesunternehmen verfolgen nun gleichartige Zielsetzungen. Städtische Erzeugungs- und Versorgungsunternehmen suchen einen gesellschaftsrechtlichen Anschluß an Landesgesellschaften. Ihre Kraft-Wärmeanlagen drohen unter dem zunehmenden Preisdruck unrentabel zu werden.

Die Bemühungen um eine oder mehrere *österreichische Holding-Gesellschaften* wechselten bisher in Varianten von einem Ostverbund zu einem Verbund der Mitte. Diesen Bemühungen war bisher kein großer Erfolg beschieden. Vorderhand gelang nur eine Art Fusion der *Verbundgesellschaft* mit der *Energie Steiermark* und mit der *Energie AG* von Oberösterreich zur *Energie Austria*. Die niederösterreichische EVN und die *Wiener Stadtwerke* blieben davon fern, schlossen aber eine Kooperationsvereinbarung für Handel und Dienstleistungen. Die Elektrizitätsunternehmen Vorarlbergs haben den österreichischen Elektrizitätswirtschaftsverbund verlassen und sich dem deutschen Nachbarunternehmen *Energie Baden-Württemberg* vertraglich verpflichtet.

Die Neuerungen des ElWOG haben die Aufsplitterung der österreichischen Elektrizitätswirtschaft erkennbar verstärkt. Gegensteuerungen erfolgen nur langsam und begrenzt. Das ist eine fatale Folge der mangelnden Bereitschaft der politisch Verantwortlichen im Bund und in den Ländern, zu einem Konsens für eine gesamtösterreichische Holding zu gelangen. Nun zeichnet sich bereits die Gefahr ab, daß große Kapitalanteile an österreichischen Elektrizitätsunternehmen von „Stromriesen" der europäischen Nachbarstaaten aufgekauft werden. Österreichische Industrieunternehmen streben nach einem preisgünstigeren Einkauf von Strom in den europäischen Nachbarstaaten, ohne Rücksicht auf ein ausreichendes Angebot an innerstaatlichen Stromkapazitäten. Die Strompreise werden durch die Großabnehmer bereits bis an die Grenze der Wirtschaftlichkeit hinuntergedrückt. Von einem großen Landeselektrizitätsunternehmen werden rote Ziffern gemeldet. Vereinzelt erfolgen nun durch Landesunternehmen zwar auch Preissenkungen zugunsten der Konsumenten. Doch die Konsumenten sind durch die Neuerungen des ElWOG nicht geschützt. Die Preissenkungen zu ihren Gunsten werden langfristig wohl nur ein frommer Wunsch bleiben. Die österreichweit unterschiedlichen Strompreise staatlicher Elektrizitätsunternehmen sind nun zwar transparent geworden. Doch die Konsumenten, die kleinen und die mittleren Unternehmen zahlen nach wie vor unverhältnismäßig höhere Strompreise, als die durch die Reform privilegierten industriellen Großunternehmen.

Durch das neue ElWOG wurde das dem öffentlichen Interesse dienende Gemeineigentum an der österreichischen Elektrizitätswirtschaft zu einem primär gewinnorientierten, erwerbswirtschaftlichen Privateigentum des Bundes und der Länder. Die vordem gemeinwirtschaftlich gelenkte innerstaatliche Elektrizitätswirtschaft wurde ohne Befragung des Volkes letztlich unkontrollierbaren Eigengesetzlichkeiten der privaten Erwerbswirtschaft preisgegeben. Darin liegt ein wirtschaftspolitischer Umbruch von allergrößter Tragweite. Die Elektrizitätsunternehmen gehören zwar noch immer der öffentlichen Hand. Doch die durch die *Liberalisierung* erzeugten gestrandeten Investitionen und die künftigen Investitionen zur Erneuerung und zum Ausbau veralteter Anlagen (Staudämme) sowie zur Erhaltung und zum Ausbau der Übertragungs- und

Verteilernetze bleiben in Ermangelung einer gesamtösterreichischen Holding letztlich auch weiterhin der Allgemeinheit angelastet.

Durch die Marktöffnung nach innen sind nun die staatlichen Elektrizitätsunternehmen des Bundes und der Länder sowie der Kommunen einzeln und für sich dem zunehmenden Konkurrenzdruck des europäischen Marktes ausgesetzt. Der österreichische Strompreis wird zugunsten der Großabnehmer bald bis an die Grenze der Wirtschaftlichkeit hinabgedrückt sein. Dabei ist bemerkenswert, daß die weitaus überwiegende Menge an jährlich in Österreich erzeugtem Strom aus der Wasserkraft jener öffentlichen Gewässer stammt, deren Eigentümer der Bund ist.

Gemessen an der existentiellen Bedrohung der österreichischen Elektrizitätswirtschaft durch die innere Marktöffnung und deren Auswirkungen auf die Gesamtwirtschaft Österreichs mutet es befremdlich an, warum das österreichische Volk nicht befragt wurde, ob es die durch die europäische Richtlinie ermöglichte gemeinwirtschaftliche Konzeption nach dem Vorbild Frankreichs aufrechterhalten oder dem extremen deutschen Liberalisierungsbeispiel folgen will. Statt dessen lieferten sich die verantwortlichen Politiker, unter Berufung auf die nicht abgefragte Volksmeinung, um die längst schon obsolet gewordene Neutralität politische Scheingefechte. Wäre es nicht sinnvoller gewesen, die gemeinwirtschaftlich konzipierte Elektrizitätswirtschaft in einer ähnlich beharrlichen Weise zu verteidigen wie die Neutralität, statt das Eigentum der Allgemeinheit an den Elektrizitätserzeugungs- und -versorgungsunternehmen dem erwerbswirtschaftlichen Gewinnstreben von staatenübergreifenden Großunternehmen, von Händlern und von Börsenspekulanten preiszugeben? Doch die dafür verantwortlichen Politiker haben es vorgezogen, das verfassungsgesetzlich geschützte Interesse der Allgemeinheit an der Elektrizitätswirtschaft durch ein einfaches Verfassungsgesetz ohne Volksabstimmung aufzuheben. Sie haben über das Eigentum des Staates an der bis zum ElWOG gemeinwirtschaftlich konzipierten Elektrizitätswirtschaft in einer autoritären Weise verfügt, die an den Wortlaut einer Definition des Eigentumsrechtes im § 354 ABGB gemahnt: „Als ein Recht betrachtet, ist Eigentum das Befugnis, mit der Substanz und den Nutzungen einer Sache nach Willkür zu schalten, und jeden anderen davon auszuschließen". Dabei hat man die Bindung des Eigentums an das allgemeine Beste im Sinne des § 365 ABGB und des Art 5 StGG offenbar übersehen.

VI. Das neue Elektrizitätswirtschafts- und Organisationsrecht im Spiegel der Medien

Vor der Anpassung des österreichischen Elektrizitätsrechtes an die *Richtlinie 96/92/EG, betreffend gemeinsame Vorschriften für den Elektrizitätsbinnenmarkt* und nach dem Inkrafttreten des ElWOG reklamierten die großen österreichischen Tageszeitungen immer wieder eine durch diese Richtlinie angeblich schlechthin geforderte *Liberalisierung* der österreichischen Elektrizitätswirtschaft. Wiederholt wurde auf Liberalisierungsforderungen der *Bürokratie der EU* hingewiesen, als kämen sie von einem omnipotenten Gesetzgeber. Die Liberalisierung wurde zum undifferenzierten Schlagwort und zum Kriterium für die zunehmende Kritik der Medien an den österreichischen Reformbemühungen. Mit kaum verhüllter Häme wurde wiederholt auf die zu erwartenden gestrandeten Investitionen hingewiesen. In der europäischen Richtlinie, die offensichtlich ungenau gelesen wurde, ist aber nur von der *Sicherstellung eines einwandfreien Funktionierens des Binnenmarktes* die Rede sowie von der *Verwirklichung eines wettbewerbsorientierten europäischen Elektrizitätsmarktes*, als ein *wichtiger Schritt zur Vollendung des Energiebinnenmarktes*. In der Richtlinie wird auf die *Versorgungssicherheit* und auf die *Wettbewerbsfähigkeit der europäischen Wirtschaft verwiesen*; ferner auf die *Verbesserung der Effizienz bei der Erzeugung, Übertragung und Verteilung der Elektrizität*. Gleichrangig dazu sind das *Subsidiaritätsprinzip* und die *gemeinwirtschaftlichen Verpflichtungen der Staaten als Korrektive* für die Umsetzung der Richtlinie in das staatliche Recht vorgegeben. Überdies wird auf die *Versorgungssicherheit*, auf den *Verbraucherschutz* und auf den *Umweltschutz* als wettbewerbseinschränkende Faktoren ausdrücklich hingewiesen.

Öffentliche Unternehmen und *gemeinwirtschaftliche Verpflichtungen* sind also in der Richtlinie ausdrücklich als Schutzgüter anerkannt. Ihre Gewährleistung ist den einzelnen Staaten anheimgegeben. Die *Liberalisierung* ist durch die EU keineswegs zu einem absoluten Prinzip erhoben. Man tut daher gut daran, den Text der Richtlinie genauer zu lesen, um die Tragweite der problematischen Maßnahmen des österreichischen Gesetzgebers zur Umsetzung der europarechtlichen Vorgaben in die österreichische Ordnung der Elektrizitätswirtschaft, im Dienst an einer absolut gedeuteten Liberalisierung ermessen zu können.

Zur Veranschaulichung der Folgen des neuen österreichischen Elektrizitätswirtschafts- und Organisationsgesetzes sind die in der Medien-Öffentlichkeit diskutierten Themen überaus aufschlußreich. Im Nachfolgenden werden daher einige der von den größeren Tageszeitungen

Österreichs in den letzten zwei Jahren (vor und nach der Erlassung des ElWOG) aufgegriffenen Themen in Schlagworten wiedergegeben:
— In den Zeitungen wird der Begriff *Liberalisierung* wie eine absolute Forderung der EU verwendet.
— Wiederholt ist von *Forderungen der Bürokratie* der EU nach einer *stärkeren Liberalisierung* die Rede.
— Man verlangt eine *vollständige Öffnung des Strommarktes* nach innen und nach außen.
— Die Schaffung einer *gesamtösterreichischen Holding* von Elektrizitätsunternehmen ist vor allem nach dem Inkrafttreten des ElWOG ein Dauerthema. Seit dem Inkrafttreten des Gesetzes diskutiert man allerdings nur noch über einen Teilverbund Ost, in jüngerer Zeit auch über einen Verbund Mitte und über Formen regionaler Kooperationen.
— Andererseits ist nun aber auch von einer *gesamteuropäischen Holding* die Rede.
— Die gemeinwirtschaftlich konzipierte, *französische Elektrizitätsorganisation kauft Kapitalanteile* einer österreichischen Landesgesellschaft.
— Der liberalisierte *deutsche Strommarkt* drängt nach Österreich.
— Der *Kreis zugelassener Kunden* umfaßt auch alle größeren Elektrizitätsunternehmen Österreichs.
— Der *Netzzugang* zum Höchstspannungsnetz des Bundes und die Tarife dafür werden erst nach dem Gesetzesbeschluß zum öffentlichen Thema.
— Die *Gebühren* für den Zugang zum Höchstspannungsnetz des Verbundes sollen auch der *Abschreibung der gestrandeten Investitionen* dienen.
— *Strompreise für die Großindustrie* werden etappenweise billiger; *mittlere und kleinere Unternehmen* und *Konsumenten* werden auf später vertröstet. Einzelne Landesgesellschaften senken vor den NR-Wahlen ihre Strompreise für Konsumenten geringfügig, andere kündigen Preissenkungen für später an oder ziehen vereinzelt nach.
— *Zwischenhändler* etablieren sich als Stromkäufer und Stromverkäufer.
— Es entstehen *Strombörsen* für einen freien Handel mit Strom.
— Durch die Liberalisierung werden *Stromimporte* für alle zugelassenen Käufer frei.
— Durch die Liberalisierung entstehen *gestrandete Investitionen* in Milliardenhöhe.
— Die Marktöffnung verursacht *nationale Überkapazitäten*.

— Die Marktöffnung soll die *Vermehrung von Arbeitsplätzen* (indirekt) zur Folge haben.
— Durch die Liberalisierung werden die *Atomkraftwerke* der europäischen Nachbarstaaten wirtschaftlich begünstigt, der *Umweltschutz* bleibt ein Programm.
— Aus Gründen des Umweltschutzes wird vor allem zu Lasten des Konsumenten eine *europäische Elektrizitätssteuer* geplant.
— Die Rationalisierung von staatlichen Elektrizitätsunternehmen setzt tausende von *Arbeitskräften* frei.
— Elektrizitätsunternehmen zahlen „riesige" *Remunerationen und Abfertigungen* etc.

In den großen Tageszeitungen werden weder der *Stromverbrauch* noch das *Stromsparen* diskutiert Es fehlen öffentliche *Kapitalanalysen* für die staatlichen Elektrizitätsunternehmen. Die *staatlichen Förderungen* der Elektrizitätswirtschaft werden nicht transparent gemacht. Die *gemeinnützig konzipierten Elektrizitätsunternehmen* haben bereits vor der Aufhebung gemeinwirtschaftlicher Bindungen *erwerbswirtschaftliche Gewinne* erzielt. Die Elektrizitätsunternehmen treten auf dem Kapitalmarkt mit gehorteten Geldern als *Käufer von Kapitalanteilen* an anderen Unternehmen auf. Die Reform macht *politische Proporzstrukturen* und *unwirtschaftliche personelle Überbesetzungen* sichtbar.

In den letzten Septembertagen des Jahres 1999 waren die Auswirkungen des neuen Elektrizitätsrechtes in der Schweiz und in Deutschland Gegenstand von Fernsehgesprächen. Ein Gespräch mit dem Altmeister der schweizerischen Elektrizitätswirtschaft war ebenso aufschlußreich wie ernüchternd. Nach dessen Aussagen wird die schweizerische Stromwirtschaft infolge der Marktöffnung nun *für Jahre durch das Tal der Tränen gehen. Es herrscht bereits das Chaos. Die Stromgesellschaften stehen in einer offenen Preiskonkurrenz zueinander. Die Preise fallen zunächst nur für die Großen. Die Kapitalreserven der Elektrizitätsunternehmen werden bereits aufgebraucht. Die erforderlichen Rationalisierungsmaßnahmen setzen zahlreiche Arbeitskräfte frei. In dem Konkurrenzspiel der Elektrizitätsgesellschaften auf dem freien Markt wird es Gewinner und Verlierer geben. Es gibt nun Bewegung, aber bereits so viel, daß man sich nicht mehr auskennt.* – Der Altmeister der schweizerischen Stromwirtschaft konzedierte seinem Gesprächspartner, daß in der Elektrizitätswirtschaft noch immer *keine Transparenz* herrscht und daß *die Tarife bisher nicht gestimmt* haben. Die Marktöffnung sei aber vor allem notwendig, um die großen Stromabnehmer zu stärken. *Dadurch werden Arbeitsplätze geschaffen. Die mittleren und die kleinen Stromabnehmer sollen später drankommen.* Die neunjährige

Übergangsfrist in der Schweiz zur Neuregelung wird schlechthin als zu lang befunden.

Die durch Marktöffnung erfolgte *Preisgabe von Volksvermögen* und der bevorzugten Behandlung der *Stromversorgung als öffentliche Aufgabe* wurden mit keinem Wort erwähnt. Der Widerspruch zwischen der Feststellung, daß *durch die einseitige Förderung der großen Industrieunternehmen Arbeitsplätze geschaffen* werden und dem Umstand, daß die *Großindustrien und Elektrizitätsunternehmen durch anhaltende Rationalisierungen tausende von Arbeitskräften freisetzen*, blieb ebenso unerklärt, wie eine Begründung der Behauptung von der Schaffung von Arbeitsplätzen durch die Marktöffnung.

Zwei Tage später wurde über einen anderen Fernsehkanal ein Gespräch über die deutsche Lage nach der *Liberalisierung* ausgestrahlt. Die dort behandelten Themen waren folgende:

— Man hat die *Möglichkeiten der Richtlinie* zu wenig ausgenützt.
— Man hat über die *durch die Öffnung des nationalen Strommarktes zu erwartenden Probleme* zu wenig nachgedacht.
— Die Elektrizitätsunternehmen waren *auf die Öffnung zu wenig vorbereitet*.
— Man wollte anscheinend *zuerst falsche Erfahrungen machen* und dann planen.
— Die *Versorgungszuverlässigkeit* scheint für die Zukunft durch die Marktöffnung *in Frage gestellt*.

In diesen und anderen Themen wurde erkennbar, daß die Elektrizität in einer problematischen Weise zur freien Handelsware gemacht wurde, als wäre sie tatsächlich eine frei bewegliche Sache, wie irgendeine andere auch, und nicht eine notwendige Einheit von unselbständiger Ware und Dienstleistung. Die Elektrizität ist anlagengebunden und von begrenzter territorialer Reichweite in Übertragung und Verteilung. Ihre Behandlung als eine frei bewegliche Sache ist daher weitgehend fiktiv. Die mit dieser Fiktion verbundenen Wirkungsweisen des freien Handels und der Börsenspekulation, ferner ihre Folgen für die Volkswirtschaften und der einzelnen stromerzeugenden Unternehmen im staatlichen Verbund sind noch nicht absehbar.

VII. Rechtswissenschaft und Gesetzgebung

Dem Juristen ist es in erster Linie aufgegeben, geltende und verbindliche Gesetze nach ihrem Wortlaut und gemäß der Bedeutung ihrer Sinngehalte zu erfassen, zu verstehen und zu deuten. Die politische Bewertung von Regelungsinhalten ist nicht seine eigentliche Aufgabe. Der Jurist muß – wie jeder Staatsbürger – zunächst einmal zur Kenntnis nehmen, was der Gesetzgeber anordnet. Für den Juristen sind aber gerade deshalb die Sinngehalte von geltenden Gesetzen vor allem im Hinblick auf ihre Umsetzung in die kulturell-soziale Wirklichkeit von Bedeutung. Geltung und Verbindlichkeit der Sinngehalte von Gesetzen haben für die Vergangenheit vor dem Zeitpunkt des Inkrafttretens im allgemeinen keine Bedeutung. In ihrer Sinn- und Zweckhaftigkeit verknüpfen aber ihre Anwendung und Befolgung zwangsläufig die Gegenwart mit der Vergangenheit und mit der Zukunft. Dem Juristen sind die Zukunftsperspektiven eines Gesetzes aus dem Sinnverständnis der Vergangenheit vorgezeichnet. Die Bedeutung von Gesetzen ergibt sich aus der Vorgeschichte ihrer Entwicklung und findet in ihrer künftigen Anwendung und Befolgung einen erkennbaren Niederschlag. Der Jurist muß sich bei der Erfassung der Sinngehalte von Gesetzen gewiß an deren Wortlaut und Bedeutung halten. Ihre Sinndeutung fordert aber dennoch zu Vergleichen der neuen mit der früheren Rechtslage und zu Überlegungen über die künftigen Auswirkungen einer Neuregelung heraus. Überlegungen aus Vergleichen von früheren, gegenwärtigen und künftigen Auswirkungen gesetzlicher Regelungen führen zu einem besseren Verständnis ihrer Sinngehalte. Sinngehalte von Gesetzen erfassen werthafte kulturell-soziale, insbesondere wirtschaftliche Zusammenhänge, die in ihrer Statik und Dynamik den Einzelnen und die Gemeinschaft eines Staates in ihren legitimen Existenzinteressen unmittelbar betreffen. Die Perspektiven des Juristen richten sich gewiß in erster Linie auf die verbindlichen Wertungen und Zielsetzungen geltender Gesetze. Doch die dabei zu vollbringenden Wertanalysen erfolgen am Maßstab der institutionellen Gewährleistungen in den verfassungsgesetzlich geschützten Freiheiten und Grundrechten Bürger. Die Rechtsbetrachtung ist eine Inhaltsbetrachtung und diese ist wesensgemäß eine Wertbetrachtung.

Dem Juristen obliegt gewiß in erster Linie die Deutung der Sinngehalte des geltenden Rechtes. Rechtsänderungen liegen außerhalb der Rechtsdogmatik. Sie gehören im allgemeinen in die Rechtsvergleichung und in die Rechtspolitik. Doch solche wissenschaftstheoretische Zuordnungen bedeuten keineswegs, dass der Jurist auf entwicklungsgeschichtliche und vergleichende wirtschaftspolitische Analysen der Auswirkungen eines Gesetzes verzichten muß. Die Besinnung auf Sinn und Zweck von Regelungsinhalten eines bestimmten Gesetzes zeigt nämlich, daß der Jurist die Sinngehalte von Gesetzen ohne Bezugnahme auf die Werthaftigkeit der kulturell-sozialen Wirklichkeit nicht an der Verfassung messen kann. Die Verpflichtung des Juristen zur Objektivität gegenüber dem geltenden Recht verliert dadurch keineswegs an Bedeutung, sie führt vielmehr geradewegs zu den der Verfassung immanenten institutionellen Garantien, die Kriterien für die rechtliche Beurteilung sogar von Verfassungsgesetzen abgeben. Die Sinngehalte der Gesetze und der Verfassung sind in ihren Zweck- und Werthaftigkeiten nicht nur aufeinander, sondern auch auf die kulturell-soziale Wirklichkeit bezogen. Daher sind vor allem Wertungen und Wertentscheidungen der Rechtssetzungsautorität, die an den Wesensgehalt der Verfassung rühren, auch durch den Juristen nur aus einer empirisch-rationalen vergleichenden Sicht voll erfassbar, verstehbar und deutbar, mögen sie auch in den Verfassungsrang angehoben sein. Dabei sind sinn- und zweckhafte Deutung der Inhalte von Gesetzen und ihre verfassungsrechtliche Bewertung voneinander zu unterscheiden. Das zeigt sich am Elektrizitätsrecht sehr anschaulich.

Das bis zum ElWOG geltende österreichische Elektrizitätsrecht war gemeinwirtschaftlich konzipiert. Eine solche wirtschaftspolitische Zielsetzung entspricht der Elektrizität als einem notwendigen Wirtschaftsgut für Jedermann. Die Elektrizität ist in ihrer Bedeutung dem Wasser, der Straße und der Schiene vergleichbar. Die heutige Gesellschaft bedarf einer Gewährleistung der gemeinnützigen Verfügbarkeit dieses Wirtschaftsgutes für die Allgemeinheit. Infolge des Fortschrittes der Technisierung ist heute der elektrische Strom zu einem unverzichtbaren Wirtschaftsgut geworden, das einem existentiellen Bedarf Jedermanns entspricht. Daraus erklärt sich auch die gemeinwirtschaftliche Konzeption der nur wenige Jahre vor dem ElWOG verfassungsgesetzlich verfestigten, staatlichen Elektrizitätswirtschaft Österreichs. Daraus erklärt sich aber auch die Aufrechterhaltung des gemeinwirtschaftlichen Charakters der Elektrizitätswirtschaft durch Frankreich.

Die Errichtung von Stromerzeugungs-, Stromübertragungs- und Stromverteilungsanlagen zur Versorgung der Lebensgemeinschaft des Staates mit Elektrizität war sieben Jahrzehnte zu Recht durch direkte und indirekte staatliche Förderungen begünstigt. Die Elektrizitätsunternehmen unterlagen im Dienst am öffentlichen Interesse nämlich der *Betriebspflicht* und dem *Kontrahierungszwang*. Für den elektrischen Strom galt die Regelung des Preisgesetzes, die *volkswirtschaftlich gerechtfertigte Preise* vorschreibt. Die Energiewirtschaft war in diesem Sinn mehrfach dem *gemeinnützigen Versorgungsprinzip* verfassungsrechtlich untergeordnet. Der freie Wettbewerb und die erwerbswirtschaftliche Erzielung von Gewinn, in einer im übrigen konkurrenzoffenen Marktwirtschaft, waren auf eine *zweckgebundene Kapitalbildung* eingeschränkt. Das entsprach auch dem Eigentum des Staates an den Elektrizitätsunternehmen. Elektrizitätsunternehmen des Bundes, der Länder und der Kommunen waren bis vor kurzer Zeit weitaus überwiegend noch im Eigentum der Gebietskörperschaften des Staates. Die Stromerzeugungs- und Stromlieferungsanlagen standen über das Eigentum an Kapitalanteilen der staatlichen Unternehmen mittelbar im öffentlichen Eigentum und unterlagen daher der Kontrolle des Rechnungshofs. Sie dienten der Öffentlichkeit zur Gemeinnützigkeit unter verfassungsgesetzlich vorgeschriebenen Bedingungen. Erst in jüngerer Zeit begannen Bund und Länder Kapitalanteile der staatlichen Unternehmen an ihren Elektrizitäts-Unternehmen zu verkaufen (Verbund, Steweag). Die Folgen sind bereits jetzt von großer Tragweite. Sie zeigen sich beunruhigend vor allem bei jenen Unternehmen, bei denen Außenstehende über eine gesellschaftsrechtliche Sperrminorität verfügen. Diese sind nun in ihren Fusionsbemühungen mit anderen Elektrizitätsunternehmen um eine gesamtösterreichische umfassende Stromholding nicht mehr ausreichend entscheidungsfrei.

Das neue ElWOG hat grundlegende wirtschaftliche Veränderungen zur Folge. Von der ursprünglichen wirtschaftspolitischen Konzeption der Gemeinnützigkeit ist nur noch wenig geblieben. Obwohl die *Richtlinie über den europäischen Binnenmarkt* auf *Dauer* die Möglichkeit darbietet, die Elektrizitätswirtschaft gemeinnützig zu organisieren, wurde das bisherige Konzept der Gemeinnützigkeit zu Gunsten eines freien Wettbewerbes wesentlich eingeschränkt. Zum Unterschied von Frankreich entschied sich der österreichische Gesetzgeber *gegen die ihm durch die Richtlinie freigegebene Möglichkeit,* die österreichische Elektrizitätswirtschaft nach innen gemeinwirtschaftlich zu organisieren und gesellschaftsrechtlich zu einer gesamtösterreichischen Holding zusammenzufassen, um sie dadurch vor allem nach außen wirtschaftlich zu stärken und gegenüber den Elektrizitätserzeugungsgiganten der Nachbarländer auf dem geöffneten europäischen Markt als eine kompakte organisatorische und wirtschaftliche Einheit einigermaßen konkurrenzfähig zu machen. Die geplante *planlose* marktwirtschaftliche Öffnung durch das ElWOG nach innen und nach außen scheint dafür bestimmt zu sein, die nunmehr marktwirtschaftlich und gesellschaftsrechtlich vereinzelten österreichischen Elektrizitätsunternehmen dem wirtschaftlichen Druck von Großunternehmen der Nachbarländer preiszugeben, bis sie von diesen entweder aufgekauft oder durch eine offene Preiskonkurrenz in den wirtschaftlichen Ruin getrieben sind.

VIII. Schlußbemerkung

Die Veröffentlichung meiner aus unterschiedlichen Zeiten stammenden Abhandlungen zum Elektrizitätsrecht und zur staatlichen Planung dient mehreren Zwecken. Einerseits soll sie eine Dokumentation der geschichtlichen Entwicklung des österreichischen Elektrizitätsrechtes darbieten. Andererseits dient sie der Darlegung der Notwendigkeit einer sinnvollen Synthese des rechtsdogmatischen Denkens mit entwicklungsgeschichtlichen und vergleichenden rechtspolitischen Überlegungen aus einem gesamtstaatlichen *wirtschaftspolitischen* Verständnisbemühen. Ein weiterer Zweck liegt aber in der Veranschaulichung des planlosen Umganges der politischen Machthaber mit dem Recht und mit den ihnen zur treuhändigen Verwaltung anvertrauten nationalen Wirtschaftsgütern. Das neue Elektrizitätsrecht ist ein herausragendes Beispiel für die Selbstentbindung der Staatspolitik aus einer verantwortlichen zeitgebundenen Planung, im Hinblick auf die gemeinnützige Verpflichtung der Elektrizitätswirtschaft gegenüber existenziellen Lebensbedürfnissen der österreichischen Bevölkerung. Diese Gründe für die Veröffentlichung der vorliegenden Studien möge sich der Leser vor Augen halten, wenn er sich am Beispiel der Entwicklung des österreichischen Elektrizitätsrechtes ein eigenständiges Urteil über den autokratischen Umgang der demokratisch bestellten Inhaber der Staatsmacht mit dem öffentlichen Gut bilden will.

Die Herstellung des Layouts dieses Buches besorgten SUSANNE KARNER und MONIKA RUSTLER-ULRAM. An den Korrekturen wirkte JOHANNES BRIC mit. Ihnen sei für ihre Mühewaltung bestens gedankt.

Wien, im Oktober 1999   GÜNTHER WINKLER

Inhaltsverzeichnis

	Seite
Vorwort	V
Überleitung und Rezeption des deutschen Elektrizitätsrechtes (1956)	1
Das Elektrizitätsrecht (1962)	15
I. Die geschichtliche Entwicklung	15
II. Die Verfassungsrechtslage	18
III. Das geltende Recht	20
1. Allgemeine Charakteristik	20
2. Die Stromerzeugung	20
3. Stromwege, Stromanlagen, Strommaße	22
a) Die Stromwege	22
b) Die Stromerzeugungs- , -lieferungs- und -verbrauchsanlagen	23
c) Die Strommaße	24
4. Die Stromversorgung	25
IV. Die staatliche Lenkung der Elektrizitätswirtschaft	27
1. Der Aufbau der Elektrizitätswirtschaft	27
2. Die Lenkung der Elektrizitätswirtschaft	29
3. Planung und Förderung der Elektrizitätswirtschaft	30
a) Die Statistik	30
b) Die Steuer	31
V. Die Organe der Vollziehung	32
a) Die Bundesorgane	32
b) Die Landesbehörden	33
c) Instanzenzug und Rechtsschutz	33
VI. Schluß	33
Anhang I	35
Anhang II	36
Verfassungsrechtsfragen der Elektrizitätswirtschaft (1997)	39
I. Sachfrage und Problemstellung	39
1. Die Sachfrage	39
2. Die Problemstellung	40
II. Eine Bestandsaufnahme der österreichischen Elektrizitätswirtschaft	41
1. Wirtschaftliche und technische Voraussetzungen der Versorgung mit elektrischer Energie	41
2. Eckdaten der Erzeugung von elektrischer Energie in Österreich	43
III. Die geschichtliche Entwicklung der Elektrizitätswirtschaft und des Elektrizitätsrechts	45
IV. Grundzüge des Elektrizitätswirtschaftsrechts	48
1. Die Konzessionspflicht	49
2. Das elektrizitätswirtschaftliche Bewilligungsverfahren	49
3. Rechte und Pflichten der Elektrizitätsversorgungsunternehmen	51

		a) Allgemeine Bedingungen und Tarife	51
		b) Die Allgemeine Anschluß- und Versorgungspflicht	51
		c) Leistungspflicht und Kontrahierungszwang	51
		d) Ausnahmen von der allgemeinen Anschluß- und Versorgungspflicht	52
		e) Das Gleichbehandlungsgebot	53
		f) Baukostenzuschüsse	53
		g) Die Verpflichtung zur Abnahme elektrischer Energie	53
		h) Die „Ersatzvornahme" bei Nichterfüllung der Versorgungsaufgabe	53
V.	Elektrizitätswirtschaft und Energielenkungsrecht		54
	1.	Die verfassungsgesetzliche Grundlage	54
	2.	Allgemeine Lenkungsmaßnahmen	55
	3.	Lenkungsmaßnahmen zur Sicherung der Elektrizitätsversorgung	56
	4.	Bundeslastverteiler und Landeslastverteiler	57
	5.	Mehrverbrauchsgebühren und Verwaltungskosten	58
	6.	Auskünfte und Beratungen	59
VI.	Grundzüge der gesetzlichen Regelungen der Elektrizitätswege		59
VII.	Rechtsgrundlagen der Strompreisgestaltung		60
	1.	Die Preisregelung nach dem Elektrizitätswirtschaftsrecht	61
	2.	Die Preisregelung nach dem Preisgesetz 1992	62
VIII.	Das verfassungsgesetzliche Wirtschaftlichkeitsgebot als Determinante des Organisationsrechts		63
IX.	Das Ziel einer einheitlichen Elektrizitätswirtschaft und seine Verwirklichung im geltenden Recht		67
	1.	Das verfassungsgesetzliche Gebot des einheitlichen Wirtschaftsgebietes ..	67
	2.	Das verfassungsgesetzliche Gebot des Einheitlichkeit des Wirtschaftsgebietes und die Elektrizitätsversorgung als öffentliche Aufgabe	69
		a) Der Verfassungsrang des 2. Verstaatlichungsgesetzes	69
		b) Öffentliche Interessen und öffentliche Aufgaben der Verbundgesellschaft im 2. VerstG	70
		c) Die Errichtung von Großkraftwerken als Indikator für das Konzept einer einheitlichen Energiewirtschaft	72
		d) Zu den Schranken des Gebotes des einheitlichen Wirtschaftsgebietes für die Organisation der Elektrizitätswirtschaft und für das Handeln ihrer Organe	73
		e) Die zweifache Gesetzgebung und die Vollziehung durch Landesorgane auf dem Gebiet des Elektrizitätswesens	76
		f) Das Preisrecht und die Auswirkungen des Homogenitätsgebotes auf Art 12 Abs 1 Z 5 B-VG	77
X.	Die Gemeinwohlbindung als Ordnungsprinzip des Elektrizitätswirtschaftsrechts		80
XI.	Die öffentliche Aufgabe der Elektrizitätsgesellschaften als Determinante einer dem Gemeinwohl verpflichteten Verbundorganisation		82
	1.	Die Aufgaben der Verbundgesellschaft	83
		a) Die allgemeine Zielvorgabe für die Aufgabenerfüllung	84
		b) Die Ermittlung des Strombedarfes	85
		c) Der Ausgleich zwischen Erzeugung und Bedarf	86
		d) Die Übernahme von Leitungen und der Abschluß von Transport- und Lieferungsverträgen	86

e) Die Veranlassung des Bauens und des Betriebes
von Großkraftwerken 87
f) Die Einhaltung der Grundsätze der Arbeitsteilung zwischen den
Landesgesellschaften und der Verbundgesellschaft 87
g) Die Prüfung von und die Zustimmung zu Stromlieferungsverträgen .. 88
2. Die Sondergesellschaften und ihre Aufgabe 88
3. Materielles Recht und Organisationsrecht 89
XII. Die europarechtlichen Rahmenbedingungen 92
XIII. Maßnahmen zur Verbesserung der materiellen und organisatorischen
Rahmenbedingungen der Elektrizitätswirtschaft 96
XIV. Schwerpunkte einer sachgemäßen Gesamtreform des Elektrizitätsrechtes 101
1. Einleitung 101
2. Wirtschaftliche Bestandsaufnahme und
wirtschaftspolitische Zielsetzung 102
3. Rechtliche Bestandsaufnahme und rechtspolitische Zielsetzungen 102
4. Rechtliche Reformansätze 103
   a) Das Verfassungsrecht 103
   b) Das einfachgesetzliche Recht 104
   c) Die Vollzugskompetenzen 104
   d) Die Verbundorganisation 105
5. Allgemeine Schlußfolgerungen 105
Literaturverzeichnis 107

**Verfassungsrechtliche Fragen einer Reform
des österreichischen Elektrizitätswesens (1998)** 109
I. Der Inhalt des Reformentwurfs 109
II. Die geltende Kompetenzlage 112
III. Die hoheitliche Stellung der Verbundgesellschaft in der
Organisation der Elektrizitätswirtschaft 124
1. Die geltende Verfassungsrechtslage 124
2. Die europarechtlichen Rahmenbedingungen für eine Neuregelung 128
3. Die unzureichende Berücksichtigung öffentlicher
(gemeinwirtschaftlicher und gesamtwirtschaftlicher) Interessen
im Reformentwurf 134
4. Grundrechtliche Aspekte: Eingriffe in das Eigentumsrecht und
in den Gleichheitsgrundsatz 144
IV. Die Öffnung des Elektrizitätsmarktes eines Staates 148
1. Die europarechtlichen Vorgaben der Richtlinie für die Organisation
des Zugangs zu den Elektrizitätsnetzen 148
2. Die monopolistischen Elektrizitätsmärkte als Grund für das
Alleinabnehmersystem 152
3. Die unausgewogene und unsachliche Marköffnung für die
Landesgesellschaften und die Verbundgesellschaft 155
4. Unzureichende Regelung des Netzbetriebs und der Organisation
des Netzzugangs 162
V. Die Berücksichtigung ökologischer Aspekte (erneuerbare Energie)
und heimischer Primärenergieträger 168
1. Die europarechtlichen Regelungen 168
2. Die Umsetzung im Entwurf 170

VI. Schwerpunkte der verfassungsrechtlichen und europarechtlichen Kritik
    am Regierungsentwurf 176
Anhang 1: Fragen an den Gesetzgeber 186
Anhang 2: Literaturnachweis 198

Planung in Staat und Gesellschaft (1961) 200
    I. Allgemeines 200
    II. Das österreichische politische System 202
    III. Staatliche Planung 204
        1. Rechtsgrundlage 204
        2. Organisation 206
            a) Planungsstäbe des Bundes 206
            b) Planungsstäbe der Länder 207
            c) Planung in den Gemeinden 207
    IV. Nichtstaatliche Planung 209
    V. Demokratisierung 209
        1. Schuldemokratie 211
        2. Betriebsdemokratie 212
        3. Demokratisierung der Hochschulen 213
        4. Gemeindedemokratie 214
Literaturverzeichnis 215

Überleitung und Rezeption des deutschen Elektrizitätsrechtes (1956)

I.

Das Elektrizitätswesen Österreichs wurde im Jahre 1929 durch das ElektrizitätsG, BGBl Nr 250, gemäß Art 12 (1), Z 7, B-VG grundsätzlich und, soweit es nicht unter Art 10 B-VG fiel, in der Folgezeit auch im einzelnen durch die verschiedenen Ausführungsgesetze der Länder geregelt[1]. Diese Regelung entsprach der bundesverfassungsgesetzlichen Kompetenzaufteilung zwischen Bund und Ländern; sie galt inhaltlich unverändert bis zum Jahre 1939.[2] Im Zuge der Erlassung deutscher Rechtsvorschriften für das Gebiet der Republik Österreich wurde diese österr. Regelung durch die VOen über die Einführung des deutschen Energiewirtschaftsrechtes im Lande Österreich vom 26. 1. 1939, DRGBl I, S 83 (GBlÖ Nr 156/1939), und vom 17. 1. 1940, DRGBl I, S 202, beseitigt und durch die deutschen einheitsstaatlichen Vorschriften vom 13. 12. 1935, DRGBl I, S 1451, und vom 8. 11. 1938, DRGBl I, S 1612, sowie die daran anschließenden zahlreichen Novellierungen und Durchführungs-VOen. ersetzt. Im Jahre 1945 wurden diese Vorschriften durch § 2 R-ÜG, StGBl 6/1945, vorläufig in die wiedererrichtete österr. Rechtsordnung übernommen. Dem damaligen einheitsstaatlichen Aufbau der Republik entsprechend, erstreckte sich ihre Geltung nach wie vor auf das ganze Staatsgebiet. Daher bereitete die Einordnung der übergeleiteten deutschen Normen zunächst keine besonderen Schwierigkeiten; hatte man doch vorläufig von der Verwirklichung des bundesstaatlichen Aufbaues und der damit zusammenhängenden geteilten und gemeinsamen Kompetenzen von Bund und Ländern Abstand genommen.

Das änderte sich aber bald. Am 20. 10. 1945 brachte die Novelle zur provisorischen Verfassung, StGBl Nr 196/1945, den provisorischen Lan-

---

[1] Burgenland, LGBl Nr 77/1931; Kärnten, LGBl Nr 21/1932; Niederösterreich, BGBl Nr 237/1931; Oberösterreich, LGBl Nr 1911932, Salzburg, LGBl Nr 15/1932; Steiermark, LGBl Nr 69/1931; Tirol, LGBl Nr 16/1932; Vorarlberg, LGBl Nr 34/1933; Wien, LGBl Nr 53/1931. Vgl auch ADAMOVICH, Handbuch des österreichischen Verwaltungsrechts II, S 220.

[2] Von den verfassungsrechtlichen Änderungen in der Kompetenzverteilung abgesehen. Vgl dazu Art I, §§ 1 und 2 des VÜG 1934, BGBl Nr 75/1934, und Art 34 (1), Z 10, der Verfassung aus 1934, BGBl Nr 239/l934.

desregierungen das vorläufige Recht, auf Grund der Kompetenzverteilung vom Stand des Jahres 1929 Landesgesetze zu erlassen. Damit wurde der föderalistische Aufbau Österreichs wieder verwirklicht[3]. Von diesem Zeitpunkt an ergab sich das Problem der Einordnung der Energiewirtschaftsvorschriften des deutschen Einheitsstaates in die bundesstaatliche Rechtsordnung.

Die Überleitungsgesetze des Jahres 1945 brachten in dieser Hinsicht keine ausdrückliche Regelung. Man behalf sich daher mit der analogen Anwendung des gleichzeitig mit dem B-VG 1929 in das geltende Recht übernommenen VÜG 1920 in der Fassung von 1925[4]. Nach diesem Verfassungsgesetz waren alle Vorschriften, deren Erlassen im Bereich der Bundeskompetenz lag, Bundesvorschriften; die meisten anderen galten als Landesvorschriften weiter. Für die Fälle des Art 12 B-VG (Grundsatzgesetzgebung beim Bund und Ausführungsgesetzgebung bei den Ländern) war jedoch eine Sonderregelung maßgebend: Alle Vorschriften, die Angelegenheiten des Art 12 B-VG zur Gänze regelten, waren noch durch drei Jahre hindurch, gerechnet von dem Zeitpunkt an, in welchem die Bestimmungen über die Kompetenzverteilung wirksam wurden, als bundeseinheitliche Vorschriften in Geltung belassen. Mit Ablauf dieser Dreijahresfrist erlosch gemäß § 3 (2) VÜG 1920 ihre Geltung. Für den Fall aber, daß es der Bundesgesetzgeber nach Fristablauf unterlassen sollte, auf diesen Gebieten die erforderlichen Grundsätze gesetzlich festzulegen, bekamen die Länder die Möglichkeit, die betreffende Materie auch ohne Bundesgrundsätze zu regeln.

In Anwendung auf das Elektrizitätsrecht zog man daraus die Folgerung, daß die deutschen Vorschriften über das Energiewirtschaftsrecht, soweit sie nicht unter Art 10 B-VG fielen, bis 20. 10. 1948 (dem Zeitpunkt des Ablaufes der im VÜG 1920 vorgesehenen dreijährigen Frist seit dem Wirksamwerden der Kompetenzverteilung) als bundeseinheitliche Normen Geltung hatten und dann infolge Fristablaufes außer Kraft traten[5].

II.

Der Bund machte in der Folgezeit von seiner Zuständigkeit zur Grundsatzgesetzgebung keinen Gebrauch. Daher wurde es den Landesgesetzgebern nach § 3 (2) VÜG 1920 möglich, das Elektrizitätsrecht im Rahmen der Art 10 bis 15 B-VG, unabhängig von Bundesgrundsätzen, neu

---

[3] Seine endgültige Ordnung, entsprechend dem B-VG, fand er allerdings erst am 19.12.1945, mit dem Vollwirksamwerden unserer Bundesverfassung.
[4] Siehe dazu VfSlg 1882/1949 und 2148/1951.
[5] Siehe Anm 4.

zu regeln. Doch auch die Länder unterließen es zunächst, diese Rechtslücke zu schließen. In den Bundesländern stand deshalb auf dem Gebiete des Elektrizitätswesens nach Art 12 (1), Z 7, B-VG längere Zeit hindurch keinerlei Vorschrift in Geltung. Erst nach und nach entschlossen sich die Länder zu einer Regelung. Salzburg Steiermark, Tirol und Vorarlberg erließen die entsprechenden Vorschriften im Jahre 1949; Kärnten folgte im Jahre 1953; Burgenland im Jahre 1955; die Wiener Regelung ließ am längsten auf sich warten, sie erging erst im Frühjahr 1956. Diese Rechtslücke, die in einem Fall bis zu acht Jahren andauerte, hinderte aber keines der Länder daran, die außer Geltung getretenen elektrizitätswirtschaftlichen Vorschriften aus dem deutschen Rechtsbereich auch während der gesetzlosen Zeit anzuwenden. Und es war dann nur eine halbe Lösung, daß man diesen Mangel im nachhinein beseitigte. Man bediente sich dazu eines bequemen und unter solchen Umständen vielleicht unumgänglichen Ausweges: man setzte die „neuen" elektrizitätsrechtlichen Vorschriften mit rückwirkender Kraft ab 21. 10. 1948 in Geltung[6].

Aus der teilweise verhältnismäßig langewährenden gesetzlosen Zeit darf man nun keineswegs schließen, daß die Landesgesetzgeber etwa eine sorgsame Neuregelung vorgenommen hätten. Wie abwegig ein solcher Schluß wäre, zeigen die verschiedenen Ländergesetze ganz deutlich: die Landesgesetzgeber begnügten sich fast durchwegs mit einer generellen Rezeptionsklausel[7].

Innerhalb der neuen Landeselektrizitätsgesetze lassen sich drei Gruppen unterscheiden: 1. jene Gruppe von Gesetzen, in denen ausschließlich das alte Landeselektrizitätsrecht aus der Zeit vor 1938 wieder in Geltung gesetzt wurde[8]; 2. die Gruppe von Gesetzen, in denen neben den alten landesrechtlichen Vorschriften auch die am 20. 10. 1948 außer Kraft getretenen reichs- bzw. bundesrechtlichen Normen in Form einer generellen Rezeptionsklausel übernommen wurden[9]; schließlich 3. jene Gruppe von Landesgesetzen, zu deren ausschließlichem Inhalt die Übernahme des ehemaligen Reichs- und Bundeselektrizitätsrechtes in Form einer generellen Rezeptionsklausel gemacht wurde[10].

---

[6] Die Tragweite einer solchen Maßnahme wird besonders deutlich, wenn man bedenkt, daß sich das Bundesland Wien erst im Jahre 1956 zu einer Regelung herbeigelassen hat. In solchen und ähnlichen Fällen der Bequemlichkeit des Gesetzgebers, die zu Lasten des Rechtsunterworfenen geht, bedauert man es wohl mit Recht, daß die Rückwirkung von Gesetzen nicht verfassungsgesetzlich gegen Mißbrauch abgesichert ist.
[7] Nur Kärnten und Salzburg brachten eine Wiederverlautbarung der novellierten alten landesrechtlichen Vorschriften.
[8] Vorarlberg, LGBl Nr 18/1949; Kärnten, LGBl Nr 6/1953.
[9] Oberösterreich, LGBl Nr 47/1950, Salzburg, LGBl.
[10] Burgenland, LGBl Nr 12/1955; Niederösterreich, LGBl Nr 29/1950; Tirol, LGBl Nr 38/1949; Wien, LGBl Nr 7/1956.

Gegenstand dieser Arbeit sind nur die Gruppen zwei und drei, weil nur sie die deutschen Vorschriften übernahmen.

III.

Die Gesetze der zweiten Gruppe haben ungefähr folgenden Wortlaut: Bis zur Erlassung eines Bundesgesetzes über die Grundsätze des Elektrizitätswesens, soweit es unter Art 12 B-VG in der Fassung von 1929 fällt, werden für das Land ..... 1. das 4. Hauptstück des Gesetzes, LGBl. Nr ....., über Elektrizitätswesen (LandeselektrizitätswesensG) nach Maßgabe der Bestimmungen des Art 2 dieses Gesetzes (in welchem Änderungen angegeben sind); 2. im übrigen die Vorschriften über das Elektrizitätswesen, deren Wirksamkeit ab 20. 10. 1948 erloschen ist, als landesgesetzliche Vorschriften wieder in Wirksamkeit gesetzt. – Die Landesgesetzgeber von Steiermark und Salzburg unterließen es dabei, darauf hinzuweisen, daß die ehemals reichsrechtlichen Vorschriften nur insoweit wieder in Kraft treten sollten, als sie nicht den gleichzeitig in Geltung gesetzten älteren landesrechtlichen Vorschriften widersprachen oder umgekehrt[11]. Welcher Regel im Zweifelsfall der Vorrang zukommt, bleibt daher unklar.

Die Gesetze der dritten Gruppe weisen ungefähr nachstehenden Wortlaut auf: Bis zur Erlassung eines Bundesgesetzes über die Grundsätze des Elektrizitätswesens, soweit es nicht unter Art 10 B-VG in der Fassung von 1929 fällt, werden alle Vorschriften über das Elektrizitätswesen, deren Wirksamkeit mit Ablauf des 20. 10. 1948 erloschen ist, als landesgesetzliche Vorschriften für das Land ..... in Wirksamkeit gesetzt.

Allen diesen Gesetzen wurde rückwirkende Kraft beigelegt. Neben der allgemeinen Rückwirkung wurde in einigen Gesetzen noch zusätzlich verfügt, daß die in der Zeit vom 21. 10. 1948 bis zum Tage der Verlautbarung des Rezeptionsgesetzes in den der Landesvollziehung nach Art 12 B-VG zukommenden Angelegenheiten des Elekrizitätswesens erlassenen Bescheide als auf Grund dieser Gesetze erlassen gelten.

IV.

Die Gesetzgeber der Bundesländer Burgenland, Niederösterreich, Oberösterreich, Salzburg, Steiermark, Tirol und Wien begnügten sich also zur Neuerlassung des deutschen Elektrizitätsrechtes mit einer generellen Re-

---

[11] Dem beugte nur Oberösterreich vor, indem es den alten landesgesetzlichen Vorschriften den Vorrang einräumte: „soweit nicht unter lit. a) eine andere Regelung erfolgt ..." (LGBl Nr 47/1950 § 1, lit b).

zeptionsklausel. Sie übernahmen die deutschen Vorschriften gleichsam in Bausch und Bogen.

Will man diese Gesetzesbeschlüsse sinnvoll verstehen, dann muß man den Landesgesetzgebern als ihren Urhebern unterstellen, daß sie die Elektrizitätsvorschriften aus deutscher Zeit nicht nur dem Titel nach, sondern auch im einzelnen beschlossen und kundgemacht haben wollten. Das bedeutet in sinnvoller Auslegung, daß die Elektrizitätsvorschriften, wie sie in Österreich im Jahre 1948 in Geltung waren – also mit all jenen Änderungen die die Rechtsüberleitung mit sich gebracht hat – in allen Einzelheiten als beschlossen und kundgemacht anzusehen sind. Obwohl die generelle Rezeptionsklausel tatsächlich beschlossen und kundgemacht wurde, handelt es sich, im Hinblick auf den bloß durch die Worte „Elektrizitätswesen, soweit es am 20. 10. 1948 außer Kraft getreten ist" umschriebenen Inhalt, lediglich um einen fingierten Gesetzesbeschluß und um eine fingierte Publikation. Denn tatsächlich wurde nicht der Text der Elektrizitätsvorschriften im einzelnen beraten, beschlossen und kundgemacht, sondern nur die generelle Rezeptionsklausel, der jede ausreichende Inhaltsbestimmung fehlt. Der volle Text des Elektrizitätsrechtes scheint daher nur im DRGBl, teilweise auch im GBlÖ auf und zwar in einer Fassung, die vom Text des fingierten Beschlusses weitgehend abweicht, weil die Änderungen der Überleitung des Jahres 1945 im seinerzeit kundgemachten Text begreiflicherweise nicht aufscheinen. Der Wortlaut des Elektrizitätsrechtes ist also tatsächlich nicht in der Form zugänglich, wie sie die Landesgesetzgeber beschlossen haben wollten.

Bereits ein oberflächlicher Vergleich der im DRGBl und im GBlÖ seinerzeit tatsächlich verlautbarten Vorschriften mit den von den Landesgesetzgebern als beschlossen und kundgemacht fingierten zeigt wesentliche Veränderungen, die eine verläßliche Rechtsanwendung ausschließen. Die organisatorischen Bestimmungen, die die Zuständigkeit des Reichswirtschaftsministers vorsahen, gelten nicht mehr; den unzulässigen Verordnungsermächtigungen (formalgesetzlichen Delegationen) wurde derogiert; die äußeren Bezeichnungen, wie zB „Verordnung", haben nach § 6 (1) VÜG 1920 teilweise als sinngemäß abgeändert zu gelten; die Vorschriften, die als DurchführungsVOen. bis 1948 weitergegolten haben, wurden nunmehr mit der Bezeichnung „Verordnung" als „landesgesetzliche Vorschriften" neu in Geltung gesetzt[12]. Zu Bedenken gibt ferner Anlaß,

---

12 Vgl dazu WERNER, Kann der Nationalrat Verordnungen erlassen ? JBl 1951, S 352 ff, und 1952, S 553 ff; ferner ERMACORA, Der Verfassungsgerichtshof, S 183 ff und 242. Beide nehmen in ähnlichen Fällen Verfassungswidrigkeit an. Ihre Aussagen treffen teilweise auch auf den vorliegenden Fall zu; nämlich insoweit, als am 20. 10. 1948 im Sinne des § 6 (1) VÜG 1920 noch Durchführungsverordnungen vorhanden waren. Gesetzesändernde und gesetzesvertretende VOen. sind zwar im DRGBl. auch noch tatsächlich als

daß die reichsrechtlichen Vorschriften auf dem einheitlichen Kompetenztatbestand „Energiewirtschaft" fußen, der neben der Elektrizitätswirtschaft auch noch die Gaswirtschaft umfaßt. Diese Aufgaben fallen aber nach unserer Bundesverfassung unter verschiedene Kompetenztatbestände. Man empfindet es daher als Mangel, daß Angelegenheiten verschiedener Kompetenztatbestände ohne erkennbare Unterscheidung in einem Gesetz geregelt sind. Dazu kommt noch, daß durch die große Zahl der Novellen und DurchführungsVOen. die Materie bereits in reichsdeutscher Zeit außerordentlich unübersichtlich geworden war. Diese Unklarheiten wurden in Salzburg und in der Steiermark noch dadurch verstärkt, daß man gleichzeitig mit den Bestimmungen aus reichsdeutscher Zeit die alten landesrechtlichen Vorschriften in Geltung setzte, ohne für den Fall des Widerspruches oder der Konkurrenz von Normen dem einen oder dem anderen Bereich einen Vorrang eingeräumt zu haben. Daraus ergeben sich vielfältige Unklarheiten und Schwierigkeiten, sowohl für die Rechtsbefolgung als auch für die Rechtsanwendung, die zwangsläufig eine außerordentliche Rechtsunsicherheit zur Folge haben und der behördlichen Willkür freien Raum geben.

Aber nicht nur in formeller, sondern auch in materieller Hinsicht lassen sich gewichtige Bedenken anführen. Hier sei nur hervorgehoben, daß die reichsrechtlichen Vorschriften seinerzeit aus kriegswirtschaftlichen Gründen mehrmals novelliert worden sind. Diese Änderungen, die heute noch als geltende betrachtet werden, entbehren in Friedenszeiten in einem Rechtsstaat jeder Rechtfertigung. So ist vor allem die VO, GBlÖ Nr 1381/1939, über die Vereinfachung des Verfahrens nach § 4 EnergiewirtschaftsG unserem rechtsstaatlichen Rechtsdenken fremd, weil sie den

---

VOen bezeichnet, sie waren aber seit der Rechtsüberleitung auf Grund des VÜG 1920 als Gesetze anzusehen und ihre Bezeichnungen galten deshalb bereits vor dem 20. 10. 1948 als sinngemäß abgeändert. – Vgl zu diesem Problem auch die Erk des VfGH Slg 2320/1952, 2473/1953 und 2632/1954. Der VfGH kommt zum gleichen Ergebnis wie ERMACORA und WERNER; auch er sieht solche Akte als verfassungswidrig an; er betrachtet sie aber, im Unterschied zu ERMACORA und WERNER, als Verordnungen. Daß es sich aber bei diesen Akten um *Gesetze* handelt, haben WERNER und ERMACORA überzeugend dargetan. Die Beweisführung ERMACORAS auf S 242, daß diese Akte gemäß Art 49 (1) B-VG verfassungswidrig sind, weil sie das entscheidende Erfordernis, „als Gesetze bezeichnet zu sein", nicht allerdings nicht überzeugend. Art 49 (1) verlangt nämlich nicht ausdrücklich die Bezeichnung als Gesetz. KELSEN, Die Bundesverfassung vom 1.10.1920, Kommentar, S 129, meint zu dieser Frage: „Üblicherweise werden die Gesetzesbeschlüsse mit einem Titel versehen, der den Inhalt des Gesetzes charakterisieren soll, und in diesem Titel ausdrücklich als ‚Gesetz' bezeichnet. Dies ist nach der Verfassung nicht unbedingt erforderlich". Aus den Bestimmungen der Verfassung über die Formerfordernisse der Gesetze kann man daher nur schließen, daß Gesetze nicht mit der falschen und irreführenden Bezeichnung „Verordnung" versehen werden dürfen. Eine Ausnahme besteht nur für Verfassungsgesetze und Verfassungsbestimmungen; diese sind nach Art 44 B-VG ausdrücklich als solche zu bezeichnen.

Grundsatz des Parteiengehörs für das elektrizitätsrechtliche Verfahren beseitigte und der Behörde die Handhaben zu unkontrollierbarer Rechtsverweigerung gab.

V.

Diese Mängel verstärken den Eindruck, daß die Länder ihrer Aufgabe als gliedstaatliche Gesetzgeber auf dem Gebiet des Elektrizitätswesens kaum genügend entsprochen haben können. Sie sind zwangsläufige Folgen eines verfassungswidrigen Vorgehens, durch welches generelle Normen mit einem bloßen Hinweis auf Vorschriften, die einmal in Geltung waren, ohne Wiedergabe ihres Textes im einzelnen, ja sogar ohne Angabe ihrer genauen Daten (Titel, Datierung, und Erkenntnisquelle), erlassen werden sollten.

In Auslegung der Art 48 und 49 B-VG stellte der VfGH zu einem derartigen Verfahren des Bundesgesetzgebers in seinem Erk, Slg 2750/1954, zur PreisregelungsGNov. fest, daß es dem einfachen Gesetzgeber verwehrt sei, zur Neuerlassung von Rechtsvorschriften eine solche generelle Rezeptionsklausel zu verwenden und auf die neuerliche Verlautbarung des Gesetzestextes zu verzichten. Der einfache Gesetzgeber sei im Zweifel, dh wenn nicht eine verfassungsgesetzliche Bestimmung anders verfüge, verpflichtet, den normalen, in der Bundesverfassung vorgesehenen Weg der Gesetzgebung einzuhalten. Von der Bundesverfassung sei aber zum Zustandekommen eines Gesetzes der Beschluß des gesetzgebenden Organen, die Beurkundung und schließlich die Publikation des Gesetzestextes gefordert. Der Gesetzgeber dürfe sich daher nach richtiger Auslegung der Bundesverfassung nicht damit begnügen, bloß auf die Vorschriften hinzuweisen, die irgendeinmal ergangen sind, sondern er müsse den Gesetzestext, dh den Wortlaut dessen, was fürderhin allgemein als Bundesgesetz zu beachten sei, kundmachen.

Der VfGH sah im erwähnten Fall in der Kundmachung einen Verstoß gegen die Verfassung; er gab gleichzeitig einschränkend zu erkennen, daß er Verweisungen des Gesetzgebers nicht schlechthin für verfassungswidrig hält, sondern vornehmlich jene, die sich auf Normen beziehen, welche nicht in den zur Verlautbarung von Gesetzen bestimmten Publikationsorganen kundgemacht sind und denen jede unterscheidende nähere Kennzeichen fehlt.

Der Gerichtshof sprach das zwar nur in Auslegung der Art 48 und 49 B-VG für die Publikationsweise des Bundesgesetzgebers aus; nach den Regeln der Bundesverfassung, die die Landesgesetzgebung normieren (Art 97 B-VG) kann aber für die Gesetzgeber der Länder nichts anderes gelten.

Über das Zustandekommen von Landesgesetzes stimmt Art 97 (1) B-VG: „Zu einem Landesgesetz ist der Beschluß des Landtages, die Beurkundung und Gegenzeichnung nach den Bestimmungen der Landesverfassung und die Kundmachung durch den Landeshauptmann im Landesgesetzblatt erforderlich." Eine Prüfung dieser Vorschrift im Zusammenhang mit den Bestimmungen über die Bundesgesetzgebung zeigt, daß der VfGH in seiner Begründung an der Oberfläche geblieben ist. Die Verfassungswidrigkeit liegt nicht schlechthin in der Kundmachung, sie liegt eine Stufe tiefer, weil schon der Gesetzesbeschluß fehlerhaft war. Es handelt sich daher nicht um einen spezifischen Publikationsmangel. Dieser ist nur eine notwendige Folge des mangelhaften Beschlusses, da in der Kundmachung nichts anderes enthalten sein darf, als der Beschluß in wortgetreuer Wiedergabe[13].

Eine Prüfung der vorstehend angeführten Landesgesetze der Gruppen zwei und drei ergibt deshalb zunächst rein äußerlich, daß sie alle in vollständiger Übereinstimmung mit der Regelung des Art 97 (1) B-VG und mit den folgenden landesverfassungsgesetzlichen Bestimmungen zustande gekommen sind: sie wurden von den Landesgesetzgebern beschlossen, von den zuständigen Organen beurkundet und gegengezeichnet und wörtlich, dh im Wortlaut, wie er zum Beschluß erhoben wurde, in den Landesgesetzblättern kundgemacht. Beschluß und Kundmachung stimmen vollständig überein. Die Kundmachung kann daher nicht im üblichen Sinn fehlerhaft sein, weil nur kundgemacht wurde, was beschlossen war. Beschlossen waren aber tatsächlich nur die Rezeptionsblankette. Diese haben daher den Schein der Verfassungsmäßigkeit für sich. Freilich nur den Schein, weil der Wille der Landesgesetzgeber im einzelnen viel weiter reicht, als er tatsächlich zum Ausdruck gebracht worden ist. Die Landesgesetzgeber wollen nämlich den vollen Gesetzestext in allen seinen Einzelheiten beschlossen und kundgemacht wissen. Die verhaltensbestimmenden Regelung war aber im einzelnen weder beraten noch beschlossen worden, sie konnte daher auch gar nicht kundgemacht werden. Die vorliegenden Gesetzesbeschlüsse geben dem Einzelnen gar keine konkreten Verhaltensanordnungen, sie verweisen nur auf Vorschriften, die Verhaltensanordnungen enthalten. Der konkrete Gesetzesinhalt hat daher – wie oben schon erwähnt – ledig als beschlossen und kundgemacht zu gelten.

---

[13] Von dieser Voraussetzung geht offenbar auch ADAMOVICH aus (Die Prüfung der Gesetze und Verordnungen durch den österreichischen Verfassungsgerichtshof, Wiener Staatswissenschaftliche Studien NF., Bd V, 1923, S 243), wenn er sagt: „Bundesgesetze, deren Text von der Originalausfertigung des Nationalrates abweicht, sind nicht gehörig kundgemacht, sie sind daher, wenn dieser Mangel von einem Gericht im konkreten Fall festgestellt wurde, von diesem im Sinne des Art 89 B-VG als nicht gehörig kundgemacht und daher nicht als rechtsverbindlich zu behandeln."

Der Beschluß und damit auch die Kundmachung des genauen Gesetzestextes sind bloß fingiert. Darin liegt die Fehlerhaftigkeit.

Obwohl die Bundesverfassung für Gesetzesbeschlüsse der Länder nur die Bestimmung des Art 97 enthält und fingierte Beschlüsse nicht ausdrücklich verbietet, muß man es gleichwohl in Frage stellen, ob die Landesgesetzgeber durch ein derartiges abgekürztes Verfahren ihrer Aufgabe als Gesetzgeber gerecht werden, die ihnen die Verfassung zugewiesen hat: dem einzelnen ein bestimmtes Verhalten in erkennbarer Weise vorzuschreiben oder zu ermöglichen. Müßten nicht vielmehr die gliedstaatlichen Gesetzgeber die Verhaltensbestimmung soweit als möglich und tunlich konkretisieren? Obwohl die Verfassung darüber keine ausdrückliche Regelung enthält, ist diese Frage aus allgemeinen Erwägungen zu bejahen[14].

Beschlußfassung und Kundmachung von Gesetzen sind als sinnvolle präventive Rechtsschutzeinrichtungen unserer rechtsstaatlichen Verfassung zu verstehen. Nach ihrem Zweck sind sie gemeinsam dazu bestimmt, sowohl dem einzelnen als auch dem staatlichen Organ ein konkretes Verhalten vorzuschreiben oder zu ermöglichen. Insofern bieten sie dem Normadressaten auf mehrfache Weise Schutz. Einerseits geben sie ihm Rechtssicherheit und andererseits, verbunden mit dem Grundsatz der Gesetzmäßigkeit der Vollziehung, behüten sie ihn weitgehend vor staatlicher Willkür.

Ein fingierter Gesetzesbeschluß beeinträchtigt aber diesen präventiven Rechtsschutz des Normadressaten, den der Verfassungsgesetzgeber mit den Einrichtungen von Beschlußfassung und Kundmachung bezweckt, ganz entscheidend. Der Normadressat ist nämlich nach verschiedenen positivrechtlich festgelegten Vorschriften indirekt verhalten, die Gesetze zu kennen (vgl dazu § 3 StG und § 2 ABGB), weil er die Nachteile tragen muß, die ihm aus der Rechtsunkenntnis entstehen. Er hat daher vor allem in jenen Fällen, in denen ihm aus der Rechtsunkenntnis ein Nachteil erwachsen würde, ein wohlbegründetes Interesse daran, daß die für ihn verbindlichen Vorschriften seiner Kenntnisnahme zugänglich beschlossen und kundgemacht werden. Aber auch überall dort, wo der einzelne aus der gesetzmäßigen Handhabung der Vorschriften einen Rechtsvorteil erwarten kann, dürfen ihm diese Vorschriften nicht vorenthalten werden: Die Befolgung von Pflichten, die sich auf Normen gründen, deren Kenntnisnahme dem Verpflichteten vorenthalten wird, ist dem Verpflichteten nicht zumutbar; Rechte, die auf eine solche Weise eingeräumt werden, sind geradezu wertlos.

Der Umstand, daß der Normadressat ein rechtlich begründetes Interesse hat, die Gesetze zu kennen, weil er sich nicht mit der Unkenntnis

---

14 Das gilt für den Bundesgesetzgeber in gleicher Weise!

entschuldigen kann und den aus ihr erwachsenden Rechtsnachteilen ausgeliefert ist, setzt für einen ordnungsgemäßen Gesetzesbeschluß mehr voraus als ein allgemein gehaltenes Rezeptionsblankett, das weder eine unmittelbare Verhaltensbestimmung enthält noch diese sonst konkretisiert oder entsprechend festlegt. Ein solcher fingierter Beschluß und die damit verbundene fingierte Kundmachung entwerten den verfassungsmäßigen Grundsatz der Gesetzmäßigkeit der Vollziehung zu einem bloßen Programm und machen die Garantien der Grundrechte, deren Grenze und, so merkwürdig es auch klingen mag, deren Schutz der Gesetzesvorbehalt ist, nach welchem Einschränkungen der Grund- und Freiheitsrechte der Art und dem Umfang nach dem Gesetz vorbehalten sind, weitgehend wertlos.

Der Rechtsstaat mit seinen Rechtsschutzeinrichtungen verlangt Rechtsklarheit. In diesem Sinn ist auch § 2 ABGB zu verstehen, der nur die Rechtskenntnis von „gehörig kundgemachten" Normen voraussetzt. PISKO und KLANG sagen dazu: „Als schlechthin unentschuldbar gilt nur die Unkenntnis des kundgemachten Gesetzesinhaltes; einer Berücksichtigung der unverschuldeten Unkenntnis des mittelbaren, aus der Kundmachung nicht ersichtlichen Gesetzesinhaltes, ... steht § 2 nicht entgegen"[15].

Ordnungsgemäßer tatsächlicher Beschluß und ordnungsgemäße tatsächliche Kundmachung gehören gemeinsam zu den wenigen grundlegenden Einrichtungen unsere rechtsstaatlichen Verfassung, die unabdingbar sind, weil von ihnen beiden Rechtsklarheit und Rechtsgewißheit und damit die Rechtssicherheit weitgehend abhängen. Es ist ein Gebot der Rechtssicherheit, daß der Gesetzgeber die den Normadressaten bindenden Rechtsvorschriften in entsprechender Weise beschließt und bekanntgibt; das ergibt sich aus dem Zweck der Einrichtung eines formellen Gesetzgebungsverfahrens in Verbindung mit dem rechtsstaatliche Grundsatz der Gesetzmäßigkeit der Vollziehung Beschluß und Kundmachung sind sowohl im öffentlichen wie auch im Einzelinteresse verfassungsrechtlich verankert. Ihre Fingierung verstößt daher gegen beide Interessensphären; sie verletzt, sowohl vom Interesse der Gemeinschaft als auch vom Einzelinteresse her gesehen, die verfassungsmäßigen Regelungen über das Zustandekommen von Gesetzen.

VI.

Eine Forderung nach Beschluß und Kundmachung der vollen Wortlautes der getroffenen Regelung läßt sich freilich nicht ohne Einschrän-

---
15 Kommentar zum ABGB § 2, S 64.

Das Elektrizitätsrecht (1962)

I. Die geschichtliche Entwicklung

Das Elektrizitätsrecht Österreichs hat seine Wurzeln in der zweiten Hälfte des vergangenen Jahrhunderts. Es war zunächst ein Bestandteil des Gewerberechtes[1]. In Übereinstimmung mit der allgemeinen Zielsetzung der Gewerbeordnung (RGBl Nr 227/1859), alle ihrem Betrieb nach für die öffentliche Sicherheit sowie für das Leben und die Gesundheit der Staatsbürger bedeutsamen Unternehmungen an Sicherheitsvorschriften zu binden und der staatlichen Aufsicht zu unterstellen, wurde die gewerbsmäßige Herstellung von Elektrizität im Jahre 1883[2] (RGBl Nr 41 und 188) an eine persönliche Konzession gebunden. Gleichzeitig wurde eine Betriebsstättengenehmigung gemäß der Gewerbeordnung vorgeschrieben. Im Jahre 1894 ergingen einige Regelungen über die Eichung und Überprüfung elektrischer Maschinen und Meßapparate. Unter der Geltung dieser sehr knappen und fragmentarischen gewerberechtlichen Vorschriften erfolgte ein erster Aufschwung der Elektrizitätserzeugung[3]. Der Staat zeigte auch bereits nach dem ersten Weltkrieg großes Interesse am verstärkten Ausbau der Elektrizitätswirtschaft. Er gewährte gesetzliche Steuerbegünstigungen und spornte zur Aktivität an (BGBl Nr 409/1921 und 113/1922).

Schon im Jahre 1922 begann man das Elektrizitätsrecht aus dem engen Rahmen des Gewerberechtes zu lösen. Die wachsende Bedeutung dieses Wirtschaftszweiges erforderte eine grundlegende Neuordnung der Rechtslage[4]. Die gewerbliche Konzession blieb allerdings noch immer vorgeschrieben. Wenn jedoch bisher betriebliche und sicherheitspolizeiliche Gesichtspunkte die Rechtslage beherrschten, so traten nunmehr volkswirtschaftliche Interessen stärker in Erscheinung. Durch das Elektrizi-

---

[1] Vgl Mayrhofer – Pace, Handbuch für den politischen Verwaltungsdienst, 1895, und IV, 888 ff, und Mischler – Ulbrich, Österreichisches Staatswörterbuch, 1908, Bd II, 497.

[2] In dieser Zeit entstanden die ersten Stromerzeugungsanlagen. Vgl dazu Bauer Leopold, Energiepolitik unter besonderer Berücksichtigung der Elektrizitätswirtschaft, in: Handbuch der österreichischen Wirtschaftspolitik 343 f.

[3] Koren Stephan, Struktur und Nutzung der Energiequellen Österreichs in: Österreichs Wirtschaftsstruktur, gestern–heute–morgen, Bd I, 171 ff. Bauer Leopold, aaO, 343 ff.

[4] Herrnritt Rudolf, österreichisches Verwaltungsrecht 1925, 247 f.

tätswegegesetz des Jahres 1922 (BGBl Nr 348/1922) mit den einschlägigen Durchführungsverordnungen wurden Leitungsrechte, Enteignungsmöglichkeiten und Stromabgabezwang gesetzlich festgelegt. Das Privateigentum erhielt gegenüber den Erfordernissen der Elektrizitätserzeugung und Elektrizitätsversorgung einen zweiten Rang.

Dieses Gesetz blieb bis zum Jahre 1929 in Geltung. Neben dem Fortschritt der Wirtschaft war es dann vor allem das Inkrafttreten der föderalistischen Kompetenzverteilung (1925 bis 1928), das eine weitere Neuregelung erforderlich erscheinen ließ. Demgemäß erging mit BGBl Nr 250/1929 das Bundeselektrizitätsgesetz[5]. Es brachte eine Verstärkung der Tendenzen der Regelung des Jahres 1922. In Verbindung mit den in den Jahren 1931 und 1932 ergangenen Ausführungsgesetzen der Länder zeigte es eine betonte Beachtung des öffentlichen Interesses. Es gelangte aber nicht voll zur Wirksamkeit, da bald die Zeit wirtschaftlicher Stagnation folgte[6] und anschließend deutsche Vorschriften zur Anwendung kamen.

Vom Jahre 1938 bis zum Jahre 1945 war Österreich in die deutsche Rechts- und Wirtschaftsordnung einbezogen[7]. Aus diesem Grund wurden im Jahre 1945 die von 1938 an in Österreich bereits tatsächlich angewendeten deutschen Rechtsvorschriften auf dem Gebiet des Elektrizitätsrechtes in Geltung gesetzt. Dieser Rezeptionsakt setzte letztlich die alten österreichischen Vorschriften großteils außer Kraft. Er führte in Österreich ein verhältnismäßig modernes, doch stark auf Kriegs- und Notverhältnisse ausgerichtetes Elektrizitätsrecht ein. Vor- und Nachteile dieses Rezeptionsaktes, dessen Nachwirkungen noch sehr spürbar sind, halten sich die Waage. Österreich gewann gewiß ein stärker durchgebildetes Elektrizitätsrecht. Damit verband sich aber eine schier unübersehbare Fülle von Durchführungsvorschriften.

Die Überleitungsregelung des Jahres 1945 verstärkte die Unübersichtlichkeit und die damit verbundene Rechtsunsicherheit. Der vom deutschen verschiedene österreichische Behördenaufbau und materielle Derogationen machten vielfach den publizierten Text teilweise unverbindlich. Eine Rechtsunklarheit wurde daher empfindlich spürbar.

Zu all dem kam noch ein weiteres. Die reichseinheitlichen Elektrizitätsvorschriften Deutschlands mußten im Jahre 1945 in die österreichische förderalistische Ordnung übergeführt werden. Gemäß § 3 Abs 2 des Verfassungs-Übergangsgesetzes 1920 galten die deutschen Vorschriften

---

5 ADAMOVICH LUDWIG, Grundriß des österreichischen Staatsrechtes, 2. Auflage 1932, 463 ff.
6 Vgl dazu KOREN STEPHAN, aaO, 171 f.
7 Vgl dazu KOREN STEPHAN, aaO, 172 f.

vom 20. Oktober 1945 an noch durch drei Jahre als bundeseinheitliche Regelungen. Im Jahre 1948 traten sie alle durch Fristablauf außer Kraft. Ab diesem Zeitpunkt wäre es Sache des Bundes gewesen, Grundsätze zu erlassen. Solche Grundsätze sind bis heute ausständig. Die Länder mußten daher gemäß § 3 Abs 2 des Verfassungs-Übergangsgesetzes 1920 Ersatzregelungen schaffen. Leider begnügten sie sich zumeist und vorerst damit, die im Jahre 1948 außer Kraft getretenen ehemals deutschen Vorschriften in Bausch und Bogen als landesgesetzliche Vorschriften wieder in Kraft zu setzen, ohne sie neu kundzumachen. Damit verbanden sie eine Sanierung der unterdessen ergangenen Verwaltungsakte. Erst nach und nach ergingen einzelne Neuregelungen[8]. Sie haben allerdings nur die Qualität von Provisorien.

Die Zeit des wirtschaftlichen Aufbaues Österreichs nach 1945[9] machte die Erlassung weiterer Gesetze erforderlich. Diese haben den Sinn einer Bewirtschaftung und staatlichen Lenkung der Elektrizitätserzeugung und -versorgung.

Der Bedarf des Krieges und die Zerstörungen hatten schon vor 1945 eine Bewirtschaftung der Elektrizität notwendig gemacht. Der nach 1945 einsetzende Aufbau der österreichischen Wirtschaft erhöhte die Versorgungsschwierigkeiten. Daher erging im Jahre 1946 (BGBl Nr 83) ein Lastverteilungsgesetz, das im Grundsätzlichen heute noch gilt. Sein Ziel ist die notfalls erforderliche Sicherstellung der Elektrizitätsversorgung Österreichs.

Im Jahre 1947 wurden schließlich durch das zweite Verstaatlichungsgesetz (BGBl Nr 81/1947) nahezu alle großen Unternehmungen zur Erzeugung von Elektrizität auf staatliche Gesellschaften des Bundes und der Länder eigentumsmäßig übertragen[10]. Nur die Eigenversorgungsunternehmen der meisten Landeshauptstädte sowie kleinere Eigenversorgungsbetriebe von Privaten blieben ausgenommen. Damit wurde die Elektrizitätswirtschaft Österreichs zum weitaus überwiegenden Teil in die Staats-

---

[8] WINKLER GÜNTHER, Überleitung und Rezeption des deutschen Elektrizitätsrechtes, JBl 1956, 573 ff. EGGELER STEPHAN, I. Kolloquium des Österreichischen Institutes für Energierecht über aktuelle Fragen der neuen Landes-Elektrizitätsgesetzgebung, ÖZE 1958, 439 ff; siehe ferner die Zusammenstellung des III. Kolloquiums in der Sonderausgabe des Österreichischen Institutes für Energierecht. MADER GERALD, Schranken der Landeskompetenz in Angelegenheiten des Elektrizitätswesens, ÖJZ 1960, 1 ff.

[9] Vgl dazu KOREN STEPHAN, aaO, 173 ff.

[10] TISCHLER LEOPOLD, Die Verstaatlichung der Elektrizitätswirtschaft, Die Arbeit 1947, Heft 3, 4 f. URBAN ERWIN, Elektrizitätsrecht und Verstaatlichung, Österreichische Gemeindezeitung 1951, Heft 4; ferner „Das niederösterreichische Verstaatlichungsnetz, Die Industrie 1980, Heft 3, und die Veröffentlichung über das III. Kolloquium des Österreichischen Institutes für Energierecht, ÖZE 1958, 437 ff.

18   Das Elektrizitätsrecht

wirtschaft eingegliedert. Betrieb und Ausbau der Elektrizitätswirtschaft in der Zukunft liegen daher vornehmlich beim Staat[11].

Das heute geltende Elektrizitätsrecht ist demgemäß umfangreich und unübersichtlich. Klärung und Anpassung, auch in verfassungsrechtlicher Hinsicht[12], sind dringend erforderlich geworden. So kann der heutige Rechtszustand nur als ein Übergangsstadium betrachtet werden, dem sein Ende bereits vorbestimmt ist. Die Gestalt der Neuregelung wird allerdings andere Grundzüge tragen als das heute geltende Recht[13]. Sie wird vor allem erkennen lassen, daß der Zweig der Elektrizitätswirtschaft fast zur Gänze der Gestaltungsmacht Privater entzogen und der Staatswirtschaft eingegliedert worden ist.

II. Die Verfassungsrechtslage[14]

Das österreichische Elektrizitätsrecht ist in seinen Grundlagen stark vom föderalistischen Prinzip des Staates beherrscht. Bund und Länder haben gemeinsamen Anteil an der Gesetzgebung und an der Vollziehung. Der tragende Kompetenztatbestand ist Art 12 Abs 1 Ziff 7 des Bundesverfassungsgesetzes (B-VG). Danach ist der Bund prinzipiell zur Regelung des Elektrizitätswesens in Form von Grundsatzgesetzen zuständig.

---

11 Zum heutigen Stand der österreichischen Elektrizitätswirtschaft Vgl insbesondere KOREN STEPHAN, aaO, 173, 175 und 187 ff; BAUER LEOPOLD, Energiepolitik, aaO, 345 ff, mit zahlreichen Tabellen und Übersichten und WEBER WILHELM Österreichs Energiewirtschaft, 1957.

12 Vgl Anm 8.

13 MOSER BERTHOLD, Atomrecht und Elektrizitätswirtschaft, ÖZE 1958, 450 ff; URBAN ERWIN, Die „gemischten Anlagen im Entwurf des neuen Elektrizitätsgesetzes, Die Industrie 1950, Heft 49, 5 ff; DERSELBE, Neues Elektrizitätsrecht, Die Industrie 1948, Heft 51, 1 ff; N. N., Zum Entwurf eines Energiewirtschaftsgesetzes, Berichte und Informationen 1960, 144; N. N., Ein Elektrizitätswirtschaftsgesetz steht zur offenen Diskussion, Internationale Wirtschaft 1960, Nr 25; schließlich die einschlägigen Arbeiten von EGGELER STEPHAN und das III. Kolloquium des Österreichischen Institutes für Elektrizitätsrecht.

14 WINKLER GÜNTHER, Rezeption und Überleitung, aaO; Rechtsgutachten der Sozialwissenschaftlichen Arbeitsgemeinschaft 1980, Nr 10; EGGELER STEPHAN, Österreichisches Elektrizitätsrecht, JA 1953, 253 ff; DERSELBE, Die Problematik des österreichischen Elektrizitätsrechtes, JA 1958, 85 ff; DERSELBE, I. Kolloquium des Österreichischen Institutes für Energierecht über aktuelle Fragen der neuen Landes-Elektrizitätsgesetzgebung in Österreich, ÖZE 1958, 439 ff; HARTIG – LAUTI – KÖRFER, Entschädigungslose Grundinanspruchnahme der EVU verfassungswidrig?, Die Industrie 1961, Nr 13; MADER GERALD, Schranken der Landeskompetenz in Angelegenheiten des Elektrizitätswesens, ÖJZ 1960, 1 ff; N. N., Das niederösterreichische Verstaatlichungsgesetz, Die Industrie 1960, Nr 3.

Den einzelnen Bundesländern obliegt die entsprechende Ausführungsgesetzgebung und die Vollziehung[15, 16].

Diese Kompetenzregelung erfaßt einen großen Teil des Elektrizitätsrechtes. Sie wird im übrigen durch einige bundesverfassungsgesetzliche Sondertatbestände ergänzt. Gemäß Art 10 Abs 1 Ziff 10 B-VG ist die Normalisierung und Typisierung elektrischer Anlagen und Einrichtungen einschließlich der entsprechenden Sicherheitsmaßnahmen dem Bund zur ausschließlichen Gesetzgebung und Vollziehung zugewiesen. Das gleiche gilt für das Starkstromwegerecht, soweit sich die Leitungsanlage auf zwei oder mehrere Länder erstreckt.

Darüber hinaus hat sich der Bund durch befristete verfassungsgesetzliche Sonderermächtigungen im Anschluß an Art 10 Abs 1 Ziff 15 B-VG (Maßnahmen im Gefolge eines Krieges) im Lastverteilungsgesetz und im Preisregelungsgesetz die Gesetzgebung und die Vollziehung für die Strombewirtschaftung und die Strompreisregelung ausschließlich vorbehalten[17].

Einige weitere verfassungsgesetzliche Regelungen gründen sich auf die Kompetenzverteilung zwischen dem Bund und den Ländern gemäß Art 12 Abs 1 Ziff 7 B-VG. Sie haben vor allem den Zweck, die Erfüllung der Kompetenzen auf dem Gebiet des Elektrizitätsrechtes zu sichern. Sie geben dem Bund ein Aufsichtsrecht gegenüber den Ländern, insbesondere die Befugnis, die Kompetenz zur Gesetzgebung und Vollziehung unter bestimmten Voraussetzungen an sich zu ziehen (Art 12 Abs 3; Art 15 Abs 6 und 7; Art 16 Abs 1 und 2 B-VG). Anderseits geben sie den Ländern die Möglichkeit, selbständig Gesetze zu erlassen, für den Fall, daß der Bund die Grundsatzgesetzgebung unterlassen sollte (§ 3 Abs 2 des V-UG 1920)[18].

Aus diesen genannten Vorschriften ergibt sich in Verbindung mit den übrigen Vorschriften des Bundesverfassungsgesetzes folgende Lage. Gemäß Art 12 Abs 1 Ziff 7, Art 10 Abs 1 Ziff 10 und den Sondertatbeständen hat der Bund einen Vorrang in der Gesetzgebung. In der Vollziehung liegt das Schwergewicht bei den einzelnen Bundesländern. Diese Lage wird noch durch einen weiteren verfassungsgesetzlichen Tatbestand verstärkt. Gemäß Art 102 B-VG erfolgt die Vollziehung der Bundessachen auf Landesebene durch Landesorgane im Namen des Bundes (mittelbare Bundesverwaltung).

---

[15] Siehe zur Verfassungsrechtslage auch die Erkenntnisse des VerfGH, Slg Nr 1853/1949, 1882/1949, 2148/1951, J130/1958, grundsätzlich auch Slg Nr 3200/1957.
[16] Zum Behördenaufbau siehe unten S 31 ff.
[17] Vgl dazu das Rechtsgutachten der Sozialwissenschaftlichen Arbeitsgemeinschaft Nr 10 aus 1960; WERNER – KLECATSKY, Das österreichische Bundesverfassungsrecht, 82, und das Erk des VerfGH, Slg Nr 3378/1958.
[18] WINKLER GÜNTHER, aaO; und das obengenannte Rechtsgutachten sowie VerfGH, Slg Nr 3130/1956.

III. Das geltende Recht

1. Allgemeine Charakteristik

Die vielgestaltige verfassungsrechtliche Lage und die geschichtliche Entwicklung haben dem österreichischen Elektrizitätsrecht ihren Stempel aufgedrückt. Beide sind die Erklärungsgründe für eine nahezu unübersehbare Rechtszersplitterung[19]. Die zahlreichen Gesetze und Verordnungen lassen sich in zwei Gruppen gliedern. Nämlich einerseits in die Gruppe, die das Rechtsgebiet der Elektrizitätswirtschaft unmittelbar erfaßt. Sie betrifft die Stromerzeugung, die Stromwege und -anlagen, die Stromversorgung des Abnehmers, die staatliche Stromwirtschaft und Strombewirtschaftung und schließlich technische Vorschriften und Haftungsbestimmungen. Anderseits in jene Gruppe, die die Elektrizitätswirtschaft nur mittelbar betrifft, aber zu ihr in einem unlösbaren Zusammenhang steht. Dazu gehören vor allem das Wasserrecht, der Naturschutz, die staatliche Statistik und das Steuerrecht.

Trotz der übermäßigen Fülle, ihrem Ursprung nach teils österreichischer, teils deutscher Herkunft, lassen sich aber die bundes- und landesrechtlichen Vorschriften doch nach einheitlichen Einteilungsgesichtspunkten erfassen. Föderalistische Eigenheiten kommen nur in Einzelheiten zum Ausdruck. Sie können daher hier vernachlässigt werden. Dies erscheint um so mehr gerechtfertigt, als Bundes- und Landesrecht infolge der Rezeption rein äußerlich, nach der Kundmachung, schwer unterscheidbar sind und der Kernbestand inhaltlich übereinstimmt. Begreiflicherweise, fordert doch die Materie selbst eine weitgehende Einheitlichkeit. (Siehe die Rechtsquellen im Anhang II, unten 35 ff, und die Literaturübersicht im Anhang I, unten 34 ff)

2. Die Stromerzeugung

Der heutige Gesetzgeber betrachtet die Elektrizitätswirtschaft als eine wichtige Grundlage des gesamten wirtschaftlichen und sozialen Lebens. Im Dienste des öffentlichen Interesses ist er bestrebt, ein Zusammenwirken und eine Koordinierung aller beteiligten Kräfte zu bewirken, volkswirtschaftlich schädliche Auswirkungen des Wettbewerbs zu verhindern

---

[19] ADAMOVICH LUDWIG, Handbuch des österreichischen Verwaltungsrechtes, 5. Auflage 1953, Bd II, 219 ff; EGGELER STEPHAN, Das heute in Österreich geltende Elektrizitätsrecht, ÖZE 1950, 235 ff; DERSELBE, Österreichisches Elektrizitätsrecht, ÖJZ 1953, 253 ff; DERSELBE, Die Problematik des österreichischen Elektrizitätsrechtes, ÖJZ 1958, 85 ff; GAIGG KARL, Das geltende österreichische Elektrizitätsrecht und seine Grundbegriffe, ÖZE 1958, 39 ff; siehe ferner die Rechtsquellen im Anhang I, unten S 35 ff.

und einen zweckmäßigen Ausgleich der Energieerzeugung in der Volkswirtschaft herbeizuführen. Sicherheit und Billigkeit der Elektrizitätsversorgung sind für ihn nicht minder wichtige Ziele.

Zur Erfüllung dieses weitgespannten Aufgabenbereiches werden die einzelnen Elektrizitätsunternehmen einer strengen Ordnung unterstellt. Alle Anlagen, die der Erzeugung von Starkstrom dienen, unterliegen den gesetzlichen Bindungen. Nach ihrer volkswirtschaftlichen Bedeutung werden sie in Eigenanlagen und *Stromversorgungsanlagen* geschieden. Eigenanlagen haben überwiegend die eigene Bedarfsdeckung eines bestimmten Unternehmens zur Aufgabe. Stromversorgungsunternehmen hingegen erzeugen elektrische Energie zum Zweck der entgeltlichen an andere. Gemäß ihrer wirtschaftlichen Bedeutung sieht der Gesetzgeber für beide eine unterschiedliche rechtliche Behandlung vor. Eigenanlagen sind konzessionsfrei. Stromversorgungsanlagen bedürfen einer eigenen Konzession und Bewilligung. Die Betriebsanlagen beider Arten von Unternehmungen bedürfen einer vorherigen Prüfung (nach vorgelegten Plänen) und einer nachfolgenden Genehmigung zum Betrieb. Prüfung und Genehmigung erfolgen nach Kriterien der technischen Eignung der Anlage, des Energiebedarfs, der praktischen Durchführbarkeit ua. Das Verfahren ist vereinfacht.

Während für die Eigenanlagen weitergehende rechtliche Verpflichtungen fehlen, sind die Stromversorgungsanlagen nach der Konzessionierung und Bewilligung in ein Netz von Vorschriften über Betriebspflicht und Staatskontrolle gestellt. Sie dienen der Allgemeinheit, wenn auch örtlich abgegrenzt. Daher besteht für sie die Verpflichtung, die Anlage in Betrieb zu halten (Betriebspflicht). Die Stromerzeugung darf nicht stillgelegt, die Stromversorgung nicht unterbrochen werden. Demgemäß bedürfen auch Betriebsveränderungen von größerer Bedeutung der staatlichen Genehmigung. Jedes Stromversorgungsunternehmen ist verpflichtet, Ortsanschlüsse herzustellen und die Stromabnehmer zu versorgen (Anschluß- und Versorgungspflicht). Eigenanlagen müssen im Rahmen des Zumutbaren zur Reserve- oder Zusatzversorgong angeschlossen werden. Zuwiderhandlungen sind für die Stromversorgungsunternehmen nicht nur mit dem Verlust der Berechtigung bedroht. Nach der Schwere der Verfehlung können auch gerichtliche oder Verwaltungsstrafen verhängt werden. Manche Rechtsvorschriften sehen sogar die Möglichkeit vor, zwangsweise einen Stellvertreter zu bestellen oder das Unternehmen überhaupt zu enteignen.

Diese rechtlichen Bindungen sind durch staatliche Kontrollbefugnisse gesichert. Der Staat hat gegenüber den Stromlieferungsunternehmen ein Recht auf Anzeige und Auskunft (zB bei Betriebsveränderungen).

Diesem Recht entspricht die Verpflichtung der staatlichen Organe, das Betriebs- und Geschäftsgeheimnis der Unternehmungen zu wahren.

Die Errichtung von Energieanlagen zur Erzeugung von Starkstrom unterliegt noch weiteren Vorschriften, da regelmäßig auch andere Rechtsgebiete berührt werden. Demgemäß sind die Genehmigungsbehörden verpflichtet, mit den Naturschutzbehörden das Einvernehmen zu pflegen und mit möglichster Schonung der Natur vorzugehen. Ein Mitentscheidungsrecht ist den Naturschutzbehörden nicht eingeräumt Sie können aber den Bau elektrischer Anlagen durch allgemeine Vorschriften beschränken und Ausnahmen davon bewilligen. Die Identität der entscheidungbefugten Behörde läßt auch echte Rechtskonflikte gar nicht aufkommen.

Anders sind die Verhältnisse im Wasserrecht. Jede Anlage zur Erzeugung von Elektrizität aus Wasserkraft bedarf einer wasserrechtlichen Bewilligung des Bundes. Diese ist in einem förmlichen, wohlausgebildeten öffentlichen Streitverfahren vorzubereiten und gegebenenfalls, dh bei Zutreffen zahlreicher Voraussetzungen volkswirtschaftlicher, wasserwirtschaftlicher, bautechnischer ua Art, in Bescheidform zu erteilen. Erfahrungsgemäß nimmt das wasserrechtliche Bewilligungsverfahren mehr Raum ein als das elektrizitätsrechtliche. Das ist begreiflich. In ihm ist auch eine Klärung der bei größeren Projekten oft zahllosen Rechte Dritter (Enteignung, Servituten, Schadenersatzansprüche usw) herbeizuführen[20]).

3. Stromwege, Stromanlagen, Strommaße

a) Die Stromwege

Zur Verteilung des elektrischen Stromes und der Zuleitung an den Verbraucher sind Stromwegeregelungen vorgesehen. Stromleitungen sind sorgfältig zu planen und zu projektieren. Zu diesem Zweck kann das Betreten und Prüfen von Privatgrundstücken bewilligt werden. Grunduntersuchungen sind dabei gestattet. Nach der Projektierung, einem Vorverfahren, werden den Stromversorgungsunternehmen Leitungsrechte im Umfang ihres Bedarfes eingeräumt. Die Behörde ist in ihrer Bewilligung in erster Linie gebunden, Leitungsrechte auf öffentlichem Gut, insbesondere auf Wegen und Straßen einzuräumen[21]. Erst sekundär, mangels anderer Möglichkeiten, kann unverbauter Privatgrund herangezogen werden. Verbauter Privatgrund darf nur ausnahmsweise zur Versorgung verbauter Gegenden verwendet werden. Die Bewilligung des Leitungsrech-

---
20 Vgl dazu HARTIG – GRABMAYR, Das österreichische Wasserrecht, Wien 1961.
21 JESCH WALTER, Der Erwerb von Sonderrechten an Bundesstraßengrund für Anlagen der Elektrizitätswirtschaft, ÖJZ 1958, 65 ff.

kung vertreten. Wenn man es auch als Regel betrachten muß, daß der Gesetzgeber den vollen Wortlaut seiner Anordnungen zu beschließen und zu verlautbaren hat, so muß man doch aus Praktikabilitätserwägungen immer dann ein Abgehen von der Regel als zulässig ansehen, wenn der Zweck von Beschluß und Kundmachung auch auf andere Weise als erfüllt angesehen werden kann; wenn der Wille des Gesetzgebers dem Normadressaten auch auf andere Weise hinreichend konkret zur Kenntnis gelangt.

Man wird sich zB mit einem bloßen Verweis auf andere Rechtsnormen begnügen können, wenn diese selbst den verfassungsmäßigen Anforderungen entsprechen. Voraussetzung ist allerdings, daß der auf solche Weise erfaßte mittelbare Gesetzesinhalt durch die genaue Angabe von Datum, Titel und Fundstelle entsprechend individualisiert wird[16]. Ein Gesetz braucht nicht ein zweites Mal in allen Einzelheiten durch Beschluß zum Gesetz erhoben zu werden; es wäre unökonomisch, einen einmal gefaßten Beschluß wörtlich zu wiederholen und die Kundmachung zu verdoppeln, wenn die verfassungsmäßigen Voraussetzungen bereits erfüllt sind.

Man wird ferner die Verweisung auf eine außerhalb der Rechtsordnung liegende Ordnung (Wirtschafts- oder Gesellschaftsordnung) dann noch als tragbar ansehen können, wenn die positive Regelung so ausführlich gehalten ist, daß sie eine klare Richtung des gesetzgeberischen Willens erkennen läßt. Das gilt vornehmlich für verpflichtende Rechtssätze, die die verfassungsrechtlich garantierte Freiheitssphäre des Einzelnen einschränken; das gilt aber ebenso für Kompetenznormen, weil sie die Voraussetzung für die Verwirklichung des Grundsatzes der Gesetzmäßigkeit der Vollziehung sind.

Man wird aber auch gegen die Verweisungen des Gesetzgebers auf Normen einer anderen, ausländischen Rechtsordnung (zB im Rahmen des internationalen Privatrechtes) nichts einwenden können, weil kein schutzwürdiges Interesse beeinträchtigt wird. Im Gegenteil. Für den betreffenden Ausländer bedeutet eine solche Verweisung eher eine Besserstellung, weil ihm auf diese Weise wenigstens ein Teilbereich der heimatlichen Rechtsordnung belassen wird, deren Kenntnis ihm zugemutet werden kann. In einem solchen Fall besteht kein rechtliches Interesse an einer neuerlichen vollinhaltlichen Beschlußfassung und Kundmachung,

---

16 Vgl VfGH Slg 2750/1954. Ähnlich entschied das deutsche Bundesverfassungsgericht in einem parallel gelagerten Fall in seinem Urteil vom 30.5.1956, 1 BvF 3/53, abgedruckt in der Öffentlichen Verwaltung, 1956, S 404 f: „Wenn ein Gesetz nicht selbst den gesetzlichen Tatbestand festlegt, sondern auf andere Normen verweist, so muß es, um den Anforderungen der Rechtssicherheit zu genügen, für den Rechtsunterworfenen klar erkennen lassen, was rechtens sein soll."

weil der Gesetzgeber darauf verzichtet, den Ausländer dem inländischen Recht vollständig zu unterwerfen. Für den Inländer kommt eine derartige Regelung wohl nicht in Frage; sie wäre jedenfalls verfassungswidrig.

Schließlich und endlich wird man es vom verfassungsrechtlichen Standpunkt her als unanfechtbar (wenn auch als nicht wünschenswert) betrachten müssen, wenn der Gesetzgeber auf besonderer verfassungsrechtlicher Grundlage nach dem hier besprochenen abgekürzten Verfahren Gesetze erläßt. Man denke beispielsweise an die großen Überleitungen der Jahre 1918, 1920, 1934 und 1945. Damals verwies man bloß ganz allgemein auf jene Vorschriften, die in Kraft treten sollten, ohne sie durch Nennung des Titels, der Datierung oder der Fundstelle näher zu kennzeichnen. Gegen solche Maßnahmen, die einem Notstand des Gesetzgebers entsprungen sind, kann man kein stichhältiges Argument anführen, weil eine formelle Verfassungsnorm vor einer einschränkenden formellen Verfassungsnorm keinen Schutz bietet.

VII.

Im vorliegenden Fall eines vereinfachten Gesetzgebungsverfahrens trifft jedoch keine dieser Ausnahmen zu. Die Landesgesetzgeber verweisen nicht entsprechend konkret auf die neu zu erlassenden Vorschriften; die Normen, die vom Rezeptionsblankett erfaßt werden, sind in der als beschlossen geltenden Fassung niemals kundgemacht worden; es handelt sich ferner um keinen Hinweis auf eine außerhalb der Rechtsordnung liegende Wertordnung und es ist auch nicht erkennbar, in welcher Richtung die Regelung gesetzlich verankert sein soll; eine Verweisung, etwa im Rahmen des internationalen Privatrechtes, liegt auch nicht vor; eine entsprechende verfassungsgesetzlich verankerte Ausnahmeregelung fehlt.

Nach Art 97 (1) B-VG hätten die Landesgesetzgeber einen entsprechenden Gesetzesbeschluß fassen und im LGBl. kundmachen müssen. Beides ist unterblieben. Der konkrete Inhalt der Gesetzesbeschlüsse ist nur fingiert beschlossen, folglich mangelt es auch an einer entsprechenden tatsächlichen Kundmachung. Zwar ist das Rezeptionsblankett wörtlich beschlossen und wiedergegeben worden, doch trifft das auf die konkrete verhaltensbestimmende Anordnung nicht zu. Diese wurde weder durch die nach dem B-VG zuständigen Organe beschlossen, noch kann sie dem für Landesgesetze vorgeschriebenen Publikationsorgan entnommen werden. Kundmachung und Beschlußfassung erfolgten seinerzeit tatsächlich nur nach deutschen Vorschriften. Diese können jedoch, im Hinblick auf die ausdrückliche Regelung der Bundesverfassung, keinesfalls als für das Erlassen von Landesgesetzen entsprechend und ausreichend angesehen werden. Die Elektrizitätsgesetze der sechs Bundesländer stehen daher mit Art 97 (1) B-VG[17] und den ähnlich lautenden Vorschriften der Landesverfassungen im Widerspruch.

Es würde nicht überzeugen, wollte man dem entgegenhalten, daß es noch andere „Landesvorschriften" aus reichsdeutscher Zeit gibt, die nur durch deutsche Organe beschlossen und nur im DRGBl veröffentlicht worden sind. Denn bei der Erlassung der Elektrizitätsvorschriften durch die Landesgesetzgeber in den Jahren 1949 ff. handelt es sich nicht um eine verfassungsrechtlich gedeckte Überleitung sondern um eine Neuerlassung von Landesgesetzen, die nach der ausdrücklichen Bestimmung des Art 97 (1) vom Landtag zu beschließen und im LGBl. kundzumachen sind. Selbst wenn man also, mit Rücksicht auf die seinerzeit tatsächlich erfolgte Beschlußfassung, die Verhaltensbestimmung als genügend konkret beschlossen und kundgemacht ansehen wollte, müßte man doch feststellen, daß es auch unter einer solchen Annahme an den wesentlichen Erfordernissen eines ordnungsgemäßen Gesetzgebungsverfahrens fehlte, weil die konkrete Regelung nicht vom Landtag beschlossen und weder von den zuständigen Landesorganen beurkundet noch vom Landeshauptmann im LGBl. kundgemacht worden ist.

Mit Recht sagt ADAMOVICH[18]: „Ist nur eine Teilstrecke des verfassungsmäßig bezeichneten Weges der Gesetzgebung nicht einwandfrei zurückgelegt worden, so ist das so erlassene Gesetz wegen formeller Mängel als ein verfassungswidriges Gesetz im Sinne des Art 140 B-VG anzusehen." Das gilt uneingeschränkt auch für die vorliegenden Landesgesetze der Gruppen zwei und drei, die das deutsche Elektrizitätsrecht in Form einer generellen Rezeptionsklausel wieder in Geltung setzen sollen. Die Landesgesetzgeber werden daher trachten müssen, diesem Mangel abzuhelfen, wenn sie nicht Gefahr laufen wollen, daß ihre Gesetze durch den VfGH beseitigt werden.

---

17 „Zu einem Landesgesetz ist der Beschluß des Landtages, ... und die Kundmachung durch den Landeshauptmann im Landesgesetzblatt erforderlich."
18 Die Prüfung der Gesetze und Verordnungen, S 217.

Das Elektrizitätsrecht (1962)

I. Die geschichtliche Entwicklung

Das Elektrizitätsrecht Österreichs hat seine Wurzeln in der zweiten Hälfte des vergangenen Jahrhunderts. Es war zunächst ein Bestandteil des Gewerberechtes[1]. In Übereinstimmung mit der allgemeinen Zielsetzung der Gewerbeordnung (RGBl Nr 227/1859), alle ihrem Betrieb nach für die öffentliche Sicherheit sowie für das Leben und die Gesundheit der Staatsbürger bedeutsamen Unternehmungen an Sicherheitsvorschriften zu binden und der staatlichen Aufsicht zu unterstellen, wurde die gewerbsmäßige Herstellung von Elektrizität im Jahre 1883[2] (RGBl Nr 41 und 188) an eine persönliche Konzession gebunden. Gleichzeitig wurde eine Betriebsstättengenehmigung gemäß der Gewerbeordnung vorgeschrieben. Im Jahre 1894 ergingen einige Regelungen über die Eichung und Überprüfung elektrischer Maschinen und Meßapparate. Unter der Geltung dieser sehr knappen und fragmentarischen gewerberechtlichen Vorschriften erfolgte ein erster Aufschwung der Elektrizitätserzeugung[3]. Der Staat zeigte auch bereits nach dem ersten Weltkrieg großes Interesse am verstärkten Ausbau der Elektrizitätswirtschaft. Er gewährte gesetzliche Steuerbegünstigungen und spornte zur Aktivität an (BGBl Nr 409/1921 und 113/1922).

Schon im Jahre 1922 begann man das Elektrizitätsrecht aus dem engen Rahmen des Gewerberechtes zu lösen. Die wachsende Bedeutung dieses Wirtschaftszweiges erforderte eine grundlegende Neuordnung der Rechtslage[4]. Die gewerbliche Konzession blieb allerdings noch immer vorgeschrieben. Wenn jedoch bisher betriebliche und sicherheitspolizeiliche Gesichtspunkte die Rechtslage beherrschten, so traten nunmehr volkswirtschaftliche Interessen stärker in Erscheinung. Durch das Elektrizi-

---

[1] Vgl MAYRHOFER – PACE, Handbuch für den politischen Verwaltungsdienst, 1895, und IV, 888 ff, und MISCHLER – ULBRICH, Österreichisches Staatswörterbuch, 1908, Bd II, 497.

[2] In dieser Zeit entstanden die ersten Stromerzeugungsanlagen. Vgl dazu BAUER LEOPOLD, Energiepolitik unter besonderer Berücksichtigung der Elektrizitätswirtschaft, in: Handbuch der österreichischen Wirtschaftspolitik 343 f.

[3] KOREN STEPHAN, Struktur und Nutzung der Energiequellen Österreichs in: Österreichs Wirtschaftsstruktur, gestern–heute–morgen, Bd I, 171 ff. BAUER LEOPOLD, aaO, 343 ff.

[4] HERRNRITT RUDOLF, österreichisches Verwaltungsrecht 1925, 247 f.

tätswegegesetz des Jahres 1922 (BGBl Nr 348/1922) mit den einschlägigen Durchführungsverordnungen wurden Leitungsrechte, Enteignungsmöglichkeiten und Stromabgabezwang gesetzlich festgelegt. Das Privateigentum erhielt gegenüber den Erfordernissen der Elektrizitätserzeugung und Elektrizitätsversorgung einen zweiten Rang.

Dieses Gesetz blieb bis zum Jahre 1929 in Geltung. Neben dem Fortschritt der Wirtschaft war es dann vor allem das Inkrafttreten der föderalistischen Kompetenzverteilung (1925 bis 1928), das eine weitere Neuregelung erforderlich erscheinen ließ. Demgemäß erging mit BGBl Nr 250/1929 das Bundeselektrizitätsgesetz[5]. Es brachte eine Verstärkung der Tendenzen der Regelung des Jahres 1922. In Verbindung mit den in den Jahren 1931 und 1932 ergangenen Ausführungsgesetzen der Länder zeigte es eine betonte Beachtung des öffentlichen Interesses. Es gelangte aber nicht voll zur Wirksamkeit, da bald die Zeit wirtschaftlicher Stagnation folgte[6] und anschließend deutsche Vorschriften zur Anwendung kamen.

Vom Jahre 1938 bis zum Jahre 1945 war Österreich in die deutsche Rechts- und Wirtschaftsordnung einbezogen[7]. Aus diesem Grund wurden im Jahre 1945 die von 1938 an in Österreich bereits tatsächlich angewendeten deutschen Rechtsvorschriften auf dem Gebiet des Elektrizitätsrechtes in Geltung gesetzt. Dieser Rezeptionsakt setzte letztlich die alten österreichischen Vorschriften großteils außer Kraft. Er führte in Österreich ein verhältnismäßig modernes, doch stark auf Kriegs- und Notverhältnisse ausgerichtetes Elektrizitätsrecht ein. Vor- und Nachteile dieses Rezeptionsaktes, dessen Nachwirkungen noch sehr spürbar sind, halten sich die Waage. Österreich gewann gewiß ein stärker durchgebildetes Elektrizitätsrecht. Damit verband sich aber eine schier unübersehbare Fülle von Durchführungsvorschriften.

Die Überleitungsregelung des Jahres 1945 verstärkte die Unübersichtlichkeit und die damit verbundene Rechtsunsicherheit. Der vom deutschen verschiedene österreichische Behördenaufbau und materielle Derogationen machten vielfach den publizierten Text teilweise unverbindlich. Eine Rechtsunklarheit wurde daher empfindlich spürbar.

Zu all dem kam noch ein weiteres. Die reichseinheitlichen Elektrizitätsvorschriften Deutschlands mußten im Jahre 1945 in die österreichische föderalistische Ordnung übergeführt werden. Gemäß § 3 Abs 2 des Verfassungs-Übergangsgesetzes 1920 galten die deutschen Vorschriften

---
5 ADAMOVICH LUDWIG, Grundriß des österreichischen Staatsrechtes, 2. Auflage 1932, 463 ff.
6 Vgl dazu KOREN STEPHAN, aaO, 171 f.
7 Vgl dazu KOREN STEPHAN, aaO, 172 f.

vom 20. Oktober 1945 an noch durch drei Jahre als bundeseinheitliche Regelungen. Im Jahre 1948 traten sie alle durch Fristablauf außer Kraft. Ab diesem Zeitpunkt wäre es Sache des Bundes gewesen, Grundsätze zu erlassen. Solche Grundsätze sind bis heute ausständig. Die Länder mußten daher gemäß § 3 Abs 2 des Verfassungs-Übergangsgesetzes 1920 Ersatzregelungen schaffen. Leider begnügten sie sich zumeist und vorerst damit, die im Jahre 1948 außer Kraft getretenen ehemals deutschen Vorschriften in Bausch und Bogen als landesgesetzliche Vorschriften wieder in Kraft zu setzen, ohne sie neu kundzumachen. Damit verbanden sie eine Sanierung der unterdessen ergangenen Verwaltungsakte. Erst nach und nach ergingen einzelne Neuregelungen[8]. Sie haben allerdings nur die Qualität von Provisorien.

Die Zeit des wirtschaftlichen Aufbaues Österreichs nach 1945[9] machte die Erlassung weiterer Gesetze erforderlich. Diese haben den Sinn einer Bewirtschaftung und staatlichen Lenkung der Elektrizitätserzeugung und -versorgung.

Der Bedarf des Krieges und die Zerstörungen hatten schon vor 1945 eine Bewirtschaftung der Elektrizität notwendig gemacht. Der nach 1945 einsetzende Aufbau der österreichischen Wirtschaft erhöhte die Versorgungsschwierigkeiten. Daher erging im Jahre 1946 (BGBl Nr 83) ein Lastverteilungsgesetz, das im Grundsätzlichen heute noch gilt. Sein Ziel ist die notfalls erforderliche Sicherstellung der Elektrizitätsversorgung Österreichs.

Im Jahre 1947 wurden schließlich durch das zweite Verstaatlichungsgesetz (BGBl Nr 81/1947) nahezu alle großen Unternehmungen zur Erzeugung von Elektrizität auf staatliche Gesellschaften des Bundes und der Länder eigentumsmäßig übertragen[10]. Nur die Eigenversorgungsunternehmen der meisten Landeshauptstädte sowie kleinere Eigenversorgungsbetriebe von Privaten blieben ausgenommen. Damit wurde die Elektrizitätswirtschaft Österreichs zum weitaus überwiegenden Teil in die Staats-

---

8 WINKLER GÜNTHER, Überleitung und Rezeption des deutschen Elektrizitätsrechtes, JBl 1956, 573 ff. EGGELER STEPHAN, I. Kolloquium des Österreichischen Institutes für Energierecht über aktuelle Fragen der neuen Landes-Elektrizitätsgesetzgebung, ÖZE 1958, 439 ff; siehe ferner die Zusammenstellung des III. Kolloquiums in der Sonderausgabe des Österreichischen Institutes für Energierecht. MADER GERALD, Schranken der Landeskompetenz in Angelegenheiten des Elektrizitätswesens, ÖJZ 1960, 1 ff.
9 Vgl dazu KOREN STEPHAN, aaO, 173 ff.
10 TISCHLER LEOPOLD, Die Verstaatlichung der Elektrizitätswirtschaft, Die Arbeit 1947, Heft 3, 4 f. URBAN ERWIN, Elektrizitätsrecht und Verstaatlichung, Österreichische Gemeindezeitung 1951, Heft 4; ferner „Das niederösterreichische Verstaatlichungsnetz, Die Industrie 1980, Heft 3, und die Veröffentlichung über das III. Kolloquium des Österreichischen Institutes für Energierecht, ÖZE 1958, 437 ff.

wirtschaft eingegliedert. Betrieb und Ausbau der Elektrizitätswirtschaft in der Zukunft liegen daher vornehmlich beim Staat[11].

Das heute geltende Elektrizitätsrecht ist demgemäß umfangreich und unübersichtlich. Klärung und Anpassung, auch in verfassungsrechtlicher Hinsicht[12], sind dringend erforderlich geworden. So kann der heutige Rechtszustand nur als ein Übergangsstadium betrachtet werden, dem sein Ende bereits vorbestimmt ist. Die Gestalt der Neuregelung wird allerdings andere Grundzüge tragen als das heute geltende Recht[13]. Sie wird vor allem erkennen lassen, daß der Zweig der Elektrizitätswirtschaft fast zur Gänze der Gestaltungsmacht Privater entzogen und der Staatswirtschaft eingegliedert worden ist.

II. Die Verfassungsrechtslage[14]

Das österreichische Elektrizitätsrecht ist in seinen Grundlagen stark vom föderalistischen Prinzip des Staates beherrscht. Bund und Länder haben gemeinsamen Anteil an der Gesetzgebung und an der Vollziehung. Der tragende Kompetenztatbestand ist Art 12 Abs 1 Ziff 7 des Bundesverfassungsgesetzes (B-VG). Danach ist der Bund prinzipiell zur Regelung des Elektrizitätswesens in Form von Grundsatzgesetzen zuständig.

---

11 Zum heutigen Stand der österreichischen Elektrizitätswirtschaft Vgl insbesondere KOREN STEPHAN, aaO, 173, 175 und 187 ff; BAUER LEOPOLD, Energiepolitik, aaO, 345 ff, mit zahlreichen Tabellen und Übersichten und WEBER WILHELM Österreichs Energiewirtschaft, 1957.

12 Vgl Anm 8.

13 MOSER BERTHOLD, Atomrecht und Elektrizitätswirtschaft, ÖZE 1958, 450 ff; URBAN ERWIN, Die „gemischten Anlagen im Entwurf des neuen Elektrizitätsgesetzes, Die Industrie 1950, Heft 49, 5 ff; DERSELBE, Neues Elektrizitätsrecht, Die Industrie 1948, Heft 51, 1 ff; N. N., Zum Entwurf eines Energiewirtschaftsgesetzes, Berichte und Informationen 1960, 144; N. N., Ein Elektrizitätswirtschaftsgesetz steht zur offenen Diskussion, Internationale Wirtschaft 1960, Nr 25; schließlich die einschlägigen Arbeiten von EGGELER STEPHAN und das III. Kolloquium des Österreichischen Institutes für Elektrizitätsrecht.

14 WINKLER GÜNTHER, Rezeption und Überleitung, aaO; Rechtsgutachten der Sozialwissenschaftlichen Arbeitsgemeinschaft 1980, Nr 10; EGGELER STEPHAN, Österreichisches Elektrizitätsrecht, JA 1953, 253 ff; DERSELBE, Die Problematik des österreichischen Elektrizitätsrechtes, JA 1958, 85 ff; DERSELBE, I. Kolloquium des Österreichischen Institutes für Energierecht über aktuelle Fragen der neuen Landes-Elektrizitätsgesetzgebung in Österreich, ÖZE 1958, 439 ff; HARTIG – LAUTI – KÖRFER, Entschädigungslose Grundinanspruchnahme der EVU verfassungswidrig?, Die Industrie 1961, Nr 13; MADER GERALD, Schranken der Landeskompetenz in Angelegenheiten des Elektrizitätswesens, ÖJZ 1960, 1 ff; N. N., Das niederösterreichische Verstaatlichungsgesetz, Die Industrie 1960, Nr 3.

Den einzelnen Bundesländern obliegt die entsprechende Ausführungsgesetzgebung und die Vollziehung[15, 16].

Diese Kompetenzregelung erfaßt einen großen Teil des Elektrizitätsrechtes. Sie wird im übrigen durch einige bundesverfassungsgesetzliche Sondertatbestände ergänzt. Gemäß Art 10 Abs 1 Ziff 10 B-VG ist die Normalisierung und Typisierung elektrischer Anlagen und Einrichtungen einschließlich der entsprechenden Sicherheitsmaßnahmen dem Bund zur ausschließlichen Gesetzgebung und Vollziehung zugewiesen. Das gleiche gilt für das Starkstromwegerecht, soweit sich die Leitungsanlage auf zwei oder mehrere Länder erstreckt.

Darüber hinaus hat sich der Bund durch befristete verfassungsgesetzliche Sonderermächtigungen im Anschluß an Art 10 Abs 1 Ziff 15 B-VG (Maßnahmen im Gefolge eines Krieges) im Lastverteilungsgesetz und im Preisregelungsgesetz die Gesetzgebung und die Vollziehung für die Strombewirtschaftung und die Strompreisregelung ausschließlich vorbehalten[17].

Einige weitere verfassungsgesetzliche Regelungen gründen sich auf die Kompetenzverteilung zwischen dem Bund und den Ländern gemäß Art 12 Abs 1 Ziff 7 B-VG. Sie haben vor allem den Zweck, die Erfüllung der Kompetenzen auf dem Gebiet des Elektrizitätsrechtes zu sichern. Sie geben dem Bund ein Aufsichtsrecht gegenüber den Ländern, insbesondere die Befugnis, die Kompetenz zur Gesetzgebung und Vollziehung unter bestimmten Voraussetzungen an sich zu ziehen (Art 12 Abs 3; Art 15 Abs 6 und 7; Art 16 Abs 1 und 2 B-VG). Anderseits geben sie den Ländern die Möglichkeit, selbständig Gesetze zu erlassen, für den Fall, daß der Bund die Grundsatzgesetzgebung unterlassen sollte (§ 3 Abs 2 des V-UG 1920)[18].

Aus diesen genannten Vorschriften ergibt sich in Verbindung mit den übrigen Vorschriften des Bundesverfassungsgesetzes folgende Lage. Gemäß Art 12 Abs 1 Ziff 7, Art 10 Abs 1 Ziff 10 und den Sondertatbeständen hat der Bund einen Vorrang in der Gesetzgebung. In der Vollziehung liegt das Schwergewicht bei den einzelnen Bundesländern. Diese Lage wird noch durch einen weiteren verfassungsgesetzlichen Tatbestand verstärkt. Gemäß Art 102 B-VG erfolgt die Vollziehung der Bundessachen auf Landesebene durch Landesorgane im Namen des Bundes (mittelbare Bundesverwaltung).

---

15 Siehe zur Verfasssungsrechtslage auch die Erkenntnisse des VerfGH, Slg Nr 1853/1949, 1882/1949, 2148/1951, J130/1958, grundsätzlich auch Slg Nr 3200/1957.
16 Zum Behördenaufbau siehe unten S 31 ff.
17 Vgl dazu das Rechtsgutachten der Sozialwissenschaftlichen Arbeitsgemeinschaft Nr 10 aus 1960; WERNER – KLECATSKY, Das österreichische Bundesverfassungsrecht, 82, und das Erk des VerfGH, Slg Nr 3378/1958.
18 WINKLER GÜNTHER, aaO; und das obengenannte Rechtsgutachten sowie VerfGH, Slg Nr 3130/1956.

20 Das Elektrizitätsrecht

III. Das geltende Recht

1. Allgemeine Charakteristik

Die vielgestaltige verfassungsrechtliche Lage und die geschichtliche Entwicklung haben dem österreichischen Elektrizitätsrecht ihren Stempel aufgedrückt. Beide sind die Erklärungsgründe für eine nahezu unübersehbare Rechtszersplitterung[19]. Die zahlreichen Gesetze und Verordnungen lassen sich in zwei Gruppen gliedern. Nämlich einerseits in die Gruppe, die das Rechtsgebiet der Elektrizitätswirtschaft unmittelbar erfaßt. Sie betrifft die Stromerzeugung, die Stromwege und -anlagen, die Stromversorgung des Abnehmers, die staatliche Stromwirtschaft und Strombewirtschaftung und schließlich technische Vorschriften und Haftungsbestimmungen. Anderseits in jene Gruppe, die die Elektrizitätswirtschaft nur mittelbar betrifft, aber zu ihr in einem unlösbaren Zusammenhang steht. Dazu gehören vor allem das Wasserrecht, der Naturschutz, die staatliche Statistik und das Steuerrecht.

Trotz der übermäßigen Fülle, ihrem Ursprung nach teils österreichischer, teils deutscher Herkunft, lassen sich aber die bundes- und landesrechtlichen Vorschriften doch nach einheitlichen Einteilungsgesichtspunkten erfassen. Föderalistische Eigenheiten kommen nur in Einzelheiten zum Ausdruck. Sie können daher hier vernachlässigt werden. Dies erscheint um so mehr gerechtfertigt, als Bundes- und Landesrecht infolge der Rezeption rein äußerlich, nach der Kundmachung, schwer unterscheidbar sind und der Kernbestand inhaltlich übereinstimmt. Begreiflicherweise, fordert doch die Materie selbst eine weitgehende Einheitlichkeit. (Siehe die Rechtsquellen im Anhang II, unten 35 ff, und die Literaturübersicht im Anhang I, unten 34 ff)

2. Die Stromerzeugung

Der heutige Gesetzgeber betrachtet die Elektrizitätswirtschaft als eine wichtige Grundlage des gesamten wirtschaftlichen und sozialen Lebens. Im Dienste des öffentlichen Interesses ist er bestrebt, ein Zusammenwirken und eine Koordinierung aller beteiligten Kräfte zu bewirken, volkswirtschaftlich schädliche Auswirkungen des Wettbewerbs zu verhindern

---

[19] ADAMOVICH LUDWIG, Handbuch des österreichischen Verwaltungsrechtes, 5. Auflage 1953, Bd II, 219 ff; EGGELER STEPHAN, Das heute in Österreich geltende Elektrizitätsrecht, ÖZE 1950, 235 ff; DERSELBE, Österreichisches Elektrizitätsrecht, ÖJZ 1953, 253 ff; DERSELBE, Die Problematik des österreichischen Elektrizitätsrechtes, ÖJZ 1958, 85 ff; GAIGG KARL, Das geltende österreichische Elektrizitätsrecht und seine Grundbegriffe, ÖZE 1958, 39 ff; siehe ferner die Rechtsquellen im Anhang I, unten S 35 ff.

und einen zweckmäßigen Ausgleich der Energieerzeugung in der Volkswirtschaft herbeizuführen. Sicherheit und Billigkeit der Elektrizitätsversorgung sind für ihn nicht minder wichtige Ziele.

Zur Erfüllung dieses weitgespannten Aufgabenbereiches werden die einzelnen Elektrizitätsunternehmen einer strengen Ordnung unterstellt. Alle Anlagen, die der Erzeugung von Starkstrom dienen, unterliegen den gesetzlichen Bindungen. Nach ihrer volkswirtschaftlichen Bedeutung werden sie in Eigenanlagen und *Stromversorgungsanlagen* geschieden. Eigenanlagen haben überwiegend die eigene Bedarfsdeckung eines bestimmten Unternehmens zur Aufgabe. Stromversorgungsunternehmen hingegen erzeugen elektrische Energie zum Zweck der entgeltlichen an andere. Gemäß ihrer wirtschaftlichen Bedeutung sieht der Gesetzgeber für beide eine unterschiedliche rechtliche Behandlung vor. Eigenanlagen sind konzessionsfrei. Stromversorgungsanlagen bedürfen einer eigenen Konzession und Bewilligung. Die Betriebsanlagen beider Arten von Unternehmungen bedürfen einer vorherigen Prüfung (nach vorgelegten Plänen) und einer nachfolgenden Genehmigung zum Betrieb. Prüfung und Genehmigung erfolgen nach Kriterien der technischen Eignung der Anlage, des Energiebedarfs, der praktischen Durchführbarkeit ua. Das Verfahren ist vereinfacht.

Während für die Eigenanlagen weitergehende rechtliche Verpflichtungen fehlen, sind die Stromversorgungsanlagen nach der Konzessionierung und Bewilligung in ein Netz von Vorschriften über Betriebspflicht und Staatskontrolle gestellt. Sie dienen der Allgemeinheit, wenn auch örtlich abgegrenzt. Daher besteht für sie die Verpflichtung, die Anlage in Betrieb zu halten (Betriebspflicht). Die Stromerzeugung darf nicht stillgelegt, die Stromversorgung nicht unterbrochen werden. Demgemäß bedürfen auch Betriebsveränderungen von größerer Bedeutung der staatlichen Genehmigung. Jedes Stromversorgungsunternehmen ist verpflichtet, Ortsanschlüsse herzustellen und die Stromabnehmer zu versorgen (Anschluß- und Versorgungspflicht). Eigenanlagen müssen im Rahmen des Zumutbaren zur Reserve- oder Zusatzversorgung angeschlossen werden. Zuwiderhandlungen sind für die Stromversorgungsunternehmen nicht nur mit dem Verlust der Berechtigung bedroht. Nach der Schwere der Verfehlung können auch gerichtliche oder Verwaltungsstrafen verhängt werden. Manche Rechtsvorschriften sehen sogar die Möglichkeit vor, zwangsweise einen Stellvertreter zu bestellen oder das Unternehmen überhaupt zu enteignen.

Diese rechtlichen Bindungen sind durch staatliche Kontrollbefugnisse gesichert. Der Staat hat gegenüber den Stromlieferungsunternehmen ein Recht auf Anzeige und Auskunft (zB bei Betriebsveränderungen).

Diesem Recht entspricht die Verpflichtung der staatlichen Organe, das Betriebs- und Geschäftsgeheimnis der Unternehmungen zu wahren.

Die Errichtung von Energieanlagen zur Erzeugung von Starkstrom unterliegt noch weiteren Vorschriften, da regelmäßig auch andere Rechtsgebiete berührt werden. Demgemäß sind die Genehmigungsbehörden verpflichtet, mit den Naturschutzbehörden das Einvernehmen zu pflegen und mit möglichster Schonung der Natur vorzugehen. Ein Mitentscheidungsrecht ist den Naturschutzbehörden nicht eingeräumt Sie können aber den Bau elektrischer Anlagen durch allgemeine Vorschriften beschränken und Ausnahmen davon bewilligen. Die Identität der entscheidungbefugten Behörde läßt auch echte Rechtskonflikte gar nicht aufkommen.

Anders sind die Verhältnisse im Wasserrecht. Jede Anlage zur Erzeugung von Elektrizität aus Wasserkraft bedarf einer wasserrechtlichen Bewilligung des Bundes. Diese ist in einem förmlichen, wohlausgebildeten öffentlichen Streitverfahren vorzubereiten und gegebenenfalls, dh bei Zutreffen zahlreicher Voraussetzungen volkswirtschaftlicher, wasserwirtschaftlicher, bautechnischer ua Art, in Bescheidform zu erteilen. Erfahrungsgemäß nimmt das wasserrechtliche Bewilligungsverfahren mehr Raum ein als das elektrizitätsrechtliche. Das ist begreiflich. In ihm ist auch eine Klärung der bei größeren Projekten oft zahllosen Rechte Dritter (Enteignung, Servituten, Schadenersatzansprüche usw) herbeizuführen[20]).

3. Stromwege, Stromanlagen, Strommaße

a) Die Stromwege

Zur Verteilung des elektrischen Stromes und der Zuleitung an den Verbraucher sind Stromwegeregelungen vorgesehen. Stromleitungen sind sorgfältig zu planen und zu projektieren. Zu diesem Zweck kann das Betreten und Prüfen von Privatgrundstücken bewilligt werden. Grunduntersuchungen sind dabei gestattet. Nach der Projektierung, einem Vorverfahren, werden den Stromversorgungsunternehmen Leitungsrechte im Umfang ihres Bedarfes eingeräumt. Die Behörde ist in ihrer Bewilligung in erster Linie gebunden, Leitungsrechte auf öffentlichem Gut, insbesondere auf Wegen und Straßen einzuräumen[21]. Erst sekundär, mangels anderer Möglichkeiten, kann unverbauter Privatgrund herangezogen werden. Verbauter Privatgrund darf nur ausnahmsweise zur Versorgung verbauter Gegenden verwendet werden. Die Bewilligung des Leitungsrech-

---

20 Vgl dazu HARTIG – GRABMAYR, Das österreichische Wasserrecht, Wien 1961.
21 JESCH WALTER, Der Erwerb von Sonderrechten an Bundesstraßengrund für Anlagen der Elektrizitätswirtschaft, ÖJZ 1958, 65 ff.

tes beinhaltet die Befugnis zur Vorbereitung der Bauarbeiten und zur Errichtung von Leitungsstützpunkten und Leitungen. Walddurchschläge und Ausastungen sind mit ihr verbunden, soweit sie zur Errichtung und zum Betrieb erforderlich sind. Die durch Bescheid der Verwaltungsbehörde verliehenen Leitungsrechte begründen dingliche Rechte (meist Servituten). Die errichteten Leitungen gehen nicht in das Eigentum der Grundeigentümer über; sie verbleiben kraft Gesetzes im Eigentum der Stromerzeugungsunternehmen.

Mit der Errichtung von Leitungen ist, wie bereits ersichtlich, die Einräumung von Zwangsrechten naturgemäß verbunden. Die Gesetze sehen das Betreten fremden Grund und Bodens, Bodenproben, Bauausführungen, Walddurchschläge und Ausastungen vor. Auch Enteignungen können verfügt werden. Eine angemessene Schadloshaltung ist gesetzlich angeordnet[22]. Diesbezüglich steht letzten Endes der Zivilrechtsweg offen.

b) Die Stromerzeugungs- , -lieferungs- und -verbrauchsanlagen

Elektrische Anlagen zur Erzeugung, Lieferung und zum Verbrauch von elektrischem Strom sind ordnungsgemäß, dh nach den anerkannten Regeln der Elektrotechnik einzurichten und zu erhalten. Daher unterliegt nicht nur die Einrichtung von Stromerzeugungsanlagen der Kontrolle; auch die Leitungen, die Maß- und Verbrauchsgeräte sind ihr unterworfen. Stromerzeugungs- und -abnahmeanlagen müssen durch anerkannte Fachleute (behördlich zugelassene Techniker) eingerichtet werden. Anlagen, Leitungen und Verbrauchsgeräte sind nach technischen Maßeinheiten genormt. Die Einhaltung dieser Vorschriften wird für Starkstromanlagen vor allem durch die gesetzlich vorgeschriebene behördliche Bewilligung gestützt[23].

Verbrauchsanlagen ua sind mit Sicherungen zu versehen, lebensgefährliche Anlagen unter Verschluß zu halten. Plombenverschlüsse sind daher einem erhöhten Schutz unterstellt.

Weitreichenden Sicherheitsvorkehrungen unterliegen die Verbrauchsgeräte in der Landwirtschaft. Sie sind in stärkerem Maß als andere Anlagen Kontrollen ausgesetzt. Für das örtliche Zusammentreffen von Stark-

---

22 Vgl auch HARTIG – LAUTI – KÖRFER, Entschädigungslose Grundinanspruchnahme der EVU verfassungswidrig? Die Industrie, 1961, Nr 13.
23 GAIGG KARL, Die Bewilligung für den Betrieb einer Stromlieferungsunternehmung, ÖZE 1958, 416 ff; Das bundesrechtliche Genehmigungsverfahren für elektrische Stromanlagen, ÖZE 1958, 469 ff; Die Überprüfung der Bauentwürfe elektrischer Starkstromanlagen, ÖZE 1959, 553 ff; Die Genehmigung von elektrischen Starkstromanlagen, Elektrotechnik und Maschinenbau 1959, Heft 7; Die Genehmigung elektrischer Anlagen, Elektrotechnik und Maschinenbau 1962, Heft 4.

strom- und Fernmeldeanlagen enthalten die Gesetze Ausgleichsvorschriften.

Alle Starkstromanlagen unterstehen einem erhöhten strafrechtlichen Schutz. Verletzungen werden als boshafte Beschädigungen im Sinne des Strafgesetzes (§ 85 lit c) als Verbrechen der öffentlichen Gewalttätigkeit gerichtlich geahndet.

Unter diesen Voraussetzungen ist es auch verständlich, daß die Gesetze besondere Haftungstatbestände beinhalten[24]. Für den Todesfall, für Unfälle und damit verbundene Gesundheitsschädigungen von Menschen sowie für Sachschäden besteht eine spezielle Haftung. Sie trifft den Inhaber der Anlage, dem mit der Schadenersatzpflicht eine besondere Obsorgepflicht zugemessen wird. Die Schadenersatzansprüche sind teilweise ziffernmäßig begrenzt. (Reichshaftpflichtgesetz, DRGBl 1871, 207, in der letzten Fassung DRGBl 1943, I, 489; siehe den Abschnitt „Rechtsquellen" im Anhang II, unten 35 ff.)

c) Die Strommaße

Der elektrische Strom wird in verbindlichen, international anerkannten Maßeinheiten gemessen. Solche Einheiten sind zB das Watt (Leistung), das Ampere (Stromstärke), das Coulomb (Elektrizitätsmenge), das Volt (elektrische Spannung), das Ohm (elektrischer Widerstand), das Farad (elektrische Kapazität), das Weber (magnetischer Fluß), das Henry (Induktivität) und dergleichen mehr. Diese Maßeinheiten sind allen technischen Anlagen der Stromerzeugung und -versorgung zugrunde zu legen. Kapazität der Erzeugungs-, der Leitungs und der Verbrauchsanlagen und -geräte sind danach einzurichten. Stromerzeugung, -lieferung und Stromverbrauch sind mit behördlich geprüften und geeichten Meßgeräten (Zählern) mengenmäßig zu erfassen (Maß- und Eichgesetz 1950, BGBl Nr 152/1950, abgeändert durch BGBl Nr 40/1957). Die Meßgeräte sind behördlich geschützt. Für ihre Verwendung und Kontrolle bestehen überdies eingehende Anordnungen.

Die technischen Errungenschaften, vor allem auf dem Gebiet der Strommessung, ermöglichen es, den Strom in der Rechtsordnung wie eine Sache zu behandeln[25]. Durch das Maß und die Meßgeräte wird der Strom zu einem quantitativ und qualitativ bestimmbaren Gegenstand privater Rechtsgeschäfte (Kauf, Tausch usw) und strafrechtlichen Schut-

---

[24] JESCH WALTER, Die Haftung für Unfälle und Ersatzansprüche anläßlich von Kraftwerksbauten, ÖZE 1958, 452 ff.
[25] EGGELER STEPHAN, Die Frage des Rechtsbesitzes am Bezug von elektrischem Strom, ÖZE 1954, 207 ff.

zes (Diebstahl). § 59 des Gesetzes, BGBl Nr 250 1 1929, bezieht die elektrische Energie expressis verbis in den strafrechtlichen Sachbegriff ein und erstreckt dadurch den materiellen Geltungsbereich des Strafgesetzes auf den elektrischen Strom[26].

4. Die Stromversorgung

Das Stromlieferungsunternehmen steht mit dem Verbraucher in einem privatrechtlichen Vertragsverhältnis[27]. Gegenstand dieses Vertragsverhältnisses ist die Errichtung der Zuleitung und der Stromabnahmestelle mit laufenden Kontrollbefugnissen sowie der Kauf von Strom, ausgedrückt in Arbeitspreis und Kilowattstunden. Die Einbrüche des öffentlichen Rechtes sind allerdings so stark, daß der freien Disposition der Vertragspartner, vor allem des Abnehmers, kaum noch ein Spielraum bleibt. Das Stromversorgungsunternehmen hat gleichsam eine staatliche Organstellung mit weitreichenden Kontroll- und tatsächlichen Zwangsbefugnissen kraft Gesetzes. Das Gesetz verpflichtet den Versorger zum Vertragsabschluß (Kontrahierungszwang in Form der Stromanschluß und -abgabenpflicht). Das öffentliche Interesse erscheint daher auch hierin besonders geschützt.

Der Abnehmer ist nur in der Initiative frei. Im übrigen sind die beiden Kontrahenten verpflichtet, die umfangreichen, behördlichen allgemeinen Stromlieferungsbedingungen[28] zum Inhalt des Vertrages zu machen. Versorger und Abnehmer sind in ihren Rechten und Pflichten bis in Einzelheiten gesetzlich gebunden. Der Versorger hat die Zuleitung des Stromes einschließlich der Abnahmestelle herzustellen[29]. Der Abnehmer oder Stromverbraucher muß für die Errichtung der Verbrauchsanlage sorgen. Er unterliegt hiebei der Kontrolle des Versorgers. Beide Kontrahenten dürfen nur genormtes Material verwenden. An der Jabeitrittsstelle des Stromes aus dem Versorgungsnetz in die Verbrauchsanlage ist ein behördlich geprüfter und plombierter Zähler anzubringen, der die Strom-

---

26 EGGELER STEPHAN, Stromdiebstahl, ÖJZ 1953, 11 ff; Strafgerichtliche Verfolgung von Stromdiebstählen, ÖZE 1953, 258 ff; Die Verbrechenseignung des widerrechtlichen Stromentzuges und die Berechnung der Schadenssumme, ÖJZ 1954, 337 ff.
27 EGGELER STEPHAN, Elektrizitätsprivatrecht, ÖJZ 1954, 1 ff; Die rechtliche Beurteilung der elektrischen Energie und des Stromlieferungsvertrages, ÖZE 1954, 77 ff; Beurteilung des elektrischen Stromes und des Stromlieferungsvertrages nach österreichischem Recht, Elektrizitätswirtschaft 1955, 521 ff.
28 EGGELER STEPHAN, Steht gegenwärtig die Verbindlicherklärung der allgemeinen Bedingungen der Energieversorgungsunternehmen noch in Kraft? ÖZE 1954, 370 ff.
29 Vgl dazu EGGELER STEPHAN, Rechtsfragen der Umschaltung, ÖZE 1950, 170 f; ORGLMEISTER HANNS, Ansprüche des Abnehmers auf Kostenersatz bei Netzumstellung, ÖZE 1958, 9 ff; URBAN ERWIN, Rechtsfragen der Umschaltung, ÖZE 1952, 426 ff.

leistung mißt. Der Stromabnehmer muß den gelieferten Strom selbst verbrauchen. Eine Weitergabe an Dritte kann nur ausnahmsweise genehmigt werden. Der Versorger hat jederzeit das Recht des Zutrittes zur Kontrolle der Anlagen und des Zählerstandes.

Die Preise für die Herstellung des Verbrauchsanschlusses (Baukosten, Anschlußkosten und Gebühren) sowie das Entgelt für den Strom sind der staatlichen Preisregelung unterworfen. Die Strompreise sind nach Tarifen geordnet. Je nach den wirtschaftlichen Voraussetzungen stehen dem Abnehmer oder Verbraucher Haushaltstarife, Gewerbetarife[30], Landwirtschaftstarife, Kleinstabnehmetarife und Nachtstromtarife zur Wahl. Die Ausübung der Wahl schließt den Wechsel der Tarife für längere Zeit (etwa 12 Monate) aus. Jeder Verbraucher hat sowohl einen Grundpreis (Pauschale) als auch einen Arbeitspreis zu zahlen. Für Kleinstabnehmer steht ein erhöhter Arbeitspreis zur Wahl. Staatliche allgemeine Bedingungen enthalten die grundsätzlichen Anordnungen. In deren Rahmen sind die einzelnen Versorgungsunternehmen ermächtigt, unter der Aufsicht der Preisbehörde Einzeltarife zu erlassen. Auf Grund ausdrücklicher gesetzlicher Anordnungen gelten die Einzeltarife in ihrer jeweiligen Fassung als jeweiliger Vertragsinhalt. Gleiches trifft auf die Maßnahmen behördlicher Preisregelung zu, soweit sie unmittelbar anwendbar sind.

Der Stromversorger kann vom Abnehmer anläßlich des Vertragsabschlusses eine Sicherstellung des mehrfachen Monatsentgeltes zB in Form von Wertpapieren verlangen. Weigert sich der Stromabnehmer, den bedungenen Tarif- und Grundpreis nach Fälligkeit zu zahlen, kann sich der Versorger an den Sicherstellungen schadlos halten. Im übrigen kann er die Versorgung einstellen. Die gleiche Möglichkeit besteht als Sanktion für eine Beschädigung oder Zerstörung der Anlagen, für die Verhinderung der Kontrolle usw. Im Falle von Wiederholungen ist eine fristlose Vertragskündigung möglich[31].

Im Gesamtbild gleicht die Position des Versorgers jener einer staatlichen Behörde, die mit Zwangsbefugnissen ausgestattet ist. Der privatrechtliche Vertrag erscheint nur als eine fast zufällige Rechtsform zur Be-

---

30 URBAN ERWIN, Leistungsbegriff und Gewerbetarif, ÖZE 1961, 83 ff.

31 EGGELER STEPHAN, Kündigung von Stromlieferungsverträgen der Tarifabnehmer durch das E-Werk, ÖZE 1953, 10 ff; Forderungen der E-Werke in Ausgleichs- und Konkursfällen, ÖZE 1952, 429 ff; Behandlung von Forderungen der Elektrizitätswerke und Gaswerke bei Ausgleich und Konkurs, ÖJZ 1954, 525 ff; Behandlung von Forderungen der Elektrizitätsversorgungsunternehmen bei Ausgleich und Konkurs des Energiekonsumenten, ÖZE 1955, 386 ff; Behandlung von Forderungen der EVU im Konkurs- und Abnehmers im Hinblick auf die Rechtsprechung in Österreich Elektrizitätswirtschaft 1955, 817 ff; Forderungen der Elektrizitätswerke in Konkurs- und Ausgleichsfällen, ÖZE 1956, 462 ff; Forderungen der E-Werke in Konkurs- und Ausgleichsfällen, ÖJZ 1957, 175 f.

gründung eines durch einseitige Zwangsrechte gekennzeichneten Abhängigkeitsverhältnisses des Abnehmers vom Versorger. Daraus wird auch verständlich, daß zivilrechtliche Streitigkeiten zwischen Stromversorger und Einzelabnehmer nur selten vorkommen. Der Weg zum Zivilgericht ist zwar grundsätzlich offen. Doch die dem Stromversorger eingeräumten Zwangsbefugnisse reichen als Vertragsgarantie durchwegs aus.

In diesen rechtlichen Voraussetzungen liegt zweifellos die Erklärung für manche nahezu unangreifbare Willkür und Einseitigkeit der Stromversorgungsunternehmen gegenüber dem Privaten. Da der Staat heute Rechts- und Wirtschaftsmacht in sich vereinigt, wäre eine Verstärkung des Rechtsschutzes für den Privaten wohl zu wünschen.

IV. Die staatliche Lenkung der Elektrizitätswirtschaft

Schon die bisherigen Ausführungen zeigen, daß die Elektrizitätswirtschaft außergewöhnlichen rechtlichen Bindungen unterliegt. Sie ist aber darüber hinaus noch stärker in das Konzept der staatlichen Lenkung einbezogen, als es im Vorstehenden zum Ausdruck kommt. Die Kriegszerstörungen einerseits und ein verstärkter Ausbau der Industrie seit Kriegsende andererseits führten regelrecht zu einer organisatorischen und funktionellen Eingliederung der Elektrizitätswirtschaft in die staatliche Verwaltung. Staatliche Förderungsmaßnahmen verstärken diesen Zustand[32].

1. Der Aufbau der Elektrizitätswirtschaft

Im Jahre 1947 wurden große und kleine Stromversorgungs- (-lieferungs-) Unternehmen in ein gleichförmiges Verwaltungsgefüge übergeführt (BGBl Nr 81/1947). Zu diesem Zweck wurden die Anteils- und Eigentumsrechte an den betroffenen Gesellschaften und Unternehmen

---

32 Vgl dazu vor allem die angegebenen Arbeiten von BAUER, KOREN und WEBER. Siehe ferner: BÖCK HERBERT, Die Elektrizitätswirtschaft im Österreichisch-Bayerischen Grenzgebiet, Berichte zur Landesforschung und Landesplanung 1961, Heft 1, 23 f; KÖLLIKER KARL, Koordinierungsfragen der Energiewirtschaft vom Blickpunkt der Elektrizitätswirtschaft, Wirtschaftspolitische Blätter, 1959, 210 ff; LINDNER KURT, Elektrizitätswirschaft und Kohlenkrise, Arbeit und Wirtschaft 1959, 308 ff; MOSER BERTHOLD, Atomrecht und Elektrizitätswirtschaft, ÖZE 1958, 450 ff; SCHEIDE HEINZ, Gestaltung von Flußkraftwerken, Der Aufbau 1960, Nr 9; SÜSSMAYER KURT, Probleme unserer E-Wirtschaft, Arbeit und Wirtschaft, 1958, 269 ff; STAHL RUDOLF, Die Weiterentwicklung der österreichischen Energiewirtschaft und die Frage der Atomenergie, Wirtschaftlichkeit 1957, 274, Heft 11/12; STIGLBAUER KARL, Planung und Errichtung von Wasserkraftwerken in Österreich nach den Gesichtspunkten der Raumordnung. Der Aufbau 1960, Nr 9; STRÄUSSLER ERNST, Probleme der Energieversorgung, Der Aufbau 1958, Nr 5; VAS OSKAR, Österreichische Energiewirtschaft, Der österreichische Volkswirt 1946, Nr 3.

enteignet und in das Eigentum öffentlich-rechtlicher Körperschaften (Bund und Länder) übertragen. Eine Entschädigung wurde vorgesehen und gewährt[33]. Nur die Eigenversorgungsunternehmen und die Elektrizitätsversorgungsanlagen der Städte Graz, Innsbruck, Klagenfurt, Linz und Salzburg blieben selbständig. Für die großen Wiener Gemeindebetriebe war eine Sonderregelung überflüssig, da hier Gemeinde- und Landesvermögen wegen der organisatorischen Besonderheiten (die Gemeinde Wien ist zugleich ein Bundesland) rechtlich vereint sind. Den erwähnten Stadtgemeinden wurden für ihre Versorgungsbereiche Enteignungsrechte eingeräumt.

Zur organisatorischen Vereinheitlichung wurden drei Gruppen von Aktiengesellschaften vorgesehen: Landesgesellschaften für jedes Land, Sondergesellschaften für bestimmte bestehende oder geplante Großvorhaben und die Verbundgesellschaft mit der Funktion der Koordinierung dieser Gesellschaften.

Für jedes Bundesland ist im Gesetz je eine *Landesgesellschaft*[34] vorgesehen. Die Anteile stehen im Landeseigentum. Ausländische Beteiligungen sind nur ausnahmsweise und nur mit Zustimmung des zuständigen Landtages gestattet. Die Organe (Vorstand und Aufsichtsrat) werden vom Land bestellt. Der Landeshauptmann bekleidet eine leitende Stelle in Personalunion. Die Aufgabe der Landesgesellschaften besteht in der Sicherstellung der Allgemeinversorgung in den einzelnen Bundesländern.

Sondergesellschaften sind für Großkraftwerke vorgesehen. Sie stehen zu mindestens 50 % im Bundeseigentum. Darüber hinaus kann an ihnen bis zu 50 % Landeseigentum begründet werden. Die Organe werden durch den Bund und die beteiligten Länder bestellt. Die Sondergesellschaften haben zwischen den Landesgesellschaften eine energiewirtschaftliche Ausgleichsfunktion.

Die Verbundgesellschaft[35] ist eine umfassende Aktiengesellschaft. Ihre Anteile stehen ausschließlich im Eigentum des Bundes. Der Aufsichtsrat

---

33 Vgl dazu vor allem die Erkenntnisse des Verfassungsgerichtshofes, Slg Nr 1853/1949; insbesondere vergleichsweise zum Ersten Verstaatlichungsgesetz, Slg. Nr 2431/1952, 2680/1954 und 3118/1956; ferner MADER GERALD, Schranken der Landeskompetenz in Angelegenheiten des Elektrizitätswesens, ÖJZ 1960, 1 ff; N. N., Das niederösterreichische Verstaatlichungsgesetz, Die Industrie 1960, Nr 3; TISCHLER LEOPOLD, Die Verstaatlichung der Elektrizitätswirtschaft, Die Arbeit 1947, Heft 3, 4 f; URBAN ERWIN, Elektrizitätsrecht und Verstaatlichung, Österreichische Gemeindezeitung 1951, Heft 4; DERSELBE, Aus der Praxis der Verstaatlichung nach dem zweiten Verstaatlichungsgesetz, ÖJZ 1951, 372 ff; III. Kolloquium des Österreichischen Institutes für Energierecht 1960.
34 GRABER KARL, Die österreichischen Elektrizitätsgesellschaften, Ursachen und Wirkungen einer andauernd schwierigen Situation, Berichte und Informationen 1960, 723 ff.
35 DENK ERWIN, Ziele und Tägikeit der Verbund-Plan Ges.m.b.H. Die Industrie, Sondernummer 1962 (Februar); N. N., Die Verbundgesellschaft legt Bilanz, Der österrei-

wird zu je einem Drittel vom Bund, von den Ländern und den gesetzlichen beruflichen Vertretungen (Kammern) bestellt. Den Vorstand beruft die Bundesregierung. Der Verbundgesellschaft obliegt die Aufgabe, die Aktienanteile des Bundes an den Sondergesellschaften treuhänderisch zu verwalten. Im übrigen kommt ihr eine Stromlenkung, die Stromplanung und der Stromausgleich zwischen den bestehenden Stromversorgungsunternehmen zu. Die Verbundgesellschaft hat den Strombedarf in ganz Österreich zu ermitteln und für einen gesamtösterreichischen Ausgleich zwischen Erzeugung und Bedarf zu sorgen. Sie hat auf die günstigste wirtschaftliche Verwendung des Stromes zu achten und den Ausbau der Stromerzeugung, insbesondere durch Großkraftwerke, voranzutreiben. Die Herstellung von Verbundleitungen ist ihre Aufgabe[36]. Stromlieferungsverträge mit dem Ausland bedürfen ihrer Zustimmung. Ihre Tätigkeit erfolgt in den Formen des Privatrechtes. Sie erfüllt aber Aufgaben der schlichten Hoheitsverwaltung als „beliehener Unternehmer".

Der weitaus überwiegende Teil der österreichischen Stromerzeugung und Versorgung steht daher im Eigentum von Bund, Ländern und Gemeinden. Der hierarchische Aufbau staatlicher Aktiengesellschaften und die Bestellung ihrer Organe durch die öffentlich-rechtlichen Körperschaften geben der österreichischen Energiewirtschaft die Qualität einer Sonderform der Staatswirtschaft und bedeuten daher mehr als eine Staatskontrolle. Der Staat führt die Elektrizitätswirtschaft. Die im Abschnitt III dargestellten Maßnahmen sind daher tatsächlich meist nur Formen einer erweiterten Selbstkontrolle des Staates.

2. Die Lenkung der Elektrizitätswirtschaft

In Anlehnung an den föderalistischen Aufbau der Elektrizitätswirtschaft ist auch eine gestufte Lenkungsorganisation eingerichtet. Sie besorgt ausschließlich Bundesverwaltung. Ein grundsätzliches Entscheidungsrecht liegt bei der Bundesregierung. Ihr obliegt die Feststellung, ob die Energiewirtschaft gefährdet ist und die vorgesehenen einschneidenden Lenkungsmaßnahmen ergriffen werden dürfen. Im übrigen erfolgt die Lenkung für den Bereich des Bundes unter der Aufsicht des Bundesministers für Verkehr und Elektrizitätswirtschaft durch einen Bundeslastverteiler, der vom Bundesminister bestellt wird. Ihm zur Seite steht ein kollegialer Beirat, zusammengesetzt aus Vertretern der beruflichen

---

chische Volkswirt 1957, Nr 38; N. N., Die österreichische Elektrizitätswirtschaft. Der Verbundkonzern und seine Aufgaben, Der österreichische Volkswirt 1958, Nr 51/52. N. N., Baukosten und Bauprogramm der Verbundgesellschaft, Internationale Wirtschaft 1960, Nr 44.

[36] KOREN STEPHAN, aaO, 175 ff.

und wirtschaftlichen Selbstverwaltung und des Österreichischen Gewerkschaftsbundes. In den Ländern erfolgt die Lenkung durch die Landeslastverteiler. Diese werden von den Landeshauptleuten bestellt und in unmittelbarer Bundesverwaltung beaufsichtigt. Auch den Landeslastverteilern sind Beiräte beigegeben, die gleichartig zusammengesetzt sind wie der Bundesbeirat.

Die Aufgaben der Lastverteilung liegen für den Bedarfsfall in der Kontingentierung von Strom für die Bundesländer (Verbundwirtschaft) und in der Regelung der Erzeugung und Abgabe von Energie, durch die Erzeuger an die Verbraucher. Der Bedarfsfall wird durch Beschluß der Bundesregierung verbindlich festgestellt. Die einschlägigen Anordnungen sind kundzumachen. Sie bestehen im wesentlichen, soweit sie den einzelnen betreffen, in der Verbrauchsbeschränkung und in der Lenkung der Stromerzeugung. Die Beschränkungen können solche der Menge oder der Leistung sein. Befristungen der Stromlieferung und des Verbrauches auf Tage und Stunden sind möglich. Die Verwendung bestimmter Verbrauchsgeräte kann verboten werden. Im Notfall können Anschlußverbote oder -Beschränkungen verfügt werden. Die Versorgungsunternehmen können zur Erzeugung bestimmter Mengen verpflichtet werden; ebenso zur Lieferung von Strom an das Verbundnetz.

Die Lenkungsmaßnahmen sind kraft Gesetzes vorübergehende Modifikationen der Stromlieferungsverträge. Soweit die Lenkung die Vertragserfüllung unmöglich macht, ist ein Schadenersatz gesetzlich ausgeschlossen.

Die Kosten der Lastverteilung werden durch die Verbundgesellschaft getragen. Strafgebühren aus Lenkungsmaßnahmen müssen zur Finanzierung der Lenkung verwendet werden.

3. Planung und Förderung der Elektrizitätswirtschaft

a) Die Statistik

Zur Erfassung der Elektrizitätswirtschaft im Hinblick auf eine erforderliche Planung und Förderung ist gesetzlich eine statistische Aufzeichnung der einschlägigen Daten angeordnet (BGBl Nr 160/1950, in der Fassung BGBl Nr 33/1951 und die Durchführungsverordnung BGBl Nr 215/1958). Art, Menge und Wert der produzierten Energie sowie Wert und Beschaffenheit der Unternehmen sind periodisch wiederkehrend festzustellen. Die Betriebe sind verpflichtet, Auskünfte zu erteilen und monatliche Erzeugungs- und Verbrauchsstatistiken zu führen. Die monatliche Statistik obliegt dem Bundeslastverteiler; eine Jahres- und Fünfjahresstatistik dem Bundesminister für Verkehr und Elektrizitätswirtschaft. Die

Auswertung der Daten ermöglicht der Verbundgesellschaft und den Lastverteilungsorganen, die entsprechenden Maßnahmen zu planen und zur Durchführung zu bringen"[37].

b) Die Steuer

Noch immer ist der Staat bestrebt, den Ausbau der Elektrizitätswirtschaft zu fördern[38] (BGBl Nr 113/1953, abgeändert durch BGBl Nr 151/1958). Diese Förderung besteht zum Teil in steuerlichen Begünstigungen. Stromversorgungsunternehmen werden weitgehend von der Umsatzsteuer befreit. Für Neuanlagen wird eine Ermäßigung der Einkommens- und Körperschaftssteuer bis zu 50 % auf 20 Jahre gewährt. Steuerfreie Rücklagen bis zu 80 % des Reingewinnes werden ermöglicht. Ihre Verwendung ist allerdings für Investitionen und Investitionskapitalbildung zweckgebunden. Außerdem ermöglicht der Bund die steuerfreie Zeichnung von Schuldverschreibungen zum Ausbau der Elektrizitätswirtschaft. Jährlich stellt er selbst namhafte Beträge zum Erwerb von Anteilsrechten an Sondergesellschaften zur Verfügung. Diese Maßnahmen haben in Verbindung mit Auslandsanleihen zu einem sprunghaften Ausbau der österreichischen Energiewirtschaft geführt, die zB durch das Großglocknerprojekt Kaprun, die Donaukraftwerke, die Ill-, Drau- und Ennskraftwerke und viele andere mehr in Europa eine führende Stellung einnimmt[39].

V. Die Organe der Vollziehung

Die Aufspaltung der materiellrechtlichen Vorschriften in unmittelbare und mittelbare sowie die föderalistische Aufgabenteilung finden auch in der Behördenorganisation ihren Niederschlag. Die Beteiligung der Justiz am Rechtsschutz in Zivil- und Strafrechtssachen vermehrt die Fülle der Organe, die teils für sich allein, teils im Zusammenwirken gemeinsam vorzugehen haben.

---

[37] SAGOROFF SLAWTSCHO, Theorie der volkswirtschaftlichen Energiebilanzen Würzburg 1961; BAUER LEOPOLD, Energiepolitik unter besonderer Berücksichtigung der Elektrizitätswirtschaft, aaO, 33 ff; N. N., Der Investitionsbedarf der Elektrizitätswirtschaft, Der österreichische Volkswirt 1957, Nr 47.
[38] BURG EDGAR, Zur Finanzierung des österreichischen Wasserkraftwerkebau Arbeit und Wirtschaft 1961, 67 ff; GRABER VIKTOR, Energieanleihe 1961, Stand des Kraftwerkeausbaues in Österreich, Neue Technik und Wirtschaft 1961, 243 ff; KUCHARIK JOSEF, Finanzierungsprobleme der Elektrizitätswirtschaft, Wirtschaftspolitische Blätter 1958, 184 ff.
[39] Vgl dazu auch KOREN STEPHAN, aaO, 188 ff, Die Investitionstätigkeit von 1945–1959; siehe ferner WEBER WILHELM, Österreichs Energiewirtschaft; und BAUER LEOPOLD, Energiepolitik unter besonderer Berücksichtigung der Elektrizitätswirtschaft aaO

a) Die Bundesorgane

Die zentrale Bundesbehörde ist der Bundesminister für Verkehr und Elektrizitätswirtschaft (BMfVuE). Ihm obliegt die Bauaufsicht und Planung, die Verstaatlichung und die Lastverteilung. Nur ausnahmsweise ist in der Lastverteilung und in der Organbestellung bei der Verbundgesellschaft die *Bundesregierung* zuständig. Dem BMfVuE unterstehen instanzenmäßig in mittelbarer Bundesverwaltung die Landeshauptleute und die Bezirksverwaltungsbehörden. Unterstellt sind ihm ferner die *Lastverteilungsorgane*. Die Stromversorgungsunternehmen sind in Lenkungsagenden Vollzugsorgane des Staates. Eine Sonderstellung kommt der *Verbundgesellschaft* zu.

In Wasserrechtssachen ist der *Bundesminister für Land- und Forstwirtschaft* oberste Instanz. Ihm sind in mittelbarer Bundesverwaltung die Landeshauptleute und die Bezirksverwaltungsbehörden unterstellt.

In Angelegenheiten der Normalisierung und Typisierung elektrischer Anlagen und des Starkstromwegerechtes ist der Bundesminister für Handel und Wiederaufbau oberste Instanz. Ihm sind die Landeshauptleute und die Bezirksverwaltungsbehörden in mittelbarer Bundesverwaltung sowie die *Eichämter* in unmittelbarer Bundesverwaltung unterstellt.

Die Preisregelung obliegt dem Bundesminister für Inneres. In mittelbarer Bundesverwaltung sind ihm die *Landeshauptleute* unterstellt. Die Stromversorgungsunternehmen fungieren auch in diesem Bereich als Vollzugsorgane des Staates (Einzeltarife).

Über Entschädigungen nach Enteignungen fällt der *Landeshauptmann* eine Vorentscheidung. Daran schließt sich der Weg zu den ordentlichen Zivilgerichten an. Streitigkeiten aus Stromlieferungsverträgen und aus der Haftpflicht werden ebenfalls vor den Zivilgerichten ausgetragen.

Die Strafkompetenzen sind geteilt. Leichtere Verfehlungen werden durch Sanktionen der Stromversorgungsunternehmen geahndet. In bestimmten Fällen sind die *Verwaltungsbehörde* (Bezirksverwaltungsbehörden und Landeshauptleute) in mittelbarer Bundesverwaltung zur Bestrafung. Schwere werden durch die Strafgerichte I. oder II. Instanz verfolgt.

b) Die Landesbehörden

In Elektrizitätssachen, zB für die Bewilligung der Stromversorgung und Beaufsichtigung der Unternehmen, ist die *Landesregierung* erste und letzte Instanz. In manchen weniger bedeutenden Angelegenheiten ist die Bezirksverwaltungsbehörde erste und die Landesregierung zweite Instanz.

In Fragen des Naturschutzes werden die *Landesregierungen* als oberste Instanzen und die Bezirksverwaltungsbehörden als Unterinstanzen tätig.

Verwaltungsstrafen verhängt in I. Instanz die Bezirksverwaltungsbehörde. II. Instanz ist die Landesregierung.

c) Instanzenzug und Rechtsschutz

Bescheide von *Verwaltungsbehörden* können durch Rechtsmittel im Instanzenzug der Verwaltungsbehörden bekämpft werden. In der Bundesverwaltung führt der Instanzenzug bis zum zuständigen Bundesminister, in der Landesverwaltung bis zur Landesregierung.

Im Falle einer ausdrücklichen gesetzlichen Regelung können allerdings sowohl der Bundesminister als auch die Landesregierung erste und letzte Instanz zugleich sein. Der Instanzenzug kann aber auch gesetzlich abgekürzt sein, wie zB in Verwaltungsstrafsachen. Gegen letztinstanzliche Entscheidungen von Verwaltungsbehörden steht der Beschwerdeweg an den Verfassungsgerichtshof und an den Verwaltungsgerichtshof offen.

In Zivil- und Strafsachen liegt der Schutz beiden ordentlichen Gerichten. Sowohl in Zivil- als auch in Strafsachen ist der Oberste Gerichtshof letzte Instanz. Spürbare Beschränkungen des Rechtsweges zum Obersten Gerichtshof sind im Entschädigungsverfahren nach dem Gesetz über das Verfahren außer Streit gegeben.

VI. Schluß

Die vorstehenden Ausführungen können nur als vereinfachter Überblick über das österreichische Elektrizitätsrecht angesehen werden. Sie zeigen aber gleichwohl deutlich, daß mit dem Anwachsen von Wirtschaftszweigen ein Ansteigen von Rechtsvorschriften verbunden ist. Mögen auch gewichtige Kritiken an der Rechtslage berechtigt sein. Man muß wohl feststellen, daß unter ihrer Geltung unsere Elektrizitätswirtschaft zur Blüte gediehen ist. „Aus dem ausgesprochen energiearmen Land, das beim Zerfall des großen Wirtschaftsraumes der alten Monarchie als Restösterreich übrig blieb und dessen ökonomische Strukturschwächen, mit allen ihren politischen und sozialen Folgeerscheinungen, nicht zuletzt auf den Mangel an ausreichenden und konkurrenzfähigen Energiequellen zurückzuführen waren, wurde im Verlauf der letzten fünfzehn Jahre eines der am besten und billigsten mit Energie versorgten Industrieländer Mitteleuropas[40]." Dieser Umstand dispensiert aber den Gesetzgeber nicht von einer Neuregelung des Elektrizitätsrechtes, die den Rechtsstaat und damit den Schutz der subjektiven Rechte des Privaten auch auf diesem Gebiet im Sinne unserer Verfassung (Art 18 B-VG) voll zur Geltung bringt.

---

[40] KOREN STEPHAN, aaO, 159.

34 Das Elektrizitätsrecht

Anhang I

Literatur

1. Zur Geschichte:
ADAMOVICH LUDWIG, Grundriß des österreichischen Staatsrechtes, 2. Auflage, 1932, 463 ff; ADAMOVICH LUDWIG, Handbuch des österreichischen Verwaltungsrechtes, 5. Auflage 1953, Bd II, 219 ff; HERRNRITT RUDOLF, Österreichisches Verwaltungsrecht 1925, 247 f; MAYRHOFER – PACE, Handbuch für den politischen Verwaltungsdienst 1895, Bd VI, 888 ff; MISCHLER – ULBRICH, Österreichisches Staatswörterbuch, Bd II (1906) 497; WINKLER GÜNTHER, Überleitung und Rezeption des deutschen Elektrizitätsrechtes, JBl 1956, 573 ff.

2. Zum geltenden Recht:
ADAMOVICH LUDWIG, Handbuch des österreichischen Verwaltungsrechtes, 5. Auflage 1953, Bd II, 219 ff; EGGELER STEPHAN, Beurteilung des elektrischen Stromes und des Stromlieferungsvertrages nach österreichischem Recht, Elektrizitätswirtschaft 1955, 521 ff, Behandlung von Forderungen der EVU im Konkurs und Ausgleichsverfahren des Abnehmers im Hinblick auf die Rechtsprechung in Österreich, Elektrizitätswirtschaft 1955, 817 ff, Stromdiebstahl, ÖJZ 1953, 11 ff, österreichisches Elektrizitätsrecht, ÖJZ 1953, 253 ff, Elektrizitätsprivatrecht, ÖJZ 1954, 1 ff. Die Verbrechenseignung des widerrechtlichen Stromentzuges und die Berechnung der Schadenssumme, ÖJZ 1954, 337 ff, Behandlung von Forderungen der Elektrizitätswerke und Gaswerke bei Ausgleich und Konkurs, ÖJZ 1954, 525 ff, Forderungen der E-Werke in Konkurs und Ausgleichsfällen, ÖJZ 1957, 175 f, Die Problematik des österreichischen Elektrizitätsrechtes, ÖJZ 1958, 85 ff, Rechtsfragen der Umschaltung, ÖZE 1950, 170 f, Das heute in Österreich geltende Elektrizitätsrecht, ÖZE 1950, 235 ff, Forderungen der E-Werke in Ausgleichs- und Konkursfällen, ÖZE 1952, 429 ff, Kündigung von Stromlieferungsverträgen der Tarifabnehmer durch das E-Werk, ÖZE 1853, 10 ff, Strafgerichtliche Verfolgung von Stromdiebstählen, ÖZE 1953, 256 ff, Die rechtliche Beurteilung der elektrischen Energie und des Stromlieferungsvertrages, ÖZE 1954, 77 ff, Die Frage des Rechtsbesitzes am Bezug von elektrischem Strom, ÖZE 1954, 207 ff, Steht gegenwärtig die Verbindlicherklärung der allgemeinen Bedingungen der Energieversorgungsunternehmen noch in Kraft?, ÖZE 1954, 370 ff, Behandlung von Forderungen der Elektrizitätsversorgungsunternehmen bei Ausgleich und Konkurs des Energiekonsumenten, ÖZE 1955, 386 ff, Forderungen der Elektrizitätswerke in Konkurs und Ausgleichsfällen, ÖZE 1956, 462 ff, I. Kolloquium des Österreichischen Institutes für Energierecht über aktuelle Fragen der neuen Landeselektrizitätsgesetzgebung in Österreich, ÖZE 1958, 439 ff; GAIGG KARL, Die Genehmigung von elektrischen Starkstromanlagen, Elektrotechnik und Maschinenbau 1959, Heft 7, Die Genehmigung elektrischer Anlagen, Elektrotechnik und Maschinenbau 1962, Heft 4, Das geltende österreichische Elektrizitätsrecht und seine Grundbegriffe, ÖZE 1958, 39 ff, Die Bewilligung für den Betrieb eines Stromlieferungsunternehmens, ÖZE 1958, 416 ff, Das bundesrechtliche Genehmigungsverfahren für elektrische Starkstromanlagen, ÖZE 1958, 469 ff, Die Überprüfung der Bauentwürfe elektrischer Starkstromanlagen, ÖZE 1959, 553 ff; HARTIG – GRABMAYR, Das österreichische Wasserrecht, Staatsdruckerei Wien 1961; HARTIG – LAUTI – KÖRFER, Entschädigungslose Grundinanspruchnahme der EVU verfassungswidrig?, Die Industrie 1961, Heft 13, JESCH WALTER, Die Haftung für Unfälle und Ersatzansprüche anläßlich von Kraftwerksbauten, ÖZE 1958, 452 ff, Der Erwerb von Sonderrechten an Bundesstraßengrund für Anlagen der Elektrizitätswirtschaft, ÖJZ 1958, 65 ff; III. *Kolloquium*, Untersuchungen zur Frage der Möglichkeit von weiteren Verstaatlichungen in der Elektrizitätswirtschaft bei Elektrizitätsversorgungsunternehmen und Eigenanlagen, Österreichisches Institut für Energierecht, Wien 1960; MADER GERALD, Schranken der Landeskompetenz in Angelegenheiten des Elektrizitätswesens ÖJZ S. S. MOSSR BERTHOLD, Atomrecht und ÖZE 1958, 450 ff. N. N., Ein Elektrizitätswirtschaftsgesetz steht zur offenen Diskussion, Internationale Wirtschaft 1960 Nr 25; N. N., Das niederösterreichische Verstaatlichungsgesetz Die Industrie 1960, Nr 3; N. N., Zum

Das Elektrizitätsrecht 35

Entwurf eines Energiewirtschaftsgesetz Berichte und Informationen, 1960, Heft 144; ORGLMEISTER HANNS, Ansprüche des Abnehmers auf Kostenersatz bei Netzumstellung?, ÖZE 1958, 9 ff; Sozialwissenschaftliche Arbeitsgemeinschaft, Rechtsgutachten Nr 10: Zur Kompetenzverteilung auf dem Gebiet des Elektrizitätswesens, Heft 10, 1960; TISCHER LEOPOLD, Die Verstaatlichung der Elektrizitätswirtschaft, Die Arbeit 1947, Heft 3, 4 f; URBAN ERWIN, Elektrizitätsrecht und Verstaatlichung, Österreichische Gemeindezeitung, 1951, Nr 4, Aus der Praxis der Verstaatlichung nach dem zweiten Verstaatlichungsgesetz, ÖJZ 1951, 372 ff, Rechtsfragen der Umschaltung, ÖZE 1952, 426 ff, Leistungsbegriff und Gewerbetarif, ÖZE 1981, 83 ff, Neues Elektrizitätsrecht, Die Industrie 1948, Nr 51, Die „gemischten Anlagen" im Entwurf des neuen Elektrizitätsgesetzes Die Industrie 1950, Nr 49; WERNER – KLECATSKY, Das österreichische Bundesverfassungsrecht, 82, Manz, Wien 1961, WINKLER GÜNTHER, Überleitung und Rezeption des deutschen Elektrizitätsrechtes JBl 1956, 573 ff.

3. Zur Wirtschaftslage und -entwicklung:
BAUER LEOPOLD, Energiepolitik unter besonderer Berücksichtigung der Elektrizitätswirtschaft, in: Handbuch der österreichischen Wirtschaftspolitik, hg von Anton Tautscher, Bastei-Verlag, Wien 1961, 333 ff; BÖCK HERBERT, Die Elektrizitätswirtschaft im Österreichisch-Bayerischen Grenzgebiet, Berichte zur Landesforschung und Landesplanung 1961, Heft 1, 23 f; BURG EDGAR, Zur Finanzierung des österreichischen Wasserkraftwerkebaues Arbeit und Wirtschaft 1961, 67 ff; DENK ERWIN, Ziele und Tätigkeit der Verbund Plan-Ges.m.b.H., Die Industrie, Sondernummer Feber 1962, 21 f; GRABER VIKTOR, Energieanleihe 1961, Stand des Kraftwerkeausbaues in Österreich, Neue Technik und Wirtschaft 1961, 243 ff, Die österreichischen Landeselektrizitätsgesellschaften, Ursachen und Wirkungen einer andauernden schwierigen Situation, Berichte und Informationen 1960, Nr 723; KÖLLIKER KARL, Koordinierungsfragen der Energiewirtschaft vom Blickpunkt der Elektrizitätswirtschaft Wirtschaftspolitische Blätter, 1959, 210 ff; KOREN STEPHAN, Struktur und Nutzung der Energiequellen Österreichs in: Österreichs Wirtschaftsstruktur, gestern – heute – morgen, hg von Wilhelm Weber, Bd I, 159 ff; KUCHARIK JOSEF, Finanzierungsprobleme der Elektrizitätswirtschaft, Wirtschaftspolitische Blätter 1958, 184 ff; LINDNER KURT, Elektrizitätswirtschaft und Kohlenkrise, Arbeit und Wirtschaft 1959, 308 ff, Kohlenkrise und Elektrizitätswirtschaft, Arbeit und Wirtschaft 1959, 133 ff; N. N., Der Investitionsbedarf der Elektrizitätswirtschaft Der österreichische Volkswirt 1957, Nr 47; N. N., Die österreichische Elektrizitätswirtschaft. Der Verbundkonzern und seine Aufgaben, Der österreichische Volkswirt 1958, Nr 51/52; N. N., Die Verbundgesellschaft legt Bilanz, Der österreichische Volkswirt 1957, Nr 38; N. N., Baukosten und Bauprogramm der Verbundgesellschaft, Internationale Wirtschaft 1960, Nr 44; SAGOROFF SLAWTECHO, Theorie der volkswirtschaftlichen Energiebilanzen, Würzburg 1961; SCHEIDE HEINZ, Gestaltung von Flußkraftwerken, Der Aufbau 1960, Nr 9; STAHL RUDOLF, Die Weiterentwicklung der österreichischen Energiewirtschaft und die Frage der Atomenergie, Wirtschaftlichkeit 1957, 274 ff; STIGLBAUER, Planung und Errichtung von Wasserkraftwerken in Österreich nach dem Gesichtspunkt der Raumordnung, Der Aufbau 1960, Nr 9; STRÄUSSLER ERNST, Probleme der Energieversorgung, Der Aufbau 1958, Nr 5; SÜSSMAYER, Probleme unserer E-Wirtschaft, Arbeit und Wirtschaft 1958, 269 ff; VAS OSKAR, österreichische Energiewirtschaft, Der österreichische Volkswirt 1946, Nr 3; WEBER WILHELM, Österreichs Energiewirtschaft, Eine wirtschaftspolitische Untersuchung, Springer, Wien 1957; vgl im übrigen die bei BAUER, KOREN und WEBER aaO angegebene Literatur.

Anhang II

Die Rechtsquellen nach dem Stand vom 31. März 1962
Vgl dazu auch die in Manuskriptform herausgegebene Sammlung von Vorschriften nach dem Stand vom 1. Juni 1956 (RIEHL, EGGELER, BAURAL, ORGLMEISTER) des Verbandes der Elektrizitätswerke Österreichs. Eine Neuauflage ist in Vorbereitung.

36 Das Elektrizitätsrecht

1. Das geltende Verfassungsrecht:
Art 10 Abs 1 Ziff 10; Art 12 Abs 1 Ziff 7; Art 12 Abs 3; Art 15 Abs 6, 8 und 9; Art 16 Abs 1 und 2 des Bundesverfassungsgesetzes (B-VG), BGBl Nr 1/1930, in der geltenden Fassung. § 3 Abs 2 des Verfassungsübergangsgesetzes von 1920 in der Fassung des BGBl. Nr 368/1925. Schließlich Art 10 Abs 1 Ziff 15 (Maßnahmen im Gefolge eines Krieges), abgelöst durch verfassungsgesetzliche Sondertatbestände im Lastverteilungsgesetz und im Preisregelungsgesetz in der Fassung des Jahres 1981.

2. Österreichische elektrizitätsrechtliche Vorschriften aus der Zeit vor 1938:
Elektrizitätsbundesgesetz, BGBl Nr 250/1929. Von diesem gilt nur mehr der Straftatbestand des § 59. Alle anderen Vorschriften wurden durch die deutsche Verordnung zur Einführung des deutschen Energiewirtschaftsrechtes in Österreich, RGBl I/1940, 202, aufgehoben.

3. Aus dem deutschen Recht übernommene elektrizitätsrechtlichen Vorschriften,
die heute nur mehr teilweise in Geltung sind: Gesetz zur Förderung der Energiewirtschaft (Energiewirtschaftsgesetz), DRGBl 1935 I, 1451, GBlfÖ Nr 156/1939, in der Fassung des Erlasses, DRGBl 1941 I, 467; Verordnung über die Einführung des Energiewirtschaftsrechtes im Lande Österreich DRGBl 1939 I, 83, GBlfÖ Nr 156/1939; Verordnung über die Einführung des Energiewirtschaftsrechtes in der Ostmark, DRGBl 1940 I, 202, GBlfÖ Nr 18/1940; dritte Verordnung zur Durchführung des Gesetzes zur Förderung der Energiewirtschaft (Energiewirtschaftsgesetz), DRGBl 1938 I, 1612, GBlfÖ Nr 156/1939; Ausführungsbestimmungen zu § 2 der dritten Verordnung zur Durchführung des Energiewirtschaftsgesetzes RAnz Nr 276; Anordnung betreffend die Mitteilungspflicht der Elektrizitätsversorgungsunternehmen in den Reichsgauen der Ostmark, RAnz Nr 143; Erlaß betreffend Behandlung energiewirtschaftlicher Bauvorhaben in der Ostmark, Zl II En 1428/40; Erlaß betreffend Einschränkung der Anzeigen nach § 4 des Energiewirtschaftsgesetzes, Nr En 3996/41; fünfte Verordnung zur Durchführung des Energiewirtschaftsgesetzes, DRGBl 1940 I, 1391; Erlaß betreffend Reserve und Zusatzversorgung, Zl II En 557/41; Erlaß betreffend Zusatzversorgung neben Windkraftwerken, Zl En 1838/41; Erlaß betreffend die Aufnahme der Energieversorgung nach 0 5, Abs 1 Energiewirtschaftsgesetz, Zl En 7457/38; Anordnung betreffend Verbindlicherklärung der allgemeinen Bedingungen der Energieversorgungsunternehmen, RAnz. Nr 39 und Nr 46; Erlaß betreffend Leitungsplanung, Beteiligung der Naturschutzbehörden, Zl. II En 793140; Rundschreiben betreffend Leitungsplanung, Beteiligung der Naturschutzbehörden, Nr 50/40; Runderlaß betreffend Erhebungen bei Enteignungsanträgen für Energieanlagen, Zl A 32 En 188/43.

4. Österreichische bundesrechtliche Vorschriften seit 1945:
Zweites Verstaatlichungsgesetz, BGBl Nr 81/47, unter Berücksichtigung der Druckfehlerberichtigung, BGBl Nr 216/48; Verordnungen: BGBl Nr 167/1947, Nr 226/1947, Nr 240/1947, Nr 3/1948, Nr 62/1948, Nr 161/1948, Nr 225/1948, Nr 169/1953; Erstes Verstaatlichungs-Entschädigungsgesetz, BGBl Nr 189/1954; Zweites Verstaatlichungs-Entschädigungsgesetz, BGBl Nr 3/1960; Durchführungsverordnung zum Zweiten Verstaatlichungs-Entschädigungsgesetz, BGBl Nr 170/1960; Lastverteilungsgesetz, BGBl Nr 207/1952, und die entsprechenden Novellen: BGBl Nr 131/1954, Nr 108/1955, Nr 279/1955, Nr 258/1956, Nr 278/1957, Nr 280/1958, Nr 285/1959, Nr 303/1960, Nr 314/1961; Lastverteilungsverordnung 1952, BGBl Nr 214/1952.

5. Österreichs landesrechtliche Vorschritten aus der Zeit seit 1945,
die teilweise deutschrechtliche Vorschriften rezipieren, teilweise selbständige Vorschriften enthalten, österreichische Vorschriften aus der Zeit vor 1938 wieder in Kraft setzen, oder selbständige Neuregelungen beinhalten: Burgenland: LGBl Nr 4/1962; Kärnten: LGBl Nr 21/1932, in der Fassung LGBl Nr 6/1953, wiederverlautbart LGBl Nr 7/1953; Niederösterreich: LGBl Nr 133/1957, dessen Geltungsdauer durch LGBl Nr 275/1960 ver-

Das Elektrizitätsrecht   37

längert wird; Oberösterreich: LGBl Nr 47/1950, Salzburg: LGBl Nr 107/1959 Steiermark: LGBl Nr 49/1949; Tirol: LGBl Nr 45/1957; Vorarlberg: LGBl Nr 34/1933 mit Druckfehlerberichtigung LGBl Nr 4/1937, durch Verordnung des Landeshauptmannes LGBl Nr 48/1949 abgeändert wieder in Kraft gesetzt; Allgemeine Stromlieferungsbedingungen, die den deutschen Vorschriften nachgebildet sind, erlassen mit Bescheid Zl VI b-405/13-55 Po; Wien: LGBl Nr 7/1956.

6. *Sonstige, mit dem Elektrizitätsrecht in engem Zusammenhang stehende wichtige Vorschriften:*
a) Technische Vorschriften:
Zweite Durchführungsverordnung zum Energiewirtschaftsgesetz, DRGBl 1937 I, 918, GBlfÖ Nr 18/1940, in der Fassung der Verordnung DRGBl 1942 I, 468; Erlaß betreffend elektrische Verleihwaschmaschinen, Zl III SW 9279/39 II; Erlaß betreffend elektrische Anschlußbedingungen, Zl II En 12736; Anordnung betreffend Zusammentreffen von Starkstromanlagen mit Fernmeldeanlagen der Reichspost in der Ostmark vom 27. 11. 1940; Maß- und Eichgesetz, BGBl Nr 152/1950, abgeändert durch BGBl Nr 40/1957; Eichgebührenordnung 1961, BGBl Nr 188/1961.

b) Wasserrechtliche Vorschriften:
Wasserrechtsgesetz, BGBl Nr 316/1934, wiederverlautbart durch BGBl Nr 215/1959.

c) Preisrechtliche Vorschriften:
Preisregelungsgesetz 1957, BGBl Nr 151/1957, womit das Gesetz, BGBl Nr 194/1950, wiederverlautbart wird; Novellen: BGBl Nr 274/1957, Nr 278/1958, 280/1959, 300/1960, 310/1961, und BGBl Nr 103/1962, womit das Preisregelungsgesetz abgeändert wird; Preisregelungsverordnung, BGBl Nr 183/1949, mit Berücksichtigung von BGBl Nr 150/1950 und Nr 146/1953; der jeweilige Stand der Preisregelung ist ersichtlich aus den zahlreichen Kundmachungen in der amtlichen „Wiener Zeitung".

d) Steuerrechtliche Vorschriften:
Umsatzsteuergesetz 1959, BGBl Nr 300/1958, abgeändert durch BGBl Nr 302/1959; Durchführungsverordnungen BGBl Nr 55/1959, Nr 135/1960, Nr 170/1961; Elektrizitätsförderungsgesetz 1953, BGBl Nr 113/1953, abgeändert durch BGBl Nr 151/1958.

e) Haftpflichtvorschriften:
Reichshaftpflichtgesetz, DRGBl 1871, 207, in der Fassung des Art 42 Einführungsgesetz zum BGB DRGBl 1896, 604, 616, der Verordnung zur Änderung des RHG, DRGBl 1939 I 2391, und des Gesetzes zur Änderung des RHG, DRGBl 1943 I, 489; Verordnung zur Einführung des RHG in den Reichsgauen der Ostmark und im Reichsgau Sudetenland, DRGBl 1940 I, 713.

f) Enteignungsvorschriften:
Eisenbahnenteignungsgesetz, RGBl Nr 30/1878, in der Fassung der Kundmachung BGBl Nr 71/1954.

g) Statistische Vorschriften:
Gesetz über die Bundesstatistik, BGBl Nr 160/1950, in der Fassung BGBl Nr 33/1951; Durchführungsverordnung, BGBl Nr 215/1958.

Verfassungsrechtsfragen der Elektrizitätswirtschaft*
(1997)
I. Sachfrage und Problemstellung

1. Die Sachfrage

Anknüpfungspunkt für die nachfolgenden Fragestellungen und Wegweisungen ist ein als *Organigramm des Verbundes* bezeichneter Entwurf einer zeitgemäßen Ausrichtung der Organisation der Österreichischen Elektrizitätswirtschafts-Aktiengesellschaft (Verbundgesellschaft) auf die gegenwärtige Wirtschaftslage und auf künftige wirtschaftspolitische Zielsetzungen des Staates. Dieses Organigramm sieht im wesentlichen ein zweistufiges Konzept vor.

Einem viergliedrigen *Vorstand der Verbundgesellschaft* sind als *Gesamtvorstand* im Rahmen einer sogenannten *Holding* drei Bereiche zugedacht, nämlich die *strategische Planung*, die *Aus- und Weiterbildung* und die *Interne Revision*. Zusätzlich dazu werden den vier Vorstandsmitgliedern nach dem Muster einer Geschäftsverteilung konkrete Aufgaben einzeln zugewiesen.

Auf einer den Vorstandsagenden untergeordneten Ebene sind vier Wirtschaftsbereiche als *Geschäftsfelder* vorgesehen, nämlich die Bereiche *Erzeugung, Übertragung, Stromgeschäft* sowie *Neue Geschäftsfelder/Beteiligungen*. Diese Geschäftsfelder sind ihrerseits in *Operations- und Servicefunktionen* gegliedert. Von diesem einheitlichen Schema abweichend ist im Geschäftsfeld *Erzeugung,* innerhalb der Funktion *Technische Planung und Koordinierung,* eine Gliederung in drei heterogene Erzeugungsbereiche (Bereich thermische Kraftwerke, Bereich Nord, Bereich Süd) sowie für diese eine weitere Untergliederung in einzelne Kraftwerke bzw Kraftwerksgruppen vorgesehen. Welche Rechtsträger und Organe für die Geschäftsfelder davon betroffen sein sollen, geht aus dem Organigramm nicht hervor.

In Verbindung mit der Aufteilung wirtschaftlicher Aufgaben sind sogenannte *Geschäftsfeldübergreifende Services* vorgesehen. Diese sollen entweder der Holding (Informatik, Recht, F+E/Umwelt, Personalverrechnung), dem Geschäftsfeld *Erzeugung* (Vermessung, Bauwerksüberwachung und Hydrologie) oder dem Geschäftsfeld *Übertragung* (Kommunikations-

---

* Mitarbeiter an dieser Studie war Univ.-Doz. DDr. CHRISTOPH GRABENWARTER.

technik) zugeordnet sein. Beim Service *Administration* sollen die Bereitstellung und der Umfang vom Standort abhängig sein.

In Verbindung mit dem Organigramm bildet der Text des Stromlieferungsvertrages zwischen der Verbundgesellschaft und den Sondergesellschaften *Ennskraftwerke AG, Österreichische Donaukraftwerke AG, Österreichische Draukraftwerke AG, Tauernkraftwerke AG* und der *Verbundkraft Elektrizitätswerke GmbH*, in der Fassung vom 1. Jänner 1989 einen weiteren Anknüpfungspunkt. Sein Inhalt wird als bekannt vorausgesetzt.

In Ergänzung zum Organigramm und zum Stromlieferungsvertrag liegt auch eine Aufstellung der Kapitalbeteiligungen der Verbundgesellschaft an den Sondergesellschaften mit dem Stand vom 31. März 1995 vor. Danach ist die Verbundgesellschaft an der
* Österreichische Donaukraftwerke AG mit 95 %, an der
* Österreichische Draukraftwerke AG mit 51 %, an der
* Tauernkraftwerke AG mit 91 %, an der
* Verbundkraft Elektrizitätswerke GmbH mit 100 %, an der
* Ennskraftwerke AG mit 50 %, an der
* Österreichisch-Bayrischen Kraftwerke AG mit 50 %, an der
* Donaukraftwerk Jochenstein AG[1] mit 50 % und an der
* Osttiroler Kraftwerke GmbH mit 51 % beteiligt.

An der Verbundgesellschaft selbst ist die Republik Österreich mit 51 % beteiligt. Im übrigen waren die Aktien am 31. 12. 1995 zu 15 % in österreichischem Streubesitz, zu 13 % ist Großbritannien als Aktionär ausgewiesen, zu 15 % die USA, zu 6 % sind es „Sonstige".

2. Die Problemstellung

Die in Aussicht genommene Neuorganisation des Verbundkonzerns ist vorderhand hauptsächlich auf *betriebswirtschaftliche* Gesichtspunkte abgestellt. Aus dem Organigramm geht allerdings auch hervor, daß sowohl die Sondergesellschaften als auch die Verbundgesellschaft (Österreichische Elektrizitätswirtschafts-AG) gemäß zukunftsorientierten Zielsetzungen der staatlichen Wirtschaftspolitik in eine Neuorganisation der Zuständigkeiten der Erzeugung und in eine Neuordnung der Aufgaben und der Verteilung von elektrischer Energie maßgeblich eingebunden werden sollen.

---
[1] Die beiden Grenzkraftwerksgesellschaften Österreichisch-Bayrische Kraftwerke AG und Donaukraftwerk Jochenstein AG sind zwar streng genommen keine Sondergesellschaften, werden aber als solche in der Anlage II zu § 4 Abs 2 des 2. VerstG aufgezählt (vgl KASTNER, Die Verstaatlichung nach neuem Recht, JBl 1987, 681 [691]).

In einer Gegenüberstellung dazu wird im folgenden näher untersucht, welche tatsächlichen und rechtlichen Bedingungen für eine organisatorische und aufgabenmäßige Umgestaltung der rechtlichen Beziehungen zwischen der Verbundgesellschaft und den Sondergesellschaften über die bereits bestehenden Beteilungsverhältnisse hinaus *gesamtwirtschaftlich und öffentlich-rechtlich maßgeblich sind.* Dabei werden in Orientierung am vorgelegten Organigramm, am Stromlieferungsvertrag und an den Kapitalbeteilungen vor allem die rechtlichen Rahmenbedingungen einer Neuorganisation der Verbundgesellschaft aus verfassungsrechtlicher und aus wirtschaftsrechtlicher Sicht ausgelotet. Spezifische gesellschaftsrechtliche, arbeitsrechtliche, steuerrechtliche und kartellrechtliche Fragestellungen bleiben ausgeklammert. Auf die Sinnhaftigkeit und auf die Möglichkeit einer organisatorischen und aufgabenmäßigen Einbindung der Landesgesellschaften in eine als Konzern strukturierte Verbundorganisation wird an entsprechenden Stellen hingewiesen.

Das Verhältnis zwischen der Verbundgesellschaft und den Sondergesellschaften wird primär gemäß den beigestellten Unterlagen veranschlagt. Neben dem vorliegenden Organigramm sind vor allem die organisatorischen Beziehungen der Verbundgesellschaft zu den Sondergesellschaften sowie der Sondergesellschaften zueinander maßgebliche Orientierungsfaktoren. Die rechtlichen Beziehungen der Verbundgesellschaft zu den Landesgesellschaften werden nur insoweit berücksichtigt, als sie für das Verhältnis zur Verbundgesellschaft und ihrer österreichweiten energiewirtschaftlichen Verantwortung für die Versorgung der österreichischen Konsumenten und der österreichischen Wirtschaft mit elektrischer Energie von Bedeutung sind. Unternehmenspolitische Zielsetzungen außerhalb dieser Vorgaben und der Zielsetzungen des 2. VerstaatlichungsG werden hier im Hintergrund belassen.

Vor der näheren Untersuchung dieser Orientierungsfaktoren wird auf wirtschaftliche Daten und Fakten sowie auf die geschichtliche Entwicklung von Erzeugung und Verteilung der elektrischen Energie Bedacht genommen.

II. Eine Bestandsaufnahme der österreichischen Elektrizitätswirtschaft

1. Wirtschaftliche und technische Voraussetzungen der Versorgung mit elektrischer Energie

Die Herstellung von elektrischer Energie und die Belieferung von Kunden mit elektrischer Energie erfolgt durch Elektrizitätsunternehmen über Erzeugungsanlagen (Kraftwerke) und über die von diesen ausgehenden, zum Verbraucher führenden und überregional miteinander verbundenen einheitlichen *Leitungsnetze*. Die Errichtung der Anlagen (Kraftwerke und Leitungsanlagen) zur Herstellung von und zur Versorgung mit Elektrizität wie auch die Erzeugung von Elektrizität sind mit großen Kosten verbunden. Die hohe Kapitalintensität im Bereich der Erzeugungs- und Verteilungsanlagen hat daher einen hohen Festkostenanteil für die Elektrizitätsversorgungsunternehmen zur Folge. Auf den Bedarf eines durchschnittlichen Verbrauchers bezogen, entfällt rund die Hälfte der Kosten der Energieversorgung auf Übertragungsanlagen[2]. Dementsprechend hoch ist auch das Kapital, das in das Anlagevermögen der Verbundgesellschaft und in die Anlagevermögen der Sondergesellschaften und der Landesgesellschaften eingebunden ist[3].

Vor allem der *hohe Festkostenanteil* der Leitungskosten unterscheidet die Elektrizitätswirtschaft von fast allen anderen Wirtschaftszweigen. Deren Kapitalintensität in Sachanlagen ist zumeist erheblich geringer. Bei den Leitungskosten der Elektrizitätswirtschaft ist das Verhältnis des Umsatzes zum eingesetzten Kapital im Durchschnitt zwei- bis dreimal höher als die konstanten Transportkosten in der übrigen Versorgungswirtschaft[4].

Eine weitere *Besonderheit der Elektrizitätswirtschaft liegt in der relativen Starrheit der technischen Erzeugungsbedingungen und des Marktes*. Die Erzeugung der elektrischen Energie ist werksgebunden. Der Absatz der selbst produzierten oder von außen bezogenen elektrischen Energie ist nur innerhalb eines bestimmten Leitungsnetzes möglich; sei es das eigene Leitungsnetz oder das eines anderen Elektrizitätsversorgungsunternehmens. Im Unterschied zu anderen Wirtschaftszweigen ist vor allem ein schneller und umfassender Ausgleich von Erzeugungs- und Absatzschwankungen trotz überregionaler Verbundleitungen unmöglich. Auch der Absatz von zeitgebundenen Überproduktionen ist durch die Aufschließung fremder Märkte nur begrenzt möglich.

Eine andere wesentliche Besonderheit der Elektrizitätsversorgung liegt in der *fehlenden Speicherbarkeit* der elektrischen Energie. Elektrische Energie kann, von geringfügigen Ausnahmen abgesehen, aus physikalischen Gründen nicht angesammelt und gehortet werden. Es gibt keine Möglichkeit einer Lagerhaltung von Strom. Das hat zur Folge, daß der Strom zu jener Zeit erzeugt werden muß, in der er benötigt und verbraucht wird. Erzeugung und Verbrauch müssen gleichzeitig stattfinden. Eine kurzfristige Überproduktion kann nicht dem Normalverbraucher zuge-

---

2 BÜDENBENDER, Energierecht (1982) Rz 19.
3 Vgl nur FREMUTH, Elektrizitätswirtschaftsrecht, FS Wenger (1983) 759 ff.
4 BÜDENBENDER, Energierecht Rz 20.

führt werden. Zeitgebundene Überproduktionen können nur begrenzt auf fremde Märkte abgeleitet werden.

Die Auswirkungen der mangelnden Speicherfähigkeit elektrischer Energie werden durch *beträchtliche Abnahmeschwankungen* innerhalb eines Tages und im Zeitraum eines Jahres noch verschärft. *Kapazitätsreserven*, die für die Sicherstellung der Energieversorgung in Zeiten von Spitzennachfragen geschaffen werden, können wegen ihres zeitlich begrenzten und wegen des quantitativ geringen Einsatzes nicht amortisiert werden. Was für andere Unternehmen eine unrationelle Wirtschaftsführung bedeutet, ist für Elektrizitätsversorgungsunternehmen *wirtschaftliche Notwendigkeit und gesetzliche Pflicht*. Wegen ihrer umfassenden Versorgungspflicht müssen die Elektrizitätsversorgungsunternehmen ihr Angebot, zuzüglich einer Ausfall- und Zuwachsreserve, an dem zu einer bestimmten Zeit höchsten Bedarf ausrichten. Das Ausmaß des Bedarfes ist ausschließlich von der Inbetriebnahme von Verbrauchsgeräten und -anlagen durch die Konsumenten abhängig. Die Elektrizitätsversorgungsunternehmen können den Absatz aber auch aus technischen Gründen nicht flexibel halten. Sie können die mögliche künftige Nachfrage nur mit einer erfahrungsorientierten Wahrscheinlichkeit approximativ und durchschnittlich abschätzen[5].

2. Eckdaten der Erzeugung von elektrischer Energie in Österreich

Im Jahr 1995 wurde von öffentlichen Elektrizitsversorgungsunternehmen im Inland ein Strombedarf von 46335 GWh gedeckt[6]. Davon wurden 24025 GWh von der Verbundgesellschaft aufgebracht. Das entspricht einem Anteil von 51,9 % der öffentlichen Stromversorgung. Zusätzlich dazu brachte die Verbundgesellschaft für den Export und für den Transit 6035 GWh an elektrischer Energie auf. Ihre Gesamtaufbringung betrug daher im Jahr 1995 30060 GWh.

Das Energievolumen der Verbundgesellschaft wurde zum weitaus überwiegenden Teil, nämlich zu 83 %, durch Eigenerzeugung aufgebracht (24935 GWh). 15,3 % des Stromes wurden durch Import und Transit aufgebracht, nur 1,7 % stammten von den Landesgesellschaften.

Die Eigenerzeugung der Verbundgesellschaft erfolgt überwiegend durch Wasserkraftwerke. Im Jahr 1995 wurden in 70 Wasserkraftwerken[7]

---

[5] Vgl näher BÜDENBENDER, Energierecht Rz 23.
[6] Dazu und zum folgenden Österreichische Elektrizitätswirtschafts-AG, Zahlen, Daten, Fakten 96 (Stand Ende 1995).
[7] Davon 36 Laufkraftwerke, 20 Laufkraftwerke mit Schwellbetrieb, 4 Kurzzeitspeicherkraftwerke und 10 Jahresspeicherkraftwerke.

22042 GWh erzeugt. Das entspricht einem Anteil von rund 90 % an der Erzeugungskapazität des Verbundes.

Der vom Verbund erzeugte Strom wird zu rund zwei Dritteln an die Landesgesellschaften abgegeben. Nur je rund 4 % fließen an die ÖBB, an die Industrie sowie in den Eigenbedarf. Rund 20 % gehen in den Export und in den Transit (Stand des Jahres 1995).

Die Verbundgesellschaft betreibt Hochspannungsleitungen mit Spannungen von 110 kV, 220 kV und mit 380 kV. Die Trassenlänge beträgt bei 110-kV-Leitungen 1077,7 km, bei 220-kV-Leitungen 1755,3 km und bei 380-kV-Leitungen 1053,2 km[8]. Im Jahr 2000 wird das Netz der Trassen für 380-kV-Leitungen 1129 km betragen. Eine Gegenüberstellung der Trassen von Landesgesellschaften, Sondergesellschaften sowie von Städtischen und sonstigen Elektrizitätsversorgungsunternehmen zeigt, daß die Landesgesellschaften 110-kV-Leitungen in der Trassenlänge von 5184,4 km, 220-kV-Leitungen in der Trassenlänge von 145,7 km und 380-kV-Leitungen in der Trassenlänge von 91,3 km betreiben. Die Sondergesellschaften und die städtischen Versorgungsunternehmen betreiben nur in geringem Ausmaß Hochspannungsleitungen. Die Ennskraftwerke AG, die Österreichische Draukraftwerke AG, die Tauernkraftwerke AG und die Österreichische Donaukraftwerke AG betreiben zusammen 110-kV-Leitungen in der Trassenlänge von rund 210 km, 220-kV-Leitungen in der Trassenlänge von rund 40 km, aber keine 380-kV-Leitungen. Städtische und sonstige Elektrizitätsversorgungsunternehmen betreiben nur 110-kV-Leitungen, und zwar in einer Trassenlänge von 121,4 km[9].

Entsprechend ihrem gesetzlichen Auftrag betreibt die Verbundgesellschaft Umspannwerke. Im Jahr 1995 betrug die Umspannerleistung der Verbundgesellschaft 19450 MVA. Sie wird bis zum Jahr 2000 voraussichtlich auf 20050 MVA ansteigen.

Der Anstieg der Stromerzeugung, der Ausbau des Leitungsnetzes und die steigende Umspannerleistung machen zunehmende Sachinvestitionen erforderlich. Vor allem in der ersten Hälfte der Neunziger Jahre zeigt sich ein signifikanter Anstieg des Sachanlagenzugangs. Im Jahr 1991 betrug er noch 2,3 Milliarden Schilling, im Jahr 1993 stieg er auf 3,2 Milliarden Schilling an und in den Jahren 1994 und 1995 erreichte er bereits jeweils mehr als 5 Milliarden Schilling.

---

[8] Stand 31. 12. 1995.
[9] Stand 31. 12. 1995.

III. Die geschichtliche Entwicklung der Elektrizitätswirtschaft und des Elektrizitätsrechts

Das österreichische Elektrizitätsrecht entstand in der zweiten Hälfte des 19. Jahrhunderts. Es war zunächst ein Teil des Gewerberechts[10]. Die einschlägigen gewerberechtlichen Regelungen bildeten ein „Sondergewerberecht". Im Jahr 1883 wurde die gewerbsmäßige Herstellung von Elektrizität an eine persönliche Konzession gebunden[11]. In der GewO war auch eine Betriebsstättengenehmigung vorgeschrieben. Rund zehn Jahre später, im Jahr 1894, wurden Vorschriften zur Überprüfung und Eichung elektrischer Maschinen und Meßapparate erlassen. Innerhalb der Rahmenbedingungen dieser wenigen Regelungen entwickelte sich die Elektrizitätswirtschaft hauptsächlich örtlich und zunächst nur begrenzt ortsverbindend und regional.

Ein planmäßig verstärkter örtlicher sowie ortsverbindend und gebietsmäßig zunächst noch beschränkter Ausbau der Elektrizitätswirtschaft setzte erst nach dem Ersten Weltkrieg ein. Der Staat erkannte aber bereits damals die Bedeutung und die zunehmende Notwendigkeit der Elektrizitätsversorgung für die Allgemeinheit als eine gesamtwirtschaftliche Aufgabe. Der Gesetzgeber gewährte daher von da an, wenn auch verhältnismäßig spät, erste Steuerbegünstigungen, um die Entwicklung der Stromerzeugung zu fördern[12]. Ein intensiver und extensiver Ausbau der Elektrizitätserzeugung war bis dahin kein volkswirtschaftliches Anliegen.

Die wirtschaftliche Bedeutung der Elektrizität hatte ab der Jahrhundertwende stetig zugenommen und erforderte nach dem Ersten Weltkrieg auch eine grundlegende Neuordnung der Rechtslage. Das Elektrizitätsrecht wurde aus dem engen Rahmen des Gewerberechts gelöst und zu einem eigenen Rechtsgebiet gemacht. Zwar blieb das Erfordernis einer gewerberechtlichen Konzession aufrecht. Die Rechtslage war hinfort aber stärker an volkswirtschaftlichen Interessen als an einzelbetrieblichen und verwaltungspolizeilichen Gesichtspunkten ausgerichtet. Das Elektrizitätswegegesetz aus dem Jahr 1922[13] und die darauf gegründeten Durchführungsverordnungen legten Leitungsrechte fest, ermächtigten zu Enteig-

---

10 Dazu und zum folgenden WINKLER, Das Elektrizitätsrecht, in: Weber/Wenger/Winkler, Beiträge zum österreichischen Wirtschaftsverwaltungsrecht (1962) 70 ff; TAUTSCHER/PÖSCHL (Hrsg), Handbuch der österreichischen Wirtschaftspolitik (1961) 340 ff; WENGER, Grundriß des österreichischen Wirtschaftsrechts I (1989), Rz 12 ff, insb 63 ff; FREMUTH, Organisatorische und rechtliche Grundlagen der Elektrizitätswirtschaft in Österreich, FS Klecatsky (1990) 55 f.
11 RGBl 1883/41 und 1883/188.
12 BGBl 1921/409, 1922/113.
13 BGBl 1922/348.

nungen und begründeten eine rechtliche Pflicht zur Abgabe von elektrischem Strom. *Das Privateigentum wurde institutionell beschränkt. Es wurde durch gesetzliche Auflagen den Erfordernissen der Erzeugung von Elektrizität und der Versorgung mit elektrischer Energie dienstbar gemacht.*

Zunehmende Technisierung und Industrialisierung der Wirtschaft und der einzelnen Haushalte führten zu einem stetigen Ansteigen des Strombedarfes. Der elektrische Strom wurde unaufhaltsam zu einer Existenzbedingung der gesamten Wirtschaft und aller privaten Haushalte. In der Zeit zwischen den zwei Weltkriegen erfolgte eine geradezu sprunghafte Expansion der Elektrizitätswirtschaft. Das zeigt sich anschaulich im Ansteigen der mengenmäßigen Grunddaten. Die Stromerzeugung durch hydraulische Kraftwerke war von 940 Mio KWh im Jahr 1921 auf 2390 Mio KWh im Jahr 1937 angestiegen[14]. Fernleitungen wurden ausgebaut. Zwischen den örtlichen und den regionalen Leitungsnetzen wurde ein Verbundbetrieb organisiert. Es entstanden erste Großkraftwerke und Landesgesellschaften wurden gegründet[15].

Alsbald war auch eine gesetzliche Neuordnung der zunächst nur provisorisch geregelten Materie erforderlich. Die allgemeine Entwicklung vermehrte und verstärkte die wirtschaftlichen und die technischen Bedingungen für die Elektrizitätswirtschaft quantitativ und qualitativ. Eine gesetzliche Neuregelung wurde in Angriff genommen. *In Verkennung der Zukunftsperspektiven erfolgte diese allerdings noch unter besonderer Bedachtnahme auf die aus dem Jahr 1920 stammende und im Jahr 1925 in Kraft getretene bundesstaatliche Kompetenzaufteilung des Elektrizitätswesens zwischen dem Bund und den Ländern gemäß Art 12 Abs 1 Z 5 B-VG.* Im Jahr 1929 wurde das Bundeselektrizitätsgesetz als Grundsatzgesetz erlassen[16]; in den Jahren 1931 bis 1933 ergingen dazu die Ausführungsgesetze der Länder. Diese Gesetze verstärkten gleichwohl die rechtspolitische Tendenz einer Bedachtnahme auf ein bundesweit gleiches öffentliches Interesse an elektrischer Energie, die bereits im bundeseinheitlichen Gesetz von 1922 im Ansatz gegeben war. Das bundesweit gleiche öffentliche Interesse an der Stromerzeugung war unabweislich erkennbar geworden. Das Bundeselektrizitätsgesetz aus 1929 brachte als Grundsatzgesetz für Stromlieferungsunternehmen allgemeine, bundeseinheitlich gleiche und zwingende Erfordernisse einer elektrizitätsrechtlichen Bewilligung durch die jeweilige Landesregierung, unter Berücksichtigung des örtlichen Bedarfes und unter Terminfestsetzungen für die Betriebsaufnahme. Als öffentliche Son-

---

14 WENGER, Wirtschaftsrecht I, Rz 63.
15 Im Burgenland bestand in der Ersten Republik keine Landesgesellschaft; die Wiener E-Werke waren als Kommunalbetrieb geführt.
16 BGBl 1929/250.

derpflichten waren Lieferungspflicht, Betriebspflicht, staatliche Tarifhoheit und eine Verpflichtung zur Stromaushilfe in Notfällen vorgesehen. Ferner enthielt das Gesetz eine definitive Regelung des Starkstromwegerechts, elektrotechnische Bestimmungen, Vorschriften über die Elektrizitätsstatistik sowie über die Ein- und Ausfuhr von elektrischer Energie. Den Ausführungsgesetzen der Länder blieb nur ein geringer Gestaltungsraum.

Die neuen Gesetze konnten in der Zwischenkriegszeit allerdings nicht zu ihrer vollen Wirksamkeit gelangen. Die wirtschaftlichen Verhältnisse verschlechterten sich zusehends. Die Entwicklung der Elektrizitätswirtschaft blieb daher zunächst auf Tendenzen zu begrenzten regionalen wirtschaftlichen Zentralisierungen beschränkt. Private und kommunale Elektrizitätsunternehmen gingen zunehmend auf die Landesgesellschaften über[17].

Nach dem Jahr 1938 hatte die politische Entwicklung die Einführung der einheitsstaatlichen deutschen Rechtsvorschriften auch in Österreich zur Folge. Die Einbeziehung Österreichs in die deutsche Rechts- und Wirtschaftsordnung von 1938 bis 1945 hatte aber auch in der Zeit nach dem Zweiten Weltkrieg geradezu zwangsläufig Auswirkungen auf das Elektrizitätsrecht der wiedererstandenen Republik Österreich. Im Jahr 1945 wurden nämlich die ab dem Jahr 1938 auch in Österreich angewendeten deutschen Rechtsvorschriften auf dem Gebiet des Elektrizitätsrechts zunächst einheitsstaatlich in die wiedererstandene österreichische Rechtsordnung übernommen. Gleichzeitig wurden die alten österreichischen Vorschriften formal außer Kraft gesetzt. Mit der Rezeption des einheitsstaatlich konzipierten deutschen Rechts wurde in Österreich ein verhältnismäßig zeitgemäßes, allerdings noch stark auf die nach 1945 unmittelbar nachwirkenden Kriegs- und Notverhältnisse abgestimmtes einheitliches Elektrizitätsrecht in Kraft gesetzt.

Dem Vorteil der Ablösung des älteren österreichischen Elektrizitätsrechts durch die Rezeption des einheitsstaatlich konzipierten reichsdeutschen Rechtes stand allerdings ein gewichtiger Nachteil gegenüber. Rezeption und Überleitung hatten eine große Unübersichtlichkeit des Rechtsstoffes und eine vermehrte Rechtsunsicherheit zur Folge[18]. Hinzu trat der Umstand, daß die einheitsstaatlich konzipierten und in Österreich zunächst auch einheitsstaatlich eingeführten deutschen Regelungen in einem Spannungsverhältnis zur bundesstaatlichen Kompetenzverteilung auf dem Gebiet des Elektrizitätswesens standen. Es kam daher in den Siebziger Jahren zu einer föderalistischen Neuregelung. Durch diese Neurege-

---

17 WENGER, Die österreichische Elektrizität – Ein Faktor der öffentlichen Wirtschaft in Österreich, ÖZE 1986, 230 (234 f).
18 Dazu im einzelnen und umfassend WINKLER, Überleitung und Rezeption des deutschen Elektrizitätsrechts, JBl 1956, 573 ff.

lung in Form eines Grundsatzgesetzes des Bundes und von Ausführungsgesetzen der Länder ergab sich aber nur eine vordergründige materiellrechtliche, vorwiegend gesetzgebungstechnische Neuordnung der Rechtslage[19].

Nach dem Zweiten Weltkrieg war es nämlich auf dem Gebiet der Elektrizitätswirtschaft neben der Rechtsüberleitung der einheitsstaatlich angelegten deutschen Gesetzesmaterie auch zu neuen *wirtschaftslenkenden Maßnahmen*, mit einer starken gemeinwirtschaftlichen Tendenz gekommen. Im Mittelpunkt dieser Maßnahmen stand das 2. Verstaatlichungsgesetz aus dem Jahr 1947, das – modifiziert durch die beiden großen Novellen der Jahre 1964 und 1987 – im wesentlichen heute noch gilt. Nahezu alle großen Unternehmen zur Erzeugung elektrischer Energie wurden damals auf staatliche Gesellschaften übertragen, die mehrheitlich im Eigentum des Bundes oder der Länder standen (Großkraftwerke und Landesgesellschaften). Nur die Versorgungsbetriebe einiger Landeshauptstädte und kleinere private Eigenversorgungsbetriebe blieben davon unberührt. Durch das 2. Verstaatlichungsgesetz wurde die österreichische Elektrizitätswirtschaft zum weitaus überwiegenden Teil organisatorisch und funktionell in die Staatswirtschaft eingegliedert. Betrieb und Ausbau der Elektrizitätswirtschaft liegen daher seit dem Ende des Zweiten Weltkrieges weitaus überwiegend beim föderalistisch organisierten Staat.

Mit der Novelle zum 2. Verstaatlichungsgesetz aus dem Jahr 1987 wurde ein Rückzug des Staates aus der Elektrizitätswirtschaft signalisiert. Die gemeinwirtschaftliche Aufgabenteilung zwischen der Verbundgesellschaft, den Sondergesellschaften und den Landesgesellschaften blieb zwar im Prinzip aufrecht, der Staat (im wesentlichen die Gebietskörperschaften Bund und Länder) wurde jedoch ermächtigt, bis zu 49 bzw 50 % seiner Anteile an den genannten Gesellschaften zu veräußern[20]. Die Beherrschung der Gesellschaften durch Bund und Länder und ihre Bindung an das öffentliche Interesse und an das Gemeinwohl blieben davon zunächst unberührt. Im Hinblick auf mögliche Änderungen der Eigentumsstrukturen wurden die Regelungen über die im öffentlichen Interesse gelegenen Aufgaben der Verbundgesellschaft sogar noch ausgebaut.

IV. Grundzüge des Elektrizitätswirtschaftsrechts

Die Zuständigkeit zur Regelung und zur Vollziehung des Elektrizitätswirtschaftsrechts ist auf der verfassungsrechtlichen Grundlage des Art 12

---
19 Dazu unten IV und V.
20 Vgl näher PAUGER, Organisationsreform in der Verstaatlichten E-Wirtschaft, ÖZW 1987, 97 ff.

Abs 1 Z 5 B-VG zwischen dem Bund und den Ländern aufgeteilt. Der Bund ist zur Gesetzgebung über die Grundsätze zuständig. Die Erlassung von Ausführungsgesetzen und die Vollziehung sind Landessache. Dementsprechend gelten derzeit ein Grundsatzgesetz und neun Ausführungsgesetze, welche die Elektrizitätswirtschaft regeln. Die folgende Darstellung ist im wesentlichen auf das Grundsatzgesetz abgestellt, das *Elektrizitätswirtschaftsgesetz* des Bundes (ElWG)[21]. Die wesentlichen Inhalte dieses Gesetzes liegen in der Regelung eines Konzessionsverfahrens, in der Festlegung von Rechten und Pflichten der Elektrizitätsversorgungsunternehmen und in der Regelung eines elektrizitätswirtschaftlichen Bewilligungsverfahrens für Erzeugungsanlagen. Die Ausführungsgesetze der Länder sind inhaltlich so stark an das Grundsatzgesetz gebunden, daß für eigenständige Regelungen kein echter Gestaltungsraum bleibt. Ihre Inhalte haben daher für diese Untersuchung keinen erheblichen zusätzlichen Informationswert.

1. Die Konzessionspflicht

Der Betrieb eines Elektrizitätsversorgungsunternehmens bedarf einer behördlichen Konzession (§ 2 ElWG). § 3 ElWG sieht zwei Arten von Konzessionen vor: Konzessionen für die unmittelbare Versorgung eines örtlich umschriebenen bestimmten Gebietes (lit a) und Konzessionen für die Lieferung elektrischer Energie an die Elektrizitätsversorgungsunternehmen (lit b). Allgemeine Voraussetzung für die Erteilung einer Konzession ist, daß ein Elektrizitätsversorgungsunternehmen in der Lage sein wird, den in den §§ 6 bis 9 ElWG festgelegten Pflichten nachzukommen. Für die Erteilung einer Konzession nach § 3 lit a ElWG ist weitere Voraussetzung, daß für das örtlich umschriebene Gebiet noch keine Konzession zur Versorgung besteht. Voraussetzung für die Erteilung einer Konzession nach § 3 lit b ElWG ist ferner, daß eine bestmögliche Verbundwirtschaft gewährleistet wird.

Die Erteilung der Konzession ist Landessache. Gemäß § 2 ElWG liegt die Zuständigkeit bei der Landesregierung. § 5 Abs 3 ElWG regelt die Parteistellung. Danach hat unter anderem auch die *Verbundgesellschaft Parteistellung*, soweit die gesetzlichen Aufgaben der Verbundgesellschaft oder einer Sondergesellschaft berührt sind.

2. Das elektrizitätswirtschaftliche Bewilligungsverfahren

Der IV. Abschnitt des ElWG betrifft das elektrizitätswirtschaftliche Bewilligungsverfahren für Anlagen zur Erzeugung elektrischer Energie.

---
[21] BGBl 1975/260 idF 1979/131.

Seine Regelungen erstrecken sich auf sogenannte Stromerzeugungsanlagen. Das sind Anlagen zur Erzeugung von elektrischer Energie mit einer Leistung von mehr als 100 Watt bei einer Spannung von mehr als 42 Volt, die von Elektrizitätsversorgungsunternehmen im Sinn des § 1 Abs 1 ElWG betrieben werden oder die Eigenanlagen im Sinn des § 1 Abs 2 und Abs 3 darstellen. Deren Errichtung oder Erweiterung bedarf grundsätzlich einer elektrizitätswirtschaftlichen Bewilligung. Die Zuständigkeit dafür liegt bei der Landesregierung.

Für die Erteilung einer elektrizitätswirtschaftlichen Bewilligung sind die für die Erteilung einer Konzession nach § 2 maßgeblichen Grundsätze des § 4 sinngemäß anzuwenden. Die Ausführungsgesetze können für Stromerzeugungsanlagen bis zu einer bestimmten installierten Leistung sowie für Notstromaggregate und für fahrbare Anlagen eine bloße Anzeigepflicht oder ein erleichtertes Verfahren vorsehen. Zur Vornahme von Vorarbeiten für die Errichtung einer Anlage sehen die Ausführungsgesetze im Einklang mit dem Grundsatzgesetz die Möglichkeit einer vorübergehenden Inanspruchnahme fremden Grundes vor (§ 12). Die Vorarbeiten sind unter tunlichster Schonung und Wahrung des bestimmungsgemäßen Gebrauches der betroffenen Grundstücke vorzunehmen. Zur Sicherung des aus zwingenden technischen oder wirtschaftlichen Gründen gebotenen dauernden Bestandes einer Anlage zur Erzeugung von elektrischer Energie an einem bestimmten Ort ist die Enteignung vorzusehen.

Besonderes gilt für die Errichtung und für die Erweiterung einer Eigenanlage im Sinn des § 1 Abs 2 und 3 ElWG (§ 11 Abs 2 und 3 ElWG). Diese bedarf keiner Bewilligung gemäß Abs 1. Die Ausführungsgesetze der Länder haben aber vorzusehen, daß derjenige der beabsichtigt, eine Eigenanlage gemäß § 1 Abs 2 und 3 ElWG zu errichten oder zu erweitern, verpflichtet ist, vor Inangriffnahme des Projektes mit dem für die Versorgung des betreffenden Gebietes zuständigen Elektrizitätsversorgungsunternehmen über die Möglichkeiten einer seinen betriebswirtschaftlichen Interessen Rechnung tragenden Versorgung zu verhandeln. In den Verhandlungen für die Errichtung der Eigenanlage ist auf die Kosten einer Reserveversorgung entsprechend Bedacht zu nehmen. Diesem Erfordernis ist dann Rechnung getragen, wenn die Verhandlungen ergeben, daß eine Versorgung desjenigen, der eine Eigenanlage zu errichten beabsichtigt, durch das zuständige Elektrizitätsversorgungsunternehmen diesem zu Bedingungen, die den betriebswirtschaftlichen oder sicherheitstechnischen Erfordernissen dieses Unternehmens Rechnung tragen, wirtschaftlich nicht zumutbar ist. In diesem Fall ist die Behörde vom Verhandlungsergebnis zu verständigen. Die Ausführungsgesetze der Länder sehen im Einklang mit dem Grundsatzgesetz des Bundes darüber hinaus vor, daß Bestandgabe und Stillegung einer Eigenanlage im Sinn des § 1 Abs 2 und 3 jenem Elektrizitätsversorgungsunternehmen mitzuteilen sind, welches das Gebiet versorgt, in dem sich die von der Eigenanlage belieferten Stromverbrauchseinrichtungen befinden.

3. Rechte und Pflichten der Elektrizitätsversorgungsunternehmen

Der III. Abschnitt des ElWG regelt Rechte und Pflichten der Elektrizitätsversorgungsunternehmen:

a) Allgemeine Bedingungen und Tarife

Nach § 6 Abs 1 sind Elektrizitätsversorgungsunternehmen mit einer Konzession gemäß § 3 lit a verpflichtet, *Allgemeine Bedingungen* und *Allgemeine Tarifpreise* zu veröffentlichen. *Die Allgemeinen Bedingungen und die Allgemeinen Tarifpreise bedürfen der Genehmigung durch die Landesregierung.* Sie sind von den Elektrizitätsversorgungsunternehmen zu veröffentlichen und den Abnehmern auf ihr Verlangen auszufolgen und zu erläutern.

b) Die Allgemeine Anschluß- und Versorgungspflicht

Die Elektrizitätsversorgungsunternehmen haben gemäß den Allgemeinen Bedingungen und Allgemeinen Tarifpreisen aufgrund privatrechtlicher Verträge auf Verlangen jedermann an ihr Stromnetz anzuschließen und mit elektrischem Strom zu versorgen *(Allgemeine Anschluß- und Versorgungspflicht).*

Elektrizitätsversorgungsunternehmen dürfen die Versorgung nicht willkürlich, sondern nur im Fall unerläßlicher technischer Maßnahmen im Verteilungsnetz oder bei Verletzung der *Allgemeinen Bedingungen* durch den Stromabnehmer unterbrechen bzw. einstellen (Abs 5). Versorgungsstörungen sind raschestens zu beheben.

Im Einzelfall entscheidet die Landesregierung, ob eine allgemeine Anschluß- und Versorgungspflicht besteht.

c) Leistungspflicht und Kontrahierungszwang

Elektrizitätsversorgungsunternehmen erbringen Leistungen im Dienst an der Allgemeinheit (Daseinsvorsorge). Sie erfüllen eine öffentliche Aufgabe. Wegen der Bedeutung der Energieversorgung und im Hinblick auf die Ungleichgewichte in den Marktverhältnissen sind die Unternehmen zur Leistung verpflichtet *(Leistungspflicht).*

Nach § 6 Abs 1 ElWG sind konzessionierte Elektrizitätsversorgungsunternehmen auch verpflichtet, zu den veröffentlichten Bedingungen und Tarifpreisen über den Anschluß und über die ordnungsgemäße Versorgung *mit jedermann* privatrechtliche Verträge zu schließen *(Kontrahierungszwang)*. Abs 4 enthält einen eng begrenzten Katalog von Ausnahmen von dieser Pflicht. Doch auch gegenüber Abnehmern, die nicht zu den Allgemeinen Bedingungen beliefert werden, sind die Elektrizitätsversorgungsunternehmen, etwa im Fall der Reserveversorgung, an die Pflicht zur Gleichbehandlung der Leistungsempfänger gebunden (Abs 2)[22].

Die Ausführungsgesetze der Länder enthalten entsprechende Regelungen, in denen die Leistungspflicht und der Kontrahierungszwang im Rahmen allgemeiner Lieferbedingungen und allgemeiner Tarifpreise vorgesehen sind[23].

d) Ausnahmen von der allgemeinen Anschluß- und Versorgungspflicht

§ 6 Abs 4 ElWG enthält Ausnahmen von der allgemeinen Anschluß- und Versorgungspflicht. Diese Pflicht besteht nicht

aa) soweit der Anschluß oder die Versorgung dem Elektrizitätsversorgungsunternehmen unter Beachtung der Interessen der Abnehmer im Einzelfall wirtschaftlich nicht zumutbar ist, wobei insbesondere auf die Reserve- und Zusatzversorgung Rücksicht zu nehmen ist[24];

bb) gegenüber Inhabern von Eigenanlagen, sofern die Deckung des Stromverbrauches dem jeweiligen Inhaber aus seiner Eigenanlage wirtschaftlich zumutbar ist;

cc) gegenüber Abnehmern, die ihrer Verpflichtung gemäß § 11 Abs 2 nicht nachgekommen sind, es sei denn, daß seit der Errichtung, Erweiterung oder Bestandgabe ein Zeitraum von mehr als sechs Jahren verstrichen ist;

dd) für Anlagen zur Widerstandsheizung von Wohnräumen mit elektrischer Energie;

---

22 Dazu und zum folgenden SCHÄFFER, Wirtschaftsaufsichtsrecht, in: Wenger (Hrsg), Grundriß des Wirtschaftsrechts II (1990) 111 (Rz 50).
23 §§ 10 f Bgld ElG, § 17 Nö ElWG, §§ 13 f Krnt ElWG, §§ 13 f OÖ ElG, §§ 9 f Sbg LEIG, §§ 11 f Stmk ElWG, §§ 11 f Tir ElG, § 11 Vbg ElVersG, § 7 Wr ElWG.
24 Reserveversorgung im Sinn der lit a liegt vor, wenn ein laufend durch Eigenanlagen gedeckter Energiebedarf vorübergehend durch ein Elektrizitätsversorgungsunternehmen gedeckt wird. Zusatzversorgung im Sinn der lit a liegt vor, wenn der Energiebedarf eines Abnehmers regelmäßig zu einem Teil durch Eigenanlagen und zum anderen Teil durch Elektrizitätsversorgungsunternehmen gedeckt wird. Wenn der Energiebedarf eines Abnehmers regelmäßig durch mehrere Elektrizitätsversorgungsunternehmen gedeckt wird, gilt dies nicht als Zusatzversorgung.

ee) für Anlagen zur Vollklimatisierung, es sei denn, daß die Installation von Vollklimatisierungsanlagen aus volkswirtschaftlichen, medizinischen oder wissenschaftlichen Gründen unerläßlich ist.

Für Rechtsstreitigkeiten in diesen Angelegenheiten des § 6 ist die Zuständigkeit der ordentlichen Gerichte vorgesehen.

e) Das Gleichbehandlungsgebot

Wenn ein Elektrizitätsversorgungsunternehmen einer Gruppe von Abnehmern, die nicht zu den *Allgemeinen Tarifpreisen* und *Allgemeinen Bedingungen* versorgt werden, auf Grund ihrer Abnahmeverhältnisse gleiche Preise und Bedingungen einräumt, darf es im Einzelfall bei im wesentlichen gleichartigen Abnahmeverhältnissen den Anschluß und die Versorgung zu diesen Preisen und Bedingungen nicht aus unsachlichen Gründen ablehnen (Abs 2).

f) Baukostenzuschüsse

Die Elektrizitätsversorgungsunternehmen sind berechtigt, bei Neuanschlüssen und bei Erhöhung des Versorgungsumfanges den Abnehmern angemessene Baukostenzuschüsse in Rechnung zu stellen (Abs 3).

g) Die Verpflichtung zur Abnahme elektrischer Energie

Sofern ein Elektrizitätsversorgungsunternehmen es ablehnt, die von einer Eigenanlage gemäß § 1 Abs 2 oder Abs 3 über den Bedarf ihres Inhabers hinaus zwangsläufig anfallende elektrische Energie abzunehmen, kann es über Antrag des Inhabers der Eigenanlage von der Behörde verhalten werden, elektrische Energie aus dieser Eigenanlage zu Bedingungen abzunehmen, die unter Berücksichtigung der Wertigkeit der abgegebenen elektrischen Energie wirtschaftlich zumutbar sind, soweit nicht triftige energiewirtschaftliche Gründe oder vertragliche Verpflichtungen dem entgegenstehen (§ 8 ElWG).

h) Die „Ersatzvornahme" bei Nichterfüllung der Versorgungsaufgabe

Zeigt sich ein Elektrizitätsversorgungsunternehmen außerstande, die ihm gesetzlich auferlegten Pflichten, insbesondere seine Versorgungsaufgaben zu erfüllen, so ist ihm gemäß § 9 Abs 1 ElWG *von der zuständigen Landesregierung* aufzutragen, die hindernden Umstände innerhalb einer angemessenen Frist zu beseitigen. Ungeachtet dessen kann die Landesregierung, soweit dies zur Beseitigung einer Gefahr für das Leben oder für die Gesundheit von Menschen oder zur Abwehr schwerer volkswirtschaftlicher Schäden notwendig ist, ein anderes Elektrizitätsversorgungsunternehmen gegen eine entsprechende Schadloshaltung zur vorübergehenden Abgabe elektrischer Energie heranziehen. Sind die hindernden Umstände derart, daß eine Wiederaufnahme der ordnungsgemäßen Versorgung mit elektrischer Energie durch das zuständige Elektrizitätsversorgungsunternehmen in absehbarer Zeit nicht zu erwarten ist, dann kann *die zuständige Landesregierung* diesem Elektrizitätsversorgungsunternehmen den Betrieb ganz oder teilweise untersagen und – unter Bedachtnahme auf die Bestimmungen des § 4 ElWG – ein anderes Elektrizitätsversorgungsunternehmen zur dauernden Übernahme der Versorgung verpflichten.

Die Landesregierung hat dem solcherart verpflichteten Unternehmen über dessen Antrag, gegen eine angemessene Entschädigung, den Gebrauch von Elektrizitätserzeugungs- und Verteilungsanlagen jenes Unternehmens, das von der Untersagung betroffen wird, soweit zu gestatten, als dies zur Erfüllung der Versorgungsaufgaben notwendig ist (Abs 2). *Die Landesregierung* kann nach Rechtskraft des Bescheides, mit dem die Verpflichtung zur dauernden Übernahme der Versorgung ausgesprochen wird, auf Antrag des verpflichteten Unternehmens zu dessen Gunsten die in Gebrauch genommenen Elektrizitätserzeugungs- und Verteilungsanlagen gegen eine angemessene Entschädigung enteignen (Abs 3).

V. Elektrizitätswirtschaft und Energielenkungsrecht

1. Die verfassungsgesetzliche Grundlage

Im Zusammenhang mit dem Elektrizitätswirtschaftsrecht ist das Elektrizitätslenkungsrecht im Rahmen und auf der Grundlage des *Energielenkungsgesetzes 1982* von rechtlicher Erheblichkeit[25]. Dessen Artikel II regelt rechtliche Instrumente, welche vom öffentlichen Interesse an der kontinuierlichen Versorgung der Bevölkerung mit Energie geprägt sind. Die Verfassungsbestimmung des Artikel I des EnLG weist die Erlassung und Aufhebung von Vorschriften, wie sie im Art II des Energielenkungsgesetzes 1982 enthalten sind, sowie die Vollziehung dieser Vorschriften, vorderhand bis zum Ablauf des 31. Dezember 1998, auch in jenen Belangen dem Bund zu, in welchen das Bundes-Verfassungsgesetz in der Fassung von 1929 etwas anderes vorsieht. Die in diesen Vorschriften geregelten Angelegenheiten können – unbeschadet der Stellung des Landeshauptmannes gemäß Art 102 Abs 1 B-VG – nach Maßgabe des § 9 –im übertragenen Wirkungsbereich von Einrichtungen der gesetzlichen Interes-

---

[25] BGBl 1982/545 idF 1996/791.

senvertretungen und nach Maßgabe des § 15 von Landeslastverteilern als Bundesbehörden unmittelbar versehen werden.

2. Allgemeine Lenkungsmaßnahmen

Art II des EnLG enthält allgemeine Vorschriften über die Anwendung von Lenkungsmaßnahmen zur Sicherung der Energieversorgung und im besonderen über Maßnahmen zur Sicherung der Elektrizitätsversorgung.

Nach dem Art II des EnLG können gemäß § 1 Abs 1 folgende Lenkungsmaßnahmen ergriffen werden:
a) zur Abwendung einer unmittelbar drohenden Störung oder zur Behebung einer bereits eingetretenen Störung der Energieversorgung Österreichs, sofern diese Störungen
    * keine saisonale Verknappungserscheinung darstellen; oder
    * durch marktkonforme Maßnahmen nicht, nicht rechtzeitig oder nur mit unverhältnismäßigen Mitteln abgewendet oder behoben werden können; oder
b) soweit es zur Erfüllung völkerrechtlicher Verpflichtungen zur Inkraftsetzung von Notstandsmaßnahmen auf Grund der Beschlüsse von Organen internationaler Organisationen erforderlich ist.

Solche Lenkungsmaßnahmen haben zum Ziel:
a) im Fall einer Störung die Deckung des lebenswichtigen Bedarfes an Energie, einschließlich jenes für Zwecke der militärischen Landesverteidigung; ferner die Aufrechterhaltung einer ungestörten Gütererzeugung und Leistungserstellung sowie die Sicherstellung der Versorgung der Bevölkerung und sonstiger Bedarfsträger,
b) im Fall der Erfüllung völkerrechtlicher Verpflichtungen die Ermöglichung der Inkraftsetzung von Notstandsmaßnahmen auf Grund der Beschlüsse von Organen internationaler Organisationen (§ 1 Abs 2).

Die Lenkungsmaßnahmen dürfen nur in einem Ausmaß und für eine Dauer ergriffen werden, als sie zur Abwendung oder zur Behebung der Störung oder in Erfüllung völkerrechtlicher Verpflichtungen zur Inkraftsetzung von Notstandsmaßnahmen auf Grund der Beschlüsse von Organen internationaler Organisationen unbedingt erforderlich sind. In das verfassungsgesetzlich gewährleistete Eigentumsrecht und in die Freiheit der Erwerbstätigkeit darf nur eingegriffen werden, wenn die im § 1 Abs 2 genannten Ziele nicht anders erreicht werden können (§ 1 Abs 4).

Die Lenkungsmaßnahmen sind durch Verordnung des Bundesministers für wirtschaftliche Angelegenheiten zu regeln. Solche Verordnungen bedürfen, soweit sie nicht ausschließlich die gänzliche oder teilweise Aufhebung von Lenkungsmaßnahmen zum Gegenstand haben, der Zustimmung des Hauptausschusses des Nationalrates. Sie haben als Lenkungsmaßnahmen für Energieträger und als Lenkungsmaßnahmen zur Sicherung der Elektrizitätsversorgung jedenfalls getrennt zu ergehen (§ 2 Abs 1). Für Fälle der Gefahr im Verzug gilt ein besonderes Verfahren.

Lenkungsmaßnahmen dürfen nur für die Dauer von sechs Monaten getroffen werden. Im Fall einer bereits eingetretenen Störung der Energieversorgung ist eine Verlängerung über die Dauer von sechs Monaten mit Zustimmung des Hauptausschusses des Nationalrates zulässig. Nach Wegfall der sie begründenden Umstände sind die entsprechenden Verordnungen unverzüglich aufzuheben (§ 2 Abs 3).

3. Lenkungsmaßnahmen zur Sicherung der Elektrizitätsversorgung

Abschnitt 3 des Artikel II EnLG 1982 enthält besondere Rechtsgrundlagen für Lenkungsmaßnahmen zur Sicherung der Elektrizitätsversorgung.

Nach § 10 kann der Bundesminister für wirtschaftliche Angelegenheiten, wenn die Voraussetzungen des § 1 Abs 1 zutreffen, nach den Bestimmungen des § 1 Abs 2 bis 4 folgende Lenkungsmaßnahmen zur Sicherstellung der Elektrizitätsversorgung durch Verordnung vorsehen:

* Die Vorschreibung von Landesverbrauchskontingenten für die Länder. Dabei ist gemäß § 12 die Energieversorgung in den einzelnen Ländern zu berücksichtigen.
* Die Regelung der Abgabe der verfügbaren elektrischen Energie an die Verbraucher. Nach § 13 soll die Regelung der Abgabe der verfügbaren elektrischen Energie an die Verbraucher nach dem Grad der Dringlichkeit erfolgen. Insbesondere kann bestimmt werden, daß Stromverbraucher ohne weiteres Verfahren vorübergehend vom Strombezug ausgeschlossen oder im Strombezug eingeschränkt werden können. Erforderlichenfalls können Stromverbraucher mit einem durchschnittlichen Monatsverbrauch von mehr als 100 000 kWh im letzten Kalenderjahr aus dem Landesverbrauchskontingent ausgeschieden und ihr Bezug einer gesonderten Regelung unterzogen werden.
* Die Erteilung von Anweisungen an Elektrizitätsversorgungsunternehmen und an Besitzer von Eigenanlagen zur Stromerzeugung. Diese haben gemäß § 14 jene Anweisungen an Elektrizitätsversorgungsunternehmen und an Besitzer von Eigenanlagen zur Stromerzeugung vorzusehen, die zur Sicherstellung der Versorgung mit elektrischer Energie notwendig sind.
* Die Regelung der Betriebsweise sowie die Festlegung von höchstzulässigen Emissionsgrenzwerten für Stromerzeugungsanlagen im Sinn des § 10 des ElWG. Diese sind gemäß § 14a im Einvernehmen mit den

Bundesministern für Umwelt, Jugend und Familie und für Land- und Forstwirtschaft nur insoweit zu erlassen, als sie zur Sicherstellung der Versorgung mit elektrischer Energie erforderlich sind. Auf die Vermeidung von gefährlichen Belastungen für die Umwelt ist Bedacht zu nehmen. Entgegenstehende Regelungen sind für die Dauer der Geltung dieser Verordnungen nicht anzuwenden.

4. Bundeslastverteiler und Landeslastverteiler

Zur Durchführung der Lenkungsmaßnahmen gemäß § 10 ist im Rahmen des Bundesministeriums für wirtschaftliche Angelegenheiten *ein Bundeslastverteiler einzurichten, der Mitglied des Vorstandes oder Prokurist der Verbundgesellschaft sein muß* (§ 11 Abs 1). Zur Vertretung des Bundeslastverteilers sind durch den Bundesminister für wirtschaftliche Angelegenheiten mindestens drei Stellvertreter zu bestellen. Die Stellvertreter des Bundeslastverteilers sind in jener Reihenfolge zu bezeichnen, in der sie im Verhinderungsfall dessen Befugnisse ausüben. Die Stellvertreter müssen zumindest Handlungsbevollmächtigte der Verbundgesellschaft sein.

Zur Durchführung von Lenkungsmaßnahmen gemäß § 10, hinsichtlich der Landesverbrauchskontingente gemäß § 10 Z 1 und § 12, ist ein Landeslastverteiler bestimmt. Dieser muß Mitglied des Vorstandes (der Direktion) oder Prokurist der jeweiligen Landesgesellschaft (§ 3 des 2. Verstaatlichungsgesetzes) sein. Der Landeslastverteiler ist vom Landeshauptmann zu bestellen und abzuberufen. Dem Landeslastverteiler obliegt insbesondere
* die Verteilung des Landesverbrauchskontingentes und
* die Regelung der Abgabe der verfügbaren elektrischen Energie an die Verbraucher.

Bei der Verteilung des Landesverbrauchskontingentes ist der Landeslastverteiler an die bundeseinheitliche Verteilungsregelung gebunden, sofern sich nicht aus der Stromlage ergibt, daß eine Abweichung von der bundeseinheitlichen Regelung nicht zu einer Gefahr der Überschreitung des Landesverbrauchskontingentes führen wird. Wird das Landesverbrauchskontingent überschritten, dann kann der Bundeslastverteiler für das betreffende Bundesland die nötigen Maßnahmen mit bindender Wirkung erlassen. Unausgenützte, nicht speicherbare Energieüberschüsse fließen, solange sie der Bundeslastverteiler nicht einer anderen Verwendung zuführt, dem Landesverbrauchskontingent zu (Abs 4).

Die Regelung der Abgabe der verfügbaren elektrischen Energie an die Verbraucher hat nach dem Grad der Dringlichkeit zu erfolgen. Insbesondere können Stromverbraucher ohne weiteres Verfahren vorübergehend vom Strombezug ausgeschlossen oder im Strombezug beschränkt werden (Abs 5).

Verordnungen des Landeslastverteilers sind in den für amtliche Kundmachungen im Lande üblicherweise herangezogenen Tageszeitungen kundzumachen (Abs 6).

5. Mehrverbrauchsgebühren und Verwaltungskosten

Für die entgegen den Beschränkungsmaßnahmen für den Stromverbrauch mehr verbrauchte elektrische Energie haben die Elektrizitätsversorgungsunternehmungen mit dem Strompreis auch Mehrverbrauchsgebühren einzuheben (§ 16 Abs 1). Die Höhe der Mehrverbrauchsgebühren ist gemäß § 10 durch Verordnung des Bundesministers für wirtschaftliche Angelegenheiten unter Bedachtnahme auf die Höhe des unzulässigen Mehrverbrauches gestaffelt festzulegen. Sie darf je Kilowattstunde das Zehnfache des jeweils für den betreffenden Abnehmer geltenden Kilowattstundenpreises nicht übersteigen. Die eingehobenen Mehrverbrauchsgebühren verbleiben den Elektrizitätsversorgungsunternehmen. Sie sind zur Bedeckung der Kosten der Lenkungsmaßnahmen und zur Sicherung der Elektrizitätsversorgung zu verwenden (Abs 2). Zur Vermeidung wirtschaftlicher und sozialer Härtefälle kann der Landeslastverteiler auf einen binnen zwei Wochen einzubringenden Antrag die Mehrverbrauchsgebühren durch Bescheid ermäßigen. Bei Verbrauchern, deren Verbrauch durch den Bundeslastverteiler einer gesonderten Regelung unterzogen wird, steht diese Befugnis dem Bundeslastverteiler zu.

Die Kosten des Bundeslastverteilers hat die Verbundgesellschaft, die Kosten des Landeslastverteilers hat die jeweilige Landesgesellschaft zu tragen (§ 17 Abs 1). Dem Bundeslastverteiler stehen für die Ausübung dieser Funktion die personellen und sachlichen Mittel der Verbundgesellschaft, dem Landeslastverteiler stehen für die Ausübung dieser Funktion die personellen und sachlichen Mittel der jeweiligen Landesgesellschaft zur Verfügung (Abs 2).

Die Regelungen und Maßnahmen auf Grund der §§ 12 bis 17 sowie die Regelung der Mehrverbrauchsgebühren (§ 16) gelten als Bestandteile der allgemeinen und besonderen Stromabgabebedingungen und der Stromlieferungsverträge. Kann ein Vertrag wegen Maßnahmen, die auf Grund der §§ 10 bis 15 getroffen wurden, nicht oder nicht gehörig erfüllt werden, dann entstehen keine Schadenersatzansprüche gegen den Schuldner. Die Bestimmungen des Amtshaftungsgesetzes werden hierdurch nicht berührt (§ 18 Abs 1 und 2).

6. Auskünfte und Beratungen

Soweit es zur Sicherstellung der Elektrizitätsversorgung erforderlich ist, sind Erzeuger, Verbraucher und Wiederverkäufer von elektrischer Energie zur Auskunftserteilung an den Bundeslastverteiler und in dessen Wirkungsbereich auch an den Landeslastverteiler verpflichtet (§ 19).

Das EnLG sieht zwei Beiräte vor: den Energielenkungsbeirat (§ 20) und den Lastverteilungsbeirat (§ 21). Diese dienen der Beratung des BMwA zur Vorbereitung und Begutachtung von Maßnahmen gemäß Art II. In beiden Beiräten ist auch der Bundeslastverteiler vertreten.

VI. Grundzüge der gesetzlichen Regelungen der Elektrizitätswege

Die Kompetenzlage auf dem Gebiet des Elektrizitätswegerechts ist zweigeteilt und richtet sich – vereinfacht beschrieben – nach der Reichweite der Leitungsanlage. Für elektrische Leitungsanlagen für Starkstrom, die sich auf zwei oder mehrere Bundesländer erstrecken, ist der Bund zur Gesetzgebung und Vollziehung ausschließlich zuständig (Art 10 Abs 1 Z 10 B-VG). Für Starkstromleitungsanlagen, die dieses Kriterium nicht erfüllen, obliegt dem Bund die Gesetzgebung über die Grundsätze, den Ländern die Erlassung von Ausführungsgesetzen und die Vollziehung.

Die bundes- und landesgesetzlichen Vorschriften über die Bewilligung der Errichtung und des Betriebes von elektrischen Leitungsanlagen weisen Inhalte auf, die den Besonderheiten der Elektrizitätsversorgung Rechnung tragen.

Für die vorliegende Thematik ist vor allem der Zusammenhang mit dem Betrieb einer Leitungsanlage hervorzuheben. Das Starkstromwegegesetz des Bundes, das entsprechende Grundsatzgesetz des Bundes, sowie die Ausführungsgesetze der Länder sehen jeweils Eingriffe in die Eigentumsrechte an Grundstücken zugunsten der Errichtung und des wirtschaftlichen Betriebes von Leitungsanlagen vor. Nach § 11 StarkstromwegegeG[26] sind jedem, der eine elektrische Leitungsanlage betreiben will, an Grundstücken, einschließlich der Privatgewässer, der öffentlichen Straßen und Wege sowie des sonstigen öffentlichen Gutes, auf Antrag durch die Landesregierung mit Bescheid Leitungsrechte einzuräumen, wenn und soweit die durch die Bewilligung der Errichtung, Änderung oder Erwei-

---

[26] BGBl 1968/70. Dieses gilt für Starkstromleitungsanlagen, die sich auf zwei oder mehrere Bundesländer erstrecken.

terung einer elektrischen Leitungsanlage notwendig wird. Ähnliches sieht § 9 Abs 1 Starkstromwegegrundsatzgesetz als Vorgabe für die Ausführungsgesetze der Länder gemäß Art 12 B-VG vor. *Die Zuständigkeit liegt bei der Landesregierung.*

In die Ausführungsgesetze sind entsprechende Regelungen für Leitungsrechte aufzunehmen. Solche Regelungen haben das Recht auf Errichtung, Erhaltung und Betrieb der Leitungsanlagen, einschließlich der Ausästung der Leitungstrassen und der Vornahme von Walddurchschlägen sowie von Zugang und Zufahrt vom öffentlichen Wegenetz, zwingend zu enthalten (§ 9 Starkstromwege-GG).

Sofern die Sicherung des dauernden Bestandes von Leitungsanlagen an einem bestimmten Ort erforderlich ist, können aus unerläßlichen technischen Gründen oder mit Rücksicht auf die unverhältnismäßigen Kosten der Verlegung auch Enteignungen verfügt werden (§ 10 leg cit). Enteignungsmaßnahmen können
* die Bestellung von Dienstbarkeiten an unbeweglichen Sachen; ferner
* die Abtretung, die Einschränkung oder die Aufhebung dinglicher Rechte an unbeweglichen Sachen und ortsgebundenen Rechten; sowie als ultima ratio
* die Abtretung von Eigentum an Grundstücken umfassen (§ 11 leg cit).

Diese Rechtslage weist eine umfassende Ermächtigung an die Landesregierungen zur Begründung von öffentlichen Servituten im weitesten Sinn zugunsten von Leitungsanlagen aus. Sie dokumentiert den hohen wirtschaftlichen Stellenwert, der den Leitungsanlagen für die Elektrizität im öffentlichen Interesse zukommt. Dies wird nicht zuletzt auch dadurch bestätigt, daß auch am zweckgebundenen öffentlichen Gut Servituten begründet werden können und daß sogar andere öffentlich-rechtliche Sondernutzungen nach Maßgabe der Gegebenheiten hinter elektrizitätsrechlich verfügte Servituten zurücktreten müssen.

VII. Rechtsgrundlagen der Strompreisgestaltung

Die gesetzlichen Grundlagen der Preisgestaltung für die Lieferung elektrischer Energie finden sich zum Teil in den gemäß Art 12 Abs 1 Z 5 B-VG ergangenen Grundsatz- und Ausführungsgesetzen (Elektrizitätswirtschaftsgesetzen), zum Teil aber im Preisgesetz 1992, das aufgrund eines verfassungsgesetzlichen Sondertatbestandes dem ausschließlichen Kompetenzbereich des Bundes angehört.

1. Die Preisregelung nach dem Elektrizitätswirtschaftsrecht

Nach § 6 des *Elektrizitätswirtschaftsgesetzes* (ElWG) des Bundes sind die Elektrizitätsversorgungsunternehmen verpflichtet, *Allgemeine Bedingungen* und *Allgemeine Tarifpreise* zu veröffentlichen und zu diesen Bedingungen und Tarifpreisen mit jedermann privatrechtliche Verträge über Anschluß und ordnungsgemäße Versorgung zu schließen (Kontrahierungszwang). Die *Allgemeinen Bedingungen* und die *Allgemeinen Tarifpreise bedürfen der Genehmigung der Landesregierung.*

Die Länder haben auf der Grundlage des ElWG entsprechende ausführungsgesetzliche Regelungen erlassen, welche die Pflicht zur Genehmigung der *Allgemeinen Bedingungen* durch die jeweilige Landesregierung konkret vorschreiben. Sie enthalten entsprechende Kriterien für die Erteilung der Genehmigung, welche darauf gerichtet sind, die Versorgung mit elektrischer Energie *im jeweiligen Landesgebiet zu gleichen Bedingungen* sicherzustellen. So ist nach vielen Landesgesetzen die Genehmigung dann zu erteilen, wenn die Erfüllung der dem Elektrizitätsversorgungsunternehmen obliegenden Pflichten gewährleistet ist und wenn die Bedingungen auf die Belange der Abnehmer Rücksicht nehmen[27]. Präzisierend bestimmt zB § 13 Abs 2 Krnt ElWG, daß dies dann gegeben ist, „wenn in den vom Elektrizitätsversorgungsunternehmen vorgelegten Allgemeinen Bedingungen eine *einheitliche und gleichmäßige Versorgung der Abnehmer des ganzen Landes* auch in wirtschaftlicher Hinsicht erreicht wird."[28] In verfahrensrechtlicher Hinsicht sind Rechte von Landesinstitutionen der wirtschaftlichen und beruflichen Selbstverwaltung zur Stellungnahme von Bedeutung.

Vergleiche der Regelungstechniken in den Ausführungsgesetzen machen deutlich, *daß im jeweiligen Bundesland einheitliche Anschluß- und Versorgungsbedingungen* und damit verknüpft auch *einheitliche Tarife bestehen sollen.* Besonders deutlich wird dies in den Regelungen des § 19 Abs 3 und 4 NÖ EWG über Tarifarten und Tarifstrukturen erkennbar. Nach Abs 4 sind Tarifstrukturen kostenorientiert, wenn sie auf den Kosten einer ausreichenden und sicheren Energieversorgung im Land Niederösterreich beruhen. „Querverbindungen zu anderen Unternehmensbereichen und anderen Unternehmen" dürfen nur dann berücksichtigt werden, wenn diese „der Gesamtheit der Abnehmer im jeweiligen Versorgungsgebiet zugute kommen und damit sachlich gerechtfertigt sind". Gesetzliche Vorschriften über eine bundesweite gesamtwirtschaftliche Orientierungspflicht fehlen. Damit sind die Verschiedenheiten in der Ta-

---

[27] Vgl § 9 Abs 2 Sbg LElG; § 10 Abs 2 Blgd ElG; ähnlich § 19 Abs 2 NÖ ElWG; §§ 12 f Vbg ElVersG; § 7 Abs 1 Wr ElWG enthält eine „Gute-Sitten-Klausel".
[28] Ähnlich § 13 Abs 3 OÖ ElG; § 11 Abs 2 Stmk ElWG.

rifgestaltung von Bundesland zu Bundesland zwangsläufig vorprogrammiert. Sie stehen nicht zuletzt in einem Gegensatz zum wirtschaftspolitischen Gebot einer bundeseinheitlichen Energiewirtschaft im Sinn des *Energielenkungsgesetzes 1992*, das neben der elektrischen Energie noch andere Energiequellen umfaßt.

2. Die Preisregelung nach dem Preisgesetz 1992

Die Vorschriften über Strompreise nach dem *Preisgesetz 1992*[29] dienen allgemeineren Zielen. Während die Landes-ElWG auf einheitliche Versorgungsbedingungen und Tarifstrukturen primär auf regionaler Ebene bzw auf Landesebene gerichtet sind[30], zielen die auf Energiepreise bezogenen Regelungen des PreisG gemäß ihrer Herkunft und ihren Zielsetzungen auf eine bundeseinheitliche Preisregelung ab:

Gemäß § 2 PreisG kann die zuständige Behörde unter bestimmten Voraussetzungen volkswirtschaftlich gerechtfertigte Preise festsetzen.

Abweichend von dieser allgemeinen Regel des § 2 PreisG kann die Behörde nach § 3 Abs 2 PreisG für die Lieferung elektrischer Energie *volkswirtschaftlich gerechtfertigte Preise* auch dann bestimmen, wenn die dort genannten Voraussetzungen (Lenkungs- oder Bewirtschaftungsmaßnahmen, drohende Versorgungsstörung) nicht vorliegen. *Nach § 3 Abs 3 PreisG kann der BMwA zur Sicherstellung einer kostenorientierten und auf eine bestmögliche Kapazitätsauslastung gerichteten Tätigkeit der Elektrizitätsversorgungsunternehmen durch Verordnung bundeseinheitliche Tarifgrundsätze und Tarifstrukturen festlegen.* Dabei sind die wirtschaftliche Nutzung der vorhandenen Energiequellen und ein *gesamtwirtschaftlich optimaler Energieeinsatz* anzustreben. Nach den Erläuterungen der Regierungsvorlage zum PreisG 1992 soll durch eine solche Verordnung sichergestellt werden, daß die Tarife der Versorgungsunternehmen nach *bundeseinheitlichen* Grundsätzen derart gestaltet werden, daß sie kostenorientiert sind und wesentlichen energiepolitischen Zielsetzungen Rechnung tragen[31]. Der Handelsausschuß betonte in seinem Bericht die volkswirtschaftliche Zielsetzung der Preisregulierung durch den Hinweis darauf, daß bei Abwägung *des gesamtwirtschaftlich optimalen Energieeinsatzes* der Ankauf von eingespeister Energie verstärkt zu beachten ist[32].

---

29 Vgl RASCHAUER, Das Preisgesetz 1992, ÖZW 1993, 33 (36).
30 Zur föderalen Struktur der Stomtarifbestimmung BARFUSS, Kompetenzrechtliche Überlegungen zu einer Stromtarifreform (1975) 6 ff; OBERNDORFER/BINDER, Strompreisbestimmung aus rechtlicher Sicht (1979) 19 ff.
31 336 BlgNR 18. GP, 12.
32 396 BlgNR 18. GP, 1.

IX. Das Ziel einer einheitlichen Elektrizitätswirtschaft und seine Verwirklichung im geltenden Recht

1. Das verfassungsgesetzliche Gebot des einheitlichen Wirtschaftsgebietes

Art 4 B-VG verfügt für den Bundesstaat Österreich das allgemeine verfassungsgesetzliche Gebot eines einheitlichen Wirtschaftsgebietes:

„(1) Das Bundesgebiet bildet ein einheitliches Währungs-, Wirtschafts- und Zollgebiet. (2) Innerhalb des Bundes dürfen Zwischenzollinien oder sonstige Verkehrsbeschränkungen nicht errichtet werden."

Dieses verfassungsgesetzliche Gebot richtet sich zunächst an den einfachen Gesetzgeber, und zwar im Rahmen der bundesstaatlichen Kompetenzverteilung sowohl an den Bundesgesetzgeber als auch an den Landesgesetzgeber. Es bildet in beide Richtungen in erster Linie für die Ausübung der Gesetzgebungskompetenzen eine Schranke.

Es richtet sich – für die Staatswirtschaft vor allem in Verbindung mit Art 13 Abs 2 B-VG – aber auch an die Vollziehung, und zwar sowohl der Träger von Hoheitsverwaltung als auch der öffentlichen Unternehmen im Rahmen der sogenannten Privatwirtschaftsverwaltung des Bundes und der Länder[42]. In diesem Sinn sind auch die Vertreter staatlicher Anteilsrechte in den Bereichen ausgegliederter Rechtsträger an das Gebot des Art 4 B-VG gebunden[43].

Art 4 B-VG beinhaltet trotz seiner notwendigen Verbindung mit Art 13 Abs 2 B-VG auch für die Staatswirtschaft weder ein allgemeines noch ein besonderes Gebot einer schematischen Rechtseinheit. Das ergibt allein schon der systematische Zusammenhang der Vorschriften des B-VG über die Kompetenzverteilung[44]. Länderweise verschiedene Regelungen von Wirtschaftsmaterien sind zulässig, solange sie sachlich vertretbar sind und keine Verkehrsbeschränkungen angezielt werden[45]. Es müssen auch nicht in allen Bundesländern gleiche rechtliche Voraussetzungen für die Wirtschaft bestehen[46]. Auch regionale Marktbindungen, die den Verkehr über die Ländergrenzen nicht behindern, sind zulässig[47]. Ob eine staatli-

---

[42] KORINEK/HOLOUBEK, Privatwirtschaftsverwaltung 111 mwN.
[43] Unklar AZIZI, ÖJZ 1985, 99, der zwar eine Bindung ablehnt, dagegen aber aus Art 4 B-VG ein „Ingerenzgebot" ableitet.
[44] Vgl dazu und zum folgenden BARFUSS, Zum Verfassungsgebot der Einheitlichkeit des Währungs-, Wirtschafts- und Zollgebiets, ÖJZ 1966, 141; KORINEK, Verfassungsrechtliche Grenzen der Wirtschaftslenkung im B-VG, in: Korinek/Rill (Hrsg) Grundfragen des Wirtschaftslenkungsrechts (1982) 83 (95 f).
[45] VfSlg 12939/1991.
[46] VfSlg 5084/1965.
[47] VfSlg 4649/1964, 6400/1971.

che Maßnahme mit Art 4 B-VG vereinbar ist, bestimmt sich sowohl nach ihrer Zielsetzung als auch nach ihren Auswirkungen[48]. Art 4 B-VG ist unter der Voraussetzung gesamtwirtschaftlicher Sachgerechtigkeit auf die Bildung eines *einheitlichen Binnenmarktes* gerichtet[49]. Der Zweck des Gebotes der Einheit des Wirtschaftsgebietes liegt im Schutz des Bestandes und der Bildung eines größtmöglichen einheitlichen Gesamtmarktes vor verkehrsbeschränkenden wirtschaftsrechlichen Eingriffen des Staates[50].

Mit dem Gebot grundsätzlich einheitlicher und gleicher Wirtschaftsbedingungen, ohne Rücksicht auf die Grenzen der Bundesländer, statuiert Art 4 B-VG in Verbindung mit Art 13 Abs 2 B-VG vor allem *für die staatliche Elektrizitätswirtschaft eine sachgebundene Gleichheit.* Differenzierungen sind – gemäß der Eigenart des allgemeinen Gleichheitssatzes – nur nach Maßgabe ihrer sachlichen Rechtfertigung zulässig[51].

Die Grenzen des Gebotes des einheitlichen Wirtschaftsgebietes ergeben sich aus dem systematischen Zusammenhang des Verfassungsrechtes. Das Einheitlichkeitsziel der Art 4 und 13 Abs 2 B-VG ist daher mit jenen verfassungsgesetzlichen Geboten zum Ausgleich zu bringen, welche rechtliche Ermächtigungen, Ansätze und sachliche Rechtfertigungen für Differenzierungen bieten. Zu solchen, einer schematischen Rechtsvereinheitlichung entgegenstehenden Vorgaben gehört zunächst die bundesstaatliche Kompetenzverteilung. Dazu zählen aber auch die Gemeindeautonomie, die Selbstverwaltung sowie die Grundrechte; von diesen insbesondere der allgemeine Gleichheitssatz, die Freiheit der Erwerbsausübung und die Unverletzlichkeit des Eigentums. Dieser Regelungszusammenhang erfordert eine systematische Verfassungsauslegung. Die Aufgabe einer solchen Auslegung ist auf einen angemessenen Ausgleich einander widerstreitender Vorgaben im Sinn einer praktischen Konkordanz abgestellt, nämlich zwischen den sachlichen (gesamtwirtschaftlichen) Bestimmungsgründen der Einheit des Wirtschaftsgebietes einerseits und den verfassungsgesetzlichen Ermächtigungen zu Differenzierungen andererseits.

Die Einsicht in diesen systematischen Zusammenhang verdeutlicht, daß Art 4 B-VG in Verbindung mit Art 13 Abs 2 B-VG vor allem für die staatliche Elektrizitätswirtschaft ein Gleichheitsgebot in sich schließt, das gemessen am allgemeinen Gleichheitsgrundsatz, ein besonderes *Sachlichkeitsgebot* bedeutet[52]. Unterverfassungsrechtliche Rechtsvorschriften, wel-

---

[48] Azizi, ÖJZ 1985, 104.
[49] Korinek/Holoubek, Privatwirtschaftsverwaltung 111.
[50] Azizi, ÖJZ 1985, 105.
[51] Vgl dazu auch Azizi, ÖJZ 1985, 102; Korinek/Holoubek, Privatwirtschaftsverwaltung 110 FN 277.
[52] Gutknecht/Holoubek/Schwarzer, Umweltverfassungsrecht als Grundlage und Schranke der Umweltpolitik, ZfV 1990, 559; Korinek/Holoubek, Privatwirtschaftsver-

che die Einheit des Wirtschaftsgebietes durch materiengebundene regionale Differenzierungen berühren, bedürfen einer *besonderen sachlichen Rechtfertigung*. Dabei ist zu prüfen, ob für eine Differenzierung ein sachlicher Grund besteht und ob das Ausmaß der Differenzierung im Hinblick auf die mit der Regelung verbundenen Zielsetzungen verhältnismäßig ist[53].

Die Kriterien für die Sachlichkeit von Regelungen sind aus den jeweiligen allgemeinen und besonderen Gegebenheiten eines bestimmten Marktbereiches zu erschließen. Eine und dieselbe Regelung kann in bezug auf einen bestimmten Marktbereich im Einklang mit Art 4 und Art 13 Abs 2 B-VG stehen, in bezug auf einen anderen Marktbereich aber das Prinzip der Einheit des Wirtschaftsgebietes verletzen. Das Gebot für einheitliche rechtliche Regelungen gilt dort, wo ein überregionaler oder länderüberschreitender, bundesweit einheitlicher Marktbereich besteht. Den Maßstab für die Frage nach der Zulässigkeit von länderweise ungleichen Rechtsgestaltungen bilden sohin die *wirtschaftlichen Gegebenheiten* eines bestimmten Marktbereiches. Das gilt im besonderen für die *staatliche Elektrizitätswirtschaft* (siehe dazu oben unter II) und im allgemeinen für die gesamte *Energiewirtschaft*.

Die elektrische Energie wurde im Lauf der Zeit zu einem allgemeinen, die Ländergrenzen überschreitenden, existenznotwendigen Wirtschaftsgut des ganzen Staatsbereiches. Das Erfordernis einer bundeseinheitlichen Ordnung der Elektrizitätswirtschaft in den Rahmenbedingungen einer bundeseinheitlichen Regelung der gesamten Energiewirtschaft ist daher unabweislich.

2. Das verfassungsgesetzliche Gebot des Einheitlichkeit des Wirtschaftsgebietes und die Elektrizitätsversorgung als öffentliche Aufgabe

a) Der Verfassungsrang des 2. Verstaatlichungsgesetzes

Das 2. VerstG und das damit zusammenhängende, auf verfassungsgesetzliche Sonderbestimmungen gegründete einfachgesetzliche Wirtschaftslenkungsrecht beinhalten Regelungen, in welchen das Ausmaß der bereits jetzt *verfassungsgesetzlich* zweifelsfrei gebotenen *Einheitlichkeit der staatlichen Elektrizitätswirtschaft*, ihrer Organisation und insbesondere der Geschäftsführung des Verbundkonzerns ausgelotet werden kann. Dies vor

---
waltung 111; zum Zusammenhang zwischen dem Sachlichkeitsgebot des allgemeinen Gleichheitssatzes und Art 4 B-VG ausführlich Azizi, ÖJZ 1985, 103.
53 Ähnlich Azizi, ÖJZ 1985; analog zum allgemeinen Gleichheitssatz Holoubek, Die Sachlichkeitsprüfung des allgemeinen Gleichheitsgrundsatzes, ÖZW 1991, 27 (77 f).

allem im Hinblick auf die Tatsache, daß es in Österreich ein bundesstaatlich strukturiertes und dezentralisiertes Gefüge von staatlichen Elektrizitätsgesellschaften und eine Vielzahl von betriebswirtschaftlich eigenständigen Elektrizitätsversorgungsunternehmen gibt.

Ein ausdrückliches verfassungsgesetzliches Gebot zur Anwendung des Prinzips der Einheitlichkeit des Wirtschaftsgebietes liegt für die Elektrizitätswirtschaft vorrangig im Kompetenzbereich. Das 2. VerstG wurde im Jahr 1947 zunächst auf der Grundlage des Kompetenztatbestandes des Art 10 Abs 1 Z 15 B-VG erlassen; mithin als eine bundesweit einheitliche Maßnahme, *die noch im Gefolge eines Krieges zur Sicherung der einheitlichen Führung der Wirtschaft* notwendig erschien[54]. Nach Wegfall der Voraussetzungen der Anwendbarkeit des Art 10 Abs 1 Z 15 B-VG ging der Verfassungsgesetzgeber davon aus, daß eine bundeseinheitliche Regelung auch weiterhin sachlich erforderlich ist. Er stellte daher der Novelle des 2. VerstG in ihrem Art I eine befristete Verfassungsbestimmung voran, gemäß welcher Erlassung und Aufhebung der Vorschriften der Novelle auch in jenen Angelegenheiten Bundessache ist, hinsichtlich welcher die verfassungsrechtlichen Grundlagen des Art 10 Abs 1 Z 15 B-VG nicht mehr gegeben sind[55]. Diese Befristung wurde bald nach der Einfügung des Abs 2 in den Art 13 B-VG fallen gelassen. Die Novelle des Jahres 1987 wurde bereits ohne zeitliche Begrenzung im Verfassungsrang erlassen[56]. Dadurch wurde die Bundeskompetenz gleichsam endgültig verfassungsgesetzlich festgelegt. Eine Verstärkung erfährt diese Bundeskompetenz zur Gesetzgebung und Vollziehung auf dem Gebiet der Verbundorganisation der Elektrizitätswirtschaft durch die vergleichbare verfassungsgesetzliche Kompetenzregelung auf dem Gebiet der Energielenkung, welche auch die Elektrizitätswirtschaft umfaßt.

b) Öffentliche Interessen und öffentliche Aufgaben
der Verbundgesellschaft im 2. VerstG

Im 2. VerstG finden sich neben zahlreichen organisatorischen auch vielfältige materiellrechtliche Ansatzpunkte, die auf eine gesamtwirtschaftliche Einheitlichkeit der österreichischen Elektrizitätswirtschaft weisen. Sie sind für die Erfüllung der Aufgaben der Verbundgesellschaft von besonderer Bedeutung und sollen hier unter diesem Gesichtspunkt kurz zusammengefaßt werden (Näheres dazu unten XI).

Zunächst ist hervorzuheben, daß das Handeln der Verbundgesellschaft in ihren verschiedenen Tätigkeitsbereichen an *öffentliche Interessen* gebun-

---

54 BGBl 1947/81.
55 BGBl 1964/43.
56 BGBl 1987/321.

den ist; und zwar nicht bloß solcher von einzelnen Gebietskörperschaften, sondern vor allem des Gesamtstaates. Dies trifft insbesondere auf die Errichtung von Kraftwerken durch Sondergesellschaften zu. § 5 Abs 2 des 2. VerstG bindet die Organe der Verbundgesellschaft ausdrücklich an die Energiepolitik der Bundesregierung. Diese Politik ist im Hinblick auf die der Bundesregierung von der Verfassung zugewiesenen Aufgaben auf das gesamte Bundesgebiet und auf die gleichmäßige Versorgung der Gesamtbevölkerung mit elektrischer Energie auszurichten.

Die gesamtwirtschaftliche Orientierung der Aufgaben der Verbundgesellschaft kommt aber nicht nur in ihrer Bindung an das öffentliche Interesse zum Ausdruck. Sie wird vor allem auch dadurch bestätigt, *daß die Verbundorganisation die Versorgung der Bevölkerung des gesamten Bundesgebietes mit elektrischer Energie im wesentlichen als öffentliche Aufgabe zu besorgen hat*[57]. Zu dieser öffentlichen Aufgabe gehören ohne Zweifel der Ausgleich zwischen Erzeugung und Bedarf, die Verteilung der Überschußlasten, ferner die Ermittlung des Strombedarfs und der Stromerzeugung sowie die Verzeichnung der Stromtarife. Diesen Pflichten entspricht auch die Notwendigkeit zur Investition in Kraftwerke, die Notwendigkeit des Bauens, der Übernahme und der Erhaltung von Höchstspannungsleitungen und schließlich die Notwendigkeit des Abschlusses von Transport- und Stromlieferungsverträgen.

In Einzelbereichen hat die Verbundgesellschaft ihre öffentliche Aufgabe aber nicht bloß *schlicht hoheitlich* zu besorgen, sie wird vom Gesetz auch ermächtigt und verpflichtet, im Rahmen der Hoheitsverwaltung als beliehenes Unternehmen *behördlich* tätig zu werden. Bei der Zustimmung zum Abschluß von Stromlieferungsverträgen mit dem Ausland nach § 5 Abs 6 lit g handelt die Verbundgesellschaft sogar als staatliche Behörde oberster Instanz[58]. Die Zustimmung ist in Bescheidform zu erteilen oder zu verweigern.

Diese öffentliche, teilweise schlicht hoheitliche, teilweise aber behördliche Aufgabe ist am Ziel einer gleichmäßigen und lückenlosen Versorgung der gesamten Bevölkerung mit elektrischer Energie zu gleichartigen Bedingungen ausgerichtet. Selbst wenn dies nicht explizit zum Ausdruck kommt, haben die Organe der Verbundgesellschaft sowie die Organe der Sondergesellschaften und der Landesgesellschaften auch durch entsprechende privatrechtliche Verträge und durch gesellschaftsrechtliche Maßnahmen die verfassungsgesetzlich gebotene Einheit und Wirtschaftlichkeit herzustellen. In diesem Sinn sind auch Befugnisse und Aufgaben, die eine Differenzie-

---

57 Vgl nur FREMUTH, FS Wenger 775 f.
58 KORINEK/JIROVEC, Die Zustimmung der Verbundgesellschaft zum Abschluß von Stromlieferungsverträgen mit dem Ausland, FS Frotz (1993) 621 (633).

rung der Marktbedingungen herbeiführen können, mit dem Ziel der weitestgehenden Einheitlichkeit im ganzen Wirtschaftsgebiet auszuüben. Durch solche Maßnahmen geschaffene Differenzierungen bedürfen überdies der sachlichen Rechtfertigung aus den Besonderheiten des Versorgungsmarktes für elektrische Energie. Vor allem bei der Auslegung des unbestimmten Rechtsbegriffes der „energie- und wasserwirtschaftlichen Interessen" im 2. VerstG ist das durch Art 13 Abs 2 B-VG determinierte Gebot des Art 4 B-VG zu beachten.

Eine Verstärkung der Elektrizitätswirtschaft als öffentliche Aufgabe ergibt sich aus dem Energielenkungsgesetz des Bundes. Alle dort vorgesehenen Lenkungsmaßnahmen für die Elektrizitätsversorgung liegen im öffentlichen Interesse. Durch organisationsrechtlich angeordnete Organverbindungen zum Bundeslastverteiler und zu den Beiräten kommt dabei der Verbundgesellschaft ein maßgeblicher Einfluß auf die hoheitliche Elektrizitäts- und Energiewirtschaftslenkung zu.

c) Die Errichtung von Großkraftwerken als Indikator für das Konzept einer einheitlichen Energiewirtschaft

Das 2. VerstG sieht im § 4 als einen wesentlichen elektrizitätswirtschaftlichen Faktor Großkraftwerke vor. Deren Errichtung und Betrieb sollen durch Entscheidung des Gesetzgebers aus den Aufgaben der Landesgesellschaften herausgenommen und in die bundesweite Verantwortlichkeit der Verbundgesellschaft übertragen werden.

Diese zunächst willkürlich anmutende Regel hat ungleich mehr sachgebundene volkswirtschaftliche als betriebswirtschaftliche Gründe. Elektrische Energie wird zumeist an Orten gewonnen, in deren näherer Umgebung kein entsprechender Bedarf gegeben ist. Die örtliche Diskrepanz zwischen Angebot und Nachfrage ist bei Großkraftwerken besonders groß. Hinzu tritt der Umstand, daß die variablen Kosten des Stromtransportes im Vergleich zu den Transportkosten anderer Energiearten relativ gering sind.

Entscheidet sich der Gesetzgeber für die Errichtung von Großkraftwerken, dann ist darin zwangsläufig mitbestimmt, daß die von diesen erzeugte Energie zur Deckung des Energiebedarfs auf überregionaler, meist bundesweiter Ebene, im Einzelfall sogar auf internationaler Ebene dient. Eine solche Art der Energieversorgung liegt in den Besonderheiten des überörtlichen und überregionalen Marktes für elektrische Energie, der nicht nur die Bundesländergrenzen überschreitet, sondern auch die Staatsgrenzen durchbricht. Für die Ausgestaltung der rechtlichen Rahmenbedingungen des umfassenden Gesamtmarktes bedingt diese Ausweitung der Versorgungsaufgabe die Notwendigkeit *einheitlicher Regelungen und einheitlicher Voraussetzungen der Energiegewinnung und der Energieversorgung auf Bundesebene.*

d) Zu den Schranken des Gebotes des einheitlichen Wirtschaftsgebietes für die Organisation der Elektrizitätswirtschaft und für das Handeln ihrer Organe

Ungeachtet der beachtlichen verfassungsgesetzlichen Absicherung der Einheit des Wirtschaftsgebietes durch das 2. VerstG, durch das Preisgesetz und durch das Energielenkungsgesetz, in der Form besonderen verfassungsrechtlichen Kompetenzzuweisungen an den Bund, liegen in der dualistischen Föderalstruktur für die Vereinheitlichung der Erzeugungs- und Lieferungsbedingungen von elektrischer Energie rechtliche Schranken, die dem Organisations- und Sondergesellschaftsrecht des Bundes auf dem Gebiet des Elektrizitätswesens entgegenstehen.

Während nämlich einerseits eine Bindung an gesamtstaatliche öffentliche Interessen und an die Politik der Bundesregierung vorgegeben ist, stehen einige Regelungen des 2. VerstG, in Abweichung vom allgemeinen Gesellschaftsrecht, einer organisatorischen Zentralisierung auf Bundesebene entgegen. Aufgrund einer weitgehenden Monopolisierung der Energieversorgung durch die Landesgesellschaften im Bereich der Bundesländer[59], grundsätzlich aber nicht darüber hinaus, kommt es zu gebietsweise unterschiedlichen Versorgungsbedingungen, die durch Gebietsschutzregelungen abgesichert sind. Das derzeitige System von Konzessionspflichten mit Bedarfsprüfung und mit den damit verbundenen Marktzugangs- und Ausübungsbeschränkungen aus den dezentralisierten Vollzugskompetenzen der Landesregierungen entbehrt der sachlichen Rechtfertigung nicht nur im Hinblick auf die Grundrechte des Gleichheitssatzes und der Erwerbsfreiheit, sondern auch im Hinblick auf die Einheit des Wirtschaftsgebietes. Die Ziele einer einheitlichen Marktregulierung liegen sowohl in der Befriedigung lebenswichtiger Bedürfnisse aller Verbraucher sowie aller gewerblichen und industriellen Abnehmer von elektrischer Energie als auch im versorgungssichernden Funktionsschutz der Elektrizitätswirtschaft für das ganze Bundesgebiet[60]. Sie sollen daher grundsätzlich jenen Zwecken entsprechen, die mit der Einrichtung und mit dem Betrieb kommunaler Versorgungsunternehmen seit jeher verfolgt werden.

---

[59] Vgl dazu zB MAYER, Rechtsfragen der Verbundwirtschaft, ecolex 1996, 45 ff.
[60] Vgl dazu allgemein GRABENWARTER, Rechtliche und ökonomische Überlegungen zur Erwerbsfreiheit (1994) 133 ff; speziell zum ElWG AZIZI, ÖJZ 1985, 108 f, 136 f.

Anders gelagert ist die Frage nach der sachlichen Rechtfertigung der weitreichenden organisatorischen Trennung der Sondergesellschaften von der Verbundgesellschaft. Sondergesellschaften haben primär nicht die unmittelbare Versorgung der Energieverbraucher zur Aufgabe, sondern die Errichtung und den Betrieb von Großkraftwerken, einschließlich der Errichtung und des Betriebes von zugehörigen Leitungen und Umspannwerken. Die Frage betrifft nicht die Erforderlichkeit der Errichtung von Großkraftwerken und ihr Bewilligungsverfahren an sich, sondern die sachliche Rechtfertigung der wirtschaftlichen Folgen einer weitreichenden *zwingenden* organisatorischen Trennung der Errichtung und des Betriebes von Großkraftwerken.

Diese Frage der organisatorischen Trennung ist für die Einheit des Wirtschaftsgebietes insoweit von Bedeutung, als die Sondergesellschaften unter teilweise sehr unterschiedlichen Bedingungen elektrische Energie erzeugen. Die Unterschiede beginnen bei der Art der Energieerzeugung (Wasserkraft, kalorische Kraftwerke) und reichen vom Alter eines Kraftwerks bis hin zu den zu erwirtschaftenden Investitionskosten. Verluste und Gewinne der Sondergesellschaften können im Rahmen des bestehenden rechtlichen Systems im Rahmen des § 5 Abs 6 des 2. VerstG aber nur eingeschränkt gesamtwirtschaftlich ausgeglichen werden. Während die Verbundgesellschaft einerseits für den bezogenen Stromersatz vollen Kostenersatz zu leisten hat, findet andererseits eine Verteilung der Erträge zwischen der Verbundgesellschaft und den Sondergesellschaften nur nach der Eigenkapitalrelation und nicht nach gesamtwirtschaftlichen Gesichtspunkten statt.

Das Gebot der Einheitlichkeit des Wirtschaftsgebietes bestimmt das Handeln der Organe der Verbundgesellschaft und jener der Sondergesellschaften aber dennoch in einer anderen Hinsicht. Soweit es die Beteiligungsverhältnisse zulassen, haben die Organe der Gesellschaften nämlich auf eine *einheitliche Unternehmensführung im Rahmen der Verbundwirtschaft* entsprechend hinzuwirken. Dies ist in jenen Fällen selbstverständlich, in denen die Verbundgesellschaft an den Sondergesellschaften eine Mehrheit hält. Aber auch dort, wo die Verbundgesellschaft an einer Sondergesellschaft zu 50 % beteiligt ist und die übrigen 50 % von einer Landesgesellschaft gehalten werden, wirkt das Einheitsgebot, wie es verfassungsrechtlich grundgelegt und durch das 2. VerstaatlichungsG, durch das Preisrecht, durch das Elektrizitätswirtschaftsrecht und durch das Energielenkungsrecht konkretisiert ist, als rechtliche Schranke für das Handeln der Organe einer Sondergesellschaft. Von da her läßt sich im Fall einer formalen organisationsrechtlichen Gleichstellung die Frage beantworten, welchem der beiden Hälfteeigentümer die (strategische) Leitung der unternehmerischen Führung im Dienst an der Einheitlichkeit im Zweifelsfall zukommt. *Entsprechend der Systematik und der Teleologie des 2. VerstaatlichungsG ist zur (strategisch) leitenden unternehmerischen Führung im Zweifel nicht die Landesgesellschaft, sondern die Verbundgesellschaft berufen.* Darin liegt ein wesentlicher Unterschied zum allgemeinen Aktienrecht, nach welchem sich eine formale organisationsrechtliche Gleichstellung nur durch einen vertraglichen Konsens auflösen läßt. Diese Einsicht hat zur Folge, daß im Konfliktfall zB gegenüber der Ennskraftwerke AG *die Verbundgesellschaft zur leitenden (strategischen) unternehmerischen Führung berufen ist. Sie kann und muß daher auch diese Sondergesellschaft gemäß ihrem verfassungsgesetzlichen Auftrag und im Sinn der gleichfalls verfassungsgesetzlich gebundenen Politik der Bundesregierung in ihre gesamtwirtschaftlichen Zielsetzungen und in ihre strategischen Überlegungen zu einer einheitlichen wirtschaftlichen Führung des ganzen Verbundkonzerns rechtswirksam miteinbeziehen.*

Wie oben dargelegt, richtet sich das Gebot des Art 4 B-VG zur Wirtschaftseinheit vor allem in Verbindung mit der gesamtwirtschaftlichen Verpflichtung der staatlichen Verwaltung gemäß Art 13 Abs 2 B-VG nicht nur an den Gesetzgeber und an die Vollziehung, sondern als eine Regelung in Entsprechung zu den Kriterien des Grundsatzes der Gleichheit (nach Art 2 StGG über die allgemeinen Rechte der Staatsbürger und nach Art 7 B-VG) auch an den Verfassungsgesetzgeber. Es bedeutet Sachlichkeit bei der Interpretation von geteilten Kompetenzen nach Art 12 B-VG und gilt innerhalb bestimmter Grenzen auch für jene *Organe*, die im Rahmen der schlichten Hoheitsverwaltung und der Privatwirtschaftsverwaltung unmittelbar oder mittelbar für den Bund handeln. Dies gilt insbesondere für jene Wirtschaftszweige, in denen Unternehmen im überwiegenden Eigentum des Bundes stehen und eine derart beherrschende Marktstellung haben, daß allein ihr Handeln die Marktbedingungen nachhaltig beeinflussen kann. Die Organe der Verbundgesellschaft und der Sondergesellschaften müssen daher bei der Erfüllung ihrer eigenen Aufgaben dort, wo Gestaltungsräume zu regionalen Unterschieden der Wirtschaftsbedingungen vom Gesetz offengelassen sind, diese im Dienst an der Gesamtwirtschaft und nach Maßgabe sachlicher Rechtfertigung auslegen und anwenden. Wo das Gesetz selbst die Einheitlichkeit nicht ausreichend sicherstellt, trifft die Organe aller staatlichen Elektrizitätsgesellschaften darüber hinaus ein *Ingerenzgebot*, das sie zur Sicherstellung einheitlicher Wirtschaftsbedingungen durch aktives Handeln verpflichtet[61]. Das gilt in hervorragender Weise für die Organe der Verbundgesellschaft, das gilt aber auch für die Organe der Landesgesellschaften.

---

61 Vgl AZIZI, ÖJZ 1985, 99.

e) Die zweifache Gesetzgebung und die Vollziehung durch Landesorgane auf dem Gebiet des Elektrizitätswesens

Im Unterschied zur Rechtslage bei den zentralen Regelungsinhalten des 2. VerstG, beim Starkstromwegerecht des Bundes, beim Preisrecht und beim Energielenkungsrecht, ist die Gesetzgebungskompetenz im Bereich des „Elektrizitätswesens" nicht ausschließlich beim Bund konzentriert. Soweit das *Elektrizitätswesen* entweder nach Art 10 B-VG oder aufgrund von Sonderkompetenzen nicht unter die Gesetzgebungs- und Vollziehungskompetenz des Bundes fällt, ist der Bund gemäß Art 12 Abs 1 Z 5 B-VG zur Gesetzgebung über die Grundsätze in dieser Angelegenheit berufen. Innerhalb der bundesgesetzlichen Grundsätze sind die Länder zur Ausführungsgesetzgebung und zur Vollziehung berufen.

Diese Kompetenzlage zur Gesetzgebung und zur Vollziehung auf dem Gebiet des Elektrizitätswesens steht heute ohne Zweifel in einem unverhältnismäßigen Gegensatz zum Gebot der Einheitlichkeit des Wirtschaftsgebietes[62]. Der Gegensatz wird zwar zum Teil dadurch gemildert, daß der Bundesgesetzgeber insbesondere in seinem Grundsatzgesetz über die Elektrizitätswirtschaft weitreichende einheitliche Regelungsinhalte vorgegeben hat. Die seit Jahrzehnten kontinuierlich höher entwickelten technischen Besonderheiten des Elektrizitätswesens sowie die anhaltende gesamtwirtschaftliche Ausweitung des Bedarfes und der Erzeugung von elektrischer Energie erfordern aber dringend eine bundeseinheitliche Regelung. *Die vollständige verfassungsgesetzliche Verlagerung des Elektrizitätswesens in die ausschließliche Bundeskompetenz ist unabweislich geworden.*

Das bestätigt auch der Verfassungsgesetzgeber in zweifacher Weise. Zum einen unterliegt das *Elektrizitätswesen* nur *subsidiär*, dh nur soweit es nicht in die Bundeskompetenz nach Art 10 B-VG fällt, der auf Grundsätze beschränkten Gesetzgebungsbefugnis nach Art 12 Abs 1 Z 5 B-VG. Zum anderen hat der Verfassungsgesetzgeber im Rahmen des Verstaatlichungsgesetzes, vor allem aber im Rahmen des Preisrechtes und des Energielenkungsrechtes, die Kompetenz des Bundes zur einheitlichen Regelung, die bereits durch besondere Verfassungsbestimmungen eine gesamtwirtschaftliche Bedeutung gewonnen hatte, aufgrund der wirtschaftlichen Erforderlichkeit in einen klaren Gegensatz zu Art 12 Abs 1 Z 5 B-VG gestellt. Dieser Gegensatz wird durch die Regelung des Art 13 Abs 2 B-VG

---

[62] Zum Spannungsverhältnis zwischen Art 4 B-VG und bundesstaatlicher Kompetenzverteilung RILL, Grundfragen des österreichischen Preisrechts, ÖZW 1975, 68 ff; AZIZI, ÖJZ 1985, 100, 102; WEBER, Wirtschaftseinheit und Bundesstaat – Bemerkungen zur Interpretation des Art 4 B-VG, in: Seidl Hohenveldern (Hrsg) Österreich als einheitliches Wirtschaftsgebiet und die Europäische Gemeinschaft, ZÖR Supplementum 10 (1988) 141 (142 ff).

VIII. Das verfassungsgesetzliche Wirtschaftlichkeitsgebot als Determinante des Organisationsrechts

Die Verbundgesellschaft und die Sondergesellschaften gehören zu jenen Unternehmen, an denen der Bund allein oder gemeinsam mit anderen der Zuständigkeit des Rechnungshofes unterliegenden Rechtsträgern mit mindestens 50 % des Grundkapitals beteiligt ist und die folglich gemäß Art 126b Abs 2 B-VG der Kontrolle des Rechnungshofs unterliegen. Die Zuständigkeit des Rechnungshofs ist durch § 4 Abs 2 und durch § 5 Abs 1 des 2. VerstG verfassungsrechtlich abgesichert.

Nach diesen Vorschriften besteht vorbehaltlich einer anderen verfassungsgesetzlichen Regelung die Befugnis des Rechnungshofs zur Prüfung der Gebarung der Verbundgesellschaft, der Sondergesellschaften und der Landeselektrizitätsgesellschaften an den Maßstäben der Sparsamkeit, Wirtschaftlichkeit und Zweckmäßigkeit. *Diese Kontrollmaßstäbe des Art 126b Abs 5 B-VG sind zwangsläufig auch Zielvorgaben (Gebote) für die Geschäftsführung und für die Gebarung der kontrollierten Unternehmen.* Entsprechend dem Art 126b Abs 5 ordnet Art 51a Abs 1 B-VG für die Haushaltsführung des Bundes an, daß die Grundsätze der Sparsamkeit, der Wirtschaftlichkeit und der Zweckmäßigkeit zu beachten sind. Für die Haushaltsführung der Bundesländer und der Gemeinden gilt Vergleichbares. Art 13 Abs 2 B-VG schreibt überdies ausdrücklich vor: *„Bund, Länder und Gemeinden haben bei ihrer Haushaltsführung die Sicherstellung des gesamtwirtschaftlichen Gleichgewichtes anzustreben".* ÖHLINGER[33] sieht darin mit Recht die Verantwortung des Staates für eine funktionierende Wirtschaftsordnung.

Aus den Vorschriften der Bundesverfassung über die Rechnungskontrolle ergibt sich, daß die unter dem Prinzip einer wirtschaftlichen Optimierung zusammengefaßten Grundsätze *rechtliche* Gebote für die Unternehmensführung in sich schließen[34]. Diese sind sowohl auf das Handeln der von der Rechnungskontrolle erfaßten staatlichen Unternehmen als auch der diese kontrollierenden staatlichen Verwaltung *unmittelbar anwendbar*[35]. Verstoßen die Organe der staatlichen Unternehmen und des Staates gegen diese Gebote, dann handeln sie rechtswidrig[36].

Die Gebote der Sparsamkeit, der Wirtschaftlichkeit und der Zweckmäßigkeit haben je und je eigenständige Bedeutungen[37]. *Sparsamkeit*

---

[33] ÖHLINGER, Verfassungsrecht³ (1997) 68 und 57 f.
[34] WENGER, Die öffentliche Unternehmung (1969) 599 ff.
[35] MAYER, Das österreichische Bundesverfassungsrecht (1994) 294; sowie die Rechtsprechung beider Gerichtshöfe des öffentlichen Rechts: VfSlg 12929/1991, VwSlg 13386 A.
[36] VfSlg 11291/1987.
[37] Zum folgenden vgl KORINEK, Die kommunale Wirtschaft im Rechtsstaat, Festschrift Kolb (1971) 203 (212 f); HENGSTSCHLÄGER, Der Rechnungshof (1982) 310 ff; FUNK,

drückt das Gebot der Minimierung des Aufwandes aus. *Wirtschaftlichkeit* bezieht sich auf das Verhältnis zwischen Aufwand und Ertrag. *Zweckmäßigkeit* schließlich wird als optimale Eignung eines bestimmten Verhaltens zur Zielverwirklichung verstanden. In ihrem Zusammenhalt bedeuten sie wirtschaftliche Optimierung.

Diese drei Gebote dürfen nicht voneinander isoliert gesehen werden. Alle drei stellen auf eine Zweck-Mittel-Beziehung ab und bedeuten die Verpflichtung der Unternehmensführung und der Staatsverwaltung zu einer optimalen Wirtschaftlichkeit, dh zu einem Ressourceneinsatz, bei dem – gemessen an den vorgegebenen Zielen – ein Höchstmaß an wirtschaftlichem Nutzen gestiftet wird[38]. Hilfreich für die Beurteilung des Prinzips der wirtschaftlichen Optimierung ist demgemäß auch eine klare gesetzliche Vorgabe der Ziele in den Rechtsmaterien. Je sachnäher die gesetzlichen Grundlagen über das Verwaltungshandeln Aufschluß geben, umso verläßlicher kann auch eine Kontrolle der wirtschaftlichen Optimierung erfolgen. Wenn der Gesetzgeber hinreichend sachgebundene Ziele vorgibt, ermöglichen die Gebarungsgebote als Kriterien die rationale Bewertung einzelner Maßnahmen der staatlichen Verwaltung und der Unternehmensführung anhand entsprechender Maßstäbe.

Dabei darf aber nicht übersehen werden, daß letztlich auch die Wirtschaftlichkeitsmaßstäbe – für sich genommen und in ihrem Zusammenhalt – nur Rahmenbedingungen bedeuten, welche die Grenzen der Rechtmäßigkeit des Handelns der verantwortlichen Organe bestimmen. Eine rechtliche Bewertung des Verwaltungshandelns und der Unternehmensführung, dementsprechend auch eine verfassungsgerichtliche Kontrolle, haben sich folglich auf eine Vertretbarkeitskontrolle innerhalb dieser Grenzen zu beschränken[39].

Für die Organisation des Verbundkonzerns hat diese Einsicht in die Maßgeblichkeit der Gebarungsgrundsätze des Art 126b Abs 5 B-VG zunächst zur Folge, daß die Gestaltungsräume, die den verantwortlichen Organen der beteiligten Gesellschaften bei gesellschaftsrechtlichen oder vertragsrechtlichen Dispositionen durch das 2. VerstG vorgegeben sind, auf eine Weise ausgefüllt werden müssen, die dem verfassungsgesetzlichen Prinzip wirtschaftlicher Optimierung entspricht. Das gilt aber auch für die Frage, ob es im energie- und wasserwirtschaftlichen Interesse geboten ist, einer Sondergesellschaft mehrere Kraftwerke zuzuweisen. Das gilt schließlich auch für die vertragliche Gestaltung der Beziehungen zwi-

---

Maßstäbe der Rechnungshofkontrolle, in: Korinek (Hrsg), Maßstäbe der Rechnungshofkontrolle (1986) 265 (273 ff).

38 FUNK, Maßstäbe 273 f.
39 KORINEK/HOLOUBEK, Grundlagen staatlicher Privatwirtschaftsverwaltung (1993) 177.

schen der Verbundgesellschaft und den Sondergesellschaften, betreffend die Lieferung von Strom, sowie für die Entscheidung über die Errichtung eines Kraftwerks.

Das *verfassungsrechtliche Prinzip wirtschaftlicher Optimierung* ist jedoch nicht auf materielle Vorgaben für die Gebarung und für die Organisation der staatlichen Elektrizitätswirtschaft innerhalb der Grenzen des allgemeinen Gesellschaftsrechts des AktG und des besonderen Gesellschaftsrechts des 2. VerstG beschränkt. Soweit die Vorschriften des 2. VerstG selbst im Verfassungsrang stehen, gilt es auch als ein verbindlicher Maßstab für die Verfassungsmäßigkeit der einfachgesetzlichen organisationsrechtlichen Beschränkungen und materiell-rechtlichen Zielsetzungen des Verbundes der staatlichen Elektrizitätswirtschaft.

Demgemäß ist der Gesetzgeber durch das Prinzip der wirtschaftlichen Optimierung auch dort gebunden, wo er der Verwaltung oder den Unternehmen, die im überwiegenden Eigentum des Bundes stehen, gesamtwirtschaftliche Vorgaben auferlegt. Er muß diese im Einklang mit dem Prinzip der wirtschaftlichen Optimierung halten, um eine effektive Besorgung von Aufgaben und eine entsprechende Kontrolle der Aufgabenerfüllung zu ermöglichen. Schreibt der einfache Gesetzgeber bestimmte *Handlungs- bzw Vollzugsformen* oder *Vollzugsmodalitäten* vor, die sich als unwirtschaftlich erweisen, dann verletzt er das Prinzip der wirtschaftlichen Optimierung und handelt insofern verfassungswidrig[40].

Für die verantwortlichen Organe der staatlichen Elektrizitätsgesellschaften, die dem verfassungsrechtlichen Prinzip der wirtschaftlichen Optimierung unterliegen, ergibt sich nicht zuletzt aus dem verfassungsgesetzlichen Gebot des Art 13 Abs 2 B-VG zur Sicherstellung des gesamtwirtschaftlichen Gleichgewichts auch die Pflicht, durch ihr Handeln – innerhalb der gesetzlichen Rahmenbedingungen – eine Wirtschaftsführung herbeizuführen, die in einem volkswirtschaftlichen Sinn den Geboten der Sparsamkeit, der Wirtschaftlichkeit und der Zweckmäßigkeit entspricht („Ingerenzgebot")[41]. An einzelnen Stellen des 2. VerstG ist dieses Prinzip der wirtschaftlichen Optimierung sogar ausdrücklich angeordnet. So hat die Verbundgesellschaft gemäß § 5 Abs 6 lit b *beim Ausgleich zwischen Erzeugung und Bedarf im Verbundnetz auf die günstigste wirtschaftliche Verwendung des zur Verfügung stehenden Stromes* Bedacht zu nehmen.

Aber auch dort, wo es keine derartige ausdrückliche Anordnung gibt, ist das durch Art 13 Abs 2 B-VG der Gesamtwirtschaft zugeordnete Prinzip der volkswirtschaftlichen Optimierung als Maxime des Handelns der

---

[40] Vgl näher KORINEK/HOLOUBEK, Privatwirtschaftsverwaltung 176 f.
[41] Vgl AZIZI, Zum Verfassungsgebot der Wirtschaftsgebietseinheit und zu seiner wirtschaftspolitischen Tragweite, ÖJZ 1985, 97 (99 FN 20).

zuständigen Organe aller staatlichen Elektrizitätsunternehmen zu beachten. Dies gilt insbesondere dann, wenn von den zuständigen Organen durch die Straffung der Organisation eine wirtschaftliche Optimierung mit dem Ziel einer einheitlichen (strategischen) Unternehmensführung angestrebt werden soll. Insoweit sind nicht nur die Organe der Verbundgesellschaft, sondern auch jene von betroffenen Sondergesellschaften und Landesgesellschaften durch das verfassungsgesetzliche Prinzip der wirtschaftlichen Optimierung verpflichtet. Sie können sich daher nicht unter Hinweis auf *rechtlich nicht ausdrücklich vorgeschriebene* Wirtschaftlichkeitsgebote einer einheitlichen (strategischen) Leitung der Unternehmensführung durch die Verbundgesellschaft entziehen.

In einem Spannungsverhältnis zum verfassungsgesetzlichen Prinzip einer der Gesamtwirtschaft untergeordneten wirtschaftlichen Optimierung steht die Bestimmung des § 5 Abs 6 lit e des 2. VerstG. Diese Vorschrift sieht nämlich einerseits vor, daß den Sondergesellschaften von der Verbundgesellschaft für den von jenen bezogenen Strom voller Kostenersatz zu leisten ist. Andererseits sind aber Erträge zwischen den Vertragspartnern des sogenannten „Poolvertrages" im Verhältnis „der Eigenkapitalrelation der Verbundgesellschaft und der Sondergesellschaften" aufzuteilen. Diese Bestimmung bedeutet eine formalisierte Versperrung der nach dem allgemeinen Gesellschaftsrecht zulässigen vertraglichen Regelung über die Abführung des gesamten Wirtschaftsertrages an die Verbundgesellschaft. Sie ist angeordnet, obwohl für die Verbundgesellschaft ein gesetzlicher Zwang besteht, sich für die Errichtung und für den Betrieb von Kraftwerken eigener Sondergesellschaften zu bedienen. Die Organe der Verbundgesellschaft und der Sondergesellschaften können daher bei einem gesetzeskonformem Verhalten, wie zB bei der Berechnung des Entgeltes für die Stromlieferung und bei der Verteilung des Überschusses aus dem Stromgeschäft, dem verfassungsgesetzlichen Prinzip einer der Gesamtwirtschaft verpflichteten wirtschaftlichen Optimierung nur eingeschränkt nachkommen. Die Frage nach der Verfassungsmäßigkeit dieser Bestimmung drängt sich unabweisbar auf.

In diesem Zusammenhang wird nun auch klar, daß das verfassungsgesetzliche Prinzip der wirtschaftlichen Optimierung für die staatliche Elektrizitätswirtschaft ohne Einbeziehung der Preisregelung für elektrische Energie durch die Verbundgesellschaft nicht konsequent gesamtwirtschaftlich befolgt werden kann. Entsprechende organisatorische und funktionelle Verbindungen der Verbundgesellschaft mit der für die Preisregelung zuständigen staatlichen Behörde sind unerläßlich. Dieser Aspekt führt zwangsläufig zur verfassungsrechtlichen Frage nach der österreichweiten Einheitlichkeit der Elektrizitätswirtschaft.

seit dem Jahr 1986 vor allem für die staatliche Elektrizitätswirtschaft verfassungsgesetzlich noch verstärkt.

Die historisch angewachsene Unverhältnismäßigkeit des Gegensatzes zwischen der föderalistischen Dezentralisation und den Sacherfordernissen einer bundeseinheitlichen Elektrizitätswirtschaft kommt heute sogar im geltenden *einfachgesetzlichen Recht* ganz offensichtlich zum Ausdruck. Das Bundesgrundsatzgesetz über die Elektrizitätswirtschaft ist inhaltlich nämlich bereits so sehr durchgebildet, daß den Landesgesetzgebern kein erheblicher Gestaltungsraum zur Ausführungsgesetzgebung verbleibt. Insoweit erfährt die zwischen Bund und Ländern aufgeteilte Gesetzgebungskompetenz auch auf der Ebene der Vollziehung durch Landesorgane eine erhebliche praktische Entschärfung. Im Hinblick auf das Gebot des Art 4 B-VG und im Sinn des Art 13 Abs 2 B-VG haben die Landesorgane im Rahmen des vom Ausführungsgesetz eingeräumten Gestaltungsraumes überdies noch auf möglichste Einheitlichkeit des Vollzuges der Gesetze zu achten. Auch die Elektrizitätsversorgungsunternehmen haben, soweit sie den staatlichen Rechtsträgern rechtlich zugeordnet sind, durch Handeln ihrer Organe und durch entsprechendes Zusammenwirken aller zuständigen Organe darauf zu achten, daß auf dem Markt der Elektrizitätswirtschaft möglichst einheitliche Voraussetzungen für die Stromabgeber und – als Folge davon – bundesweit möglichst gleiche Bedingungen für die Konsumenten und für jene Wirtschaftseinheiten bestehen, welche Strom abnehmen.

Sind Vollzugsakte des Bundes oder der Länder auf die Durchbrechung der Einheit des Wirtschaftsgebietes gerichtet, dann stehen sie im allgemeinen nicht bloß im Bereich der hoheitlichen Wirtschaftslenkung, sondern auch in Angelegenheiten schlichter oder *„gewöhnlicher"* Wirtschaftsverwaltung in einem Gegensatz zu Art 4 und zu Art 13 Abs 2 B-VG.

Angesichts dessen erfährt das Gebot einheitlicher Vollziehung, trotz möglicher geringfügiger Abweichungen in den Ausführungsgesetzen vom Bundesgrundsatzgesetz, überdies noch eine besondere normative Stütze in der auf einheitlichen Vollzug gerichteten Devolutionsregelung des Art 12 Abs 3 B-VG. Diese Regelung besagt, daß die Zuständigkeit der Landesbehörden zur Bescheiderlassung auf Verlangen einer Partei „an das sachlich zuständige Bundesministerium" übergeht und daß bisher gefällte Bescheide der Landesbehörden außer Kraft treten.

f) Das Preisrecht und die Auswirkungen des Homogenitätsgebotes auf Art 12 Abs 1 Z 5 B-VG

Die Zielsetzung und der Inhalt der Stromtarifregelungen im § 3 PreisG sind in einem hohen Maß am Homogenitätsziel des Art 4 und des Art 13

Abs 2 B-VG orientiert und entsprechen dem diesen Vorschriften innewohnenden Sachlichkeitsgebot. Sie sind, verfassungsgesetzlich besonders abgesichert, geradezu zwangsläufig in einen zunehmenden Gegensatz zum Kompetenztatbestand des Art 12 Abs 1 Z 5 B-VG über die Teilung der Gesetzgebungskompetenz zwischen dem Bund und den Ländern geraten. Der technische und der wirtschaftliche Entwicklungsstand des Elektrizitätswesens einerseits und die verfassungsgesetzlichen Absicherungen der Marktordnungsmaterien haben den ursprünglichen Anwendungsbereich des Art 12 Abs 1 Z 5 B-G verdrängt, den sachlichen Geltungsbereich der Ausführungsgesetzgebung der Bundesländer ausgehöhlt und die Vollzugskompetenzen der Landesregierungen ad absurdum geführt.

Die Regelung über die Zuständigkeit der Preisbehörden enthält im § 8 PreisG allerdings noch eine Durchbrechung des Grundsatzes einer sachlich gerechtfertigten, kostenorientierten einheitlichen Preisfestsetzung, die dem ursprünglichen Sinn der Vollzugsermächtigung des Art 12 Abs 5 B-VG konform ist. Gemäß § 8 Abs 1 PreisG hat der BMwA zwar nach § 3 Abs 2 PreisG grundsätzlich selbst zu handeln. Er wird jedoch ermächtigt, durch Verordnung alle oder einzelne Landeshauptmänner zu beauftragen[63], an seiner Stelle die Festsetzung volkswirtschaftlich gerechtfertigter Preise vorzunehmen, sofern die bei der Preisregelung zu berücksichtigenden Umstände in den einzelnen Bundesländern verschieden sind oder dies sonst im Interesse der Zweckmäßigkeit, der Raschheit, der Einfachheit und der Kostenersparnis gelegen ist. Die darauf gegründeten Verordnungsermächtigungen haben zur Folge, daß die Grundlagen der Preisbestimmung noch immer landesbezogen sind (die „zu berücksichtigenden Umstände in den einzelnen Bundesländern") und daß nicht die Vertreter in der Preiskommission beim BMwA, sondern Vertreter der Landeskammer der gewerblichen Wirtschaft sowie der Arbeiterkammer und der Landwirtschaftskammer im jeweiligen Land zu hören sind. Der BMwA hat auf Grund des § 8 PreisG am 5. 6. 1992 eine entsprechende Verordnung erlassen[64]. § 1 Abs 2 dieser Verordnung nimmt allerdings einen Großteil der Elektrizitätslieferungen von der Beauftragung aus; nämlich jene der Verbundgesellschaft, von fünf Sondergesellschaften, der Landesgesellschaften und einiger kommunaler Versorgungsgesellschaften.

Die Beurteilung der rechtlichen Grundlagen der Strompreisgestaltung ergibt im Hinblick auf das wirtschaftliche Homogenitätsgebot ein zwiespältiges Bild. Das PreisG 1992 bietet zwar jene Grundlagen, die für eine verfassungskonforme bundeseinheitliche Strompreisgestaltung durch die Preisbehörden erforderlich sind. Daß die derzeit tatsächlich bestehenden

---

[63] Oder im Einzelfall durch Bescheid.
[64] Amtsblatt zur Wiener Zeitung vom 6. 6. 1992.

der unternehmerischen Führung im Dienst an der Einheitlichkeit im Zweifelsfall zukommt. *Entsprechend der Systematik und der Teleologie des 2. VerstaatlichungsG ist zur (strategisch) leitenden unternehmerischen Führung im Zweifel nicht die Landesgesellschaft, sondern die Verbundgesellschaft berufen.* Darin liegt ein wesentlicher Unterschied zum allgemeinen Aktienrecht, nach welchem sich eine formale organisationsrechtliche Gleichstellung nur durch einen vertraglichen Konsens auflösen läßt. Diese Einsicht hat zur Folge, daß im Konfliktsfall zB gegenüber der Ennskraftwerke AG *die Verbundgesellschaft zur leitenden (strategischen) unternehmerischen Führung berufen ist. Sie kann und muß daher auch diese Sondergesellschaft gemäß ihrem verfassungsgesetzlichen Auftrag und im Sinn der gleichfalls verfassungsgesetzlich gebundenen Politik der Bundesregierung in ihre gesamtwirtschaftlichen Zielsetzungen und in ihre strategischen Überlegungen zu einer einheitlichen wirtschaftlichen Führung des ganzen Verbundkonzerns rechtswirksam miteinbeziehen.*

Wie oben dargelegt, richtet sich das Gebot des Art 4 B-VG zur Wirtschaftseinheit vor allem in Verbindung mit der gesamtwirtschaftlichen Verpflichtung der staatlichen Verwaltung gemäß Art 13 Abs 2 B-VG nicht nur an den Gesetzgeber und an die Vollziehung, sondern als eine Regelung in Entsprechung zu den Kriterien des Grundsatzes der Gleichheit (nach Art 2 StGG über die allgemeinen Rechte der Staatsbürger und nach Art 7 B-VG) auch an den Verfassungsgesetzgeber. Es bedeutet Sachlichkeit bei der Interpretation von geteilten Kompetenzen nach Art 12 B-VG und gilt innerhalb bestimmter Grenzen auch für jene *Organe*, die im Rahmen der schlichten Hoheitsverwaltung und der Privatwirtschaftsverwaltung unmittelbar oder mittelbar für den Bund handeln. Dies gilt insbesondere für jene Wirtschaftszweige, in denen Unternehmen im überwiegenden Eigentum des Bundes stehen und eine derart beherrschende Marktstellung haben, daß allein ihr Handeln die Marktbedingungen nachhaltig beeinflussen kann. Die Organe der Verbundgesellschaft und der Sondergesellschaften müssen daher bei der Erfüllung ihrer eigenen Aufgaben dort, wo Gestaltungsräume zu regionalen Unterschieden der Wirtschaftsbedingungen vom Gesetz offengelassen sind, diese im Dienst an der Gesamtwirtschaft und nach Maßgabe sachlicher Rechtfertigung auslegen und anwenden. Wo das Gesetz selbst die Einheitlichkeit nicht ausreichend sicherstellt, trifft die Organe aller staatlichen Elektrizitätsgesellschaften darüber hinaus ein *Ingerenzgebot,* das sie zur Sicherstellung einheitlicher Wirtschaftsbedingungen durch aktives Handeln verpflichtet[61]. Das gilt in hervorragender Weise für die Organe der Verbundgesellschaft, das gilt aber auch für die Organe der Landesgesellschaften.

---
[61] Vgl Azizi, ÖJZ 1985, 99.

e) Die zweifache Gesetzgebung und die Vollziehung durch Landesorgane auf dem Gebiet des Elektrizitätswesens

Im Unterschied zur Rechtslage bei den zentralen Regelungsinhalten des 2. VerstG, beim Starkstromwegerecht des Bundes, beim Preisrecht und beim Energielenkungsrecht, ist die Gesetzgebungskompetenz im Bereich des *"Elektrizitätswesens"* nicht ausschließlich beim Bund konzentriert. Soweit das *Elektrizitätswesen* entweder nach Art 10 B-VG oder aufgrund von Sonderkompetenzen nicht unter die Gesetzgebungs- und Vollziehungskompetenz des Bundes fällt, ist der Bund gemäß Art 12 Abs 1 Z 5 B-VG zur Gesetzgebung über die Grundsätze in dieser Angelegenheit berufen. Innerhalb der bundesgesetzlichen Grundsätze sind die Länder zur Ausführungsgesetzgebung und zur Vollziehung berufen.

Diese Kompetenzlage zur Gesetzgebung und zur Vollziehung auf dem Gebiet des Elektrizitätswesens steht heute ohne Zweifel in einem unverhältnismäßigen Gegensatz zum Gebot der Einheitlichkeit des Wirtschaftsgebietes[62]. Der Gegensatz wird zwar zum Teil dadurch gemildert, daß der Bundesgesetzgeber insbesondere in seinem Grundsatzgesetz über die Elektrizitätswirtschaft weitreichende einheitliche Regelungsinhalte vorgegeben hat. Die seit Jahrzehnten kontinuierlich höher entwickelten technischen Besonderheiten des Elektrizitätswesens sowie die anhaltende gesamtwirtschaftliche Ausweitung des Bedarfes und der Erzeugung von elektrischer Energie erfordern aber dringend eine bundeseinheitliche Regelung. *Die vollständige verfassungsgesetzliche Verlagerung des Elektrizitätswesens in die ausschließliche Bundeskompetenz ist unabweislich geworden.*

Das bestätigt auch der Verfassungsgesetzgeber in zweifacher Weise. Zum einen unterliegt das *Elektrizitätswesen* nur *subsidiär*, dh nur soweit es nicht in die Bundeskompetenz nach Art 10 B-VG fällt, der auf Grundsätze beschränkten Gesetzgebungsbefugnis nach Art 12 Abs 1 Z 5 B-VG. Zum anderen hat der Verfassungsgesetzgeber im Rahmen des Verstaatlichungsgesetzes, vor allem aber im Rahmen des Preisrechtes und des Energielenkungsrechtes, die Kompetenz des Bundes zur einheitlichen Regelung, die bereits durch besondere Verfassungsbestimmungen eine gesamtwirtschaftliche Bedeutung gewonnen hatte, aufgrund der wirtschaftlichen Erforderlichkeit in einen klaren Gegensatz zu Art 12 Abs 1 Z 5 B-VG gestellt. Dieser Gegensatz wird durch die Regelung des Art 13 Abs 2 B-VG

---

62 Zum Spannungsverhältnis zwischen Art 4 B-VG und bundesstaatlicher Kompetenzverteilung RILL, Grundfragen des österreichischen Preisrechts, ÖZW 1975, 68 ff; AZIZI, ÖJZ 1985, 100, 102; WEBER, Wirtschaftseinheit und Bundesstaat – Bemerkungen zur Interpretation des Art 4 B-VG, in: Seidl Hohenveldern (Hrsg) Österreich als einheitliches Wirtschaftsgebiet und die Europäische Gemeinschaft, ZÖR Supplementum 10 (1988) 141 (142 ff).

Strompreise angesichts der Kriterien verfassungskonformer Vollziehung des PreisG prüfenswert sind, liegt aber dennoch auf der Hand. Diese Frage kann jedoch in ihren Einzelaspekten ohne umfangreiche Untersuchungen über die Kostenfaktoren der österreichischen Elektrizitätswirtschaft hier nicht konkreter beantwortet werden. Unter den als bekannt vorausgesetzten Rahmenbedingungen für die Wirtschaftlichkeit der Elektrizitätswirtschaft und der Unterschiede in den Erzeugungs- und Versorgungsbedingungen bei der Verbundgesellschaft, bei den Sondergesellschaften und bei den Landesgesellschaften, die *nicht* entlang von Landesgrenzen verlaufen, bestehen jedenfalls begründete verfassungsrechtliche Zweifel an der sachlichen Rechtfertigung einer länderweise verschiedenen Strompreisgestaltung. Dies vor allem deshalb, weil der Bedarf an elektrischer Energie eine allgemeine existentielle volkswirtschaftliche Dimension erlangt hat und die Bezugsbedingungen für elektrische Energie einschneidende Auswirkungen auf die Konsumenten und auf die Produktionsbedingungen der strombeziehenden Wirtschafts- und Industriebetriebe haben.

Die Regelungen über Bezugsbedingungen und Tarifstrukturen nach den Landes-Elektrizitätsgesetzen stehen unter der Verpflichtung zur österreichweiten Allgemeinheit und Gleichheit, welche für alle Strompreisfestsetzungen bestimmend ist. Im Hinblick auf offenkundige Verfassungswidrigkeiten der geltenden Rechtslage ist es daher ein unabweisliches verfassungsrechtliches Erfordernis, die Verordnungsermächtigung des Preisgesetzes zur Delegierung von Zuständigkeiten an die Landeshauptmänner und die entsprechende Verordnung des BMwA aufzuheben.

Abgesehen von der verfassungsrechtlichen Fragwürdigkeit der dualistischen Kompetenzlage auf dem Gebiet des *Elektrizitätswesens* ist den Landesgesetzgebern bei der Ausübung ihrer Kompetenz zur Ausführungsgesetzgebung schon seit geraumer Zeit größtmögliche Zurückhaltung geboten. Die Regelungen der Länder müssen die grundsatzgesetzliche Ermächtigung nach den Kriterien des Art 4 und nach dem Grundsatz des Art 13 Abs 2 B-VG verfassungskonform konkretisieren und dabei aus Gründen der Einheitlichkeit der Wirtschaftsbedingungen und der sachlichen Rechtfertigung erhebliche Differenzierungen vermeiden. Sonderbestimmungen in den Ausführungsgesetzen, welche die Einheit des Wirtschaftsgebietes beeinträchtigen und keine sachliche Rechtfertigung aufweisen, sind verfassungswidrig. Dies hat zur Folge, daß die auf einer solchen Grundlage erteilten Bewilligungen für Bezugsbedingungen oder Tarifstrukturen im Ergebnis ebenfalls verfassungswidrig sind.

Die gesamtwirtschaftliche und die technische Entwicklung des Elektrizitätswesens hat geradezu zwangsläufig auch auf Verfassungsebene zu einigen wichtigen bundeseinheitlichen Regelungen geführt. Vor allem das durch Verfassungsgesetz auf die Bundesebene angehobene Preisrecht und das Energielenkungsrecht entsprechen dieser Tendenz. Die historisch angewachsene gesamtwirtschaftliche Lage der Elektrizitätswirtschaft ist aber auch ein Erklärungsgrund für die weitgehende inhaltliche Übereinstimmung zwischen der Bundesgrundsatzgesetzgebung und der Landesausführungsgesetzgebung. Daraus folgt, daß der Kompetenztatbestand des Art 12 Abs 1 Z 5 B-VG materiellrechtlich anachronistisch, im Grunde sogar obsolet geworden ist. *Angesichts der Entwicklung des Elektrizitätswesens zu einer allgemeinen volkswirtschaftlichen Existenzangelegenheit erweist sich daher die Zuweisung der Sachmaterien des Art 12 Abs 1 Z 5 B-VG in die ausschließliche Zuständigkeit des Bundes gemäß Art 10 Abs 1 B-VG zur Klarstellung und Festlegung der Verfassungsrechtslage als dringend geboten.*

Die Kompetenzen der Landesregierungen zur Genehmigung *Allgemeiner Bedingungen und Allgemeiner Tarife* gemäß dem Bundesgrundsatzgesetz und gemäß den Landesgesetzen, die in diesem Sinn aus verfassungsrechtlicher Sicht problematisch sind, würden dadurch hinfällig und der Weg zu einer bundeseinheitlichen Zuständigkeitsregelung würde frei.

X. Die Gemeinwohlbindung als Ordnungsprinzip des Elektrizitätswirtschaftsrechts

Die bisherigen Ausführungen in den Abschnitten II. bis IX. zeigen auf unterschiedliche Weise, daß die Erzeugung von elektrischer Energie und die Versorgung der Bevölkerung mit elektrischer Energie aus Gründen des existentiellen gesamtwirtschaftlichen Bedarfs auf vielfältige Art zu den öffentlichen Aufgaben zählt, daß sie aus sachlichen Gründen an das öffentliche Interesse des Gesamtstaates und an das Gemeinwohl gebunden sind. In diesem Sinn werden im folgenden die beherrschenden materiellrechtlichen Bezugspunkte hervorgehoben.

Aus der *historischen Perspektive* erscheinen seit den zwanziger Jahren *die öffentliche Aufgabe, das öffentliche Interesse und das Gemeinwohl an der Versorgung mit elektrischer Energie* als vorrangige Regelungsgründe des Elektrizitätsrechts. Infolge der wirtschaftlichen Notsituation in den dreißiger Jahren, mehr aber noch in der unmittelbaren Nachkriegszeit, traten der Charakter der Daseinsvorsorge, das öffentliche Interesse und die Gemeinwohlbindung an der Elektrizitätswirtschaft dominierend in den Vordergrund. Sie prägen nun schon seit Jahrzehnten das österreichische Elektrizitätswirtschaftsrecht. Ungeachtet der Signalisierung einiger mehr als problematischen Privatisierungsmaßnahmen seit etwa zehn Jahren weisen die Elektrizitätsunternehmen überdies nach wie vor einen überwiegenden Staatsanteil an den Vermögenswerten auf, der die privatrechtliche Beherrschung der Elektrizitätsunternehmen durch den Staat gewährleistet. Hinzu tritt der Umstand, daß Investitionen in und die Kapitalabstattungen von Investitionen für Erzeugungs- und Leitungsanlagen, mit denen heute zum Teil beträchtliche Gewinne erzielt werden können, bis vor wenigen Jahren durch Steuernachlässe bis zu 50 % aus öffentlichen Mitteln der staatlichen Budgets gefördert und letztlich aus Zwangsbeiträgen der Stromabnehmer finanziert wurden.

Das geltende *Elektrizitätswirtschaftsrecht, das geltende Recht der Elektrizitätswege und das Energielenkungsrecht* sind sprechender Ausdruck für die Daseinsvorsorge. Diese Rechtsmaterien dienen aus Gründen des notwendigen allgemeinen Bedarfs dem öffentlichen Interesse. Hoheitlich genehmigte *Allgemeine Lieferbedingungen* und *Allgemeine Tarifpreise*, die Lieferpflicht und die Abnahmepflicht für Elektrizitätsversorgungsunternehmen, die Pflicht zur Gleichbehandlung von Kunden, die Anschlußpflicht und der Kontrahierungszwang unterscheiden die staatlichen Elektrizitätsunternehmen von den privatwirtschaftlich bloß auf Gewinn ausgerichteten Unternehmen wesentlich. Diese Besonderheiten erfordern zwangsläufig eine andere rechtliche und organisatorische Ausgestaltung der Elektrizitätswirtschaft, die im Sinn der Rechtsprechung des Verfassungsgerichtshofs[65] zu den „volkswirtschaftlichen Schlüsselbranchen" gezählt werden muß.

Die Gesetze zur Regelung der *Elektrizitätswege* enthalten Ermächtigungen zur Begründung von Servituten – bis hin zur Enteignung –, die ihre verfassungsrechtliche Rechtfertigung vornehmlich dadurch erfahren, daß die Leitungsanlagen, für welche solche Maßnahmen verfügt werden, dem allgemeinen volkswirtschaftlichen Bedarf an Elektrizitätsversorgung dienen, im öffentlichen Interesse liegen und daher auch vom Gemeinwohl beherrscht sind.

Das Organisationsrecht des Sondergesellschaftsrechts im 2. VerstG und des Energielenkungsrechts entspricht gleichfalls seit Jahrzehnten diesen Zielsetzungen. Danach haben die Organe der Verbundgesellschaft wichtige öffentlich-rechtliche und schlicht hoheitliche, zum Teil sogar hoheitlich-behördliche Aufgaben zu erfüllen, die im öffentlichen Interesse liegen und daher dem Gemeinwohl dienen. Die geltenden Rechtsgrundlagen verpflichten die verantwortlichen Organe der Verbundgesellschaft zur Berücksichtigung der Energiepolitik der Bundesregierung. Den inhaltlichen Zielvorgaben für das Unternehmenshandeln stehen organisationsrechtliche Vorschriften zur Seite, welche die Zusammensetzung der Organe der

---

[65] VfSlg 11483/1987, 12098/1989, 12378/1990.

Verbundgesellschaft regeln, die ihnen staatliche Kompetenzen zuweisen und ihnen als Vertreter des Staates im öffentlichen Interesse Ingerenzen ermöglichen. Der Verfassungsgesetzgeber hat im Jahr 1987 das öffentliche Interesse an den genannten Aufgaben mit gutem Grund ausdrücklich vorgeschrieben.

Insgesamt gesehen weist die österreichische Rechtsordnung zahlreiche Vorschriften auf, die für die Elektrizitätswirtschaft maßgeblich sind und die ihre homogene Einordnung in die verfassungsgesetzlich determinierte Wirtschaftsrechtsordnung des Bundes ermöglichen. Die *Bindung an das öffentliche Interesse und an das Gemeinwohl* zieht sich wie ein roter Faden durch alle Bereiche des Elektrizitätsrechts: von der Errichtung der Produktionsanlagen und Verteilungsnetze, über die Bedingungen der Erzeugung und der Lieferung der Elektrizität, bis hin zur Preisregelung und zur Energielenkung; vor allem aber bis hin zum Organisationsrecht, das sich vom allgemeinen Gesellschaftsrecht für rein gewinnorientierte Unternehmen wesentlich unterscheidet. Man kann daher mit gutem Grund in der *Bindung der Aufgaben der Elektrizitätswirtschaft an das Gemeinwohl und an das öffentliche Interesse ein verpflichtendes verfassungsrechtliches Lenkungsprinzip für die österreichische Elektrizitätswirtschaft* sehen. Das überwiegende Eigentum der öffentlichen Hand an den Erzeugungs- und Leitungsanlagen der Elektrizitätswirtschaft verstärkt die darauf abgestellten materiellrechtlichen und organisationsrechtlichen Bindungen ganz wesentlich, mag es auch innerhalb von Grenzen Privatautonomie und konsensgebundene Dispositionsfreiheit bedeuten.

Die Bindung der Elektrizitätsunternehmen an die Erfüllung ihrer Aufgaben im öffentlichen Interesse und im Dienst am Gemeinwohl ist daher verständlicherweise auch *europarechtlich* anerkannt. Die Richtlinie (RL) für den Elektrizitätsbinnenmarkt sieht vor, daß den privatrechtlich organisierten Unternehmen *im Allgemeininteresse* auch *gemeinwirtschaftliche Verpflichtungen* auferlegt werden können (näheres dazu unter V, X und XI).

XI. Die öffentliche Aufgabe der Elektrizitätsgesellschaften als Determinante einer dem Gemeinwohl verpflichteten Verbundorganisation

Die österreichische Elektrizitätswirtschaft steht vorwiegend im Staatseigentum. Sie ist privatrechtlich konzipiert und besorgt öffentliche Aufgaben. Ihre Organisation nimmt daher seit Jahrzehnten eine Sonderstellung ein. Die Versorgung der Bevölkerung und der Wirtschaft mit elektrischer Energie gilt als eine allgemeine volkswirtschaftliche Aufgabe der

„Daseinsvorsorge"[66]. Ihre Organisation und die Art und Weise der Aufgabenerfüllung sind heute mehr denn je ein Anliegen des Gesamtstaates. Sie sind von der Bindung an das öffentliche Interesse und an das Gemeinwohl geprägt und unterliegen daher zwangsläufig einer restriktiven Regelung der Organisation, die vom allgemeinen Gesellschaftsrecht abweicht[67].

Der VfGH hat in Auslegung des 2. VerstG[68] in seinem Zwentendorf-Erkenntnis zutreffend festgehalten, daß die „innere Struktur der verstaatlichten Elektrizitätswirtschaft (...) nicht das Ergebnis einer mehr oder minder zufälligen Beteiligung von Gebietskörperschaften am allgemeinen Wirtschaftsleben (...)" ist. Sie ist vielmehr „Gegenstand von eingehenden gesetzlichen Regelungen mit dem Ziel, die Erfüllung einer öffentlichen Aufgabe durch Zusammenwirken mehrerer Gebietskörperschaften sicherzustellen"[69].

Diese Einsicht in die Sonderstellung der Organisation der Elektrizitätswirtschaft bildet vor dem technischen und wirtschaftlichen Hintergrund und aus entwicklungsgeschichtlicher Sicht den Ausgangspunkt für alle weiteren organisationsrechtlichen Überlegungen. Für die Frage nach Sinn und Zweck einer organisatorischen Umgestaltung der Elektrizitätswirtschaft ist daher zunächst die Ermittlung der Aufgaben der *Verbundgesellschaft* und sodann jener der *Sondergesellschaften* von vorrangiger Bedeutung. Ihre Aufgaben sind durch das 2. Verstaatlichungsgesetz auf verschiedenen Ebenen und in unterschiedlicher Allgemeinheit geregelt.

1. Die Aufgaben der Verbundgesellschaft

Die Aufgaben der Verbundgesellschaft sind im wesentlichen im § 5 Abs 6 des 2. VerstG festgelegt. Dieser enthält neben einem Einleitungssatz eine demonstrative[70] Aufzählung von sechs Punkten, durch die der Verbundgesellschaft jeweils bestimmte Aufgaben zugewiesen werden (lit a bis d, f, g). Es würde hier zu weit führen, die einzelnen Tatbestände näher zu untersuchen. Für die Zwecke der vorliegenden Untersuchung sollen sie nur auf Möglichkeiten und Konsequenzen für eine allfällige Neuorganisation der staatlichen Energiewirtschaft im Verhältnis zwischen Verbundgesellschaft, Sondergesellschaften und Landesgesellschaften sowie für die Kooperation dieser Organisationseinheiten im Dienst an der österreichischen Energiewirtschaft schwerpunktmäßig hinterfragt werden[71].

---

66 Statt aller KASTNER, JBl 1987, 683.
67 Vgl ausführlich WINKLER, Elektrizitätsrecht 70 ff.
68 IdF vor der Nov 1987.
69 VfSlg 10841/1986.
70 AB 222 BlgNR 17. GP, 2.
71 Eine Sonderstellung nimmt § 5 Abs 6 lit e 2. VerstG ein. Auf ihn wird gesondert einzugehen sein.

a) Die allgemeine Zielvorgabe für die Aufgabenerfüllung

Der Einleitungssatz im § 5 Abs 6 des 2. VerstG bringt eine wichtige Grundentscheidung zum Ausdruck, die bei der Auslegung der einzelnen Aufgaben sowie bei allfälligen organisationsrechtlichen Schlußfolgerungen zu beachten ist. *Dieser Satz steht im Verfassungsrang.* Er bestimmt, daß die aufgezählten Einzelaufgaben „*im öffentlichen Interesse*" gelegen sind. Diese Feststellung hat normativen Charakter. Aus ihr und aus der Eigenart der einzelnen Aufgaben ergibt sich, daß der *Verfassungsgesetzgeber diese Aufgaben auch für den einfachen Gesetzgeber rechtsverbindlich dem öffentlichen Interesse zuordnet.*

Die ausdrückliche verfassungsgesetzliche Bindung dieser Aufgaben an das öffentliche Interesse durch die Novelle 1987 erweist sich nicht nur als zeitgemäß, sondern auch als richtungweisend für die Zukunft. Die Novelle ermöglicht zwar eine Beteiligung von privaten Aktionären an der Verbundgesellschaft bis zu einem Anteil von 49 % bzw 50 %. Dadurch wurde die limitierte Möglichkeit verstärkt, daß private Aktionäre zunehmen und ihren Einfluß in die Richtung einer gewinnorientierten Ausrichtung der Aufgabenerfüllung verstärkt geltend machen[72]. Offensichtlich sollten dem bloßen Gewinnstreben aber dennoch von vornherein feste Grenzen entgegengesetzt werden. Das Motiv für die Bindung der Aufgabenerfüllung an das öffentliche Interesse wird durch die Begründung des Initiativantrages und durch den Bericht des Finanzausschusses zur Novelle 1987 bestätigt. Dort wird festgehalten, daß die Verankerung des öffentlichen Interesses der Begrenzung der aktienrechtlichen Verantwortung des Vorstandes dienen soll[73].

Eine weitere Bekräftigung des öffentlichen Interesses und eine erste Konkretisierung erfährt die Aufgabenzuweisung durch § 5 Abs 2 im 2. VerstG. *Diese Vorschrift steht gleichfalls im Verfassungsrang.* Sie ist formell an die verantwortlichen Organe der Verbundgesellschaft gerichtet. Danach haben diese Organe auf die *Energiepolitik der Bundesregierung Bedacht zu nehmen.* Nach den Materialien zur Nov 1987 bedeutet das eine *Bindung der Bundeselektrizitätswirtschaft an das „Gesamtinteresse der Republik Österreich"*[74]. Darin zeigt sich, daß die Elektrizitätswirtschaft, trotz einer erweiterten Ermächtigung zur Privatisierung von Kapitalanteilen, kraft verfassungsgesetzlicher Anordnungen auch weiterhin an die gemeinwirtschaftlichen Interessen sowie an rechtswirksame gesellschaftsrechtliche Einflußnahmen durch die Gebietskörperschaften Bund und Länder im Dienst am öffentlichen Interesse gebunden bleibt.

---

72 Vgl PAUGER/PLÖCHL, Die Aufgaben der Verbundgesellschaft, GesRZ 1988, 125 (130).
73 IA II-1020 BlgNR 98/A, 17. GP, 10; AB 222 BlgNR 17. GP, 2.
74 AB 222 BlgNR 17. GP, 2.

Als Sicherung für die Erreichung dieses Zieles sehen die Abs 3 bis 5 des § 5 im 2. VerstG Entsendungsrechte des Bundes, der Länder und der Sozialpartner für die Mitglieder des Aufsichtsrates sowie einen Genehmigungsvorbehalt zugunsten der Bundesregierung für die Bestellung der Vorstandsmitglieder vor. Auf diese Weise ist die Mitwirkung der öffentlichen Eigentümer an einer am öffentlichen Interesse ausgerichteten Geschäftsführung organisationsrechtlich durch sondergesellschaftsrechtliche Vorschriften abgesichert. Innerhalb dieser Grenzen sind die vom § 5 Abs 6 des 2. VerstG im einzelnen zugewiesenen Aufgaben von der Verbundgesellschaft zu besorgen[75].

b) Die Ermittlung des Strombedarfes

Nach § 5 Abs 6 lit a des 2. VerstG hat die Verbundgesellschaft den gegenwärtigen und den künftigen Strombedarf, die Stromerzeugung der Sondergesellschaften und anderer Gesellschaften und Unternehmen zu ermitteln sowie die Stromtarife zu verzeichnen.

Diese Ermittlungs- und Verzeichnungspflicht hat vor allem eine dienende Funktion für weitere Aufgaben der Verbundgesellschaft, die in die Richtung *einer gesamtplanerischen (strategischen) Tätigkeit der Verbundgesellschaft* weisen.

In diesem Zusammenhang sind preisrechtliche und elektrizitätswirtschaftliche Instrumente und Lenkungsmaßnahmen von Bedeutung, die zum Teil weitgehende Informationen ermöglichen und die einen ähnlichen Zweck verfolgen, wie er in dieser Aufgabe der Verbundgesellschaft vorgegeben ist. Nach § 4 PreisG kann der BMwA für den Fall, daß keine Preisregelung nach § 3 Abs 2 PreisG stattgefunden hat, *die Elektrizitätsversorgungsunternehmen durch Verordnung oder Bescheid verpflichten, dem BMwA regelmäßig jene betriebswirtschaftlichen Daten zu melden, die zur Überprüfung der volkswirtschaftlichen Rechtfertigung der jeweils festgelegten Preise erforderlich sind*[76]. Daneben enthält § 2 Abs 2 PreistransparenzG zur Erfüllung der Meldepflichten der Republik Österreich gegenüber dem Statistischen Amt der EG eine Verordnungsermächtigung für den BMwA, gemäß welcher die Elektrizitätsversorgungsunternehmen dazu verpflichtet werden können, dem Verbund der Elektrizitätswerke Österreichs die erforderlichen Daten zu melden[77]. Mit der Preistranzparenzverordnung II

---
[75] Zum folgenden vgl PAUGER/PLÖCHL, GesRZ 1988, 126 ff.
[76] Diese Ermächtigung erfaßt nur Gegebenheiten, die als Kostenfaktoren für den in Rechnung zu stellenden Preis bestimmend sind (vgl RASCHAUER, ÖZW 1991, 36).
[77] BGBl 1992/761 idF 1995/174.

hat der BMwA für den Bereich industrieller Endverbraucher von dieser Ermächtigung Gebrauch gemacht[78].

Auskunftspflicht und Datenverwertung nach den §§ 19 und 19a des Energielenkungsgesetzes haben eine vergleichbare Dienfunktion für die Elektrizitätswirtschaft.

Im Dienst an der Allgemeinheit haben nach § 3 lit a ElWG konzessionierte Elektrizitätsversorgungsunternehmen unter der Aufsicht der Landesregierung gemäß § 6 Abs 1 ElWG *Allgemeine Bedingungen* und *Allgemeine Tarifpreise* zu erstellen und zu veröffentlichen. Dabei sind die Vorschriften des Preisgesetzes zu beachten.

c) Der Ausgleich zwischen Erzeugung und Bedarf

Die Verbundgesellschaft hat gemäß § 5 Abs 6 lit b des 2. VerstG „einen Ausgleich zwischen Erzeugung und Bedarf im Verbundnetz herbeizuführen".

Diese Aufgabe steht in einem engen Zusammenhang mit der Ermittlung des Strombedarfes der Verbundgesellschaft. Bei der Wahrnehmung ihrer strategischen Planungsaufgabe hat sich die Verbundgesellschaft von zwei Gesichtspunkten leiten zu lassen: nämlich vom Ziel der wirtschaftlich optimalen Stromverwendung und vom Ziel der gleichmäßigen Belastung der Erzeuger mit „unvermeidbaren" Stromüberschüssen.

Bei der Lösung von Interessenkollisionen zwischen Erzeugern sind neben dem spezifischen Wirtschaftlichkeitsgebot der lit b das *öffentliche Interesse*[79] im Sinn des Einleitungssatzes des Abs 6 und die *Energiepolitik der Bundesregierung* zu berücksichtigen.

d) Die Übernahme von Leitungen und der Abschluß von Transport- und Lieferungsverträgen

Im § 5 Abs 6 lit c des 2. VerstG sind jene Aufgabenbereiche festgelegt, welche die technischen und die rechtlichen Voraussetzungen für die Erfüllung der Aufgabe des Bedarfsausgleiches im Verbundnetz bilden. Einerseits hat die Verbundgesellschaft Verbundleitungen zu übernehmen, zu errichten und zu betreiben. Andererseits ist sie ermächtigt, „Stromlieferungsverträge aller Art" abzuschließen. Für die erforderlichen Verbundleitungen enthält § 5 Abs 7 einen Katalog von Hochspannungsleitungen, Umspannwerken, Schaltstellen und Einschleifungen, welche an die Verbundgesellschaft zu übertragen waren. Komplementär zur Pflicht der Ver-

---
[78] BGBl 1995/231.
[79] PAUGER/PLÖCHL, GesRZ 1988, 127.

bundgesellschaft zum Betrieb der Verbundleitungen enthält § 5 Abs 6 lit e des 2. VerstG die Pflicht der Sondergesellschaften[80], ihr Stromaufkommen gegen Kostenersatz im wesentlichen zur Gänze in das Netz der Verbundgesellschaft einzuspeisen.

e) Die Veranlassung des Bauens und des Betriebes von Großkraftwerken

Nach § 5 Abs 6 lit d des 2. VerstG hat die Verbundgesellschaft den Bau und den Betrieb von Großkraftwerken iS des § 4 des 2. VerstG „durch bestehende oder zu errichtende Sondergesellschaften zu veranlassen". Dadurch wird zwar einerseits bestätigt, daß Errichtung und Betrieb von solchen Kraftwerken[81] den Sondergesellschaften vorbehalten sind. Im Auftrag zur „Veranlassung" liegen aber nicht unerhebliche Entscheidungsbefugnisse der Verbundgesellschaft über die Errichtung eines Kraftwerks überhaupt; ferner über seine Art, seinen Standort und seine Größe. Dies ergibt sich nicht nur aus dem Wortlaut der lit d, sondern insbesondere auch aus dem systematischen Zusammenhang mit den allgemeinen und den übrigen besonderen Aufgabenregelungen des 2. VerstG.

f) Die Einhaltung der Grundsätze der Arbeitsteilung zwischen den Landesgesellschaften und der Verbundgesellschaft

Die lit f macht es der Verbundgesellschaft *im Rang einer verfassungsrechtlichen Bestimmung* zur „Aufgabe", die *„Einhaltung der in langjähriger Erfahrung bewährten Grundsätze der Arbeitsteilung zwischen den Landesgesellschaften und dem überregionalen Verbundsystem anzustreben"*. Geplante Arbeitsteilung bedeutet auch Leistungsverbindung. Darin liegt allerdings weniger eine konkrete Aufgabe[82], denn eine Verankerung der Kontinuität in der Aufgabenteilung im Verhältnis zu den Landesgesellschaften auch in Zeiten zunehmender privater Beteiligung an der Verbundgesellschaft, insbesondere für den Fall von Interessenkollisionen und Konflikten mit den aktienrechtlichen Vorgaben[83]. Für das Verhältnis der Verbundgesellschaft zu den Sondergesellschaften ist diese Aufgabe nur indirekt von Bedeutung.

---

80 Mit Ausnahme der Vbg Illwerke AG.
81 Zum Begriff URBAN, Zum Begriff des „Großkraftwerkes" im Sinn des § 4 2. Verstaatlichungsgesetzes, ÖJZ 1953, 365; SCHÄFFER/STOLZLECHNER, Rechtsfragen der Großkraftwerke nach dem 2. Verstaatlichungsgesetz, ÖZW 1983, 1 f.
82 Ähnlich LIENBACHER, Verfassungsrechtliche Probleme des 2. Verstaatlichungsgesetzes nach der Novelle 1987, ZfV 1988, 577 (583).
83 PAUGER/PLÖCHL, GesRZ 1988, 128.

g) Die Prüfung von und die Zustimmung zu Stromlieferungsverträgen

Schließlich ist die Verbundgesellschaft dazu berufen, Verträge über Stromlieferungen von mehr als 10 Mio kWh zu prüfen und zu verzeichnen sowie aus „triftigen energiewirtschaftlichen Rücksichten" deren Änderung vorzuschlagen. Stromlieferungsverträge mit dem Ausland bedürfen überhaupt der Zustimmung der Verbundgesellschaft. Beide Aufgabenbereiche geben Anhaltspunkte für die Art und Weise, in der das Handeln der Verbundgesellschaft am öffentlichen Interesse ausgerichtet sein muß. Das Vorschlagsrecht für Korrekturen „großer" Stromlieferungsverträge ist an energiewirtschaftliche Rücksichten gebunden, die im Kern jedenfalls den *Ausgleich von Erzeugungsleistung und Bedarf sowie die wirtschaftliche Verwendung des Stromes* beinhalten. Für die Zustimmungsbefugnis zu Auslandsverträgen ergeben sich diese Determinanten aus einer systematischen Interpretation des § 5 Abs 6 lit b des 2. VerstG [84].

2. Die Sondergesellschaften und ihre Aufgabe

Die Sondergesellschaften sind im § 4 des 2. VerstG näher festgelegt. § 4 regelt den Grundfall, wonach jede Sondergesellschaft grundsätzlich nur je ein Kraftwerk betreibt bzw gegebenenfalls zuvor errichtet. Abweichend davon kann eine Sondergesellschaft auch mehrere Großkraftwerke errichten und betreiben, nämlich dann, „wenn es energie- und wasserwirtschaftliche Interessen erfordern".

Daraus läßt sich die Aufgabe der Sondergesellschaften erschließen, Großkraftwerke, einschließlich der zugehörigen Leitungen und Umspannwerke, zu errichten und zu betreiben. Die Initiative zum Bau und die Festlegung von Grundzügen des Projekts liegen bei der Verbundgesellschaft. Diese hat gemäß § 5 Abs 6 lit d den Bau und den Betrieb zu „veranlassen".

In diesem Zusammenhang kommt der Bundesregierung die Befugnis zur Entscheidung darüber zu, ob ein Kraftwerk als Großkraftwerk im Sinn des § 4 Abs 1 des 2. VerstG anzusehen ist. Diese Entscheidung ist gemäß § 4 Abs 5 verfahrensrechtlich an die vorherige Anhörung der Verbundgesellschaft und materiellrechtlich an die Bedachtnahme auf energie- und wasserwirtschaftliche Rücksichten gebunden.

Sowohl bei der Zulässigkeit der Kumulation von Großkraftwerken bei einer Sondergesellschaft, als auch bei der Abgrenzung zwischen Sondergesellschaften in der Einflußsphäre der Verbundgesellschaft und der Landesgesellschaften sind sohin allgemeine energie- und wasserwirtschaftli-

---

[84] PAUGER/PLÖCHL, GesRZ 1988, 130; KORINEK/JIROVEC, FS Frotz 628.

che Kriterien maßgeblich. Sie binden die Entscheidung – zwar mit je und je unterschiedlichen Gewichtungen, im Ergebnis aber dennoch gleichartig – an die wirtschaftlich optimale Erzeugung von elektrischer Energie im österreichischen Verbund sowie an die optimale wirtschaftliche Nutzung der vorhandenen Wasserkräfte[85].

3. Materielles Recht und Organisationsrecht

Die verfassungsgesetzlichen und einfachgesetzlichen materiellrechtlichen Bindungen der Aufgaben der Verbundgesellschaft an das öffentliche Interesse und an die Energiepolitik der Bundesregierung sowie die Zuweisung von besonderen strategischen und planenden Aufgaben haben nicht nur im Rahmen der bestehenden Organisationsformen für die laufende Erfüllung der Aufgaben innerhalb der Rahmenbedingungen von gesellschaftsrechtlichen Formen Bedeutung. An ihnen ist nach Maßgabe von zwingenden gesetzlichen Vorschriften auch das Organisationsrecht ausgerichtet.

Den entscheidenden Ausgangspunkt dafür bilden die Bestandsgarantie und die Zielsetzungen für die Verbundgesellschaft einerseits sowie die Aufgabenstellungen für Sondergesellschaften andererseits. Beiden wird ein Kernbereich an Aufgaben mit mehr oder weniger gemeinnützigen Handlungsaufträgen gesetzlich übertragen.

Zu deren Gewährleistung schreibt das 2. VerstG auf verschiedenen Wegen ein enges Geflecht von organisations- und funktionsrechtlichen Beziehungen zwischen den Sondergesellschaften und der Verbundgesellschaft vor:

a) Durch die verfassungsgesetzliche Vorgabe von Mindestbeteiligungen der Verbundgesellschaft an den Sondergesellschaften von 50 bzw 51 % im § 4 Abs 2 des 2. VerstG wird die maßgebliche Einflußnahme auf die Geschäftsführung der Sondergesellschaften organisationsrechtlich abgesichert.

b) Den Sondergesellschaften werden, abgesehen vom allgemeinen Gesellschaftsrecht, besondere Auskunftspflichten insbesondere über die Stromerzeugung auferlegt.

c) Es besteht die gesetzliche Pflicht der Sondergesellschaften, ihre Stromerzeugung zur Gänze der Verbundgesellschaft zur Verfügung zu stellen.

c) § 5 Abs 6 lit e des 2. VerstG verlangt, daß die Sondergesellschaften und die Verbundgesellschaft zur Abgeltung für die Einspeisung des

---
[85] So zum § 4 Abs 5 2. VerstG SCHÄFFER/STOLZLECHNER, ÖZW 1983, 2.

Stromes sowie zur Aufteilung des Gewinns miteinander vertraglich in Beziehung treten.

Die Zahl der Sondergesellschaften ist nicht zwingend vorgegeben. Insbesondere ist es nicht geboten, für jedes Kraftwerk eine eigene Sondergesellschaft zu errichten. § 4 Abs 4 des 2. VerstG sieht vielmehr vor, daß drei Sondergesellschaften jeweils eine Kraftwerksgruppe, bestehend aus mehreren Kraftwerken, übertragen werden soll. Darüber hinaus ermächtigt § 4 Abs 1 des 2. VerstG allgemein dazu, daß von einer Sondergesellschaft auch mehrere Kraftwerke errichtet und betrieben werden. Zu diesem Zweck können gemäß § 4 Abs 2 des 2. VerstG auch Sondergesellschaften miteinander verschmolzen werden.

Eine Verschmelzung der Sondergesellschaften mit der Verbundgesellschaft ist jedoch ohne Gesetzesänderung nicht möglich. Das 2. VerstG sieht neben der Verbundgesellschaft die Sondergesellschaften zwingend vor. Es fordert ferner eine eindeutige Aufgabenzuweisung an die Sondergesellschaften beim Bau und beim Betrieb von Großkraftwerken. Insofern enthält das 2. VerstG eine Bestandsgarantie; zwar nicht für jede einzelne Gesellschaft und nicht in Bezug auf ihre jeweiligen Kraftwerke, wohl aber für die Art der Gesellschaft, dh im äußersten Fall sogar für eine Sondergesellschaft, die dann alle Kraftwerke betreiben würde. Dies hätte aus volkswirtschaftlicher Sicht wenigstens den Vorteil, daß nach Maßgabe des organisatorischen Zusammenhanges Wirtschaftserträge aus älteren, bereits „amortisierten" Kraftwerken mit den investitionsbedingten Anlaufverlusten „jüngerer" Kraftwerke die Kraftwerkorganisationsstruktur betriebswirtschaftlich ausgeglichen werden könnten.

Eine weitere Möglichkeit der engeren Bindung der Sondergesellschaften an die Verbundgesellschaft besteht nach geltendem Recht im Abschluß von Verträgen nach dem Vorbild des bestehenden „Poolvertrages". Dieser betrifft allerdings nur das Stromgeschäft. (Inwieweit im Rahmen des 2. VerstG zwischen der Verbundgesellschaft und den Sondergesellschaften im Rahmen eines Konzerns Verträge zulässig sind, bedarf einer gesonderten Untersuchung aus gesellschaftsrechtlicher Sicht).

Die einfachste Möglichkeit einer Stärkung der Einflußnahme der Verbundgesellschaft auf die Sondergesellschaften ist der Erwerb von zusätzlichen Kapitalanteilen durch die Verbundgesellschaft. Gleiches gilt für das Verhältnis der Verbundgesellschaft zu den Landesgesellschaften. Voraussetzung dafür wäre allerdings eine Umkehr der wirtschaftspolitischen Zielsetzung einer zunehmenden Privatisierung der Kapitalanteile an den Gesellschaften.

Aus dieser Sicht bietet sich auch noch die weitere Möglichkeit einer organisatorischen Stärkung der wirtschaftlichen Integration des Vermögens der Sondergesellschaften und folglich auch ihrer Erträge mit dem Vermögen und den Erträgen der Verbundgesellschaft an. Der einfache Gesetzgeber hätte unter Einhaltung der Bedingungen des Art 5 StGG sowie des Art 1 im 1. ZPEMRK und des verfassungsgesetzlichen Gleichheitsgrundsatzes die Möglichkeit, die Kapitalanteile von Sondergesellschaften und von Landesgesellschaften durch gesetzliche Anordnung zugunsten der Verbundgesellschaft enteignungsgleich umzuschichten. Das heißt, er könnte eine für die gesellschaftsrechtliche Unternehmensführung ausreichende prozentuelle Verschiebung von Kapitalanteilen zugunsten der Verbundgesellschaft verfügen. Bei der Beurteilung der Verhältnismäßigkeit solcher Anteilsverschiebungen ist zu veranschlagen, daß die Sondergesellschaften entweder direkt oder indirekt über Schachtelbeteiligungen und Tochtergesellschaften ohnedies im Eigentum von Gebietskörperschaften stehen[86]. Zu veranschlagen ist aber auch, daß die Verbundgesellschaft als allfällige Begünstigte nur zu 51 % im Eigentum der Republik Österreich steht. Zu veranschlagen ist des weiteren, daß die Anteile der Gebietskörperschaften an den Gesellschaften zum öffentlichen Gut gehören und an das öffentliche Interesse gebunden sind. Bei einer derartigen Verschiebung von Kapitalanteilen der öffentlichen Hand könnten die Kapitalanteile von Privaten an den staatlichen Unternehmen unberührt bleiben. Ihre allfällige Enteignung wäre jedenfalls dem allgemeinen Besten untergeordnet und entschädigungspflichtig.

Die geschilderten Konsequenzen aus den verfassungsgesetzlichen und einfachgesetzlichen Aufgabenzuweisungen sind nicht die einzigen rechtlichen Bestimmungsgründe für die Organisation der Elektrizitätswirtschaft. Daneben sind vor allem das oben untersuchte allgemeine verfassungsrechtliche Wirtschaftlichkeitsgebot, ferner das verfassungsgesetzlich wie auch einfachgesetzlich begründete Gebot einer einheitlichen Energiewirtschaft sowie das an der Gemeinwohlbindung orientierte öffentliche Interesse maßgeblich (siehe dazu oben unter X).

XII. Die europarechtlichen Rahmenbedingungen

Das europäische Gemeinschaftsrecht enthält verschiedene Bezugspunkte für die Organisation der Elektrizitätswirtschaft. Diese sollen hier nicht im einzelnen untersucht werden. Vielmehr soll auf sie nur zur Vervollständigung der Darstellung des rechtlichen Korsetts hingewiesen wer-

---

[86] Vgl auch PAUGER, ÖZW 1987, 101.

den, innerhalb dessen künftige Organisationsschritte gesetzt werden könnten.

Von Bedeutung sind zunächst die kartellrechtlichen Wettbewerbsregeln im Titel V des EG-Vertrages. Nach Art 85 Abs 1 EGV sind mit dem Gemeinsamen Markt grundsätzlich unvereinbar und daher verboten:
* alle Vereinbarungen zwischen Unternehmen,
* Beschlüsse von Unternehmensvereinigungen und
* aufeinander abgestimmte Verhaltensweisen,

welche den *Handel zwischen den Mitgliedstaaten* zu beeinträchtigen geeignet sind und eine Verhinderung, Einschränkung oder Verfälschung des *Wettbewerbs innerhalb des Gemeinsamen Marktes* bezwecken oder bewirken. In einer demonstrativen Aufzählung werden verschiedene verbotene Verhaltensweisen genannt, wie zB die unmittelbare oder mittelbare Festsetzung der An- oder Verkaufspreise oder sonstiger Geschäftsbedingungen, die Einschränkung oder Kontrolle der Erzeugung udgl, die Aufteilung der Märkte oder Versorgungsquellen etc. Entsprechende Vereinbarungen oder Beschlüsse sind gemäß Art 85 Abs 2 EGV nichtig.

Art 85 Abs 3 EGV ermächtigt jedoch unter bestimmten Voraussetzungen zur Freistellung von den Verboten des Art 85 Abs 1 EGV. Dessen Bestimmungen können je nach Art der Freistellung durch Einzelentscheidung oder durch Verordnung auf
* Vereinbarungen oder Gruppen von Vereinbarungen zwischen Unternehmen, auf
* Beschlüsse oder Gruppen von Beschlüssen von Unternehmensvereinigungen, sowie auf
* aufeinander abgestimmte Verhaltensweisen oder Gruppen von solchen für nicht anwendbar erklärt werden.

Inhaltliche Voraussetzung hiefür ist, daß diese unter angemessener Beteiligung der Verbraucher an dem entstehenden Gewinn zur Verbesserung der Warenerzeugung oder -verteilung oder zur Förderung des technischen oder wirtschaftlichen Fortschritts beitragen und daß den Unternehmen zur Erreichung dieser Ziele nicht unnotwendige Beschränkungen auferlegt werden oder Möglichkeiten zur Ausschaltung des Wettbewerbs in einem wesentlichen Umfang eröffnet werden. Für Elektrizitätsversorgungsunternehmen kommt eine Ausnahme durch die Gruppenfreistellungsverordnung Nr 1984/ 83 in Betracht[87].

Zu prüfen ist im Rahmen einer europarechtlichen Analyse auch, inwieweit Elektrizitätsversorgungsunternehmen Unternehmen nach Art 90 Abs 2 EGV sein können. Nach dieser Bestimmung gelten die Vorschrif-

---

[87] Dazu im einzelnen STEINBERG/BRITZ, Der Energieliefer- und -erzeugungsmarkt nach nationalem und europäischem Recht (1995) 142 ff.

ten des EGV – insbesondere die Wettbewerbsregeln – für Unternehmen, die mit Dienstleistungen von einem allgemeinen wirtschaftlichen Interesse betraut sind, nur insoweit, als die Anwendung dieser Vorschriften nicht die Erfüllung der ihnen übertragenen besonderen Aufgabe rechtlich oder tatsächlich verhindert. Überdies darf die Entwicklung des Handelsverkehrs nicht in einem Ausmaß beeinträchtigt werden, das dem Interesse der Gemeinschaft zuwiderläuft. Art 90 Abs 2 EGV begründet sohin zwar keine Bereichsbefreiung, wohl aber eine inhaltlich relativ begrenzte Ausnahme[88], deren Vorliegen für bestimmte Unternehmen und für bestimmte Aufgaben dieses Unternehmens jeweils im Einzelfall festzustellen ist[89].

Art 3 der RL für den Elektrizitätsbinnenmarkt[90] bestätigt indirekt, daß Elektrizitätsversorgungsunternehmen grundsätzlich als Unternehmen im Sinn des Art 90 Abs 2 EGV in Betracht kommen. In diesem werden die Mitgliedstaaten ermächtigt, den Elektrizitätsunternehmen gemeinwirtschaftliche Verpflichtungen im Allgemeininteresse aufzuerlegen, die sich auf die Sicherheit einschließlich der Versorgungssicherheit, auf die Regelmäßigkeit, auf die Qualität und auf den Preis der Lieferungen sowie auf den Umweltschutz beziehen können.

Für die Zulässigkeit von Gebietsmonopolen in der Energiewirtschaft ist ferner die Vereinbarkeit entsprechender Regelungen mit dem freien Warenverkehr (Art 30 ff EGV), mit der Niederlassungsfreiheit (Art 52 ff EGV) und mit dem freien Dienstleistungsverkehr (Art 59 ff EGV) zu prüfen.

Die genannten Regelungen des Primärrechts und des unmittelbar auf die Reichweite des Primärrechts bezogenen Sekundärrechts sind nicht speziell auf die Elektrizitätswirtschaft abgestimmt oder auf diese beschränkt. Im Gegensatz dazu bestehen *Richtlinien für die Elektrizitätswirtschaft, die auf die Herstellung eines Binnenmarkts für Elektrizität gerichtet sind.* Bereits aus dem Jahr 1990 stammen die Richtlinie über den Transit von Elektrizitätslieferungen über große Netze[91] und die Richtlinie zur Einführung eines Verfahrens zur Gewährleistung der Transparenz der von industriellen Endverbrauchern zu zahlenden Gas- und Strompreise[92].

---

88 PERNICE, in: Grabitz/Hilf, Kommentar zur Europäischen Union, Art 90 Rz 51.
89 Ablehnend zum Vorliegen der Voraussetzungen des Art 90 Abs 2 EGV bei (langfristigen) Bezugspflichten nach Energielieferungsverträgen STEINBERG/BRITZ, Energieliefermarkt 153 f.
90 Vgl den Gemeinsamen Standpunkt, ABl C 315 v 24. 10. 1996, S 21.
91 RL 90/547/EWG, ABl Nr L 313 v 13. 11. 1990, S 30, idF ABl Nr L 107 v 12. 5. 1995, S 53.
92 RL 90/377/EWG, ABl Nr L 185 v 17. 7. 1990, S 17, idF ABl Nr L 277 v 10. 11. 1993, S 32.

Für die Frage nach der Organisationsstruktur der Elektrizitätswirtschaft hat die Richtlinie betreffend gemeinsame Vorschriften für den Elektrizitätsbinnenmarkt[93] vorrangige Bedeutung. In den Erwägungsgründen dieser RL wird anerkannt, daß in den einzelnen Mitgliedstaaten strukturelle Unterschiede und dementsprechend unterschiedliche Regelungen für den Elektrizitätssektor bestehen (Nr 10). Der RL zufolge muß *gemäß dem Subsidiaritätsprinzip* zwar auf Gemeinschaftsebene ein Rahmen allgemeiner Grundsätze festgelegt werden. Die Festlegung der Modalitäten im einzelnen soll aber den Mitgliedstaaten überlassen bleiben. *Diese sollen das System wählen können, das ihrer besonderen Situation am besten entspricht* (Nr 11). Ferner wird eingeräumt, *daß die Auflage gemeinwirtschaftlicher Verpflichtungen in einigen Mitgliedstaaten erforderlich sein kann, um die Versorgungssicherheit sowie den Verbraucher- und Umweltschutz zu gewährleisten,* die der freie Wettbewerb ihres Erachtens allein nicht unbedingt garantieren kann[94].

Die Auflage gemeinwirtschaftlicher Verpflichtungen und das dabei einzuhaltende Verfahren werden im Art 3 Abs 2 der RL näher geregelt. In Art 3 Abs 1 verpflichten sich die Mitgliedstaaten, dafür Sorge zu tragen, daß Elektrizitätsunternehmen nach den genannten Grundsätzen und im Hinblick auf die Errichtung eines wettbewerbsorientierten Elektrizitätsmarktes betrieben werden und *daß hinsichtlich der Rechte und Pflichten allen Unternehmen die gleiche Behandlung zuteil wird.* Art 3 Abs 3 ermächtigt die Mitgliedstaaten jedoch, bestimmte Regelungen der RL nicht anzuwenden, soweit ihre Anwendung die Erfüllung der den Elektrizitätsversorgungsunternehmen übertragenen gemeinwirtschaftlichen Verpflichtungen verhindern würde und die Entwicklung des Handelsverkehrs nicht in einem Ausmaß beeinträchtigt wird, das den Interessen der Gemeinschaft zuwiderläuft.

Ein wesentlicher Regelungsinhalt im Hinblick auf die Organisationsstruktur der Elektrizitätswirtschaft liegt in einem relativen oder bedingten Gebot einer Trennung der Erzeugungs- und Verteilungsfunktion einerseits und der Abnahmefunktion andererseits. *Die Richtlinie verlangt nicht eine organisatorische Zerschlagung von Unternehmen die alle drei Funktionen in sich vereinen.* Sie anerkennt vielmehr ausdrücklich den Typus des „vertikal integrierten Elektrizitätsunternehmens". Dies ist ein Elektrizitätsunternehmen, das mindestens zwei der drei genannten Funk-

---

93 Im folgenden zitiert nach dem Gemeinsamen Standpunkt (EG) Nr 56/96, vom Rat festgelegt am 25. 7. 1996, ABl C 315 v 24. 10. 1996, S 18.
94 Zur Frage, in welchem Verhältnis die RL zu den Anordnungen des Art 85 Abs 1 EGV steht, ausführlich BRITZ, Örtliche Energieversorgung nach nationalem und europäischen Recht (1994) 306 ff.

tionen wahrnimmt[95]. Um der RL Rechnung zu tragen, können die Mitgliedstaaten diese Unternehmen benennen und gleichzeitig Regelungen erlassen, wonach der Alleinabnehmer[96] getrennt von der Erzeugungs- und Verteilungstätigkeit verwaltet wird („unbundling", Art 15 Abs 1)[97]. Darüber hinaus haben die Mitgliedstaaten sicherzustellen, daß außer den Informationen, die für den Alleinabnehmer zur Erfüllung seiner Aufgaben erforderlich sind, zwischen den Tätigkeiten des vertikal integrierten Elektrizitätsunternehmens und seinen Erzeugungs- und Verteilungstätigkeiten keine Informationen übermittelt werden (Art 15 Abs 3). Begleitend dazu stellt die RL Vorschriften zur Transparenz im Bereich der Buchführung der Unternehmen auf. Mit dem ausdrücklich erklärten Ziel, „Diskriminierungen, Quersubventionen und Wettbewerbsverzerrungen" zu vermeiden, werden integrierte Elektrizitätsunternehmen verpflichtet, in ihrer internen Buchführung für ihre Erzeugungs-, Übertragungs- und Verteilungsaktivitäten gesonderte Konten zu führen (Art 14 Abs 3).

Diese Darstellung von einigen organisationsrelevanten Inhalten des Gemeinschaftsrechtes, insbesondere der Binnenmarkt-RL, erbringt zwei für die folgende Untersuchung wesentliche Zwischenergebnisse. Erstens ist der einzelne Mitgliedstaat nicht zwingend gehalten, die in seinem (mehrheitlichen) Eigentum (sowie im überwiegenden Eigentum seiner Gebietskörperschaften) stehenden Elektrizitätsunternehmen zu privatisieren. Zweitens trifft die Mitgliedstaaten keine Pflicht, Erzeugungs-, Übertragungs- und Verteilungsfunktion verschiedenen Unternehmen zu übertragen, die voneinander organisatorisch unabhängig sind. Die RL weist vielmehr den Weg zu jenen Maßnahmen, die bei Aufrechterhaltung einer bestehenden „vertikalen Integration" im Dienst an einer optimalen Wirtschaftlichkeit ergriffen werden müssen, in der auch volkswirtschaftliche Sozialbindungen veranschlagt sind.

XIII. Maßnahmen zur Verbesserung der materiellen und organisatorischen Rahmenbedingungen der Elektrizitätswirtschaft

Die hier dargebotene Analyse der derzeit geltenden Gesetze auf dem Gebiet des Elektrizitätswesens, unter Berücksichtigung der historisch an-

---
95 Art 1 Nr 18 der RL.
96 Ein Alleinabnehmer iS der RL ist eine juristische Person, die in dem System, in dem sie eingerichtet ist, für den einheitlichen Betrieb des Übertragungssystems und/oder die zentralisierte Abnahme und den zentralisierten Verkauf der Elektrizität verantwortlich ist (Art 1 Nr 22).
97 Vgl dazu BRITZ, Örtliche Energieversorgung 300.

gewachsenen wirtschaftlichen Gesamtlage und der verfassungsrechtlichen Rahmenbedingungen, verweist zuallererst auf organisationsrechtlich relevante Handlungsmöglichkeiten, die ohne Gesetzesänderungen jederzeit realisiert werden können:

* Die *Vollziehung* hat im Rahmen der derzeit geltenden bundes- und landesgesetzlichen Vorgaben und Gestaltungsräume auf möglichste Einheitlichkeit des Vollzuges des Elektrizitätswirtschaftsrechtes zu achten. Alle Elektrizitätsversorgungsunternehmen im staatlichen Einflußbereich haben durch das Handeln ihrer Organe und durch ein entsprechendes Zusammenwirken bereits jetzt darauf zu achten, daß möglichst einheitliche Bedingungen auf dem Markt der Elektrizitätswirtschaft und als Folge davon möglichst gleiche Bedingungen für die Konsumenten und für jene Wirtschaftseinheiten (Verbraucher) bestehen, welche Strom abnehmen.

* Im Hinblick auf das Organisationsrecht besteht für den Staat bereits jetzt die Möglichkeit, die Beteiligungsverhältnisse an den Sondergesellschaften durch Verträge zu verändern. Gesetzliche Zwangsmittel bilden nur eine ultima ratio für staatliches Handeln in einem volkswirtschaftlich sensiblen Bereich. Sie haben aber im Bereich der Staatswirtschaft einen anderen Stellenwert als im rein erwerbswirtschaftlichen privaten Bereich und seien daher nicht nur der Vollständigkeit halber erwähnt.

* Zur Auflösung der Versperrungen des Ertragsausgleichs verschiedener Sondergesellschaften mit unterschiedlichen Ertragslagen besteht bereits nach geltendem Recht die Möglichkeit der vertraglichen Verschmelzung von Sondergesellschaften. Verfassungsrechtlichen Bedenken begegnet allerdings das Erfordernis der Zustimmung der Bundesländer und der Landesgesellschaften, die an den betroffenen Gesellschaften beteiligt sind. Hierin liegt eine verfassungswidrige Ungleichheit von Gesellschaften der Stromerzeugung gegenüber jenen Gesellschaften, die dem Aktienrecht oder dem GmbHG unterliegen, wofür vor allem im Hinblick auf das Obsolet-Werden des Art 12 Abs 1 Z 5 B-VG jede sachliche Rechtfertigung fehlt.

* Gemäß dem Regelungszusammenhang der geltenden Gesetze ist darauf Bedacht zu nehmen, daß bei Gesellschaften, an denen die Verbundgesellschaft bloß eine 50 %ige Beteiligung hält, die Verbundgesellschaft dennoch zur gesamtwirtschaftlich leitenden (strategischen) unternehmerischen Führung berufen ist, um die Einheitlichkeit der Elektrizitätswirtschaft im ganzen Bundesgebiet zu gewährleisten. Eine Anhebung der Beteiligung der Verbundgesellschaft auf 51 % erscheint sinnvoll. Dadurch würde die formale organisatorische Gleichstellung

im Sinn des Grundsatzes der einheitlichen Elektrizitätswirtschaft gesetzeskonform zweifelsfrei aufgelöst.
* Darüberhinaus ist der Erwerb weiterer Kapitalanteile an den Sondergesellschaften durch die Verbundgesellschaft ganz allgemein anzustreben. Dieser ist ohne gesetzliche Änderung vertraglich zulässig. Eine solche Maßnahme setzt jedoch eine Änderung der Wirtschaftspolitik der Bundesregierung voraus und ist von einer entsprechenden Verkaufsbereitschaft der derzeitigen Gesellschafter abhängig.
* Verträge zwischen der Verbundgesellschaft und den Sondergesellschaften, die über den bestehenden Poolvertrag hinausgehen, sind nach geltendem Recht zulässig. Solchen vertraglichen Regelungen sind jedoch durch das 2. VerstG Grenzen gesetzt, die durch sinnvolle gesetzlich Korrekturen erweitert werden sollten.
* Eine wesentliche gesetzliche Beschränkung der Organisation der Elektrizitätswirtschaft liegt derzeit in der Unzulässigkeit des Abschlusses von Gewinnabführungsverträgen mit den Landesgesellschaften. Soweit diese gesetzliche Schranke eine Mittelverwendung zur Folge hat, welche dem verfassungsrechtlichen Wirtschaftlichkeitsgebot zuwiderläuft, ist der Gesetzgeber bereits jetzt sogar von Verfassungs wegen gehalten, eine Änderung vorzunehmen.
* Vorderhand haben sich die *Landesgesetzgeber* jedenfalls überall dort einer differenzierenden Regelung zu enthalten, wo zwar ein Gestaltungsraum durch den Grundsatzgesetzgeber eingeräumt wurde, die Sonderregelung aber zu einer uneinheitlichen Regelung führen würde, die sachlich nicht gerechtfertigt wäre.

In Verbindung mit dem verfassungsgesetzlichen Gebot der Einheit des Wirtschaftsgebietes bieten sich auf der *verfassungsgesetzlichen* und auf der *einfachgesetzlichen Ebene* Reformansätze an:
* Daß die verfassungsgesetzliche Grundsatz- und Ausführungskompetenz des Art 12 Abs 1 Z 5 B-VG für das Elektrizitätswesen vor allem mit den Vollzugskompetenzen der Landesregierungen den tatsächlichen technischen und wirtschaftlichen Gegebenheiten entgegensteht und ihnen daher sachlich nicht mehr gerecht wird, hat der Verfassungsgesetzgeber durch tiefgreifende punktuelle kompetenzverschiebende Regelungen bereits zum Ausdruck gebracht. Angesichts des Wortlautes des Art 12 Abs 1 Z 5 und der im B-VG angelegten und durch die Verfassungsbestimmungen im 2. VerstG, im PreisG und im EnergielenkungsG noch verschärften Wertungsgegensätze ist es geboten, eine textliche Klarstellung vorzunehmen, die Vorschrift des Art 12 Abs 1 Z 5 B-VG ausdrücklich aufzuheben und einen auf die Einheit der Bundesverfassung bedachten Kompetenztatbestand „Elektrizitäts-

wesen" zu Gunsten des Bundes in den Art 10 aufzunehmen. Ein solcher Kompetenztatbestand hätte zur Folge, daß das Elektrizitätswesen in Gesetzgebung und in Vollziehung ausschließlich vom Bund zu besorgen wäre.

* Auf *verfassungsgesetzlicher* Ebene ist das Spannungsverhältnis aus rechtspolitischer, verfassungsrechtlicher und aus europarechtlicher Sicht zu beseitigen. Im Sinn der angeführten Zielsetzungen einer zeitgemäßen Erneuerung des Organisationsrechts der Elektrizitätswirtschaft hätte der Verfassungsgesetzgeber das 2. VerstG jedenfalls in einigen Bereichen zu ändern, um die Organisation und die Aufgabenverteilung in der österreichischen Elektrizitätswirtschaft an die Vorgaben der Binnenmarktrichtlinie der Europäischen Union anzupassen. Diese Änderungen richten sich nicht auf Dezentralisierung, sondern auf Zentralisierung der Elektrizitätswirtschaft. Die europarechtliche Binnenmarktrichtlinie für die Elektrizitätswirtschaft verfolgt das Ziel der Schaffung einheitlicher europäischer Wettbewerbsbedingungen für den Elektrizitätssektor. Sie ermöglicht die Bedachtnahme auf das öffentliche Interesse und auf das Gemeinwohl und ist auch für den österreichischen Verfassungsgesetzgeber richtungweisend.

* Die Bundesgrundsatzgesetze über die Elektrizitätswirtschaft und über die Elektrizitätswege sind als einfache Bundesgesetze neu zu konzipieren. Die Landesausführungsgesetze sind aufzuheben. Die Vollzugskompetenzen der Landesregierungen sind in den Bundesbereich zu verlagern. Aus bundesstaatlicher Sicht erscheint die Vollziehung in mittelbarer Bundesverwaltung sachlich vertretbar. Das gilt vor allem für die Erteilung von Konzessionen und Bewilligungen.

* Durch eine Änderung des 2. VerstG wäre eine gesetzliche Grundlage dafür zu schaffen, daß die Versperrungen des Ertragsausgleichs zwischen den Sondergesellschaften und der Verbundgesellschaft beseitigt werden und daß die Sondergesellschaften gegenüber den (strategischen) Leitungs- und Ausgleichsaufgaben der Verbundgesellschaft gesellschaftsrechtlich geöffnet werden. Nach dem derzeit geltenden Recht ist dies nicht zulässig.

* Die Stärkung der Verbundgesellschaft durch Zuführung von Kapitalanteilen an den Landesgesellschaften zur Schaffung unmittelbarer gesellschaftsrechtlicher Einflußnahmen auf die Landesgesellschaften wäre anzustreben. Neben vertraglichen Transaktionen besteht grundsätzlich auch die Möglichkeit zu einer enteignungsgleichen gesetzlichen Maßnahme. Der Gesetzgeber hätte die Möglichkeit, nicht nur Kapitalanteile der Gebietskörperschaften an Sondergesellschaften, sondern auch an Landesgesellschaften unter Einhaltung der Bedingungen des

Art 5 StGG, sowie des Art 1 1. ZPEMRK und des Gleichheitsgrundsatzes, *insbesondere unter Beachtung des allgemeinen Besten,* zugunsten des Bundes auf die Verbundgesellschaft zu verschieben. Bei der Beurteilung der Verhältnismäßigkeit einer solchen Maßnahme, insbesondere im Hinblick auf die für Eingriffe in das Eigentum gebotene *angemessene Schadloshaltung,* ist zu veranschlagen, daß die Sondergesellschaften und die Landesgesellschaften entweder direkt oder indirekt (über Schachtelbeteiligungen und Tochtergesellschaften) weitaus überwiegend im Eigentum von Gebietskörperschaften stehen und daß sie die elektrische Energie weitaus überwiegend aus der Nutzung öffentlicher Gewässer gewinnen. Die Sondergesellschaften und die Landesgesellschaften wurden ursprünglich teils aus Steuergeldern teils über „zweigeteilte" Strompreise (Grundgebühr und Preis für den tatsächlich bezogenen Strom) finanziert, die auch die Investitionen in neue Kraftwerke decken sollten. Haben der Staat und der Steuerzahler (dieser über Steuern indirekt und über Entgelte direkt) derartige Investitionen in öffentliches Gut langfristig finanziert, so sind letztlich zu einem späteren Zeitpunkt, wenn die Investitionskosten getilgt sind, bei der Entziehung von Vermögensanteilen aus dem Eigentum von Gebietskörperschaften – im Dienst an der verfassungsrechtlich gebotenen gesamtwirtschaftlichen Einheit – etwa in das Eigentum der überwiegend im Bundeseigentum stehenden Verbundgesellschaft die vom Staat durch Steuernachlässe und vom Verbraucher durch Pauschalentgelte erbrachten finanziellen Vorleistungen sowie die kostenlose Nutzung der öffentlichen Gewässer anzurechnen. Dies entspricht im Ergebnis der Rechtsprechung des Verfassungsgerichtshofes zur Verfassungsmäßigkeit des Atomsperrgesetzes. Kapitalanteile Privater sind von den Kriterien einer solchen Transaktion selbstredend ausgeschlossen. Für sie gelten die allgemeinen Enteignungsgrundsätze uneingeschränkt, insbesondere die Verpflichtung zu einer angemessenen Entschädigung.

* Im Bereich des Strompreisrechtes ist die derzeit geltende einfachgesetzliche Rechtslage nach dem PreisG auf österreichweit einheitliche Tarife auszurichten. Eine Vereinheitlichung der Tarife kann in diesem Bereich zunächst begrenzt auf der Ebene der Vollziehung erfolgen, indem der Bundesminister für wirtschaftliche Angelegenheiten von seiner Ermächtigung, die Landeshauptmänner mit der Preisfestsetzung zu beauftragen, nicht Gebrauch macht bzw die Beauftragung an diese zurücknimmt. Darüberhinaus ist auch der einfache Gesetzgeber gefordert, seinen Beitrag zu leisten und die Verordnungsermächtigung des PreisG an die Landeshauptmänner aufzuheben.

* Eine wirksame Maßnahme für eine Homogenisierung der Landesgesellschaften und der Sondergesellschaften mit der Verbundgesellschaft besteht in der gesetzlichen Schaffung einer alle Elektrizitätsunternehmen des Bundes und der Länder umfassenden, hierarchisch gestalteten Verbundorganisation, in der Rechtsform einer durchgriffsfähigen, zentralistisch konzipierten Konzernstruktur. Unter Bedachtnahme auf die bundesstaatliche Interessenvielfalt sollten alle Elektrizitätserzeugungs- und Versorgungsunternehmen des Bundes und der Länder zu einer dreigestaltig strukturierten organisatorischen Großeinheit verbunden werden. Dadurch würde ein gesamtwirtschaftlicher Investitions- und Ertragsausgleich und damit eine volkswirtschaftlich einheitliche Preisgestaltung wesentlich erleichtert. Eine weitere Folge davon wäre aber auch die Stärkung der österreichischen Elektrizitätswirtschaft auf dem freien europäischen Markt.
* In der neu gestalteten organisatorischen Großeinheit eines zeitgemäßen Verbundkonzerns sollte vor allem ein Organ geschaffen werden, das die strategische Leitung und Kontrolle der einzelnen Unternehmen und eine österreichweite Einheitlichkeit der Preisgestaltung aller Gesellschaften durch die Verbundgesellschaft ermöglicht. In diesem Organ könnten auch die Bundesländer maßgeblich vertreten sein. Dieses Organ könnte ähnlich einem Aufsichtsrat beschaffen sein. Dadurch wäre ein Optimum an einer einheitlichen, gesamtwirtschaftlich kostenorientierten Unternehmensführung aus der Gemeinwohlverpflichtung der Elektrizitätswirtschaft und aus dem öffentlichen Interesse gegenüber dem Konsumenten und der Wirtschaft, bei gleichzeitiger größtmöglicher Wahrung der Interessen der Länder, in einer zeitgemäßen Weise erzielbar. Das derzeit bestehende überwiegende Eigentum des Staates am Kapital der Elektrizitätserzeugungs- und Versorgungsanlagen sollte nicht nur aufrechterhalten werden, sondern im Dienst an einer durchgriffsfähigen strategischen Leitung der Unternehmensführung durch Schwerpunktbildung bei der Verbundgesellschaft und damit auch beim Bund verstärkt und vermehrt im öffentlichen Interesse und im Dienst am Gemeinwohl eingesetzt werden können.
* Eine weitere Privatisierung von Kapitalanteilen an den staatlichen Unternehmen steht nicht zuletzt wegen der gesamtwirtschaftlichen Bedeutung des Elektrizitätswesens den verfassungsrechtlichen und den europarechtlichen Reformerfordernissen entgegen und erschwert die dringend gebotene einheitliche (strategische) Leitung und Kontrolle der Unternehmensführung in der Elektrizitätswirtschaft. Die Privatisierung von öffentlichem Gut, das auf verfassungsgesetzlicher Grund-

lage vorwiegend zwangsweise gebildet wurde, erscheint aus verfassungsrechtlicher Sicht grundsätzlich problematisch. Sie bedeutet aber auch eine Schwächung der österreichischen Elektrizitätswirtschaft auf dem freien europäischen Markt, die ohne Zusammenfassung zu einer dreigestaltig strukturierten organisatorischen Einheit künftig nur allzu leicht das Opfer kapitalstarker Großunternehmen der Nachbarländer Österreichs werden kann.

XIV. Schwerpunkte einer sachgemäßen Gesamtreform des Elektrizitätsrechtes

1. Einleitung

Die vorangehende Untersuchung ist Analysen der wirtschaftlichen Fakten und der rechtlichen Regelungen auf dem Gebiet der staatlichen Elektrizitätswirtschaft gewidmet. In ihr wird die Realität der Elektrizitätswirtschaft ihren rechtlichen Regelungen quantitativ und qualitativ gegenübergestellt. Im Dienst an einem besseren Verständnis vom Stand der Elektrizitätswirtschaft und von ihren rechtlichen Regelungen ist auch die geschichtliche Entwicklung beider schwerpunktmäßig veranschaulicht. Aus der Gegenüberstellung des geltenden Elektrizitätsrechts und der Realität der Elektrizitätswirtschaft ergeben sich materiellrechtliche, kompetenzrechtliche und organisatorische Ansätze für eine grundlegende Reform der derzeitigen Rechtslage.

In erster Linie bieten sich wirtschaftliche und rechtliche Maßnahmen an, die ohne Gesetzesänderungen ergriffen werden können. In zweiter Linie erweisen sich aber punktuelle Reformmaßnahmen auf einfachgesetzlicher und auf verfassungsgesetzlicher Ebene als unerläßlich. Die im XIII. Abschnitt bereits hervorgehobenen Reformansätze bedeuten nur längst fällige Korrekturen und Reformmaßnahmen, durch die das Elektrizitätsrecht zur Elektrizitätswirtschaft für die Gegenwart in ein sachgemäßes Verhältnis gebracht wird. Auf längere Sicht erweist sich aber eine *zukunftsweisende Gesamtreform des Elektrizitätsrechtes* als unerläßlich. Ausschlaggebend dafür ist der Entwicklungsstand des Elektrizitätswesens und sein existentieller Wert für die Gesamtwirtschaft. Dabei ist auch die *Bedeutung der Elektrizitätswirtschaft für die Zukunft der gesamten Energiewirtschaft* besonders zu veranschlagen. Die Elektrizitätswirtschaft hat sich in der Vergangenheit stetig zu einem existenznotwendigen Teilbereich der Volkswirtschaft entwickelt. Aus einem zunächst ortsgebundenen Wirtschaftsfaktor wurde ein zunehmend erweiterter regionaler Wirtschaftsbereich, der längst schon die Staatsgrenzen überschreitet. Die Elektrizitätswirtschaft ist zu einem wesentlichen Bestandteil der allgemeinen Energieversorgung geworden. Angesichts der Verknappung anderer Energiequellen wird ihre Abhängigkeit von öffentlichen Gewässern in Zukunft noch erheblich an Bedeutung zunehmen und rechtliche Maßnahmen erfordern, die grundsätzlicher und kompakter sein müssen, als die hier bereits vorgeschlagenen. Ansatzpunkte sind wirtschaftspolitische Überlegungen auf Grund empirischer Bestandsaufnahmen von der Energiewirtschaft. Diesen entsprechend sind verfassungsrechtliche, einfachgesetzliche materiellrechtliche, kompetenzrechtliche und organisatorische Rechtsreformen zu planen. Zielvorgaben sind Einheit und Homogenität des rechtlichen Ordnungsgefüges der Elektrizitätswirtschaft und ihre Koordinierung mit der Energiewirtschaft im allgemeinen, im Dienst an einer gesamtwirtschaftlichen Optimierung.

2. Wirtschaftliche Bestandsaufnahme und wirtschaftspolitische Zielsetzung

Wie die eingangs dargestellten Daten und Fakten zeigen, ist die Elektrizitätswirtschaft aus ihrer ursprünglichen Ortsbindung herausgewachsen. Sie ist zwar bundesländerweise regional verankert, ihre wirtschaftliche Bedeutung ist aber längst schon bundesweit länderübergreifend und reicht staatenüberschreitend in Großgebiete der Nachbarstaaten. Stromimporte und Stromexporte sowie staatsgrenzüberschreitende Verbundnetze von Starkstromwegen und Umspannanlagen sind eine Selbstverständlichkeit geworden. Der Wettbewerb von Angebot und Nachfrage hat sich aus den innerstaatlichen Regionen bereits in den zwischenstaatlichen Bereich verlagert.

3. Rechtliche Bestandsaufnahme und rechtspolitische Zielsetzungen

Die vorangehende Analyse des Rechtsbestandes auf dem Gebiet des Elektrizitätsrechtes weist Brüche, Inhomogenitäten und bundesstaatlich bedingte organisationsrechtliche Dezentralisationen auf, die der Entwicklung der Elektrizitätswirtschaft diametral entgegengesetzt sind: Hier die Tendenz zur Intensivierung und Expansion der Elektrizitätswirtschaft und da der Zustand der rechtlichen Versperrungen und der regionalen Dezentralisation. In Verkennung der volkswirtschaftlichen Bedeutung und der Zukunftsperspektiven der Elektrizitätswirtschaft wurde allzulange nicht nur die gebotene Straffung und Vereinheitlichung des Elektrizitätsrechts vernachlässigt, sondern es wurden sogar noch Privatisierungsmaßnahmen kontraproduktiv geplant und gesetzt, die der großräumig angelegten, gemeinwohlgebundenen staatlichen Elektrizitätswirtschaft zuwiderlaufen.

Die geschichtliche Entwicklung der Elektrizitätswirtschaft und des ihr immer wieder nachhinkenden Elektrizitätsrechts hätte die Regierenden längst schon eines Besseren bekehren können, hätte man den Entwicklungstendenzen und den Zukunftskomponenten nur die gebührende Aufmerksamkeit geschenkt. Für eine grundlegende Rechtsreform besteht jedenfalls spätestens seit dem Beitritt Österreichs zur EU ein dringender Handlungsbedarf.

Entsprechend der Eigenart des Elektrizitätswesens und infolge der starken Abhängigkeit von öffentlichen Gewässern sind die Reformmaßnahmen wesensgemäß staatsgebietsgebunden. Elektrischer Strom ist keine beliebig erzeugbare und beliebig transportierbare *Ware*. Wegen ihrer territorialen Abhängigkeit und infolge ihrer Gebundenheit an öffentliche Gewässer ist vor allem die österreichische Elektrizitätswirtschaft von staatlicher Gewährleistung ungleich mehr abhängig als irgend ein anderer Wirtschaftsbereich. Zur strukturell bedingten Immobilität kommt naturgemäß noch eine funktionale Beschränkung gegen einen uneingeschränkten, freien wirtschaftlichen Wettbewerb infolge einer unentrinnbaren Bindung an das Gemeinwohl der staatlichen Gemeinschaft.

4. Rechtliche Reformansätze

Die rechtlichen Reformansätze sind verschiedenartig und vielfach. Einerseits ist zwischen der Verfassungsebene und der einfachgesetzlichen Ebene zu unterscheiden. Andererseits sind materiellrechtliche, kompetenzrechtliche und organisatorische Maßnahmen geboten.

a) Das Verfassungsrecht

Wie bereits erwähnt, ist zuallererst im B-VG eine homogene legistische Bereinigung geboten. Die Kompetenz für Angelegenheiten der Elektrizitätswirtschaft liegt aufgrund von Sondertatbeständen zwar weitaus überwiegend bereits beim Bund. Dem Art 10 Abs 1 wäre aber dennoch und gerade deshalb der bundeseinheitliche Kompetenztatbestand „Elektrizitätswesen" hinzuzufügen. Darüberhinaus müßte aber überhaupt ein umfassender Kompetenztatbestand „Energiewirtschaft" in den Art 10 Abs 1 aufgenommen werden; entweder das Elektrizitätswesen in sich schließend, oder mit dem Zusatz „einschließlich" oder „insbesondere Elektrizitätswesen". Zum allgemeinen Kompetenztatbestand des Art 10 Abs 1 und zum Gebot der Einheitlichkeit des Wirtschaftsgebietes nach Art 4 sowie zu den Grundsätzen der Wirtschaftlichkeit im Sinn des Art 13 Abs 2 B-VG käme ipso iure noch der Kompetenztatbestand der Ziffer 15 über Maßnahmen hinzu, die aus Anlaß eines Krieges oder im Gefolge eines solchen zur Sicherung der einheitlichen Führung der Wirtschaft notwendig erscheinen. Auf diese Weise würden die auf die einzelnen Gesetze verteilten Verfassungsbestimmungen, welche bisher der kompetenzrechtlichen Absicherung dienten, endgültig überflüssig werden. Sie könnten im Dienst einer längst fälligen Rechtsbereinigung aufgehoben und künftig vermieden werden.

b) Das einfachgesetzliche Recht

Das geltende Recht bietet für Maßnahmen der einfachen Gesetzgebung bereits jetzt schon sachlich in sich geschlossene Teilmaterien an:
* Das Elektrizitätswirtschaftsrecht
* Das Elektrizitätswegerecht
* Das Preis- und Tarifrecht
* Das Elektrizitätslenkungsrecht als Teil des Energielenkungsrechtes
* Das Organisationsrecht der Elektrizitätsverbundwirtschaft.

Mit der reformierten Kompetenzregelung für eine einheitliche Gesetzgebung des Bundes im B-VG wäre auch der Übergang der ganzen Vollziehung auf den Bund verbunden.

c) Die Vollzugskompetenzen

Gemäß einer derart geschaffenen einheitlichen Kompetenzlage stehen dann auch jene Organe fest, die für die Vollziehung des Elektrizitätsrechtes in Frage kommen:
* die Bundesregierung
* der zuständige Bundesminister
* die Landeshauptmänner in mittelbarer Bundesverwaltung
* die Verbundgesellschaft als beliehener öffentlicher Unternehmer
* die Sondergesellschaften und die Landesgesellschaften
* die einzelnen Elektrizitätsunternehmen.

Bei den Kompetenzzuweisungen wäre zwischen Planung, Erzeugung und Versorgung, sowie zwischen Unternehmensführung und strategischer Leitung und zwischen Lenkung und Kontrolle zu unterscheiden.

Angesichts der jetzigen Rechtslage und der bewährten Praxis bietet sich das Schwergewicht der Kompetenzen bei der Verbundgesellschaft unter der Aufsicht des zuständigen Bundesministers selbstredend an. Bei der Aufgabenzuweisung ist zwischen hoheitlich behördlichen, schlichthoheitlichen, (privatrechtlichen) und privatwirtschaftlichen Mitteln der Aufgabenerfüllung zu unterscheiden. Die Art der Rechtsformen für Maßnahmen der Rechtserneuerung sind nach dem Grad der Staatsnähe einerseits und der Wirtschaftsnähe andererseits zu wählen.

d) Die Verbundorganisation

Die Verbundgesellschaft sollte als Dachorganisation eines gestrafften Verbundkonzerns gestaltet werden. Die bisherige Gliederung in weitgehend rechtlich nebeneinander bestehende Arten von Gesellschaften zur Leitung der einzelnen Unternehmensführungen sollte im wesentlichen beibehalten werden. Die Verbundgesellschaft sollte aber gerade deshalb in ihrer übergeordneten strategischen Leitungsaufgabe aufgabenmäßig und gesellschaftsrechtlich gestärkt werden. Sondergesellschaften und Landesgesellschaften sollten der Verbundgesellschaft betriebswirtschaftlich und volkswirtschaftlich untergeordnet werden. Unter der strategischen Führung der Verbundgesellschaft sollte der neu konzipierte Verbundkonzern als eine relativ dezentralisierte Wirtschaftseinheit organisiert sein und unter einer einheitlichen Strompreisordnung mit einheitlichen betriebswirtschaftlichen Dispositionsmöglichkeiten und volkswirtschaftlichen Lenkungsbefugnissen ausgestattet sein.

Zur Stärkung der Elektrizitätsversorgung als öffentliche Aufgabe für die Allgemeinheit sollten die Kapitalanteile an den verschiedenen Gesellschaften mehrheitlich in die Verbundgesellschaft verlagert werden, um eine einheitliche Konzernführung allein schon durch Mittel des Privatrechtes zu erleichtern. Das setzt nicht nur eine Beendigung der Privatisierung von Kapitalanteilen an den staatlichen Gesellschaften voraus, sondern verlangt auch nach einem angemessenen Zuerwerb von Kapitalanteilen durch den Bund.

5. Allgemeine Schlußfolgerungen

Durch eine homogene und sachangemessene Reform des Energierechts würde der Wirtschaftsbereich „Elektrizitätswesen" österreichweit vereinheitlicht und gestärkt. Derart würde die österreichische Elektrizitätswirtschaft eine organisatorische Stärke und wirtschaftliche Größe erlangen, die sie zu einem annähernd gleichgewichtigen Partner der nachbarlichen europäischen Organisationseinheiten auf dem Gebiet der Elektrizitätswirtschaft machen würde. Im strukturell begrenzten Wettbewerb würden eine organisatorische und wirtschaftliche Vereinheitlichung und Straffung sowie eine einheitliche Preisregelung die Wettbewerbsfähigkeit der österreichischen Elektrizitätswirtschaft auf dem naturgemäß gleichfalls nur begrenzt freien europäischen Markt wesentlich verbessern.

Die qualitativen und quantitativen Daten der Elektrizitätswirtschaft bieten reichliche Anhaltspunkte für sachgemäße und zukunftsweisende wirtschaftspolitische Zielsetzungen. Über diese ist vorab zu entscheiden. Erst aufgrund dieser erweist sich eine grundlegende Rechtsreform als sinnvoll. Dabei ist ein sachgebundenes verfassungs- und rechtspolitisches Werten darüber geboten, wie die Aufgaben der Stromerzeugung, der Stromversorgung, der Kontrolle und der Sicherung der Elektrizitätswirtschaft auf die Organe des Staates und der Verbundorganisation sachgerecht und funktionswirksam verteilt werden sollen. Nach der bisherigen Entwicklung zeichnet sich eine eigentümergleiche (strategische) Oberherrschaft durch die Verbundgesellschaft ab, die sich einerseits auf das Privateigentum an Kapitalanteilen und andererseits auf hoheitliche Funktionen eines beliehenen öffentlichen Unternehmers gründet. Bei den rechtlichen Reformmaßnahmen erweist es sich als sinnvoll, die bisherige dreigestaltige Unternehmensstruktur organisatorisch zu verfestigen und sowohl nach betriebswirtschaftlichen als auch nach volkswirtschaftlichen Gesichtspunkten der Optimierung im Innenbereich zu vereinheitlichen und hierarchisch zu straffen und damit auch nach außen zu effektuieren.

Bei den rechtlichen Reformmaßnahmen sollte man jedenfalls der bisherigen geschichtlichen Entwicklungstendenz zu einer sachangemessenen Zentralisierung folgen und gegebene wirtschaftliche Substanzen sowie bewährte organisatorische Strukturen tunlichst erhalten. Angesichts der gegebenen rechtlichen und wirtschaftlichen Erfahrungswerte erweist es sich als sinnvoll, die Position der Verbundgesellschaft privatrechtlich und öffentlichrechtlich derart zu verbessern, daß Existenzerhaltung, Ertragssicherung und Ausbau der österreichischen Elektrizitätswirtschaft im Sinn der verfassungsgesetzlich bereits vorgegebenen Gemeinwohlbindung auch für die Zukunft gewährleistet werden und daß derart auch die gesamteuropäische Wettbewerbsfähigkeit gestärkt wird. Auf diese Weise könnten die Kosten der Organisationsreform gering gehalten und die harmonische Weiterentwicklung der Elektrizitätswirtschaft nach Maßgabe einer dauerhaften gesamtwirtschaftlichen Optimierung gesichert werden. Bei einer derartigen Reform wäre dem politischen Konsens gegenüber einseitigen staatlichen (legistischen) Maßnahmen der Vorrang zu geben.

Literaturverzeichnis

Azizi, Zum Verfassungsgebot der Wirtschaftsgebietseinheit und zu seiner wirtschaftspolitischen Tragweite, ÖJZ 1985

Barfuss, Zum Verfassungsgebot der Einheitlichkeit des Währungs-, Wirtschafts- und Zollgebiets, ÖJZ 1966

Barfuss, Kompetenzrechtliche Überlegungen zu einer Stromtarifreform (1975)

Britz, Örtliche Energieversorgung nach nationalem und europäischen Recht (1994)

Büdenbender, Energierecht (1982)

Fremuth, Elektrizitätswirtschaftsrecht, FS Wenger (1983)

Fremuth, Organisatorische und rechtliche Grundlagen der Elektrizitätswirtschaft in Österreich, FS Klecatsky (1990)

Funk, Maßstäbe der Rechnungshofkontrolle, in: Korinek (Hrsg), Maßstäbe der Rechnungshofkontrolle (1986)

Grabenwarter, Rechtliche und ökonomische Überlegungen zur Erwerbsfreiheit (1994)

Gutknecht/Holoubek/Schwarzer, Umweltverfassungsrecht als Grundlage und Schranke der Umweltpolitik, ZfV 1990

Hengstschläger, Der Rechnungshof (1982)

Holoubek, Die Sachlichkeitsprüfung des allgemeinen Gleichheitsgrundsatzes, ÖZW 1991

Kastner, Die Verstaatlichung nach neuem Recht, JBl 1987

Korinek, Die kommunale Wirtschaft im Rechtsstaat, Festschrift Kolb (1971)

Korinek, Verfassungsrechtliche Grenzen der Wirtschaftslenkung im B-VG, in: Korinek/Rill (Hrsg) Grundfragen des Wirtschaftslenkungsrechts (1982)

Korinek/Holoubek, Grundlagen staatlicher Privatwirtschaftsverwaltung (1993)

Korinek/Jirovec, Die Zustimmung der Verbundgesellschaft zum Abschluß von Stromlieferungsverträgen mit dem Ausland, FS Frotz (1993)

Lienbacher, Verfassungsrechtliche Probleme des 2. Verstaatlichungsgesetzes nach der Novelle 1987, ZfV 1988

Mayer, Das österreichische Bundesverfassungsrecht (1994)

Mayer, Rechtsfragen der Verbundwirtschaft, ecolex 1996

Oberndorfer/Binder, Strompreisbestimmung aus rechtlicher Sicht (1979)

Öhlinger, Verfassungsrecht^3 (1997)

Pauger, Organisationsreform in der Verstaatlichten E-Wirtschaft, ÖZW 1987

Pauger/Plöchl, Die Aufgaben der Verbundgesellschaft, GesRZ 1988

Pernice, in: Grabitz/Hilf, Kommentar zur Europäischen Union, Art 90

Raschauer, Das Preisgesetz 1992, ÖZW 1993

Rill, Grundfragen des österreichischen Preisrechts, ÖZW 1975

Schäffer, Wirtschaftsaufsichtsrecht, in: Wenger (Hrsg), Grundriß des Wirtschaftsrechts II (1990)

Schäffer/Stolzlechner, Rechtsfragen der Großkraftwerke nach dem 2. Verstaatlichungsgesetz, ÖZW 1983

Steffek, Die Privatisierung in der Elektrizitätswirtschaft, ÖZW 1990

Steinberg/Britz, Der Energieliefer- und -erzeugungsmarkt nach nationalem und europäischem Recht (1995)

Tautscher/Pöschl (Hrsg), Handbuch der österreichischen Wirtschaftspolitik (1961)

Urban, Zum Begriff des „Großkraftwerkes" im Sinn des § 4 2. Verstaatlichungsgesetzes, ÖJZ 1953

WEBER, Wirtschaftseinheit und Bundesstaat – Bemerkungen zur Interpretation des Art 4 B-VG, in: Seidl Hohenveldern (Hrsg) Österreich als einheitliches Wirtschaftsgebiet und die Europäische Gemeinschaft, ZÖR Supplementum 10 (1988)

WENGER, Die öffentliche Unternehmung (1969)

WENGER, Die österreichische Elektrizität – Ein Faktor der öffentlichen Wirtschaft in Österreich, ÖZE 1986

WENGER, Grundriß des österreichischen Wirtschaftsrechts I (1989)

WINKLER, Überleitung und Rezeption des deutschen Elektrizitätsrechts, JBl 1956

WINKLER, Das Elektrizitätsrecht, in: Weber/Wenger/Winkler, Beiträge zum österreichischen Wirtschaftsverwaltungsrecht (1962)

Verfassungsrechtliche Fragen einer Reform des österreichischen Elektrizitätswesens* (1998)

I. Der Inhalt des Reformentwurfs

Gegenstand der vorliegenden Untersuchung ist der Entwurf (Regierungsvorlage) für ein „Bundesgesetz, mit dem die Organisation auf dem Gebiet der Elektrizitätswirtschaft neu geregelt wird (Elektrizitätswirtschafts- und organisationsgesetz – ElWOG)", das Bundesverfassungsgesetz, mit dem die Eigentumsverhältnisse an den Unternehmen der österreichischen Elektrizitätswirtschaft geregelt werden, erlassen wird und das Kartellgesetz 1988 und das Preisgesetz 1992 geändert werden" idF des Beschlusses des Ministerrats vom 17. März 1988. Grundlage dieser Regierungsvorlage ist der in einzelnen Punkten abgeänderte Ministerialentwurf des BMWA vom 1. Dezember 1997, GZ 551.352/123-VIII/1/97. Ziele des Entwurfs einer Regierungsvorlage für ein ElWOG sind die Erlassung von grundsatzgesetzlichen Bestimmungen für die Aufbringung, für die Durchleitung und für die Abgabe von Elektrizität sowie für die Organisation der Elektrizitätswirtschaft (§ 2 Z 1) und die Bestimmung von Preisen sowie Vorschriften über die Rechnungslegung der Elektrizitätsunternehmen durch unmittelbar anwendbares Bundesrecht (§ 2 Z 2). Durch den Entwurf soll die Neuorganisation der österreichischen Elektrizitätswirtschaft im Sinn einer *Implementierung* der Elektrizitätsbinnenmarktrichtlinie und der Elektrizitätstransitrichtlinie der EU[1] erfolgen.

Nach den Erläuterungen[2] zum Entwurf sollen auf der Grundlage der Kompetenzverteilung zwischen Bund und Ländern gemäß Art 12 B-VG die österreichischen elektrizitätsrechtlichen Bestimmungen mit dem Europarecht harmonisiert werden. Durch die Neuregelung sollen erklärtermaßen rechtliche Rahmenbedingungen geschaffen werden, die für die Erhöhung der Wettbewerbsfähigkeit der österreichischen Elektrizitätswirtschaft in einem internationalen Umfeld erforderlich seien. Innerhalb die-

---
* Mitarbeiter an dieser Studie war Univ.-Ass. Dr. Johannes Bric.
[1] *Richtlinie 96/92/EG des Europäischen Parlaments und des Rates vom 19. Dezember 1996 betreffend gemeinsame Vorschriften für den Elektrizitätsbinnenmarkt*, ABl Nr L 27/20 vom 31. 1. 1997; *Richtlinie 90/547/EWG des Rates vom 29. Oktober 1990 über den Transit von Elektrizitätslieferungen über große Netze*, ABl Nr L 313 vom 13. 11. 1990, 30, zuletzt geändert durch die Entscheidung 957162/EG der Kommission, ABl Nr L 107 vom 12. 5. 1995, 53.
[2] Beilage zum Entwurf der Regierungsvorlage, 21 f.

ser Rahmenbedingungen sollen die bisherigen Zielsetzungen der österreichischen Energiepolitik, nämlich der Umweltschutz, die Sozialverträglichkeit, die Versorgungssicherheit und die Kostenminimierung beibehalten werden. Jene Bestimmungen des PreisG, die in einem untrennbaren Zusammenhang mit dem Elektrizitätsrecht stehen und die Vorschriften des 2. VerstaatlichungsG, soweit sie mit der Neuordnung vereinbar sind, sollen in das ElWOG integriert werden (insb was den Bundesanteil an den Elektrizitätsgesellschaften betrifft). Das „Sonderaktienrecht" des 2. VerstaatlichungsG soll ersatzlos aufgehoben werden, soweit es unter dem Aspekt des EU-Wettbewerbsrechts bedenklich sei oder den EU-Vorschriften gegen Monopole direkt widerspreche (zB Zustimmungsrecht der Verbundgesellschaft zu Stromlieferungsverträgen mit dem Ausland). Das gleiche gelte für „normative elektrizitätswirtschaftliche Sachverhaltsdarstellungen", die in einer Verbundwirtschaft eines Gebietes selbstverständlich seien und daher keiner Normierung bedürften. Schließlich soll durch eine Änderung des KartellG die Elektrizitätswirtschaft in das Kartellrecht miteinbezogen werden.

Nach der Elektrizitätsbinnenmarktrichlinie sind in integrierten Elektrizitätsunternehmen die drei Tätigkeitsbereiche „Erzeugung" „Verteilung" und „Übertragung" von elektrischer Energie zur Vermeidung von Diskriminierungen, Quersubventionen und Wettbewerbsverzerrungen *betriebswirtschaftlich* voneinander zu trennen, sofern der Staat für ein Alleinabnehmersystem entscheidet. Den „Alleinabnehmer" im Sinn des Art 18 treffen nämlich besondere Pflichten (Kapitel VI, Art 13 ff). Darüber hinaus enthält die Richtlinie Vorschriften über die Organisation einer schrittweisen Öffnung des Zugangs zu den Übertragungsnetzen und zu den Verteilernetzen für *Großverbraucher*, um Bezugsverträge mit Elektrizitätsversorgern ihrer Wahl abschließen zu können (Kap VII). Dem Entwurf liegt nur scheinbar (verbal) das Alleinabnehmersystem zugrunde. Er bevorzugt in Wahrheit das Vertragssystem mit einer Vielzahl von Alleinabnehmern.

Der Entwurf enthält im 1. Teil allgemeine *Grundsätze*, die für den Inhalt und für die Auslegung der nachfolgenden Vorschriften richtungsgebend sein sollen. Nach § 3 sind Ziele des Gesetzes:
– der österreichischen Bevölkerung und Wirtschaft kostengünstige Elektrizität in hoher Qualität zur Verfügung zu stellen (Z 1);
– eine Marktorganisation für die Elektrizitätswirtschaft gemäß dem EU-Primärrecht und den Grundsätzen des europäischen Elektrizitätsbinnenmarkts zu schaffen (Z 2);
– den hohen Anteil erneuerbarer Energien in der österreichischen Elektrizitätswirtschaft weiter zu erhöhen (Z 3);

– einen Ausgleich für gemeinwirtschaftliche Verpflichtungen im Allgemeininteresse zu schaffen, die den Elektrizitätsunternehmen auferlegt wurden und die sich auf die Sicherheit, einschließlich der Versorgungssicherheit, die Regelmäßigkeit, die Qualität und den Preis der Lieferungen sowie auf den Umweltschutz beziehen (Z 4).

Nach § 4 des Entwurfs sind den Elektrizitätsunternehmen nachstehende *gemeinwirtschaftliche Verpflichtungen* im Allgemeininteresse aufzuerlegen:
– die Gleichbehandlung aller Kunden eines Systems bei gleicher Abnahmecharakteristik (Z 1);
– die Sicherstellung der Versorgung von Endverbrauchern zu Allgemeinen Bedingungen und Tarifpreisen (Allgemeine Anschluß- und Versorgungspflicht (Z 2);
– die Erfüllung der den Elektrizitätsunternehmen durch Rechtsvorschriften auferlegten Pflichten im öffentlichen Interesse (Z 3);
– die vorrangige Inanspruchnahme von Erzeugungsanlagen, in denen erneuerbare Energieträger oder Abfälle eingesetzt werden oder die nach dem Prinzip der Kraft-Wärme-Kopplung arbeiten, soweit sie der öffentlichen Fernwärmeversorgung dienen (Z 4);
– der Strombezug aus Stromerzeugungsanlagen, die den in der Europäischen Union geltenden Umweltvorschriften entsprechen (Z 5);
– unbeschadet der sich aus dem Abkommen zwischen der Europäischen Union und Drittstaaten ergebenden Verpflichtungen Österreichs, die Verringerung von Energieimporten aus Drittstaaten (Z 6).

Den vielfach neuartigen Vorschriften über innere Organisation und Entflechtung sowie über Transparenz der Buchführung der Elektrizitätsunternehmen und über Rechnungslegung (2. Teil), über die Fortbildung einer entsprechenden staatlichen Mißbrauchsaufsicht (1. Teil, § 5; 10. Teil § 63 ff) einerseits sowie jenen über den (schrittweise eröffneten) Netzzugang für Großverbraucher andererseits (4. Teil, §§ 15 ff; 7. Teil, § 44 f) weist der Reformentwurf für die Neuorganisation der Elektrizitätswirtschaft eine zentrale Bedeutung zu.

Nach § 5 Abs 1 des Entwurfs hat die Ausführungsgesetzgebung vorzusehen, daß die Elektrizitätsunternehmen die bestmögliche Erfüllung der ihnen im Allgemeininteresse auferlegten Verpflichtungen mit allen ihnen zur Verfügung stehenden Mitteln anzustreben haben. Dazu zählen insbesondere die *Koordinierung und Kooperation* zum Zweck der Optimierung dieser Verpflichtungen durch den Abschluß langfristiger vertraglicher Vereinbarungen zwischen den Elektrizitätsunternehmungen untereinander sowie zwischen den Elektrizitätsunternehmen und den sonstigen Marktteilnehmern.

Nach Abs 2 (Verfassungsbestimmung) sollen Koordinierungs- und Kooperationsverträge der Elektrizitätsunternehmen dem Kartellgesetz unterliegen. Preisabsprachen, Absprachen über allgemeine Bedingungen sowie Gebietsabsprachen im Rahmen der Vereinbarungen gemäß Abs 1 sollen jedenfalls unzulässig sein.

§ 6 legt die *Grundsätze beim Betrieb von Elektrizitätsunternehmen* fest. Elektrizitätsunternehmen sollen als kunden- und wettbewerbsorientierte Anbieter von Energiedienstleistungen nach den Grundsätzen einer sicheren, kostengünstigen, umweltverträglichen und effizienten Bereitstellung der nachgefragten Dienstleistungen sowie eines wettbewerbsorientierten und *wettbewerbsfähigen* Elektrizitätsmarktes agieren. Diese Grundsätze seien als Unternehmensziele zu verankern.

II. Die geltende Kompetenzlage

Die *Gesetzgebungskompetenz* im Bereich des „Elektrizitätswesens" als Teil des staatlichen Wirtschaftsrechts war ursprünglich zwischen dem Bund und den Ländern geteilt. Diese historisch gewordene Kompetenzteilung ist im Dienst an einer bundeseinheitlichen Wirtschaftslenkung aber seit Jahrzehnten auf einen Mindestgehalt reduziert. Zentrale Regelungsinhalte auf dem Gebiet des Elektrizitätswesens sind gemäß dem 2. VerstaatlichungsG, im Starkstromwegerecht des Bundes, im Preisrechts und im Energielenkungsrecht im ausschließlichen Kompetenzbereich des Bundes. Nur soweit das Elektrizitätswesen kraft besonderer verfassungsgesetzlicher Regelung entweder nach Art 10 B-VG oder aufgrund von Sondertatbeständen nicht unter die Gesetzgebungs- und Vollziehungskompetenzen des Bundes fällt, obliegt dem Bund gemäß Art 12 Abs 1 Z 5 B-VG die Gesetzgebung über die Grundsätze. Innerhalb der bundesgesetzlichen Grundsätze sind die Länder zur Ausführungsgesetzgebung und zur Vollziehung berufen.

Die ursprünglich geteilte Kompetenzlage zur Gesetzgebung und zur Vollziehung auf dem Gebiet des Elektrizitätswesens gemäß Art 12 Abs 1 Z 5 B-VG steht nach der heute geltenden Verfassungslage längst schon in einem unverhältnismäßigen Gegensatz zum Gebot der Einheitlichkeit des Wirtschaftsgebietes nach Art 4 B-VG und zum Grundsatz des gesamtwirtschaftlichen Gleichgewichts nach Art 13 Abs 2 B-VG[3]. Der hi-

---

[3] Zum Spannungsverhältnis zwischen Art 4 B-VG und bundesstaatlicher Kompetenzverteilung siehe WINKLER, Rechtsfragen einer Neuorganisation des Verbundkonzerns. Eine verfassungsrechtliche Studie (1997) 44 ff; RILL, Grundfragen des österreichischen Preisrechts, ÖZW 1975, 68 ff; AZIZI, Zum Verfassungsgebot der Wirtschaftsgebietseinheit und zu seiner wirtschaftspolitischen Tragweite, ÖJZ 1985, 100, 102; WEBER, Wirt-

storische Gegensatz zur bundeseinheitlichen Kompetenz wird derzeit nicht nur durch die geltenden Sondertatbestände der Verfassung stark eingeschränkt sondern darüber hinaus materiell-rechtlich beinahe zur Gänze aufgelöst, weil der Bundesgesetzgeber in seinem Grundsatzgesetz über die Elektrizitätswirtschaft *weitreichende einheitliche Regelungsinhalte* vorgegeben hat. Das Grundsatzgesetz des Bundes ist bereits so sehr inhaltlich durchgebildet, daß den Landesgesetzgebern bei der Ausführungsgesetzgebung kein nennenswerter Gestaltungsspielraum zur Ausführungsgesetzgebung verbleibt. Auf der Vollzugsebene haben die Landesorgane im Rahmen des in den Ausführungsgesetzen nur noch ganz beschränkt gewährten Gestaltungsspielraums überdies noch auf möglichste Einheitlichkeit des Vollzugs zu achten. Die Unverhältnismäßigkeit des Gegensatzes zwischen der ursprünglichen föderalistischen Dezentralisation und den historisch angewachsenen Sacherfordernissen einer bundeseinheitlichen Elektrizitätswirtschaft findet darin ihren sprechenden Ausdruck.

Nach der geltenden Rechtslage haben die *Elektrizitätsversorgungsunternehmen,* soweit sie den staatlichen Rechtsträgern rechtlich zugeordnet sind, durch Handeln ihrer Organe und durch entsprechendes Zusammenwirken aller zuständigen Organe darauf zu achten, daß auf dem Markt der Elektrizitätswirtschaft möglichst einheitliche Voraussetzungen für die Stromabgeber und – als Folge davon – bundesweit möglichst gleiche Bedingungen für die Konsumenten und für jene Wirtschaftseinheiten bestehen, welche Strom abnehmen. Sind *Vollzugsakte* des Bundes oder der Länder auf die Durchbrechung der Einheit des Wirtschaftsgebietes gerichtet, dann stehen sie ganz allgemein nicht bloß im Bereich der hoheitlichen Wirtschaftslenkung, sondern auch in den Angelegenheiten schlichter oder „gewöhnlicher" Wirtschaftsverwaltung in einem Gegensatz zu Art 4, zu Art 13 Abs 2, zu Art 51 ff und zu Art 126 b B-VG. Angesichts dessen erfährt das Gebot einheitlicher Vollziehung, ungeachtet geringfügiger Abweichungen in den Ausführungsgesetzen vom Bundesgrundsatzgesetz, überdies noch eine besondere normative Stütze in der auf einheitlichen Vollzug gerichteten Devolutionsregelung des Art 12 Abs 3 B-VG. Diese Regelung besagt, daß die Zuständigkeit der Landesbehörden zur Bescheiderlassung auf Verlangen einer Partei „an das sachlich zuständige Bundesministerium" übergeht und daß bisher gefällte Bescheide der Landesbehörden außer Kraft treten.

Die seit Jahrzehnten kontinuierliche Entwicklung der elektrischen Energie zu einem existenznotwendigen volkswirtschaftlichen Bedarfsgut

---

schaftseinheit und Bundesstaat – Bemerkungen zur Interpretation des Art 4 B-VG, in Seidl-Hohenveldern (Hrsg) Österreich als einheitliches Wirtschaftsgebiet und die Europäische Gemeinschaft, ZÖR Supplementum 10 (1988) 141 (142 ff).

sowie die dementsprechende gesamtwirtschaftliche und gemeinwirtschaftliche Ausweitung der Erzeugung und der Verteilung von elektrischer Energie lassen eine solche bundeseinheitliche Regelung von der Sache her objektiv geboten erscheinen. Eine förmliche Klarstellung der Zuweisung des gesamten Elektrizitätswesens in die ausschließliche Bundeskompetenz ist daher längst unabweislich geworden.

Das bestätigt der Bundesverfassungsgesetzgeber in zweifacher Weise. Zum einen unterliegt das Elektrizitätswesen seit jeher nur subsidiär, dh nur soweit es nicht nach Art 10 B-VG und aufgrund von Sondertatbeständen in die Bundeskompetenz fällt, der auf Grundsätze beschränkten Gesetzgebungsbefugnis des Bundes nach Art 12 Abs 1 Z 5 B-VG. Zum anderen hat der Verfassungsgesetzgeber durch den Kompetenztatbestand „Starkstromwegerecht" und durch die Sondertatbestände im 2. VerstaatlichungsG, im Preisrecht und im Energielenkungsrecht die Kompetenz des Bundes zur einheitlichen Gesetzgebung aufgrund der wirtschaftlichen Erforderlichkeit in einen klaren Gegensatz zu Art 12 Abs 1 Z 5 B-VG gestellt. Dadurch kommt dem gemeinwirtschaftlich konzipierten Elektrizitätswesen längst schon eine gesamtwirtschaftliche Bedeutung zu. Der Gegensatz des historischen Kompetenztatbestandes des Art 12 Abs 1 Z 5 zu den seit 1947 erweiterten Kompetenzänderungen wird vor allem ab dem Jahr 1986 durch die Regelung des Art 13 Abs 2 B-VG mit der Zielvorgabe des gesamtwirtschaftlichen Gleichgewichts für die staatliche Elektrizitätswirtschaft verfassungsgesetzlich noch verstärkt.

Die ausschließlichen Bundeskompetenzen im Elektrizitätswesen sind im einzelnen auf folgende Kompetenztatbestände gegründet:

- *Art 10 Abs 1 Z 10 B-VG:* „Starkstromwegerecht, soweit sich die Leitungsanlage auf zwei oder mehrere Länder erstreckt." [Das StarkstromwegeG des Bundes regelt die Errichtung und die Inbetriebnahme von derartigen Starkstromleitungen nach Maßgabe gesamtösterreichischer gemeinwirtschaftlicher Kriterien]
- *Die Verfassungsbestimmung des § 5 Abs 6 im 2. Verstaatlichungsgesetz,* BGBl 81/1947 idF der Bundesverfassungsgesetze 321/1987 und 971/1993, über die öffentlichen Aufgaben der Verbundgesellschaft: „Die Verbundgesellschaft hat folgende im öffentlichen Interesse gelegenen Aufgaben: ...": die Ermittlung des gesamtösterreichischen Strombedarfs, die Herstellung des Ausgleichs zwischen Erzeugung und Bedarf im Verbundnetz, den Betrieb von Verbundleitungen und den Abschluß von Transport- und Lieferverträgen, den Bau und Betrieb von Großkraftwerken, die Arbeitsteilung zwischen Verbundgesellschaft und Landesgesellschaften sowie die Prüfung von und die Zustimmung zu Stromlieferungsverträgen;

- *Die Verfassungsbestimmung des § 5 Abs 2 im 2. Verstaatlichungsgesetz:* „Die Organe der Verbundgesellschaft haben auf die Energiepolitik der Bundesregierung Bedacht zu nehmen."; und zwar bei der Ermittlung des gesamtösterreichischen Strombedarfs, beim Ausgleich zwischen Erzeugung und Bedarf im Verbundnetz, beim Betrieb von Verbundleitungen, beim Abschluß von Transport- und Lieferverträgen, beim Bau und beim Betrieb von Großkraftwerken, bei der Arbeitsteilung zwischen Verbundgesellschaft und Landesgesellschaften und bei der Prüfung von sowie bei der Zustimmung zu Stromlieferungsverträgen;
- *Art I Abs 1 Preisgesetz:* „Die Erlassung, Aufhebung und Vollziehung von Vorschriften, wie sie im Artikel II dieses Bundesgesetzes enthalten sind, sind auch in den Belangen Bundessache, hinsichtlich derer das Bundes-Verfassungsgesetz in der Fassung von 1929 etwas anderes bestimmt. Die in diesen Vorschriften geregelten Angelegenheiten können unmittelbar von Bundesbehörden versehen werden." [Abweichend von der allgemeinen Regel des § 2 PreisG kann die zuständige Behörde für die Lieferung elektrischer Energie volkswirtschaftlich gerechtfertigte Preise auch dann bestimmen, wenn die dort genannten Voraussetzungen (Lenkungs- oder Bewirtschaftungsmaßnahmen, drohende Versorgungsstörung) nicht vorliegen. Nach § 3 Abs 3 kann der BMWA durch Verordnung bundeseinheitliche Tarifgrundsätze und Tarifstrukturen festsetzen].
- *Art I Energielenkungsgesetz 1982*, BGBl 545/1982 idF des Art I BGBl 791/1996 (Verfassungsbestimmung): „Die Erlassung und Aufhebung von Vorschriften, wie sie im Art II des Energielenkungsgesetzes 1982 ... enthalten sind, sowie die Vollziehung dieser Vorschriften sind bis zum Ablauf des 31. Dezember 1998 auch in den Belangen Bundessache, hinsichtlich derer das Bundes-Verfassungsgesetz etwas anderes vorsieht. Die in diesen Vorschriften geregelten Angelegenheiten können – unbeschadet der Stellung des Landeshauptmannes gemäß Art 102 Abs 1 B-VG – nach Maßgabe des § 9 von Einrichtungen der gesetzlichen Interessenvertretungen im übertragenen Wirkungsbereich und nach Maßgabe des § 15 von Landeslastverteilern als Bundesbehörden unmittelbar versehen werden."4

---

4 Nach Art II § 1 Abs 1 EnergielenkungsG können Lenkungsmaßnahmen zur Abwendung bestehender oder drohender Störungen der Energieversorung Österreichs getroffen werden (lit a) oder zur Erfüllung völkerrechtlicher Verpflichtungen zur Inkraftsetzung von Notstandsmaßnahmen (lit b). Abschnitt 3 des Art II EnergielenkungsG enthält *besondere Rechtsgrundlagen für Lenkungsmaßnahmen zur Sicherung der Elektrizitätsversorgung* (Landesverbrauchskontingente, Regelung der Abgabe der verfügbaren elektrischen Energie an die Verbraucher, Anweisungen zur Stromerzeugung, Regelung der Betriebsweise und Feststellung von Emissionsgrenzwerten für Stromerzeugungsanlagen).

Ein Vergleich mit der Kompetenzlage auf dem Gebiet der Wirtschaftslenkung im allgemeinen, dh bei anderen der Elektrizitätswirtschaft existentiell gleichwertigen Wirtschaftsbereichen, bestätigt den jahrzehntelang verstärkten Trend zu einer ausschließlichen Bundeskompetenz[5]. Nach dem II. Weltkrieg bildete zunächst Art 10 Abs 1 Z 15 B-VG die allgemeine Kompetenzgrundlage für die ausschließliche Wirtschaftslenkung durch den Bund. Danach war der Bund ermächtigt, „aus Anlaß eines Krieges oder im Gefolge eines solchen zur Sicherung der einheitlichen Führung der Wirtschaft notwendig erscheinende Maßnahmen, insbesondere auch hinsichtlich der Versorgung der Bevölkerung mit Bedarfsgegenständen" zu treffen. Diese Bestimmung ist seit dem Wirksamwerden des Staatsvertrages von Wien 1955 nicht mehr anwendbar. Dennoch waren in Anbetracht des verfassungsrechtlichen Gebotes nach Art 4 B-VG zur Vermeidung länderweise unterschiedlicher Regelungen bundeseinheitliche Maßnahmen zur Lenkung und Regulierung bestimmter Wirtschaftszweige weiterhin geboten. Daher wurden von da an in den Wirtschaftslenkungsgesetzen *einheitlich* und kontinuierlich (zunächst befristete, später unbefristete) verfassungsgesetzliche Sonderkompetenztatbestände geschaffen, die eine ausschließliche Kompetenz des Bundes zur Gesetzgebung und zur Vollziehung festlegen (für die Milch- und Getreidewirtschafts im MarktordnungsG, für die Vieh- und Fleischwirtschaft im ViehwirtschaftsG; für Versorgungskrisen im Lebensmittelbereich im VersorgungssicherungsG und im LebensmittelbewirtschaftungsG, für die Erdölwirtschaft im Erdöl- Bevorratungs- und MeldeG). Manche dieser Verfassungsbestimmungen schließen sogar die Zuständigkeit des Landeshauptmannes als Träger der mittelbaren Bundesverwaltung aus. Die WirtschaftslenkungsG sind durch den EU-Beitritt durch unmittelbar anwendbare europarechtliche Regelungen zT bereits verdrängt worden (insb durch EG-Agrarmarkt-Verordnungen), wodurch die Zentralisierung dieser Materien auf die Ebene einer einheitlichen europäischen Wirtschaftslenkung verlagert wurde. Die ursprüngliche österreichische Kompetenzlage auf dem Gebiet des Elektrizitätswesens nach Art 12 Abs 1 Z 5 steht daher in einem Gegensatz zur sachgesetzlich gebotenen, kompetenzmäßigen Zentralisierung des Elektrizitätswesens. Das bestätigt auch ein Vergleich mit der Kompetenzlage in anderen europäischen Staaten[6].

---

5 Siehe zum folgenden KORINEK/RILL, Grundfragen des Wirtschaftslenkungsrechts (1982); WENGER/RASCHAUER in Wenger (Hrsg), Wirtschaftsrecht II (1990) 147; RASCHAUER, Besonderes Verwaltungsrecht[2] (1993) 118 f; PUCK, Wirtschaftslenkungsrecht, in: Raschauer (Hg), Grundriß des österreichischen Wirtschaftsrechts (1998) 229 ff.

6 Siehe zB für Deutschland die Ermächtigung zur bundeseinheitlichen Regelung der Energiewirtschaft zur „Wahrung der Rechts- und Wirtschaftseinheit" nach Art 72 Abs 2 Z 3 iVm Art 74 Z 11 des Grundgesetzes. Vgl auch die Zentralisierung des Elektrizitäts-

Die heutigen und künftigen Aufgaben der Elektrizitätswirtschaft, deren funktionelle und strukturelle Eigenarten, die öffentlichen (gemeinwirtschaftlichen) verfassungsrechtlichen Rahmenbedingungen der Elektrizitätswirtschaft, insb die Gebote des einheitlichen Wirtschaftsgebiets und des gesamtwirtschaftlichen Gleichgewichts, sowie die Europäisierung des Elektrizitätsmarktes unter gleichzeitiger Erhaltung der Effizienz und Wettbewerbsfähigkeit, erfordern eine ausschließliche Bundeskompetenz für die *gesamte* Elektrizitätswirtschaft im Sinn des angestrebten beschränkten europäischen Elektrizitätsverbundes. Angesichts der Entwicklung des Elektrizitätswesens zu einer allgemeinen volkswirtschaftlichen Existenzangelegenheit und im Hinblick auf gemeinwirtschaftliche Notwendigkeiten ist daher die Übertragung der verbliebenen fragmentarische Kompetenz des Art 12 Abs 1 Z 5 B-VG in die ausschließliche Zuständigkeit des Bundes gemäß Art 10 Abs 1 B-VG zur Klarstellung und Festigung der Verfassungsrechtslage sinnvoll. Die bundeseinheitliche Kompetenz auf dem Gebiet des Elektrizitätswesens ist durch die zentralistischen verfassungsrechtlichen Vorgaben anderer Mitgliedstaaten der EU für die na tionalen Elektrizitätsmärkte zur Gewährleistung der gesamteuropäischen Wettbewerbsfähigkeit der österreichischen Elektrizitätswirtschaft noch zusätzlich aktuell geworden[7]. Gemäß der Richtlinie ist Gleichheit zwischen den Staaten der EU angestrebt. Eine solche Gleichheit setzt gleichartige Verfassungslagen voraus.

Das geplante Gesetz zur Neuordnung der Elektrizitätswirtschaft umfaßt einerseits Materien, die derzeit in die ausschließliche Bundeskompetenz zur Gesetzgebung und zur Vollziehung fallen (Starkstromwegerecht, 2. VerstaatlichungsG, Preisrecht, Kartellrecht) und andererseits solche, die in die Kompetenz des Bundes zur Grundsatzgesetzgebung und in die Kompetenz der Länder zur Ausführungsgesetzgebung und zur Vollziehung fallen. Dem Entwurf gemäß soll die Elektrizitätswirtschaft im engeren Sinn in Ausrichtung nach der ursprünglichen dualistischen Verfassungslage schwergewichtsmäßig wieder zu einer Grundsatzmaterie nach Art 12 B-VG werden. Einzelne Angelegenheiten sollen zwar in Einschränkung des Art 12 Abs 1 Z 5 B-VG durch besondere Verfassungsbestimmungen auch weiterhin der ausschließlichen Kompetenz des Bundes zur Gesetzgebung und Vollziehung zugewiesen sein. Nach § 1 (Verfassungsbestimmung) ist die Erlassung, Aufhebung und Vollziehung von 29 von dieser Bestimmung erfaßten Vorschriften des Entwurfs auch in jenen Be-

---

wesens nach Art 34 Abs 3 und 6 der französischen Verfassung oder nach Art 70, 92 iVm 117 ff der italienischen Verfassung.
[7] Siehe dazu näher WINKLER, Rechtsfragen einer Neuorganisation des Verbundkonzerns. Eine verfassungsrechtliche Studie (1997) 56 ff, 85, 92 ff.

langen Bundessache, hinsichtlich derer das geltende Bundesverfassungsrecht etwas anderes bestimmt. Die in diesen Vorschriften geregelten Angelegenheiten können unmittelbar von Bundesbehörden versehen werden. Die Vorschriften des Entwurfs unterscheiden demgemäß zwischen „Grundsatzbestimmungen" und „unmittelbar anwendbarem Bundesrecht". Die ausdrückliche Bezeichnung als „Verfassungsbestimmung" kommt neben der Sammelregelung im § 1 noch 14 mal vor. Insgesamt enthält der Entwurf daher 43 Verfassungsbestimmungen. Daraus entsteht zwar der Eindruck, von einem Übergewicht des Bundes. Der Schein trügt aber; vor allem auf dem Gebiet des Preisrechts und des Netzbetriebs. Hier tendiert das Schwergewicht in Wahrheit zu den Ländern.

Der Entwurf kommt dem Erfordernis nach einer ausschließlichen Bundeskompetenz in Gesetzgebung und Vollziehung auch durch die zahlreichen *Verfassungsbestimmungen* nur fragmentarisch nach (zB Genehmigung der Allgemeinen Bedingungen für die Betreiber von Übertragungsnetzen, die sich über mehr als zwei Länder erstrecken [§ 24]; Einweisung in Übertragungsnetze, die sich auf mehr als zwei Bundesländer erstrecken [§ 38]; Regelungen über den Transit von Elektrizitätslieferungen über große Netze im Sinn der Elektrizitätsbinnenmarktrichtlinie [§ 16]; innere Organisation, Entflechtung und Transparenz der Buchführung von Elektrizitätsunternehmen [§ 8 ff]; Strafbestimmungen [§ 62 ff]). Für vergleichbare Fragen von gesamtwirtschaftlicher Bedeutung fehlen ohne ersichtliche sachliche Rechtfertigung entsprechende Verfassungsbestimmungen, obwohl eine ausschließliche Bundeskompetenz nicht nur sachlich geboten, sondern auch den europarechtlichen Richtlinien gemäß wäre:

– Angelegenheiten des übergeordneten *Übertragungsnetzes* oder Verbundnetzes (§§ 17 ff: Organisation der untergeordneten Übertragungsnetze; § 20: Ablehnung des Netzzugangs; § 23: Pflichten der Betreiber von Übertragungsnetzen; § 24: Genehmigung der Allgemeinen Bedingungen für den Betrieb der Übertragungsnetze; Benennung des Netzbetreibers und Alleinabnehmers: §§ 17 f; § 22);

– *Preisregelung* für die Energielieferung durch Betreiber der Übertragungsnetze, zumindest im Rahmen ihrer öffentlichen Dienstleistungspflicht zum Ausgleich von Aufbringung und Bedarf; der Entwurf sieht ohne sachlichen Grund eine bundeseinheitliche Preisregelung nur für die Verteilungsnetze vor (§§ 33, 35);

– *Preisregelung im allgemeinen*; die Dualität preisrechtlicher Kompetenzen der Länder und des Bundes widerspricht sowohl dem staatlichen als auch dem europarechtlichen Gleichheitsgebot (§ 24: Genehmigung der Allgemeinen Bedingungen und Tarifpreise; undeterminierte Dele-

gationsermächtigungen des BMWA nach § 24 Abs 2 und nach 47 Abs 2 aus bloßer Zweckmäßigkeit und im Hinblick auf „verschiedene Umstände" in den Ländern)[8]; die Kompetenzlage ist überdies mit jener im länderüberschreitenden Starkstromwegerecht (Art 10 Abs 1 Z 10) unvereinbar;
- die Errichtung von (großen) *Stromerzeugungsanlagen* nach Maßgabe gesamtwirtschaftlicher Bedarfskriterien (vgl § 12);
- die Einführung einer *länderübergreifenden Mißbrauchsaufsicht* im öffentlichen Interesse für die Gesamtelektrizitätswirtschaft; in den §§ 49 und 50 des Ministerialentwurfs war eine elektrizitätsrechtliche Mißbrauchsaufsicht lediglich der Länder vorgesehen; nunmehr wird geradezu kontraproduktiv auf das allgemeine Kartellrecht verwiesen (§ 5 Abs 2)

Grundsatzgesetze dürfen nach Lehre und Rspr weder *überbestimmt* noch *unterbestimmt* sein[9]. Im Unterschied zu den „Ausführungsbestimmungen" im Sinn des Art 10 Abs 2 B-VG darf der Bund seine Kompetenz zur Grundsatzgesetzgebung nach Art 12 B-VG nicht an die Länder formalgesetzlich delegieren. Die Vorschriften des Entwurfs lassen aber den Ländern zum Teil einen verfassungsrechtlich unkoordinierten großen Ausführungsspielraum (siehe zB die inhaltlich in keiner Weise determinierte Ermächtigung der Länder nach § 30, Ausnahmen von der allgemeinen Anschluß- und Versorgungspflicht zu bestimmen[10] oder das Fehlen einer grundsätzlichen Regelung der Konzessionsvoraussetzungen für den Betrieb der zwei Arten von Verteilungsnetzen [§ 26 Abs 2]). Zum überwiegenden Teil sind demgegenüber die Regelungen inhaltlich derart determiniert, sodaß kaum mehr ein Spielraum der Länder besteht. Das

---

[8] Die geltenden Regelungen über Bezugsbedingungen und Tarifstrukturen nach den Landes-Elektrizitätsgesetzen stehen unter der verfassungsrechtlichen Verpflichtung zur österreichweiten Allgemeinheit und Gleichheit, welche für alle Strompreisfestsetzungen bestimmend ist. In den bestehenden Landesgesetzen fehlen Vorschriften über eine bundesweite gesamtwirtschaftliche Orientierungspflicht. Dadurch sind verfassungswidrige Verschiedenheiten in der Tarifgestaltung von Bundesland zu Bundesland zwangsläufig vorprogrammiert (siehe zu den Auswirkungen des Homogenitätsgebotes auf Art 12 Abs 1 Z 5 B-VG grundsätzlich bereits WINKLER, Neuorganisation, 36 ff, 58 ff). „Ein derartiger ‚Verbundtarif neu' wäre auch deshalb dringend erforderlich, als ein solcher bundeseinheitlich amtlich festgesetzter Tarif Wertmesser, Wertmaßstab und Berechnungsbasis für eine Fülle vertraglicher Indexklauseln etc. darstellt, welche nicht durch rein privatrechtliche, einseitig festgesetzte ‚Tarife des Verbund' gleichwertig ersetzt werden können." (Information Nr 391/97 an den Vorstand der Verbundgesellschaft vom 14. 11. 1997).

[9] Vgl näher zur Abgrenzung von Grundsatzgesetz und Ausführungsgesetz WELAN, Grundsätzliches zur Grundsatzgesetzgebung, Staatsbürger 1972, 1; Grundsatzgesetzgebung und Ausführungsgesetzgebung, in: Theorie und Praxis des Bundesstaates (1974) 59; WALTER, Österreichisches Bundesverfassungsrecht (1972) 204 ff; MAYER, JBl 1974, 459 (461 f); VfSlg 3598/1959, 3649/1959.

[10] Siehe dagegen die detaillierten Regelungen im geltenden ElWG (§ 6 Abs 4).

gilt insb auch für die Vorschriften zur unmittelbaren Umsetzung der EU-Elektrizitätsbinnenmarktrichtlinie: Begriffsbestimmungen (§ 7), Organisation des Netzzugangs (§ 17 ff), Pflichten des Verbundnetzbetreibers und Pflichten der Betreiber von regionalen Übertragungsnetzen (§ 23), Ablehnung des Netzzugangs (§ 20). Aus diesen detaillierten Vorschriften wird die Vernachlässigung des sachlichen Erfordernisses einer ausschließlichen Bundeskompetenz für die Elektrizitätswirtschaft unmittelbar einsichtig. Daran wären auch die anderen Bestimmungen des Gesetzes zu messen. Die Inkonsequenz der zersplitterten Kompetenzzuteilung des Elektrizitätswesens zeigt sich im Entwurf auch in der Vielzahl von besonderen Verfassungsbestimmungen zur Schaffung von splitterhaften Bundeskompetenzen[11].

Die teilweise mangelnde Determinierung der Ausführungsgesetzgebung im Entwurf erscheint umso problematischer, als den verfassungsrechtlichen Rahmenbedingungen der Elektrizitätswirtschaft (vor allem den Geboten der Einheitlichkeit des Wirtschaftsgebiets und des gesamtwirtschaftlichen und gemeinwirtschaftlichen Gleichgewichts nach Art 4 und Art 13 Abs 2 B-VG, dem verfassungsrechtlichen Effizienzgebot nach Art 51a Abs 1 und Art 126 b B-VG sowie dem allgemeinen Gleichheitssatz) künftighin heterogene Regelungen der Länder entgegengestellt werden könnten. Abgesehen von der grundsätzlichen verfassungsrechtlichen Fragwürdigkeit der historischen dualistischen Kompetenzlage auf dem Gebiet des Elektrizitätswesens wäre den Landesgesetzgebern bei der Ausübung ihrer Kompetenzen zur Ausführungsgesetzgebung von der Sache her eine größtmögliche Zurückhaltung geboten. Die Regelungen der Länder müßten die grundsatzgesetzliche Ermächtigung nach den Kriterien des Art 4 und nach dem Grundsatz des Art 13 Abs 2 B-VG verfassungskonform konkretisieren und dabei aus Gründen der Einheitlichkeit der Wirtschaftsbedingungen und der sachlichen Rechtfertigung erhebliche Differenzierungen vermeiden. Sonderbestimmungen in den Ausführungsgesetzen, welche die Einheit des Wirtschaftsgebietes beeinträchtigen und keine sachliche Rechtfertigung aufweisen, wären daher verfassungswidrig[12].

---

11 Vgl bereits WINKLER, Neuorganisation 57: Die historisch gewachsene Unverhältnismäßigkeit des Gegensatzes zwischen der föderalistischen Dezentralisation und den Sacherfordernissen einer bundeseinheitlichen Elektrizitätswirtschaft kommt heute sogar im geltenden einfachgesetzlichen Recht ganz offensichtlich zum Ausdruck. Das Bundesgrundsatzgesetz über die Elektrizitätswirtschaft ist inhaltlich nämlich bereits so sehr durchgebildet, daß den Landesgesetzgebern kein erheblicher Gestaltungsspielraum zur Ausführungsgesetzgebung verbleibt.
12 Siehe näher WINKLER, Neuorganisation, 61 f.

Die Vorschriften über den *Betrieb der Übertragungsnetze* im Entwurf unterscheiden nicht ausdrücklich zwischen den regionalen Übertragungsnetzen in den Ländern und dem übergeordneten österreichweiten Verbundnetz. Angesichts der geplanten Aufhebung der Verfassungsbestimmungen im 2. VerstaatlichungsG über die öffentlichen Aufgaben der Verbundgesellschaft, die insb den Betrieb des österreichweiten Verbundnetzes miteinschließen, stellt sich daher die Frage, wie die Vorschriften des Entwurfs künftig auch auf das bundesweite Verbundnetz zu beziehen wären. Das ist nach dem derzeitigen Wortlaut des Entwurfs vor allem deshalb problematisch, weil gemäß Art 10 Abs 1 Z 10 B-VG das länderüberschreitende Starkstromwegerecht in Gesetzgebung und Vollziehung derzeit Bundessache ist. Im geltenden StarkstromwegeG des Bundes ist zwar nur von „Errichtung" und „Inbetriebnahme" des länderüberschreitenden Starkstromnetzes nach Maßgabe gesamtösterreichischer gemeinwirtschaftlicher Kriterien die Rede[13]. Das erklärt sich aber daraus, daß der Betrieb des Übertragungnetzes als Verbundnetz im Sinn der Verfassungsbestimmung des § 5 Abs 6 des 2. VerstaatlichungsG im 2. VerstaatlichungsG *bundesgesetzlich* geregelt ist[14]. Eine nähere Regelung im StarkstromwegeG des Bundes ist demgemäß entbehrlich.

Eine Aufhebung des 2. VerstaatlichungsG würde daher in kompetenzrechtlicher Hinsicht nicht bedeuten, daß die *wirtschaftslenkenden* Vorschriften über den Betrieb des österreichweiten Verbundnetzes als einem übergeordneten Übertragungsnetz künftig zwangsläufig zu einer Grundsatzmaterie würden. Für landesgesetzliche Regelungen in dieser Hinsicht fehlt nicht nur jede sachliche Rechtfertigung, sondern auch eine entsprechende Kompetenzgrundlage. Es handelt sich beim Starkstromwege-Verbundrecht des Bundes nämlich nicht um bloß gewerberechtsähnliche Betriebs- und Konzessionsvoraussetzungen mit Ordnungs- und Aufsichtscharakter für die Bewirtschaftung von Elektrizitätserzeugungsanlagen und von Elektrizitätsnetzen (wie sie derzeit im ElWG geregelt sind), sondern um ein *notwendiges Mittel einer österreichweiten gemeinwirtschaftlichen Versorgung und einer gesamtösterreichischen Wirtschaftslenkung*[15]. Gemäß einer verfassungskonformen Auslegung des Entwurfs wären die wirtschaftslenkenden Regelungen des Entwurfs über die Übertragungsnetze daher so zu verstehen, daß das überregionale Verbundnetz nicht mitumfaßt ist. Andernfalls wären sie verfassungswidrig. Daher wäre auch nach dem Ent-

---

13 Siehe §§ 7 ff StarkstromwegeG.
14 § 5 Abs 6 lit c 2 und Abs 7 2. VerstaatlichungsG.
15 Siehe zur typologischen Unterscheidung von „Wirtschaftsordnung", „Wirtschaftsaufsicht" und „Wirtschaftslenkung" und zu deren Rechtserheblichkeit eingehend SCHULEV-STEINDL, Wirtschaftslenkung und Verfassung. Gesetzgebungskompetenz und grundrechtliche Schranken direkter Wirtschaftslenkung (1996) 1 ff.

wurf die Benennung der Verbundgesellschaft als „Betreiber" des Verbundnetzes und als „Alleinabnehmer" im Sinn der Art 7 ff und des Art 18 der Elektrizitätsbinnenmarktrichtlinie ausschließlich Bundessache. In diesen Fragen weist der Entwurf ein groteskes Regelungsdefizit auf. Für die Regelung des Elektrizitätstransits über die Starkstromwege des Verbundes (§ 16 des Entwurfs) wäre die ausdrückliche Klarstellung einer ausschließlichen Bundeskompetenz im § 1 entbehrlich.

Das Europarecht ist nicht nur dem einfachen nationalen Recht, sondern auch dem Verfassungsrecht der Mitgliedstaaten übergeordnet[16]. Europäische Richtlinien sind für das Verhältnis zum innerstaatlichen Recht innerstaatlichen Verfassungsgesetzen vergleichbar, die Grundlage von einfachen Gesetzen sind. Die europäischen Richtlinien für den Elektrizitätsbinnenmarkt sind innerstaatlich nicht nur materiell-rechtlich verfassungsrechtlich verbindlich, sie weisen auch positive und negative organisatorische und kompetenzmäßige verfassungsrechtliche Komponenten auf. Das Europarecht ist grundsätzlich „föderalismusblind", dh für die EU ist grundsätzlich irrelevant, wer nach nationalem Recht zur Umsetzung oder zur Vollziehung zuständig ist. Das kann aber nicht für die Elektrizitätsbinnenmarktrichtlinie gelten. Sie geht von zentralen Gesetzgebungskompetenzen der Staaten aus, verlangt Gleichheit und Effizienz. Der Mitgliedstaat, dh die Republik Österreich (der Bund), ist daher für den gebotenen Gesamteffekt der Durchführung verantwortlich[17]. Wenn und soweit daher die effiziente Umsetzung einer Richtlinie (Art 5 EG-Vertrag: „praktische Wirksamkeit der RL") ihrem Sinn und Zweck nach nur durch eine bundeseinheitliche Gesetzgebung und Vollziehung möglich ist, steht sie einer dezentralen innerstaatlichen „Umsetzung" entgegen. Die europäischen Richtlinien für den Elektrizitätsbinnenmarkt und für den Elektrizitätstransit sind im Hinblick auf das Effizienzgebot der Richtlinie für den europäischen Binnenmarkt (Punkt 4 der Gründe der Elektrizitätsbinnenmarktrichtlinie) und gemäß dem europarechtlichen Diskriminierungsverbot in wesentlichen Fragen (vor allem: Elektrizitätstransit, einheitlicher Netzbetreiber, gleicher Netzzugang, gleiche Preise) daher ausschließlich durch den Bund gesetzlich umzusetzen und zu vollziehen. Die Richtlinien entfalten insoweit eine rechtsverdrängende derogatorische Kraft sogar gegenüber nationalem Verfassungsrecht (Kompetenzverteilung) und implizieren eine unmittelbare Kompetenzgrundlage für Gesetzgebung und Vollziehung durch den Bund. Die im Entwurf vorgesehene teilweise Umsetzung der Richtlinie durch bloße „Grundsatzbestimmungen" ist da-

---

16 Siehe die wegweisende Entscheidung EuGHSlg *Simmenthal II* 1978, 629, 643 f: Das Gemeinschaftsrecht geht allem nationalem Recht (auch Verfassungsrecht) vor.
17 Vgl zB EuGHSlg *Klärschlamm* 1994, I-1611.

her nicht nur bundesverfassungswidrig, sondern auch europarechtswidrig. Das wird vor allem durch den Umstand verstärkt, daß die Richtlinie in weiten Bereichen inhaltlich derart determiniert und unbedingt ist, daß sie auch ohne formelle Umsetzung innerstaatlich unmittelbar angewendet werden kann[18].

Für die staatliche Kompetenzverteilung bei der Umsetzung europäischer Richtlinien ist auch das europarechtliche *Subsidiaritätsprinzip* von Bedeutung[19]. Das Subsidiaritätsprinzip ist im Art 3b Abs 2 EG-Vertrag festgelegt. Nach dem allgemeinen Subsidiaritätsprinzip darf die Gemeinschaft in den Angelegenheiten, die nicht in ihre ausschließliche Kompetenz fallen, nur tätig werden, „sofern und soweit die Ziele der in Betracht gezogenen Maßnahmen auf Ebene der Mitgliedstaaten nicht ausreichend erreicht werden können und daher wegen ihres Umfangs oder ihrer Wirkungen besser auf Gemeinschaftsebene erreicht werden können." Auf das allgemeine Subsidiaritätsprinzip wird auch in der Elektrizitätsbinnenmarktrichtlinie im Punkt 11 der Gründe ausdrücklich Bezug genommen: „Nach dem Subsidiaritätsprinzip muß auf Gemeinschaftsebene ein *Rahmen allgemeiner Grundsätze* festgelegt werden, wobei die *Festlegung der Modalitäten im einzelnen den Mitgliedstaaten überlassen bleibt,* die das System wählen können, das ihrer besonderen Situation am besten entspricht." Für die vorrangige Zuständigkeit der Mitgliedstaaten ist also nicht erforderlich, daß diese die Ziele ebensogut oder gar besser als die Gemeinschaft erreichen können; es genügt, wenn die Ziele *ausreichend („suffisante") auf der Ebene der (sämtlicher) Mitgliedstaaten erfüllt werden können.* Dabei ist aber vorausgesetzt, daß die Mitgliedstaaten jene Maßnahmen der Gesetzgebung und Vollziehung treffen, die zur ausreichenden Aufgabenerfüllung *nötig und geeignet* sind. Das europarechtliche Subsidiaritätsprinzip bedeutet daher in Bereichen nicht ausschließlicher EG-Kompetenzen nicht nur eine Kompetenzausübungsregelung und Kompetenzbegrenzung für das Ob, das Was und das Wie europarechtlicher Akte (in inhaltlicher und formaler Hinsicht, wie zB Vorrang der Richtlinie vor der Verordnung)[20]. In seiner negativen Seite impliziert es bei der Umsetzung von Richtlinien auch ein zwingendes Gebot an die *Mitgliedstaaten,* jene

---

18 Zu den Voraussetzungen der unmittelbaren Anwendbarkeit von Richtlinien siehe RASCHAUER in Raschauer (Hg) Grundriß des österreichischen Wirtschaftsrechts (1998) 1 (30 ff).
19 Siehe zum Subsidiaritätsprinzip HIRSCH, Die Auswirkungen des Subsidiaritätsprinzips auf die Rechtsetzungsbefugnis der Europäischen Gemeinschaften (1995); SCHIMA, Das Subsidiaritätsprinzip im Europäischen Gemeinschaftsrecht (1994); STEIN, Subsidiarität als Rechtsprinzip? in: Merten (Hg) Die Subsidiarität Europas (1993).
20 So Kommission in: Mitteilungen an den Rat und an das Europäische Parlament vom 27. 10. 1991, SEK (92) 1990 endg., Bulletin EG 10, 1992, 125; vgl dazu HIRSCH, Subsidiaritätsprinzip, 13 f mwN.

Aufgaben, die nur einheitlich und gesamtstaatlich „ausreichend" erfüllt werden können, nicht den nachgeordneten Gebietskörperschaften zu übertragen. Die Richtlinien fordern keine Änderung der gemeinwirtschaftlichen und volkswirtschaftlichen Grundkonzeption nationaler Elektrizitätswirtschaften.

III. Die hoheitliche Stellung der Verbundgesellschaft in der Organisation der Elektrizitätswirtschaft

1. Die geltende Verfassungsrechtslage

Nach der geltenden Rechtslage sind die Aufgaben der Verbundgesellschaft im Rahmen der Elektrizitätsverbundlenkungsorganisation im 2. VerstaatlichungsG verfassungsgesetzlich grundgelegt. In der Verfassungsbestimmung des § 5 Abs 2 des 2. VerstG ist vorgeschrieben, daß die Aufgaben des Verbundes dem *öffentlichen Interesse* zugeordnet sind. Aus § 5 Abs 2 ergibt sich eine verfassungsrechtliche Pflicht der verantwortlichen Organe der Verbundgesellschaft, auf die Energiepolitik der Bundesregierung Bedacht zu nehmen. Nach den Materialien bedeutet das zunächst eine verfassungsrechtliche Bindung der Elektrizitätswirtschaft des Bundes an das Gesamtwirtschaftsinteresse der Republik Österreich[21]. Die öffentlichen Aufgaben der Verbundgesellschaft gehören nicht in erster Linie zur erwerbsgerichteten staatlichen Privatwirtschaftsverwaltung, sondern zur gemeinwirtschaftlich konzipierten öffentlichen Daseinsvorsorge. Die verfassungsrechtliche Stellung der Verbundgesellschaft gründet sich zwar auf das Privateigentum der öffentlichen Hand an Kapitalanteilen der Elektrizitätsunternehmen, sie dient aber gemäß den verfassungsrechtlichen Vorgaben im 2. VerstaatlichungsG den hoheitlichen Funktionen eines beliehenen öffentlichen Unternehmers.

In Orientierung an diesen verfassungsgesetzlichen Grundsätzen hat die Verbundgesellschaft im einzelnen folgende Aufgaben zu erfüllen: Die Verbundgesellschaft hat den gegenwärtigen und den künftigen Strombedarf, die Stromerzeugung der Sondergesellschaften und anderer Gesellschaften und Unternehmen zu ermitteln sowie die Stromtarife zu verzeichnen (§ 5 Abs 6). Diese Aufgabenstellung hat vor allem eine dienende Funktion für weitere Aufgaben der Verbundgesellschaft, die in die Richtung einer gesamtplanerischen (strategischen) Tätigkeit der Verbundgesellschaft weisen. Die Verbundgesellschaft hat des weiteren im Sinn einer wirtschaftlich optimalen Stromverwendung und der gleichmäßigen

---
21 Siehe dazu näher WINKLER, Neuorganisation, 66 ff; PAUGER/PLÖCHL, Die Aufgaben der Verbundgesellschaft, GesRZ 1988, 125.

Belastung der Erzeuger mit „unvermeidbaren" Überschüssen einen Ausgleich zwischen Erzeugung und Bedarf im Verbundnetz herbeizuführen (§ 5 Abs 6 lit b). Die Verbundgesellschaft hat zu diesem Zweck Verbundleitungen zu übernehmen, zu errichten und zu betreiben. Sie betreibt vor allem das überregionale, österreichweite Höchstpannungsnetz des Bundes. Sie ist ermächtigt, Stromlieferungsverträge aller Art abzuschließen (§ 5 Abs 2 lit c). Ferner ist die Verbundgesellschaft dazu berufen, große Stromlieferungsverträge aus energiewirtschaftlichen Rücksichten zu prüfen, zu korrigieren und zu genehmigen. Diese Aufgaben sind rechtliche Voraussetzungen für die Erfüllung der Aufgabe des Bedarfausgleichs im Verbundnetz.

Im § 5 Abs 6 lit d) ist der Verbundgesellschaft die Veranlassung des Bauens und des Betriebes von Großkraftwerken zugewiesen[22]. Die lit f) macht es der Verbundgesellschaft im Rang einer verfassungsgesetzlichen Bestimmung zur Aufgabe, die Einhaltung der bewährten Grundsätze der Arbeitsteilung zwischen den Landesgesellschaften[23] und dem überregionalen Verbundsystem anzustreben[24].

Die Verbundgesellschaft hat die Versorgung der Bevölkerung des gesamten Bundesgebietes mit elektrischer Energie kraft verfassungsrechtlicher Vorschriften im wesentlichen als *öffentliche Aufgabe* zu besorgen. Die öffentlichen, zum Großteil schlicht hoheitlichen, zum Teil sogar behördlichen Aufgaben der Verbundgesellschaft sind am Ziel einer gleichmäßigen und lückenlosen Versorgung der gesamten Bevölkerung mit elektrischer Energie zu gleichartigen Bedingungen ausgerichtet. Die Ziele einer einheitlichen Marktregulierung liegen sowohl in der Befriedigung lebenswichtiger Bedürfnisse aller individuellen Konsumenten sowie aller ge-

---

[22] Die Energieversorgung durch Großkraftwerke ist ausschließlich der Verbundgesellschaft vorbehalten. Sie liegt in den Besonderheiten des überörtlichen und überregionalen Marktes für elektrische Energie, der nicht nur die Bundesländergrenzen überschreitet, sondern – insb seit der europarechtlichen Öffnung des Energiemarktes – auch die Staatsgrenzen durchbricht. Für die Ausgestaltung der rechtlichen Rahmenbedingungen des umfassenden Gesamtmarktes bedingt diese Ausweitung der Versorgungsaufgabe die Notwendigkeit einheitlicher Regelungen und einheitlicher Voraussetzungen der Energiegewinnung und der Energieversorgung auf Bundesebene. Die Errichtung von Großkraftwerken ist in diesem Sinn ein Indikator für das Konzept einer einheitlichen Energiewirtschaft.

[23] Den Landesgesellschaften obliegt es, die Allgemeinversorgung mit elektrischer Energie im Bereich der einzelnen Bundesländer durchzuführen, die Verbundwirtschaft im Landesgebiet zu besorgen und elektrische Energie mit benachbarten Gesellschaften auszutauschen.

[24] Zwischen Verbundgesellschaft und Landesgesellschaften bestehen Verträge, nach denen sich die Verbundgesellschaft verpflichtet, im Prinzip ausschließlich an Landesgesellschaften zu liefern. Dafür haben sich diese dahingehend gebunden, einen bestimmten Anteil ihres Strombedarfs bei der Verbundgesellschaft zu beziehen (siehe zB PAUGER, Marktwirtschaft durch EU-Recht [1996] 119).

werblichen und industriellen Abnehmer von elektrischer Energie als auch im versorgungssichernden Funktionsschutz der Elektrizitätswirtschaft für das ganze Bundesgebiet[25]. In einem neuen ElektrizitätswirtschaftsG könnte die Verbundgesellschaft aufgrund dieser sachlichen und verfassungsrechtlichen Gegebenheiten entweder im jetzigen Rechtszustand oder als Dachorganisation eines Verbundkonzerns mit öffentlichen Leitungs-, Lenkungs- und Aufsichtsaufgaben bestätigt und gestärkt werden[26]. Doch eine konzernmäßige privatrechtliche Organisationseinheit erübrigt nicht durchführende Maßnahmen zur Umsetzung der wirtschaftslenkenden Zielsetzungen der Richtlinien der EU.

Die Vorschriften des 2. VerstaatlichungsG über die Aufgaben der Verbundgesellschaft sind im systematischen Zusammenhang mit dem verfassungsgesetzlichen Gebot eines einheitlichen Wirtschaftsgebietes nach Art 4 B-VG, mit dem Wirtschaftlichkeitsgebot der Art 51 a und Art 126 b B-VG sowie mit dem Gebot des gesamtwirtschaftlichen Gleichgewichts nach Art 13 Abs 2 B-VG zu verstehen. Aus diesen Grundsätzen ergeben sich verfassungsgesetzliche Determinanten für eine zentralisierte Organisation im Dienst an der öffentlich-rechtlichen Lenkungsaufgaben einer staatlichen Elektrizitätswirtschaft, die auch den europäischen Richtlinien konform sind.

Das Gebot des einheitlichen Wirtschaftsgebiets richtet sich zunächst an den einfachen Bundesgesetzgeber, gemäß dem noch verbliebenen Restgehalt des Art 12 Abs 1 Z 5 B-VG sehr beschränkt auch an die Landesgesetzgeber. Es richtet sich – für die Staatswirtschaft vor allem in Verbindung mit Art 13 Abs 2 B-VG – primär aber auch an die Vollziehung des Bundes, und zwar sowohl der Träger von Hoheitsverwaltung als auch der öffentlichen Unternehmen im Rahmen der sogenannten Privatwirtschaftsverwaltung, im Anschluß daran auch der Länder. Art 4 B-VG ist unter der Voraussetzung *gesamtwirtschaftlicher Sachgerechtigkeit* auf die Bildung eines einheitlichen österreichischen Binnenmarktes gerichtet[27]. Mit dem Gebot grundsätzlich einheitlicher und gleicher Wirtschaftsbedingungen, statuiert Art 4 B-VG in Verbindung mit Art 13 Abs 2 B-VG, ohne Rücksicht auf die binnenstaatlichen Grenzen der Bundesländer vor allem für die staatliche Elektrizitätswirtschaft eine sachgebundene Gleichheit. Ma-

---

25 Vgl allgemein GRABENWARTER, Rechtliche und ökonomische Überlegungen zur Erwerbsfreiheit (1994) 133 ff; speziell zum ElektrizitätswirtschaftsG AZIZI, Zum Verfassungsgebot der Wirtschaftsgebietseinheit und zu seiner wirtschaftspolitischen Tragweite, ÖJZ 1985, 108 f, 136 f.

26 Zur Neuorganisation des Verbundkonzerns siehe eingehend bereits WINKLER, Neuorganisation.

27 KORINEK/HOLOUBEK, Grundlagen staatlicher Privatwirtschaftsverwaltung (1993) 111 mwN.

teriengebundene regionale Differenzierungen, welche die Einheit des Wirtschaftsgebietes betreffen, bedürfen einer besonderen sachlichen Rechtfertigung[28]. Die Elektrizitätslenkung bedarf daher der Ergänzung durch eine einheitliche österreichweite behördlichen Preisregelung.

Art 51a Abs 1 B-VG ordnet für die Haushaltsführung des Bundes an, daß die Grundsätze der Sparsamkeit, der Wirtschaftlichkeit und der Zweckmäßigkeit zu beachten sind. Für die Haushaltsführung der Bundesländer und der Gemeinden gilt Vergleichbares. Durch Art 126b Abs 2 und 5 unterliegen die Verbundgesellschaft und die Sondergesellschaften als öffentliche Unternehmen der Kontrolle des Rechnungshofs nach Maßgabe dieser Grundsätze[29]. Art 13 Abs 2 B-VG schreibt überdies ausdrücklich vor, daß Bund, Länder und Gemeinden bei ihrer Haushaltsführung die Sicherstellung des *gesamtwirtschaftlichen Gleichgewichts* anzustreben haben. Darin ist eine verfassungsrechtliche Verantwortung des gesamten Staates für eine funktionierende Wirtschaftsordnung zu sehen[30]. Für die Organisation des Verbundkonzerns bedeuten diese Gebarungsgrundsätze zunächst das Gebot wirtschaftlicher Optimierung, zB betreffend gesellschaftsrechtlicher und vertraglicher Dispositionen, die Lieferung von Strom oder die Entscheidung über die Errichtung eines Kraftwerks im energie- oder wasserwirtschaftlichen Interesse[31]. Soweit die Vorschriften des 2. VerstaatlichungsG selbst im Verfassungsrang stehen, gilt das Optimierungsgebot auch als ein verbindlicher Maßstab für die Verfassungsmäßigkeit der einfachgesetzlichen organisationsrechtlichen Beschränkungen und materiell-rechtlichen Zielsetzungen des Verbundes. Demgemäß ist vor allem der Bundesgesetzgeber durch das Prinzip der wirtschaftlichen Optimierung auch im Preisrecht gebunden, wo er der Verwaltung oder den Unternehmen *gesamtwirtschaftliche* Vorgaben auferlegt. Er muß diese im

---

28 Vgl ähnlich Azizi, Zum Verfassungsgebot der Wirtschaftsgebietseinheit und seiner wirtschaftspolitischen Tragweite, ÖJZ 1985; analog zum allgemeinen Gleichheitssatz Holoubek, Die Sachlichkeitsprüfung des allgemeinen Gleichheitsgrundsatzes, ÖZW 1991, 27 (77 f).
29 Zum verfassungsrechtlichen Effizienzprinzip siehe Korinek/Holoubek, Privatwirtschaftsverwaltung 173 ff; Funk, Maßstäbe der Rechnungshofkontrolle, in: Korinek (Hg), Maßstäbe der Rechnungshofkontrolle (1986) 265 (273 ff); Hengstschläger, Der Rechnungshof 81982) 310 ff. Siehe auch die Rspr der Gerichtshöfe des öffentlichen Rechts VfSlg 12.929/1991 und VwSlg 13.386 A.
30 Vgl Öhlinger, Verfassungsrecht³ (1997) 68 und 57 f.
31 Die Gebote der Sparsamkeit, Wirtschaftlichkeit und Zweckmäßigkeit stellen auf eine Zweck-Mittel-Beziehung ab. Sie bedeuten die Verpflichtung der Unternehmensführung und der Staatsverwaltung zu einer optimalen Wirtschaftlichkeit, dh zu einem Ressourceneinsatz, bei dem – gemessen an den vorgegebenen Zielen – ein Höchstmaß an wirtschaftlichem Nutzen gestiftet wird (vgl Funk, Maßstäbe, 273 f). Hilfreich für die Beurteilung des Prinzips der wirtschaftlichen Optimierung ist demgemäß auch eine klare *gesetzliche* Vorgabe der Ziele in den Rechtsmaterien.

Einklang mit dem Prinzip der wirtschaftlichen Optimierung halten, um eine effektive Besorgung von Aufgaben und eine entsprechende Kontrolle der Aufgabenerfüllung zu ermöglichen. An einzelnen Stellen des 2. VerstaatlichungsG ist dieses Gebot sogar ausdrücklich angeordnet[32].

2. Die europrechtlichen Rahmenbedingungen für eine Neuregelung

Das Europarecht anerkennt das grundsätzliche öffentliche Interesse der Mitgliedstaaten an der Existenzsicherung ihrer gemeinwirtschaftlich konzipierten Elektrizitätswirtschaft im Dienst an der Gemeinwohlbindung. In der Elektrizitätsbinnenmarktrichtlinie wird ausdrücklich eingeräumt, daß die *Mitgliedstaaten* im Rahmen allgemeiner europarechtlicher Vorgaben und unter Beachtung des *Subsidiaritätsprinzips* jenes System wählen können, das ihrem „institutionellen Aufbau" am besten entspricht (siehe die Grundsatzvorschriften im Art 3 Abs 1 und im Punkt 11 der Gründe der Richtlinie). Die Auflage *gemeinwirtschaftlicher Verpflichtungen* in den Mitgliedstaaten zur Gewährleistung der *Versorgungssicherheit* sowie des *Verbraucher- und Umweltschutzes,* die der freie Wettbewerb allein nicht garantieren kann, ist ausdrücklich anerkannt (Punkte 9 und 13 bis 20 der Gründe). Als Mittel zur Erfüllung der gemeinwirtschaftlichen Aufgaben wird in der Richtlinie die *„langfristige Planung"* (als typisches Mittel der Wirtschaftslenkung) ausdrücklich genannt (Punkt 14 der Gründe)[33]. Im Art 3 Abs 1 sollen die Mitgliedstaaten dafür Sorge tragen, daß Elektrizitätsunternehmen nach den genannten Grundsätzen und im Hinblick auf die Errichtung eines wettbewerbsorientierten europäischen Elektrizitätsmarktes betrieben werden und daß hinsichtlich der Rechte und Pflichten *allen Unternehmen* die *gleiche Behandlung* zuteil wird. Art 3 Abs 3 der Richtlinie ermächtigt die Mitgliedsstaaten jedoch, bestimmte Regelungen der Richtlinie (betreffend Genehmigung von Erzeugungsanlagen, Netzzugang, Elektrizitätstransit) *nicht anzuwenden,* soweit ihre Anwendung die Erfüllung der den Elektrizitätsversorgungsunternehmen übertragenen *gemeinwirtschaftlichen Verpflichtungen* verhindern würde und die Entwicklung des Handelsverkehrs nicht in einem Ausmaß beeinträchtigt wird, das den Interessen der Gemeinschaft zuwiderläuft.

---

32 So hat die Verbundgesellschaft gemäß § 5 Abs 6 lit b beim Ausgleich zwischen Erzeugung und Bedarf im Verbundnetz auf die günstigste wirtschaftliche Verwendung des zur Verfügung stehenden Stromes Bedacht zu nehmen.

33 „Langfristige Planung" ist nach Art 2 Z 21 der Richtlinie definiert als die „langfristige Planung des Bedarfs an Investitionen in Erzeugungs- und Übertragungskapazität zur Deckung der Elektrizitätsnachfrage des Systems und zur Sicherung der Versorgung der Kunden."

Ziel der Richtlinie ist der öffentlichen Aufgabe der Energieversorgung gemäß nicht eine Liberalisierung der inländischen Elektrizitätsmärkte, sondern die Herbeiführung eines funktionierenden *wettbewerbsorientierten europäischen Binnenmarktes im Verhältnis der Mitgliedsstaaten* und nicht unmittelbar der einzelnen ihrer organisatorischen Einheiten zueinander (Punkte 1 und 2 der Gründe der Richtlinie). Die Verwirklichung des Elektrizitätsbinnenmarktes hat entgegen der allgemeinen EU-Wirtschaftspolitik nicht schlechthin eine Liberalisierung zum Zweck. Primäre Zielsetzung ist die „*Stärkung der Versorgungssicherheit* und der *Wettbewerbsfähigkeit der europäischen Wirtschaft* [im gesamten]". Unter Wahrung des Umweltschutzes soll „die [gesamteuropäische] *Effizienz* bei der Erzeugung, Übertragung und Verteilung" von elektrischer Energie verbessert werden (Punkt 4). Bei der Verwirklichung des Elektrizitätsbinnenmarktes muß in hohem Maße der *gemeinschaftlichen Zielsetzung des wirtschaftlichen und sozialen Zusammenhalts* Rechnung getragen werden (Punkt 20). Das gilt insb für die nationalen innerstaatlichen Infrastrukturen, vor allem jener, die der Verteilung und Übertragung von Elektrizität dienen. Auch der in der Richtlinie nur eingeschränkt vorgesehene Bau und der Betrieb von *Direktleitungen* in den Mitgliedsstaaten steht im Dienst an dieser Zielsetzung (Punkte 20, 26 und 35). Das Elektrizitätsübertragungsnetz jedes Mitgliedsstaates muß im Interesse der Sicherheit, der Zuverlässigkeit und der Effizienz einem *zentralen Management und einer zentralen Überwachung* unterliegen. Daher ist von jedem Mitgliedstaat ein zentraler Netzbetreiber als Verbundnetzbetreiber zu benennen (Punkt 25). Die in der Richtlinie vorgesehene Strukturierung der Elektrizitätsunternehmen und die auch dem EU-Vertrag konform nur beschränkte Öffnung der inländischen Elektrizitätsmärkte für ausländische Energieerzeuger sind im Sinn dieser Zielsetzungen zu verstehen; sie sind von vornherein beschränkte Mittel zur Zielerreichung. Diese Beschränkungen sind allerdings nur insoweit gerechtfertigt, als sie die Versorgungssicherung, die Betriebssicherheit, die Zuverlässigkeit, die Wettbewerbsfähigkeit und die Effizienz des staatlichen Elektrizitätsmarktes fördern. In diesem Sinn spricht die Richtlinie ausdrücklich von einer im gesamteuropäischen Interesse und im Interesse der Mitgliedstaaten *beschränkten* Liberalisierung der Elektrizitätswirtschaft (Punkt 39 der Gründe).

Ein wesentlicher Regelungsinhalt der Richtlinie im Hinblick auf die *organisatorische* Struktur der Elektrizitätswirtschaft liegt im relativen oder bedingten Gebot einer Trennung der Erzeugungs- und Verteilungsfunktion einerseits und der Abnahmefunktion andererseits. Die Richtlinie gebietet nicht eine organisatorische Zerschlagung von Unternehmen, die alle drei Funktionen in sich vereinen. Sie anerkannt ausdrücklich den

Typus des „vertikal integrierten Elektrizitätsunternehmens". Um der Richtlinie Rechnung zu tragen, können die Mitgliedstaaten diese Unternehmen benennen, sollen aber gleichzeitig Regelungen erlassen, wonach die *Alleinabnehmerfunktion von der Erzeugungs- und Verteilungstätigkeit eines Alleinabnehmers getrennt* verwaltet wird (Art 15 Abs 1). Darüber hinaus haben sie sicherzustellen, daß außer den Informationen, die für den Alleinabnehmer zur Erfüllung seiner Aufgaben erforderlich sind, aus den unterschiedlichen Tätigkeitsbereichen keine Informationen übermittelt werden (Abs 3). Begleitend dazu sind Vorschriften zur Transparenz der Buchführung aufgestellt (Art 14 Abs 3). Dabei ist bedeutsam, daß die Informationsbeschränkung ein vertikal integriertes Elektrizitätsversorgungsunternehmen nur als „Alleinabnehmer" trifft, dh wenn und soweit dieses vom Mitgliedsstaat für das vom alleinigen Netzbetreiber abgedeckte Gebiet auch als Alleinabnehmer benannt ist (siehe Art 18). Die Richtlinie weist auf diese Weise den Weg zu jenen Maßnahmen, die bei Aufrechterhaltung einer bestehenden „vertikalen Integration" im Dienst an einer objektivierten Wirtschaftlichkeit ergriffen werden müssen, in der auch volkswirtschaftliche Sozialbindungen veranschlagt sind.

Diese elektrizitätswirtschaftsrechtlichen Vorkehrungen in der Richtlinie werden im Primärrecht des EG-Vertrag durch allgemeinere Vorschriften über Ausnahmen von den Wettbewerbsvorschriften des EG-Vertrages grundsätzlich untermauert[34]. Art 85 Abs 3 ermächtigt unter bestimmten Voraussetzen zur *Freistellung von den Kartellverboten* des Art 85 Abs 1 EG-Vertrag. Inhaltliche Voraussetzung dafür ist, daß Unternehmen *unter angemessener Beteiligung der Verbraucher an dem entstehenden Gewinn* zur Verbesserung der Warenerzeugung oder -verteilung oder zur Förderung des technischen oder wirtschaftlichen Fortschritts beitragen und daß den Unternehmen zur Errichung dieser Ziele nicht unnotwendige Beschränkungen auferlegt werden oder Möglichkeiten zur Ausschaltung des Wettbewerbs in einem wesentlichen Umfang eröffnet werden. Für Elektrizitätsversorgungsunternehmen kommt eine Ausnahme durch die Gruppenfreistellungsverordnung Nr 1984/83 in Betracht[35].

Art 90 Abs 1 des EG-Vertrages regelt die Pflichten der Mitgliedstaaten im Hinblick auf *öffentliche und monopolartige Unternehmen*, denen sie (durch individuellen oder generellen Rechtsakt) besondere oder ausschließliche Rechte gewähren. Nach Art 90 Abs 2 EG-Vertrag gelten die Vor-

---

[34] Zum Verhältnis der Richtlinie zu den allgemeinen wettbewerbsrechtlichen Anordnungen des EG-Vertrages siehe ausführlich BRITZ, Örtliche Energieversorgung nach nationalem und europäischem Recht (1994) 306 ff.

[35] Siehe dazu im einzelnen STEINBERG/BRITZ, Der Energieliefer- und -erzeugungsmarkt nach nationalem und europäischem Recht (1995) 142 ff.

schriften des EG-Vertrages, insb die Wettbewerbsregeln, für (staatliche) Unternehmen der Daseinsvorsorge, die mit *Dienstleistungen von einem allgemeinen wirtschaftlichen Interesse* betraut sind nur insoweit, als die Anwendung dieser Vorschriften nicht die Erfüllung der ihnen übertragenen besonderen Aufgaben rechtlich oder tatsächlich verhindert; die Entwicklung des Handelsverkehrs darf nicht in einem Ausmaß beeinträchtigt werden, das dem Interesse der Gemeinschaft zuwiderläuft. Art 90 Abs 2 EG-Vertrag begründet zwar keine Bereichsbefreiung, wohl aber eine inhaltlich begrenzte Ausnahme, deren Vorliegen für bestimmte Unternehmen und für bestimmte Aufgaben dieses Unternehmens im Einzelfall festzustellen ist. Art 3 der Richtlinie bestätigt indirekt, daß Elektrizitätsversorgungsunternehmen prinzipiell als Unternehmen im Sinn des Art 90 Abs 2 EG-Vertrag in Betracht kommen[36]. *Die ununterbrochene Stromversorgung im gesamten Konzessionsgebiet für alle Abnehmer, für lokale Versorgungsunternehmen oder Endverbraucher, in den zu jeder Zeit geforderten Mengen zu einheitlichen Tarifen und unter Bedingungen sicherzustellen, die nur nach objektiven Kriterien unterschiedlich sein dürfen, die für alle Kunden gelten, hat der EuGH demgemäß als Dienstleistung im Sinn des Art 90 Abs 2 EG-Vertrag qualifiziert*[37]. *Das Erfordernis der Allgemeinversorgung mit elektrischer Energie, aber auch die technischen Gegebenheiten der Nichtlagerfähigkeit und der Leitungsgebundenheit elektrischer Energie stehen nach der Auffassung des EuGH einer uneingeschränkten Anwendung der europarechtlichen Vorschriften über den freien Warenverkehr entgegen*[38].

Die Bestimmungen des EG-Vertrages enthalten kein grundsätzliches Verbot von Monopolen, denen durch die Rechtsordnungen der Mitgliedsstaaten ausschließliche oder besondere Rechte übertragen sind. Art 86 EG-Vertrag verbietet lediglich den *Mißbrauch* einer marktbeherrschenden Stellung und zählt einzelne Mißbrauchstatbestände demonstrativ auf, wie zB die Erzwingung unangemessener Einkaufs- und Verkaufspreise, die Einschränkung der Erzeugung zum Schaden der Verbraucher oder die Anwendung unterschiedlicher Bedingungen gegenüber Handelspartnern[39].

---

36 Vgl den Gemeinsamen Standpunkt, ABl C 315 vom 24. 10. 1996, 21
37 EuGH Urteil *Almelo/NV Energiebedrijf Ijsselmij*, Rs C-393/92, Slg 1994, I-1477; unter Bezugnahme auf dieses Urteil auch EuGH Urteil vom 23. 10. 1997, in den Vertragsverletzungsverfahren *Kommission/Königreich der Niederlande*, Rs C-157/94
38 Zu den besonderen wirtschaftlichen und technischen Voraussetzungen der Versorgung mit elektrischer Energie (Allgemeinversorgung, hoher Festkostenanteil, Leitungsnetze, relative Starrheit der technischen Erzeugungsbedingungen und des Marktes, fehlende Speicherbarkeit, Abnahmeschwankungen) siehe WINKLER, Neuorganisation 10 ff mwN.
39 Vgl die entsprechenden Mißbrauchstatbestände und die Mißbrauchsaufsicht der Länder im § 49 ElWOG idF des Ministerialentwurfs. In der Regierungsvorlage ist eine besondere elektrizitätsrechtliche Mißbrauchsaufsicht nicht mehr vorgesehen. Durch § 4 Abs 2 der Regierungsvorlage werden Koordinierungs- und Kooperationsverträge der Elek-

Für öffentliche Unternehmen im Sinn von Art 90 Abs 1 EG-Vertrag hat der EuGH mehrmals festgestellt, daß die Schaffung einer marktbeherrschenden Stellung durch die Gewährung ausschließlicher Rechte als solche nicht mit Art 86 EG-Vertrag unvereinbar ist. Ein Mitgliedsstaat verstößt nur dann gegen Art 86 EG-Vertrag, wenn das betreffende Unternehmen durch die bloße Ausübung der ihm übertragenen ausschließlichen Rechte seine beherrschende Stellung mißbräuchlich ausnutzt oder wenn durch diese Rechte eine Lage geschaffen werden könnte, in der dieses Unternehmen einen solchen Mißbrauch begeht[40]. In diesem Sinn ist den Mitgliedsstaaten im Art 22 der Elektrizitätsbinnenmarktrichtlinie auferlegt, geeignete und wirksame Mechanismen für die Regulierung, für die Kontrolle und für die Sicherstellung von Transparenz zu schaffen, um den Mißbrauch von marktbeherrschenden Stellungen zum Nachteil insbesondere der Verbraucher und von Verdrängungspraktiken zu verhindern.

Ausschließliche und besondere Rechte von öffentlichen Unternehmen können auch Beschränkungen der Grundfreiheiten des EG-Vertrages darstellen. Sie müssen daher – wie alle solchen Beschränkungen – aus Gründen des Allgemeininteresses gerechtfertigt sein[41]. Der EuGH hat ausschließliche Rechte *nur für die Einfuhr von Waren aus Mitgliedstaaten* als prinzipiell unzulässig erklärt. Hingegen können *Dienstleistungsmonopole* aus „im öffentlichen Interesse gelegenen Gründen nichtwirtschaftlicher Art" mit dem Gemeinschaftsrecht vereinbar sein[42]. Gleiches wird her-

---

trizitätsunternehmen dem allgemeinen Kartellrecht unterworfen. Dazu treten Strafvorschriften im ElWOG (§ 62 ff).
40 Siehe zB EuGH Rs C-179/90 *Porto di Genova*, Slg 1991, I-5889, Rz 17. Ebenso zB EugH Rs C-18/93 *Corsica Ferries*, Slg 1994, I-1783, Rz 42 f; Rs C-320/91 *Corbeau*, Slg 1993, I-2533, Rz 9 ff; Rs C-323/93 *Cnetre d'insemination de la Crespelle*, Slg 1994, I-5077, Rz 18; Rs C-387/93 *Banchero*, Slg 1995, I-4663, Rz 51. Ein Mißbrauch einer marktbeherrschenden Stellung liegt zB vor, wenn das mit bestimmten Aufgaben ausschließlich betraute Unternehmen „offenkundig nicht in der Lage ist, die Nachfrage nach solchen Leistungen am Markt zu befriedigen". Gleiches gilt, wenn ein Unternehmen mit einer gesetzlich gewährleisteten marktbeherrschenden Stellung sich oder einem Tochterunternehmen ohne objektives Bedürfnis eine „Hilfstätigkeit vorbehält, die von einem dritten Unternehmen im Rahmen seiner Tätigkeit auf einem benachbarten, aber getrennten Markt ausgeübt werden könnte". Ein marktbeherrschendes Unternehmen darf aber auch nicht die Möglichkeit haben „die Bezahlung nicht verlangter Dienstleistungen zu fordern" oder „unverhältnismäßige Preise in Rechnung zu stellen."
41 Siehe zB EuGH Rs C-202/88 *Frankreich/Kommission*, Slg 1991, I-1223 Rz 43; Rs C-260/89 ERT, Slg 1991, I-2925, Rz 12, 19 ff; Rs C-179/90 *Porto die Genova*, Slg 1991, I-5889, Rz 21 f. Siehe dazu DOHMS, Die Entwicklung eines wettbewerblichen europäischen Elektrizitätsbinnenmarktes, in: Oberösterreichische Kraftwerke AG (Hg), Aktuelle Probleme der Elektrizitätswirtschaft (1995) 35 (51) und HEINEMANN, Grenzen staatlicher Monopole im EG-Vertrag (1996) 87 ff.
42 EuGH Rs C-260/89 ERT, Slg 1991, I-2925 Rz 12, 19 ff.

kömmlicher weise auch für *Produktionsmonopole* angenommen[43]. Dienstleistungsmonopole und Produktionsmonopole im Bereich der Elektrizitätswirtschaft sind nach dem EU-Primärrecht durch das Allgemeininteresse gerechtfertigt. Sie sind auch nach Maßgabe der besonderen Regelungen der Elektrizitätsbinnenmarktrichtlinie zulässig. Nach der Richtlinie ist infolge der dort vorgesehenen bloß beschränkten Marktöffnung (Art 19) und durch die Möglichkeit der Benennung eines übergeordneten einzigen Netzbetreibers (Art 6 Abs 2, Art 7) sowie eines einzigen (gemeinwirtschaftlich verpflichteten) Alleinabnehmers (Art 18) aber auch die Einräumung ausschließlicher Rechte für den Einkauf und Verkauf der Ware Elektrizität innerhalb der Mitgliedstaaten und für die Einfuhr und Ausfuhr von Elektrizität zwischen den Mitgliedstaaten zulässig.

Die derzeit *öffentlichen* dh nicht primär gewinngerichteten und wettbewerbsorientierten Aufgaben der Verbundgesellschaft und das bereits geltende Preisgesetz sind daher mit der Richtlinie und mit den Regelungen des europäischen Primärrechts durch geringfügige Anpassungen grundsätzlich vereinbar. Die in der Richtlinie vorgesehene (beschränkte) Marktöffnung des Netzzugangs, der Elektrizitätstransit, der Wettbewerb der Energieerzeuger und die Transparenz der Elektrizitätsunternehmen bedeuten nicht schlechthin die Unzulässigkeit eines zentralen staatlichen (staatsbeherrschten) Unternehmens zur Herstellung und Aufrechterhaltung der *Rahmenbedingungen* für eine am Gemeinwohl orientierte Elektrizitätswirtschaft. Wenn und soweit die Verbundgesellschaft gemeinwirtschaftliche Aufgaben erfüllt, entspricht sie bereits jetzt den Ausnahmetatbeständen des EG-Rechts und nimmt in diesem Sinn ipso iure bereits eine Sonderstellung ein. Eine *betriebswirtschaftliche* Einheit des Verbundkonzerns und seiner unterschiedlichen Funktionen ist nach der Elektrizitätsbinnenmarktrichtlinie zwar nicht erforderlich. Die Sicherung der *volkswirtschaftlichen* Rahmenbedingungen der Elektrizitätswirtschaft kann nämlich – unter Beachtung der europarechtlich beschränkt gebotenen Gleichstellung der Elektrizitätsgesellschaften im Wettbewerb – unabhängig davon einem zentralen Versorgungsunternehmen übertragen werden. Die Richtlinie fordert lediglich die Unterlassung von allgemeinen Diskriminierungen und der Bevorzugung von Tochterunternehmen und Aktionären des öffentlichen Dienstleistungsunternehmens.

---

[43] Dohms, Elektrizitätsbinnenmarkt 73 f; Heinemann, Monopole 138 ff.

3. Die unzureichende Berücksichtigung öffentlicher (gemeinwirtschaftlicher und gesamtwirtschaftlicher) Interessen im Reformentwurf

Im Art 2 des Reformentwurfs werden in Form eines Verfassungsgesetzes die *Eigentumsverhältnisse* an der Verbundgesellschaft, an den Sondergesellschaften und an den Landesgesellschaften im Sinn einer Sicherung des Aktienkapitals der Gebietskörperschaften an den Elektrizitätsgesellschaften festgeschrieben. Danach muß das Aktienkapital der Verbundgesellschaft – wie bisher schon – mindestens 51 vH im Eigentum des Bundes stehen (§ 1 Abs 1). Von den Anteilsrechten an den in der Anlage 3 angeführten Sondergesellschaften müssen mindestens 51 vH, an den in der Anlage 4 angeführten Sondergesellschaften müssen mindestens 50 vH im Eigentum des Bundes oder der Verbundgesellschaft stehen (§ 1 Abs 2). (Die Anteilsrechte an den in Anlage 3 angeführten Landesgesellschaften müssen mindestens zu 51 vH im Eigentum von Gebietskörperschaften oder von Unternehmungen stehen, an denen Gebietskörperschaften mit mindestens 51 vH beteiligt sind.)

Trotz der durch das Europarecht bedingten Öffnung des Elektrizitätsmarktes wurde im Ministerialentwurf ursprünglich noch an der aktienrechtlichen Sonderbestimmung festgehalten, daß die *Verschmelzung von Sondergesellschaften* des Bundes der Zustimmung aller Bundesländer und Landesgesellschaften bedarf, die an den betroffenen Gesellschaften beteiligt sind (§ 1 Abs 2). Dieses Zustimmungsrecht entbehrt angesichts der Unterwerfung der Verbundgesellschaft unter die Bedingungen des freien europäischen Marktes jeder sachlichen Rechtfertigung. Sie war bereits von Anfang an verfassungsrechtlich problematisch. Die Möglichkeit der vertraglichen Verschmelzung von Sondergesellschaften des Bundes besteht zur Auflösung der Versperrungen des Ertragsausgleichs zwischen den Sondergesellschaften mit unterschiedlichen Ertragslagen und der Verbundgesellschaft, im Sinn einer betriebswirtschaftlichen und gesamtwirtschaftlichen Effizienz. Das Erfordernis der Zustimmung der Bundesländer und der Landesgesellschaften, die an den betroffenen Gesellschaften beteiligt sind, begegnet daher verfassungsrechtlichen Bedenken. Hierin liegt eine verfassungswidrige Ungleichheit von Gesellschaften der Stromerzeugung gegenüber jenen Gesellschaften, die dem Aktienrecht oder dem GmbHG unterliegen, wofür vor allem im Hinblick auf das Obsolet-Werden des Art 12 Abs 1 Z 5 B-VG jede sachliche Rechtfertigung fehlt[44]. Die Verfassungswidrigkeit dieser Regelung wird durch die Öffnung des staatlichen Marktes gegenüber Europa noch verschärft. In der Regierungsvorlage ist

---

44 Siehe in diesem Sinn bereits WINKLER, Neuorganisation 83 f.

daher dieser Vorschlag des Ministerialentwurfs richtigerweise nicht mehr enthalten.

Nach der Regierungsvorlage soll das 2. VerstaatlichungsG ersatzlos aufgehoben werden (Art II § 2 Abs 2). Die gemeinwirtschaftlichen Ordnungsaufgaben der Verbundgesellschaft, die im 2. VerstaatlichungsG verfassungsrechtlich abgesichert sind, wären nach dem Entwurf für ein ElektrizitätswirtschaftsG *nicht mehr gesetzlich geregelt*, obwohl dies im öffentlichen Interesse Österreichs geboten und europarechtlich grundsätzlich zulässig wäre. Das hätte für die Zukunft das Fehlen einer (verfassungs-)gesetzlichen Garantie der gemeinwirtschaftlichen Aufgabenerfüllung durch die Verbundgesellschaft im Sinn einer gesamtwirtschaftlichen Planung, Koordinierung und Aufgabenteilung im Verhältnis zu den Landesgesellschaften und zu den Sondergesellschaften zur Herstellung der gleichmäßigen Versorgung im Bundesgebiet unter ministerieller Aufsicht zur Folge. Die bloßen Kapitalbeteiligungen des Bundes an der Verbundgesellschaft und an den Sondergesellschaften und die privatwirtschaftlichen Bindungen innerhalb des Verbundkonzerns würden zur Erfüllung dieser Aufgaben vor allem gegenüber den zentrifugalen Interessen der Landesgesellschaften nicht ausreichen. Die planenden, gestaltenden und ausgleichenden Aufgaben der Verbundgesellschaft könnten durch bloß kontrollierende staatliche Genehmigungs- und Aufsichtsbefugnisse über alle staatlichen Elektrizitätsunternehmen nicht ersetzt werden. Dazu kommt, daß nach dem Entwurf Preis- und Gebietsabsprachen im Verhältnis der Gesellschaften zueinander *generell* dh unabhängig von ihrem Zweck unzulässig sein sollen und daß die Verbundgesellschaft als Energie*erzeuger* durch eine unbeschränkte Marktöffnung für eine Vielzahl von nationalen Elektrizitätsunternehmen den übermächtigen ausländischen Energieunternehmen im Wettbewerb bloß gleichgestellt würde, ohne daß auf ihre bisherige verfassungsrechtliche Sonderstellung entsprechend Bedacht genommen wäre.

Das Europarecht sieht zur Verwirklichung des Elektrizitätsbinnenmarktes die Gewährleistung der elektrizitätswirtschaftlichen Infrastruktur in den Mitgliedstaaten zum Transport der elektrischen Energie vor; und zwar im Interesse an der gleichmäßigen Versorgung und der technischen Sicherheit. Nach Art 7 Abs 1 der Richtlinie benennen die Mitgliedstaaten (oder die von ihnen dazu aufgeforderten Unternehmen, die Eigentümer von Übertragungsnetzen sind) für einen Zeitrahmen, den sie unter Effizienzerwägungen und unter Berücksichtigung des wirtschaftlichen Gleichgewichts festlegen, für das übergeordnete Übertragungsnetz als österreichweites Verbundnetz „einen *Netzbetreiber*". Dieser (singuläre) Netzbetreiber ist „für den Betrieb, die Wartung sowie gegebenenfalls den

Ausbau des Übertragungsnetzes[45] in einem bestimmten Gebiet [dh im österreichischen Binnenmarkt] und der Verbindungsleitungen mit anderen Netzen verantwortlich". Er hat auf diese Weise die „Versorgungssicherheit" [im österreichischen Binnenmarkt] zu gewährleisten. Dem Netzbetreiber des übergeordneten Übertragungsnetzes obliegt es, „die Energieübertragung durch das Netz unter Berücksichtigung des Austausches mit den anderen *„Verbundnetzen"* [der Mitgliedstaaten] *zu regeln.*" Daher ist es Aufgabe dieses übergeordneten Netzbetreibers, ein „sicheres, zuverlässiges und leistungsfähiges Elektrizitätsnetz zu unterhalten und in diesem Zusammenhang für die Bereitstellung aller unentbehrlichen Hilfsdienste zu sorgen" Der Netzbetreiber des übergeordneten Übertragungsnetzes hat den sicheren und leistungsfähigen Betrieb, den koordinierten Ausbau und die Interoperabilität des *Verbundsystems* sicherzustellen." In diesem Sinn muß nach der Grundsatzbestimmung im Punkt 25 der Gründe der Richtlinie das übergeordnete Übertragungsnetz „einem *zentralen Management und zentraler Überwachung* unterliegen, damit Sicherheit, Zuverlässigkeit und Effizienz des Netzes im Interesse der Erzeuger und Verbraucher gewährleistet sind." Abs 3) Art 8 der Richtlinien regelt die Verantwortung des übergeordneten Netzbetreibers für die Inanspruchnahme der Erzeugungsanlagen in seinem Gebiet und der Nutzung der Verbindungsleitungen mit den anderen Netzen und schreibt Grundsätze für die Nutzung der Verbundleitungen vor. Die (vom Netzbetreiber aufgestellten) Kriterien für die Nutzung der Verbundleitungen müssen objektiv, nichtdiskriminierend sein und bedürfen der Veröffentlichung. Sie können durch die Mitgliedsstaaten einer staatlichen Genehmigung unterworfen werden.

Als *„Verbundnetz"* im Sinn dieser Regelungen definiert Art 2 Z 11 „eine Anzahl von Übertragungs- und Verteilernetzen, die durch eine oder mehrere Verbindungsleitungen miteinander verbunden sind". Der Betreiber des Verbundnetzes ist nach dem Sinn dieser Regelungen nicht etwa nur für den bloßen Betrieb einzelner Übertragungsnetze im Mitgliedstaat zuständig, sondern auch für den *koordinierten* Ausbau und für den Betrieb des Verbundes sämtlicher Netze im Mitgliedstaat und im Verhältnis zu den Verbundsystemen der anderen Mitgliedstaaten (vgl Art 7 Abs 3 und 4). Das geht schon aus dem konsequent eingehaltenen Wortlaut der zentralen Begriffe *„der* Netzbetreiber" und *„des* Übertragungsnetzes" im Singular eindeutig hervor. Die Mitgliedstaaten als Adressaten dieser Regelungen haben den übergeordneten Netzbetreiber für ihr Staats-

---

45 Als „Übertragung" definiert die Richtlinie „den Transport von Elektrizität über ein Hochspannungsverbundnetz zum Zwecke der Stromversorgung von Endverbrauchern oder Verteilern."(Art 3 Z 5). Siehe die entsprechende Definition der Übertragung und des „Betreibers von Übertragungsnetzen" im § 6 Z 5 und 25 des Entwurfs.

gebiet zu benennen. Durch die Bennennung eines einzigen übergeordneten Netzbetreibers in den Mitgliedstaaten soll die Effizenz des Elektrizitätsbinnenmarktes und die Interoperabilität der Verbundsysteme der Mitgliedstaaten gewährleistet werden.

Die Art 10 ff enthalten analoge Regelungen für Betreiber eines nachgeordneten Verteilernetzes[46]. Auf dieser zweiten Verteilungsebene können durch die Mitgliedsstaaten zwar Konzessionen an verschiedene Elektrizitätsversorgungsunternehmen zu Versorgung der Kunden in einem bestimmten Gebiet vergeben werden (Punkt 29 der Gründe der Richtlinie). Die Mitgliedsstaaten oder die von diesen dazu aufgeforderten Unternehmen, die Eigentümer von Verteilernetzen sind, oder die für solche Netze verantwortlich sind, müssen aber auch für den Betrieb ihres Verteilernetzes einen Netzbetreiber benennen. Dieser ist für den Betrieb, für die Wartung und gegebenenfalls für den Ausbau des Verteilersystems in einem bestimmten Gebiet und der Verbindungsleitungen mit anderen Netzen verantwortlich. Er wäre richtigerweise dem österreichweiten Verbundnetzbetreiber unterzuordnen.

Auf den Betreiber des übergeordneten Übertragungsnetzes als Verbundnetz wird auch an anderen Stellen der Richtlinie Bezug genommen. Im Art 6 Abs 2 wird etwa folgende Regelung getroffen: „Der Betreiber des Übertragungsnetzes oder eine andere von dem betreffenden Mitgliedstaat benannte zuständige Stelle erstellt und veröffentlicht unter Aufsicht des Mitgliedstaates in regelmäßigen Zeitabständen, jedoch mindestens alle zwei Jahre, eine *Vorausschau über die Erzeugungs- und Übertragungskapazitäten*, die an das Netz angeschlossen werden können, den *Bedarf an Verbindungen mit anderen Netzen*, die *Übertragungspotentiale* und die *Elektrizitätsnachfrage.*" Im Zusammenhang mit der Ausschreibung für die Errichtung von Elektrizitätserzeugungsanlagen ist vorgesehen (Art 6 Abs 1), daß die Mitgliedstaaten oder die von dem betreffenden Mitgliedstaat benannte „zuständige Stelle" auf Basis der Vorausschau der Erzeugungs- und Übertragungskapazitäten das Inventar der neuen Produktionsanlagen, einschließlich der Ersatzkapazitäten erstellen. Der Netzbetreiber wird in der zweitgenannten Vorschrift zwar nicht ausdrücklich genannt, seine mögliche Zuständigkeit auch für dieses Angelegenheit ist aber zweifelsfrei miteinbezogen.

Der übergeordnete „Betreiber" der Übertragungsnetze und die Betreiber der einzelnen untergeordneten regionalen Verteilernetze im Sinn der

---

[46] Als „Verteilung" definiert die Richtlinie „den Transport von Elektrizität mit mittlerer oder niedriger Spannung über Verteilernetze zum Zwecke der Stromversorgung von Kunden. „Kunden" sind Endverbraucher von Elektrizität und Betreiber von Verteilernetzen. (Art 2 Z 6 und 7). Siehe entsprechend § 6 Z 6 und 7 des Entwurfs.

Regelungen über den Netzbetrieb müssen in der Lage sein, das *Funktionieren der Netze zur Verwirklichung des Binnenmarkts und die gleichmäßige Versorgung im gesamten Bundesgebiet sicherzustellen.* Der übergeordnete Netzbetreiber hat eine gesamtwirtschaftliche *Vorausschau über die Erzeugungs- und Übertragungskapazitäten, über den Bedarf an Verbindungen mit anderen Netzen, über die Übertragungspotentiale und die Elektrizitätsnachfrage umfassend zu ermitteln und zu veröffentlichen. Seine Aufgaben entsprechen den derzeitigen verfassungsgesetzlich abgestützten gesamtwirtschaftlichen Aufgaben der Verbundgesellschaft.* Als übergeordneter Netzbetreiber kommt nach der Richtlinie ein zentrales übergeordnetes, staatliches Versorgungsunternehmen als beliehenes Unternehmen in Frage, das zur Erfüllung dieser öffentlichen, europarechtlichen Aufgaben *geeignet* ist. Dafür bietet sich in Österreich selbstredend die Verbundgesellschaft an[47]. Der Netzbetreiber ist jedenfalls staatlich (gesetzlich) zu bestimmen. Dieser Netzbetreiber *ist* nach der Richtlinie entweder von den Mitgliedstaaten zu benennen oder von den dazu aufgeforderten Elektrizitätsunternehmen, die Eigentümer der Netze sind[48].

Der Entwurf für ein ElWOG sieht im Widerspruch zu dieser Verpflichtung aus völlig unerfindlichen Gründen keinen zentralen Netzbetreiber vor. Im Entwurf wird, offenbar bloß an der zivilrechtlichen Eigentümerstellung an den bestehenden Netzen und an bestehenden Konzessionen orientiert, von einer Vielzahl unterschiedlicher Betreiber verschiedener Übertragungsnetze und Verteilernetze ausgegangen[49]. Diese

---

[47] So auch bereits DRAXLER (Hg), Neuordnung der Elektrizitätswirtschaft (1997) 156 f: „Die Verbundgesellschaft ist Eigentümerin und Betreiberin der länderüberschreitenden großen Netze (...). Deshalb liegt es auf der Hand, daß sie im Sinne des Art 7 Abs 1 des RL-Vorschlages zum Netzbetreiber ernannt wird, der für den Betrieb, die Wartung und den Ausbau des Übertragungsnetzes österreichweit, sowie für die Herstellung der Verbindungsleitungen mit anderen Netzen verantwortlich ist. Dazu müßten im Sinne des Art 7 Abs 2 die nötigen technischen Vorschriften, die nicht diskriminierende Anforderungen für die Interoperabilität der Netze sicherstellt, erlassen werden."
[48] Ungenau, aber in die gleiche Richtung SCHÄFFER, Wirtschaftsaufsichtsrecht, in: Raschauer (Hg) Grundriß des österreichischen Wirtschaftsrechts (1988) 181 (198): „Denkbar wäre zB die staatliche Bestimmung eines Netzbetreibers für das Übertragungsnetz, falls sich die Branche nicht auf eine Lösung einigt."
[49] Die Verbundgesellschaft betreibt Hochspannungsleitungen mit Spannungen von 110 kV, 220 kV und mit 380 kV. Die Trassenlänge beträgt bei 110-kV-Leitungen 1077,7 km, bei 220-kV-Leitungen 1755,3 km und bei 380-kV-Leitungen 1053,2 km (Stand 31. 12. 1995). Im Jahr 2000 wird das Netz der Trassen für 380-kV-Leitungen 1129 km betragen. Eine Gegenüberstellung der Trassen von Landesgesellschaften, Sondergesellschaften sowie von Städtischen und sonstigen Elektrizitätsversorgungsunternehmen zeigt, daß die Landesgesellschaften 110-kV-Leitungen in der Trassenlänge von 5184,4 km, 220-kV-Leitungen in der Trassenlänge von 145,7 km und 380-kV-Leitungen in der Trassenlänge von 91,3 km betreiben. Die Sondergesellschaften und die städtischen Versorgungsunternehmen betreiben nur in geringem Ausmaß Hochspannungsleitungen. Die Ennskraftwerke AG, die Österreichische Draukraftwerke AG, die Tauernkraftwerke AG und die

sollen überdies je und je für ihre Netze *Alleinabnehmer* im Sinn des Art 18 der Richtlinie sein (§ 18; näher dazu unten). Das bestehende Verbundnetz scheint als selbstverständlich vorausgesetzt oder nicht existent zu sein. Der Betrieb eines Verteilungsnetzes innerhalb eines Landes bedarf *nach dem Entwurf* einer Konzession (§ 26). Die Voraussetzungen für die Konzessionserteilung wären *landesgesetzlich* zu regeln (§ 26 Abs 2). Mit Erteilung der Konzession würde der Betreiber das Recht und die Pflicht zur Allgemeinversorgung im ganzen Versorgungsgebiet erwerben (§ 27). Die Übergangsbestimmung im § 68 Z 1 sieht vor, daß Unternehmen, die ein Verteilungsnetz zum Zeitpunkt des Inkrafttretens des Gesetzes rechtmäßig betreiben, im Umfang ihrer bisherigen Tätigkeit unbefristet als konzessioniert gelten sollen. Für die Betreiber der (regionalen) Übertragungsnetze werden im § 23 gemeinwirtschaftliche Pflichten *für ihr jeweiliges Versorgungsgebiet* festgelegt. Die allgemeinen Bedingungen für die Betreiber von (regionalen) Übertragungsnetzen bedürfen der staatlichen Bewilligung (§ 24). Dafür soll kraft besonderer Verfassungsbestimmung die Landesregierung zuständig sein. Wenn sich ein Übertragungsnetz über zwei Länder erstreckt, sind die beteiligten Landesregierungen einvernehmlich zuständig. Nur dann, wenn sich die Übertragungsnetze über mehr als zwei Länder erstrecken, ist der BMWA zuständig; doch der BMWA kann auch diese Kompetenz delegieren[50]. Die Qualifikation als Netzbetreiber ist von Amts wegen oder auf Antrag bescheidmäßig festzustellen (§ 22)[51]. Vergleichbar damit ist für die Errichtung und für die Inbetriebnahme von Stromerzeugungsanlagen eine Errichtungsgenehmigung und eine Betriebsbewilligung vorgeschrieben (§ 12)[52]. Die Ausführungsgesetzgebung und die Vollziehung obliegt den Ländern. Bisherige Bewilligungen gelten ohne Anpassungspflicht an die Richtlinie als erteilt.

Österreichische Donaukraftwerke AG betreiben zusammen 110-kV-Leitungen in der Trassenlänge von rund 210 km, 220-kV-Leitungen in der Trassenlänge von rund 40 km, aber keine 380-kV-Leitungen. Städtische und sonstige Elektrizitätsversorgungsunternehmen betreiben nur 110 kV-Leitungen, und zwar in einer Trassenlänge von 121,4 km (Stand 31. 12. 1995; Angaben aus Österreichische Elektrizitätswirtschafts-AG, Zahlen, Daten, Fakten 96).

50 Das bedeutet eine Inhomogenität nicht nur mit dem Preisrecht des Bundes, sondern auch mit dem Starkstromwegerecht (Errichtung und Inbetriebnahme von Starkstromleitungen): Nach Art 10 Abs 1 Z 1 B-VG ist für die Starkstromwege der Bund zur ausschließlichen Gesetzgebung und Vollziehung zuständig, wenn sich die Leitung über *zwei oder mehr Bundesländer* erstreckt.

51 Im geltenden ElWG ist auch für die Lieferung elektrischer Energie an Elektrizitätsversorgungsunternehmen eine Konzession erforderlich (§ 3 lit b).

52 Für die bestehenden Bewilligungen für Stromerzeugungsanlagen fehlen Übergangsregelungen. Sie wären wie die Bewilligungen für den Betrieb von Verteilernetzen in die Übergangsbestimmung des § 68 Z 1 aufzunehmen.

Diese Regelungen sind zwar jenen des geltenden Rechts ähnlich. Durch die geplante Aufhebung der bundesweit planenden, gestaltenden und leitend ausgleichenden verfassungsgesetzlichen Befugnisse der Verbundgesellschaft, ausgerichtet an der Aufgabe einer gleichmäßigen und effizienten Versorgung aller Verbraucher im gesamten Bundesgebiet, wäre die Organisation der Elektrizitätswirtschaft nach diesen Regelungen aber entgegen dem Ziel der Richtlinie von einem effektiven nationalen Binnenmarkt in einem hohen Maß *dezentralisiert*. Der Entwurf sieht trotz Aufhebung des VerstaatlichungsG nicht streitvermeidend vor, *wer* Übertragungsnetze und Verteilungsnetze betreiben soll, auch nicht welchen *gesamtwirtschaftlichen* Kriterien die zahlreichen Netzbetreiber dabei unterliegen sollen. Das gleiche gilt für die Energieerzeugung. Nicht nur für den Netzbetrieb, auch für die Energieerzeugung wird nicht auf *gesamt*wirtschaftliche Kriterien abgestellt[53]. Die Bedachtnahme auf gesamtwirtschaftliche Kriterien ist derzeit im 2. VerstaatlichungsG (siehe dazu oben III.1) und im ElWG sowohl für die Stromerzeugungsanlagen als auch für den Netzbetrieb vorgeschrieben[54]. Das gleiche gilt für das Starkstromwegerecht des Bundes[55]. Abgesehen von staatlichen Energielenkungsmaßnahmen in Ausnahmesituationen (Notstand) nach dem EnergielenkungsG und von staatlichen Preisregelungsvorschriften gäbe es nach dem Entwurf daher keine bundeseinheitliche Planung und Koordinierung der Elektrizitätswirtschaft unter Respektierung des Effektivitätsgebots für den europäischen Binnenmarkt. Durch eine derartige regionale und örtliche Zersplitterung der Elektrizitätswirtschaft erscheint die Erfüllung der umfassenden Staatsaufgabe Elektrizitätswirtschaft nicht nur unter Beachtung des verfassungsrechtlichen Gebotes des gemeinwirtschaftlich-gesamtwirt-

---

53 Vgl die Voraussetzungen des § 12 Abs 1 für die Errichtungsgenehmigung und Betriebsbewilligung für Stromerzeugungsanlagen: „Die Ausführungsgesetze haben jedenfalls die für die Errichtung und Inbetriebnahme von Stromerzeugungsanlagen sowie die für die Vornahme von Vorarbeiten geltenden Voraussetzungen auf Grundlage objektiver, transparenter und nichtdiskriminierender Kriterien im Sinne der Artikel 4 und 5 der Elektrizitätsbinnenmarktrichtlinie festzulegen, wobei unter dem Aspekt der Energieeffizienz insbesondere auch die wirtschaftlichen Effizienzpotentiale im Bereich der Endverbraucher zu berücksichtigen sind." Für die Verleihung der Konzession zum Betrieb eines Verteilernetzes werden im Grundsatzgesetz keinerlei Kriterien festgelegt (§ 26)

54 Siehe für die Elektrizitätsversorgungsunternehmen § 4 lit b) ElWG: „Die Erteilung der Konzession ... setzt voraus: b) daß im Falle des § 3 lit b [Konzession für die Lieferung elektrischer Energie an Elektrizitätsversorgungsunternehmen] eine *bestmögliche Verbundwirtschaft* gewährleistet ist". Die Vorschrift des § 4 gilt gemäß § 10 Abs 4 sinngemäß auch für die Bewilligung von Erzeugungsanlagen. Die Verbundgesellschaft hat demgemäß im Verfahren der Konzessionserteilung für Elektrizitätsversorgungsunternehmen Parteistellung (§ 4 Abs 3).

55 § 7 StarkstromwegeG fordert für die Bau- und Betriebsbewilligung von landesüberschreitenden Starkstromanlagen die Bedachtnahme auf die *Versorgung der gesamten Bevölkerung* und die *Abstimmung mit den bereits vorhandenen Energieversorgungseinrichtungen*.

schaftlichen Gleichgewichts als Staatsziel (ausgewogene Infrastruktur, gleichmäßige Versorgung, einheitliche Preise, Bedarfsausgleich, gleichmäßige soziale Belastung der Produzenten), sondern auch jenes der (betriebs)-wirtschaftlichen Effizienz des Verbundkonzerns innerhalb Österreichs und im internationalen Wettbewerb in Frage gestellt.

Nach der Elektrizitätstransitrichlinie haben die Mitgliedstaaten den Elektrizitätstransit im Binnenmarkt *über ihre großen Netze* zu gewährleisten. Nach Art 21 der Eletrizitätsbinnenmarktrichtlinie sind die Mitgliedstaaten eingeschränkt verpflichtet, Direktleitungen zwischen Erzeugern und zugelassenen Kunden zu ermöglichen und für deren Errichtung nicht diskriminierende Kriterien festzulegen, wenn die vorhandenen Netzkapazitäten nicht ausreichen. In Österreich bestehen infolge des föderalistischen Systems der Stromversorgung zu denselben Umspannwerken parallel mehrere Leitungen einer oder mehrerer Landesgesellschaften, städtischer Versorgungsunternehmen und der Verbundgesellschaft. Dazu kommen noch die Eigenleitungen der ÖBB. Dieses System ist (innerstaatlich gesehen) bereits jetzt unwirtschaftlich. Es bedeutet zwangsläufig hohe Transportkosten und erhebliche Energieverluste. Es ist daher auch zur Erfüllung der europarechtlichen Transitpflicht nicht geeignet. Die einzelnen Leitungen sind zT beträchtlich überlastet (insb das gegenwärtige 220 KV-Netz) und könnten daher die Durchleitung zu den zugelassenen Kunden nicht verkraften. Die europarechtliche Pflicht zur Durchleitung legt die Zusammenführung der großen Übertragungsnetze (380, 220 und 110 KV) in die Obsorge eines übergeordneten Netzbetreibers nahe. Im Sinn einer effizienten Rationalisierung wäre derart auch der Austausch der veralteten 110 und 220 KV-Leitungen gegen moderne 380 KV-Leitungen nach einem österreichweit einheitlichen Konzept gewährleistet. Darüber hinaus könnte der Netzbetreiber in Zeiten freier Kapazitäten mit der Durchleitung gegen *Peage* (das ist das Entgelt, das der Leitungsbetreiber für die Durchleitung elektrischer Energie nach KWh und Strecke einheben darf) für Neuinvestitionen Deckungsbeiträge erzielen, die gesamtwirtschaftliche österreichische Dienstleistungsbilanz verbessern und neue *stranded investments* verhindern[56].

Mit der geplanten Konstruktion der Elektrizitätsversorgung würde wegen Ermangelung eines übergeordneten Netzbetreibers die Elektrizitätsbinnenmarktrichtlinie *europarechtswidrig nicht effizient implementiert.* Art 5 EG-Vertrag legt allgemein fest, daß die Mitgliedstaaten alle *geeigneten Maßnahmen* allgemeiner oder besonderer Art zur Erfüllung jener Verpflichtungen treffen, die sich aus diesem Vertrag oder aus Handlungen

---

[56] Siehe dazu näher DRAXLER, Neuordnung 157 f.

der Organe der Gemeinschaft ergeben. Nach Art 189 EG-Vertrag sind *Richtlinien* – ähnlich Verfassungsgesetzen – für die Mitgliedstaaten hinsichtlich des zu erreichenden *Zieles* unmittelbar verbindlich, sie überlassen jedoch den Staaten die Wahl der rechtlichen Form und der rechtlichen Mittel. Im Unterschied dazu sind europäische Verordnungen in allen ihren Teilen unmittelbar verbindlich und daher in jedem Mitgliedstaat unmittelbar anwendbar. *Wenn und soweit die Richtlinie aber die Mittel der Umsetzung vorgibt, ist der Staat daran gebunden*[57]. Richtlinien sind *vollständig* und „*praktisch wirksam*" umzusetzen. Ihr Zweck darf nicht unterlaufen werden (Frustrationsverbot)[58]. Im vorliegenden Zusammenhang dient die Pflicht zur Benennung eines verantwortlichen übergeordneten Netzbetreibers den in der Richtlinie definierten Zielen der Unterhaltung eines „sicheren, zuverlässigen und leistungsfähigen Elektrizitätsnetzes" unter Bereitstellung aller dafür erforderlichen unentbehrlichen Hilfsdienste sowie der Erfassung und Veröffentlichung der gesamtwirtschaftlichen Daten der Elektrizitätswirtschaft zur Verwirklichung des Elektrizitätsbinnenmarkts. Zu diesem Zweck ist den Mitgliedstaaten die Pflicht zur Benennung eines verantwortlichen übergeordneten Netzbetreibers *zwingend* auferlegt. Der einzelne Mitgliedstaat hat in dieser Frage keinen Ermessensspielraum. Die im Entwurf geplante Neuorganisation ist daher in dieser Hinsicht eklatant europarechtswidrig; sie steht aber auch im Widerspruch zu den grundsätzlichen europarechtlichen Zielen der Stärkung der Versorgungssicherheit und der Wettbewerbsfähigkeit der europäischen Wirtschaft sowie der *Effizienz* bei der Erzeugung, Übertragung und Verteilung von elektrischer Energie im Elektrizitätsbinnenmarkt (Punkt 4 der Gründe der Richtlinie).

---

[57] In der Praxis sind die Richtlinien häufig derart detailliert, daß sie den Mitgliedstaaten lediglich die Möglichkeit einer nahezu wortgleichen Umsetzung lassen (ÖHLINGER, Verfassungsrecht³ [1997] 84). Wenn eine Richtlinie klar und unbedingt ist und insoweit zu ihrer Anwendung keines Ausführungsakts mehr bedarf, entfaltet sie nach der europäischen Judikatur und nach der hA sogar unmittelbar innerstaatliche Wirkung im Verhältnis von Privaten gegenüber dem Staat, soweit diese durch die Richtlinie begünstigt sind (GRILLER, Grundzüge des Rechts der Europäischen Union [1995] 22).

[58] Vgl dazu RASCHAUER in Raschauer (Hg) Grundriß des österreichischen Wirtschaftsrechts (1998) Allgemeiner Teil, 29 Rz 70 f, mit Nachweisen aus der Rspr des EuGH: „Entgegen dem Wortlaut des Art 189 Abs 3 EG-Vertrag genügt in der Praxis allerdings schon längst nicht mehr bloße Zielerreichung mit beliebigen nationalen Formen und Mitteln – sei dies angesichts der Konkretheit von RL-Regelungen selbst, sei dies in Anwendung des Grundsatzes der Gemeinschaftstreue (Art 5 EG-Vertrag: „praktische Wirksamkeit der RL". Im Ergebnis wird daher oft eine praktische identische ‚Umsetzung' in Außenrecht gefordert ... Die Mitgliedstaaten sind durch den Grundsatz der Gemeinschaftstreue (Art 5 EG-Vertrag) verpflichtet, die *Rl vollständig umzusetzen und jedenfalls die Zwecke der Richtlinie nicht zu unterlaufen (Frustrationsverbot)*."

Auf derzeit *bestehende privatrechtliche* Bindungen innerhalb der österreichischen Elektrizitätswirtschaft wird in den Schlußbestimmungen des Entwurfs Bezug genommen (§ 70). Danach bleiben „Privatrechtliche Vereinbarungen, die den Bezug, die Lieferung und den Austausch oder den Transport von Elektrizität regeln ... durch die Regelungen dieses Gesetzes unberührt." (Abs 1) Das gleiche gilt nach Abs 2 für folgende, besonders hervorgehobene Verträge: den Landesvertrag 1926 in der Fassung 1940 und den Tiroler Landesvertrag 1949 mit seiner Ergänzung 1962, das Illwerkevertragswerk 1952 und das Illwerkevertragswerk 1988. In den Erläuterungen finden sich zu diesen Regelungen nur unzureichende Erläuterungen. Es wird lediglich lakonisch darauf hingewiesen, daß durch diese Bestimmung „insbesondere auch klargestellt [wird], daß Rahmenvereinbarungen mit Drittstaaten, die künftig einer Genehmigung gemäß § 13 dieses Bundesgesetzes bedürfen, im bisherigen Umfang bestehen bleiben. Eine Genehmigung von Stromlieferungsgeschäften, die auf Grund dieser Rahmenvereinbarungen erfolgen, ist sohin nicht mehr erforderlich."[59] Diese Regelungen betreffen vor allem bestehende Koordinierungsverträge innerhalb des Verbundkonzerns (Verbundgesellschaft, Landesgesellschaften und Sondergesellschaften), die zT im Widerspruch zu den geplanten Neuregelungen stehen. Sie könnten entweder so verstanden werden, daß die zum Zeitpunkt des Inkrafttretens des geplanten Gesetzes bestehenden Verträge unberührt bleiben sollen, wenn sie dessen Vorschriften inhaltlich entsprechen. Sie könnten aber auch so gedeutet werden, daß die Verträge im vollen Umfang verbindlich bleiben, auch wenn sie den Vorschriften des Gesetzesentwurfs nicht entsprechen (vor allem dem Verbot von Preisabsprachen, Absprachen über allgemeine Bedingungen sowie Gebietsabsprachen nach § 4 Abs 2)[60]. Im ersten Fall hätte die Regelung eine verbindliche Klarstellung der Teilgültigkeit (Teilnichtigkeit; zur Vermeidung der gänzlichen Nichtigkeit) der Verträge zum Zweck[61].

---

[59] Beim Landesvertrag 1926 handle es sich um einen Vertrag, der Elemente eines verwaltungsrechtlichen Vertrages enthält, die rechtssystematisch teilweise dem Wasserrecht und teilweise dem Elektrizitätsrecht zuzuordnen sind. Als Querschnittsmaterie müsse daher der Abs 2 als Verfassungsbestimmung vorgesehen werden (Erläuterungen zur Regierungsvorlage, 53 f).

[60] Die in den bestehenden sogenannten Koordinierungsverträgen zwischen der Verbundgesellschaft und den Landesgesellschaften üblichen Schutzbestimmungen (wechselseitiger Gebiets- und Kundenschutz, Alleinbezugsvereinbarungen uä) stehen im Widerspruch zu § 4 Abs 2.

[61] Gesetzliche Vorschriften, die gegen den Inhalt eines Rechtsgeschäfts gerichtet sind (Inhaltsverbote) bewirken dessen Nichtigkeit. Wenn das Rechtsgeschäft durch ein Verbot nur zum Teil berührt wird, richtet sich die Teilgültigkeit oder absolute Nichtigkeit des Vertrages nicht nach dem (hypothetischen) Parteiwillen, sondern nach dem Verbotszweck. Die Rechtsfolge der Teilgültigkeit oder absoluten Nichtigkeit kann ausdrücklich gesetzlich geregelt sein (KOZIOL/WELSER, Grundriß des bürgerlichen Rechts I[10] [1995] 142 mwN).

Im zweiten Fall würde sie eine privilegierende Ausnahme von den Vorschriften des Gesetzes begründen. Diese Zusammenhänge werden im Entwurf aber nicht deutlich gemacht; wie etwa durch Hinweise auf nicht anwendbare Vorschriften. Schließlich könnte man die Vorschrift so verstehen, daß die zivilrechtlichen Rechtsfolgen gesetzwidriger Vereinbarungen nicht Regelungsgegenstand dieses Gesetzes sind[62]. Dann erschiene die Vorschrift aber überflüssig. Die Annahme unverbindlicher Gesetzesinhalte ist zu vermeiden. Die Regelung entspricht überdies nicht dem Bestimmtheitsgebot des verfassungsrechtlichen Legalitätsprinzips. Dabei ist zu veranschlagen, daß eine klare und eindeutige Regelung im Hinblick auf das europarechtliche Diskriminierungsverbot dringend geboten ist. Es ist klarzustellen, wie bestehende Verträge der Richtlinie anzupassen sind, von welchen Vorschriften sie ausgenommen sind und auf welche europarechtlichen Rechtfertigungstatbestände sich derartige Ausnahmen stützen.

4. Grundrechtliche Aspekte: Eingriffe in das Eigentumsrecht und in den Gleichheitsgrundsatz

Bei einer Implementierung der Richtlinie ist auch zu bedenken, daß die Verbundorganisation nach dem II. Weltkrieg als ein Gefüge von *gemeinwirtschaftlichen Staatsunternehmen* aus dem Volksvermögen geschaffen wurde. Durch das 2. VerstaatlichungsG aus dem Jahr 1947 wurden nahezu alle großen Unternehmen zur Erzeugung elektrischer Energie auf staatliche Gesellschaften übertragen, die mehrheitlich im Eigentum des Bundes oder der Länder standen (Großkraftwerke und Landesgesellschaften). Durch das 2. VerstaatlichungsG wurde die österreichische Elektrizitätswirtschaft zum weitaus überwiegenden Teil organisatorisch und funktionell in die gelenkte Staatswirtschaft gesetzlich eingegliedert[63]. Die verfassungsrechtliche *Rechtfertigung* für die damit verbundenen Eigentumseingriffe und Steuerbegünstigungen lag in der *Gemeinnützigkeit* der Verbundorganisation als öffentliches Unternehmen zur gemeinwirtschaftlichen Versorgung der Gesamtbevölkerung mit elektrischer Energie. Die

---

62 So offenbar in der Information Nr 391/97 an den Vorstand der Verbundgesellschaft vom 14. 11. 1997, 2. „... Dergleichen in bestehenden Verträgen enthaltene Bestimmungen bleiben zwar ‚durch die Regelungen dieses Gesetzes unberührt' ..., was allerdings nichts über deren Gültigkeit und Zulässigkeit aussagt, da deren Beurteilung gemeinschaftlichem und innerstaatlichem Kartell- und Wettbewerbsrecht unterliegt."

63 Siehe dazu WINKLER, Das Elektrizitätsrecht, in: Weber/Wenger/Winkler, Beiträge zum österreichischen Wirtschaftsverwaltungsrecht (1962) 70 ff; WENGER, Grundriß des österreichischen Wirtschaftsrechts I (1989) Rz 12 ff, insb 63 ff; FREMUTH, Organisatorische und rechtliche Grundlagen der Elektrizitätswirtschaft in Österreich, FS Klecatsky (1990) 55 f.

Verbundwirtschaft der Elektrizität ist keine erwerbsgerichtete Privatwirtschaftsverwaltung, sondern eine daseinsvorsorgende öffentliche Verwaltung. Die Verbundwirtschaft dient durch die gesetzlich eingerichteten gemeinnützigen Staatsunternehmen keinem erwerbswirtschaftlichen Gewinnzweck. Deshalb kommen den Elektrizitätserzeugungsunternehmen Steuerbefreiungen und staatliche Förderungen zu[64]. *Durch die im Entwurf geplante Abschaffung der gemeinnützigen Aufgaben der Verbundgesellschaft und der Verzicht auf eine entsprechende Preisregelung im Sinn einer Umwandlung zu einer bloß erwerbsgerichteten Energieerzeugung würde die verfassungsrechtliche Rechtfertigung für die Verstaatlichung und für die Steuerbegünstigung (staatliche Förderung) der Elektrizitätswirtschaft preisgegeben.*

Die Verbundgesellschaft, die Landesgesellschaften und die Sondergesellschaften wurden ursprünglich durch beschränkt konfiskatorische Verstaatlichungen geschaffen[65]. Sie wurden teils aus Steuergeldern teils über „zweigeteilte" Strompreise (Grundgebühr und Preis für den tatsächlich bezogenen Strom) finanziert, die auch die Investitionen in neue Kraftwerke decken sollten. Die Verbundgesellschaft und die Sondergesellschaften stehen direkt oder indirekt (über Schachtelbeteiligungen und Tochtergesellschaften) weitaus überwiegend im Eigentum von Gebietskörperschaften des Staates. Sie gewinnen die elektrische Energie weitaus überwiegend aus der Nutzung öffentlicher Gewässer. *Der Staat und der Steuerzahler (dieser über Steuern indirekt und über Entgelte direkt) haben die Investitionen in das öffentliche Gut Elektrizität langfristig finanziert.* Im Fall einer „Privatisierung" der Verbundgesellschaft (nicht im herkömmlichen Sinn von Vermögens- oder Organisationsprivatisierung, sondern von Aufgaben- und Funktionsprivatisierung) wäre diesen vom Staat durch konfiskatorischen Verstaatlichungen von Privatvermögen als unverhältnismäßige Sonderopfer, durch Steuernachlässe und durch vom Verbraucher in Form von Pflichtabgaben erbrachten finanziellen Vorleistungen sowie der kostenlosen Nutzung der öffentlichen Gewässer die verfassungsrechtliche Grundlage entzogen. Der verfassungsrechtliche Gleichheitsgrundsatz und die verfassungsrechtliche Eigentumsgarantie bilden daher in diesem Sinn materielle Schranken für eine Privatisierung der Staatsunternehmen der

---

[64] BG vom 8. Juli 1953 über die steuerliche Begünstigung von Elektrizitätsversorgungsunternehmen (Elektrizitätsförderungsgesetz 1953) BGBl 113/1953, zuletzt geändert durch BGBl 194/1963; BG vom 12. Dezember 1969 über die Förderung von Elektrizitätsversorgungsunternehmen (Elektrizitätsförderungsgesetz 1969) idF BGBl 297/1975, in Fortsetzung älterer Regelungen.

[65] Siehe § 1 Abs 1 2. VerstaatlichungsG, BGBl 81/1947: „Die Unternehmen, Betriebe und Anlagen zur Erzeugung und Verteilung elektrischer Energie werden nach Maßgabe der folgenden Bestimmungen auf die öffentliche Hand übertragen" Ausgenommen von der Verstaatlichung waren nur kleine Stromlieferungsunternehmungen und kleine elektrische Eigenversorgungsanlagen (§ 1 Abs 2).

Elektrizitätswirtschaft. Die Privatisierung von öffentlichem Gut, das auf verfassungsgesetzlicher Grundlage vorwiegend zwangsweise gebildet wurde, ist aus verfassungsrechtlicher Sicht grundsätzlich problematisch.

Eingriffe in das verfassungsgesetzlich garantierte Eigentumsrecht sind an das öffentliche Interesse und an den Grundsatz der Verhältnismäßigkeit gebunden. Der Verfassungsgerichtshof hat daraus die Konsequenz gezogen, daß dann, wenn die enteignete Sache nicht dem Zweck zugeführt wird, für den die Enteignung erfolgte *(zweckverfehlende Enteignung)* eine *Rückübereignung* zu erfolgen habe[66]. Ein derartiger Rückübereignungsanspruch besteht unmittelbar aufgrund der Verfassung: „dem Rechtsinstitut der Enteignung ist die Rückgängigmachung bei Nichtverwirklichung des als Enteignungsgrund normierten öffentlichen Zweckes immanent"[67]. Der Rückübereignungsanspruch besteht daher auch dann, wenn er einfachgesetzlich nicht vorgesehen ist. Aus VfSlg 8981/1980 geht hervor, daß der bloße Verkauf enteigneter Grundstücke an Dritte als solcher nicht die Verfolgung eines öffentlichen Zwecks darstellt, mag der erzielte Erlös auch für das allgemeine Beste zu verwenden sein. Die enteignete Sache muß tatsächlich für den vorgesehenen, die Enteignung rechtfertigenden öffentlichen Zweck verwendet werden. Die Enteignung zur bloßen Förderung fiskalischer Zwecke ist unzulässig. Die Enteignung ist ein Mittel, um der öffentlichen Hand die Erfüllung einer dem allgemeinen Besten dienenden öffentlichen Aufgabe zu ermöglichen. Daher ist auch eine „Enteignung auf Vorrat" unzulässig. In diesem Sinn entsteht der Rückübereignungsanspruch nicht nur dann, wenn der vorgesehene Zweck überhaupt nicht verwirklicht wird, sondern auch dann, wenn er „nicht in dem ursprünglich beabsichtigten Umfang" verwirklicht wird[68].

Im vorliegenden Fall bestand der Zweck der Verstaatlichung der Anteilsrechte an den Elektrizitätsgesellschaften durch das 2. VerstaatlichungsG in der Schaffung *und Aufrechterhaltung* eines *gemeinwirtschaftlichen* gesamtösterreichischen Elektrizitätsversorgungsverbunds. Die geplante Auflösung der gemeinnützigen Verbundwirtschaft würde einen nachträglichen (ex tunc wirkenden) Wegfall des Enteignungszwecks bedeuten. Der

---

66 VfSlg 8980 und 8981/1980; 11.017/1986; 11.828/1988 betreffend die Enteignung von Grundstücken.
67 VfSlg 8981/1980; 11.828/1988. „Die Rechtskraft dieses [Enteignungs]bescheids steht einer solchen Aufhebung deshalb nicht im Wege weil der Vorbehalt der Rückgängigmachung von der Rechtskraft umfaßt ist. Eine solche Aufhebung kann nur rückwirkend (ex tunc) erfolgen, weil sie auf den dem Enteignungsbescheid in der Wurzel anhaftenden Vorbehalt zurückgeht, daß die Enteignung erst mit der Verwirklichung des vom Gesetz als Enteignungsgrund normierten öffentlichen Zweckes endgültig wirksam ist ...". (VfSlg 8981/ 1980)
68 VfSlg 8981/1980.

Enteignungszweck war bis dahin nicht verfehlt; durch die tatsächliche Schaffung der gesamtösterreichischen Verbundwirtschaft mit ihren öffentlichen Aufgaben wurde er ursprünglich verwirklicht und über Jahrzehnte hindurch effektiv verfolgt. Der Zweck dieser Enteignung ist nicht punktuell, sondern dauerhaft. Die seinerzeitige konfiskatorische Verstaatlichung der Elektrizitätswirtschaft steht unter dem *dauernden* Vorbehalt der Erfüllung des Enteignungszwecks. Daher stellt sich auch nicht die Frage einer möglichen „Verjährung" des Rückübereignungsanspruchs (Die Verjährung ist Folge einer qualifizierten *Nichtgeltendmachung* eines bestehenden Rechts, das Recht auf Rückübereignung würde aber erst mit dem Zeitpunkt der Auflösung der gemeinwirtschaftlichen Verbundorganisation entstehen)[69]. Insofern ist die in der Lehre anzutreffende pauschale und unbestimmte Aussage, daß der Rückübereignungsanspruch auch dann erlösche, wenn die enteignete Sache zwar „dem als Enteignungsgrund vorgesehenen Zweck zugeführt wird", dieser Zweck aber „in späterer Folge aufgegeben wird"[70] nach dem jeweiligen konkreten Enteignungszweck („vorgesehener Zweck") zu differenzieren. Sie ist in dieser Allgemeinheit unhaltbar. Ihr kann nur soweit gefolgt werden, als der Enteignungszweck kein dauernder ist und das Objekt der Enteignung zur Erfüllung (anderer) öffentlicher Aufgaben nach wie vor benötigt wird.

Für die Verstaatlichung der Elektrizitätswirtschaft kommt erschwerend hinzu, daß die *Höhe der Entschädigungen* für die vorgenommenen Enteignungen nicht angemessen gewesen war und dem verfassungsrechtlichen Gleichheitssatz widersprach. Im § 12 des Zweiten Verstaatlichungs-Entschädigungsgesetzes aus dem Jahr 1959[71] war nämlich deshalb eine besondere Verfassungsbestimmung getroffen, mit der die offenkundigen Verfassungswidrigkeiten der Entschädigungsregelungen im Ersten Verstaatlichungs-Entschädigungsgesetz durch eine grundrechtswidrige authentische Interpretation des Verfassungsgesetzgebers „saniert" wurden: „...§ 3 und § 10 Abs 1 bis 3 des Ersten Verstaatlichungs-Entschädigungsgesetzes, BGBl. Nr. 189/1954, sowie § 2 des vorliegenden Bundesgesetzes entsprechen dem Art. 7 des Bundes-Verfassungsgesetzes in der Fassung 1929 und dem Staatsgrundgesetz vom 21. Dezember 1867, RGBl. Nr. 142."
Für die Rückabwicklung im Rahmen einer Rückübereignung der verstaatlichten Anteile an den Elektrizitätsgesellschaften wäre nicht nur de-

---

69 Der VfGH ist offenbar von einer Nichtverjährbarkeit des Rückübereignungsanspruchs ausgegangen (siehe VfSlg 8981/1980 betreffend eine im Jahr 1941 erfolgte Enteignung).
70 So ohne Begründung WALTER/MAYER, Grundriß des österreichischen Bundesverfassungsrechts⁸ (1996) 505 Rz 1381.
71 BGBl 3/1960.

ren Wertsteigerung zu veranschlagen, sondern auch die Unangemessenheit der damaligen Entschädigungsleistungen.

Aus grundrechtlicher Sicht wirft die geplante Zerschlagung der österreichweiten Verbundwirtschaft nicht nur die Frage der verfassungsgesetzlichen Rechtfertigung für die seinerzeitige Verstaatlichung der Elektrizitätswirtschaft auf. Die im Entwurf vorgesehene weite Öffnung des österreichischen Elektrizitätsmarktes bewirkt durch die einseitige Belastung der Verbundgesellschaft auch eine unverhältnismäßige Gleichheitswidrigkeit und mittelbare Eigentumseingriffe (Vermögensminderung) im Vergleich zu den nunmehr gleichrangigen Landesgesellschaften. Sie bedeutet für die Verbundgesellschaft eine Verletzung des verfassungsgesetzlichen Vertrauensschutzes im Hinblick auf die bestehende, gesetzlich geregelte gemeinwirtschaftliche Aufgabenteilung und Aufgabenverbindung zwischen Verbund und Landesgesellschaften (Siehe dazu näher IV. 2).

IV. Die Öffnung des Elektrizitätsmarktes eines Staates

1. Die europarechtlichen Vorgaben der Richtlinie für die Organisation des Zuganges zu den Elektrizitätsnetzen

Zentraler Regelungsgegenstand der Elektrizitätsbinnenmarktrichtlinie ist neben einer effektiven und funktionsgerechten Strukturierung in Verbindung mit der Transparenz der Elektrizitätswirtschaft eine beschränkte und schrittweise Öffnung der nationalen Elektrizitätsmärkte für Großverbraucher. *„Zugelassene Kunden"* sollen *als Großverbraucher* die Möglichkeit erhalten, Bezugsverträge mit Elektrizitätsversorgern ihrer Wahl abzuschließen. Sie sollen nicht an regionale Versorger oder an das staatliche Versorgungsmonopol gebunden sein. Für die *Organisation des Netzzugangs* der zugelassenen Großverbraucher stellen die Art 17 und 18 der Richtlinie grundsätzlich zwei verschiedene Systeme zur Auswahl: entweder den Zugang auf *Vertragsbasis* oder das *Alleinabnehmersystem*. Diese Systeme sind nach objektiven, transparenten und nichtdiskriminierenden Kriterien zu handhaben (Art 16). Beide müssen zu *„gleichwertigen wirtschaftlichen Ergebnissen und daher zu einer direkt vergleichbaren Marktöffnung sowie zu einem direkt vergleichbaren Zugang zu den Elektrizitätsmärkten führen"* (Art 3 Abs 1).

„Beim *Netzzugang auf Vertragsbasis* [Art 17] treffen die Mitgliedstaaten die erforderlichen Maßnahmen, damit die Elektrizitätserzeuger und, soweit die Mitgliedstaaten solche Unternehmen zulassen, die Elektrizitätsversorgungsunternehmen sowie die zugelassenen Kunden, die sich in-

Fragen einer Reform des österreichischen Elektrizitätswesens 149

nerhalb und außerhalb des Netzgebiets befinden, einen Netzzugang aushandeln können, um untereinander Lieferverträge auf der Grundlage freiwilliger kommerzieller Vereinbarungen schließen können." (Abs 1) „Falls ein zugelassener Kunde an das Verteilernetz angeschlossen ist, muß der Netzzugang mit dem Betreiber des betreffenden Verteilernetzes ausgehandelt werden; in gleicher Weise muß der Zugang zum Übertragungsnetz mit dem Betreiber des betreffenden Übertragungsnetzes ausgehandelt werden." (Abs 2) Gemäß den Abs 3 und 4 ist ein Netzzugangssystem auf der Grundlage *veröffentlichter Tarife* vorgesehen. Den zugelassenen Kunden wird danach das Netzzugangsrecht für die Nutzung des Übertragungs- und Verteilersystems auf der Grundlage veröffentlichter Tarife ermöglicht. Das System muß den anderen Zugangssystemen gleichwertig sein.

Nach dem System des Art 18 Abs 1 können die Mitgliedstaaten *eine bestimmte juristische Person als Alleinabnehmer* innerhalb des vom Netzbetreiber abgedeckten Gebietes benennen *(Alleinabnehmersystem)*. Die Mitgliedstaaten treffen die erforderlichen Maßnahmen, damit ein nichtdiskriminierender Tarif für die Nutzung des Übertragungs- und Verteilersystems veröffentlicht wird (lit i); daß die zugelassenen Kunden zur Deckung ihres Eigenbedarfs Lieferverträge mit Elektrizitätserzeugern und, soweit die Mitgliedstaaten solche Unternehmen als Kunden zulassen, mit Elektrizitätsversorgungsunternehmen außerhalb des von dem System abgedeckten Gebiets schließen können (lit ii); ferner, daß die zugelassenen Kunden zur Deckung ihres Eigenbedarfs Lieferverträge mit Erzeugern innerhalb des vom System abgedeckten Gebiets schließen können (lit iii); und schließlich, daß die unabhängigen Erzeuger mit den Betreibern der Übertragungs- und Verteilersysteme den Zugang zum System aushandeln können, um mit zugelassenen Kunden außerhalb des Systems auf der Grundlage einer freiwilligen kommerziellen Vereinbarung Lieferverträge zu schließen.

Das Alleinabnehmersystem kann *mit oder ohne Abnahmepflicht* des Alleinabnehmers ausgestaltet werden. Nach Art 18 Abs 2 kann der Alleinabnehmer durch den Staat verpflichtet werden, Strommengen die Gegenstand eines Vertrags zwischen einem zugelassenen Kunden und einem Erzeuger innerhalb oder außerhalb des von dem System abgedeckten Gebietes sind, zu einem Preis abzunehmen, der dem vom Alleinabnehmer zugelassenen Kunden angebotenen Verkaufspreis abzüglich des veröffentlichten Tarifs für den Netzzugang entspricht. Wenn die Abnahmeverpflichtung nicht auferlegt wird (Art 18 Abs 3), dann treffen die Mitgliedstaaten erforderliche Maßnahmen um zu gewährleisten, daß die Lieferverträge durch den Netzzugang auf der Grundlage eines veröffentlichten Tarifs oder durch den Netzzugang auf Vertragsbasis nach Maßgabe des

Art 17 ausgeführt werden. Im letztgenannten Fall ist der Alleinabnehmer nicht verpflichtet, einen nichtdiskriminierenden Tarif für die Nutzung des Übertragungs- und Verteilersystems zu veröffentlichen.

Die Kriterien für den (beschränkten) Marktzugang der „zugelassenen Kunden" nach den vorgesehenen zwei Haupttypen von Netzzugangssystemen sind im Art 19 geregelt. Nach Art 19 Abs 1 treffen die Mitgliedstaaten die erforderlichen Maßnahmen, um eine Öffnung ihrer Elektrizitätsmärkte zumindest bis zu einer Obergrenze sicherzustellen, die einen *erheblichen* Wert darstellt. Die *nationale Marktquote* ist in einer ersten Etappe auf der Grundlage der *Gemeinschaftsquote* des Elektrizitätsverbrauchs von Endverbrauchern (eines Staates) mit einem Jahresverbrauch von mehr als 40 GWh zu berechnen. Die durchschnittliche Gemeinschaftsquote wird von der Kommission ermittelt und jährlich veröffentlicht. Nach Art 19 Abs 2 wird die nationale Marktquote in Zeitetappen *stufenweise erhöht*. Die Schwelle des Gemeinschaftsverbrauches wird *drei Jahre* nach Inkrafttreten der Richtlinie auf einen Jahresverbrauchswert von 20 GWh und *sechs Jahre* nach Inkrafttreten der Richtlinie auf einen Jahresverbrauchswert von 9 GWh abgesenkt. Die Mitgliedstaaten geben nach Abs 3 an, welche (Groß)Verbraucher in ihrem Hoheitsgebiet die Quoten erfüllen, wobei alle Endverbraucher mit einem Jahresverbrauch von mehr als 100 GWh in die genannte Kategorie einzubeziehen sind. Verteilungsunternehmen, die nicht bereits nach diesem Absatz als zugelassene Kunden benannt sind, können über die Strommenge, die ihre benannten zugelassenen Kunden innerhalb ihres Verteilungssystems verbrauchen, Lieferverträge schließen, um diese Kunden zu versorgen. Nach Abs 4 veröffentlichen die Mitgliedsstaaten jährlich die Kriterien für die Bestimmung von zugelassenen Kunden.

Nach Art 21 der Richtlinie treffen die Mitgliedstaaten im Rahmen der in den Art 17 und 18 genannten Verfahren und Rechte Maßnahmen, um zu ermöglichen, daß *alle Elektrizitätserzeuger und alle Elektrizitätsversorgungsunternehmen*, soweit die Mitgliedstaaten solche Unternehmen zulassen, die in ihrem Hoheitsgebiet niedergelassen sind, ihre eigenen Betriebsstätten, Tochterunternehmen und zugelassenen Kunden über eine *Direktleitung* versorgen können, *und daß jeder zugelassene Kunde* in ihrem Hoheitsgebiet von einem Erzeuger und einem Versorgungsunternehmen, sofern solche Versorgungsunternehmen von den Mitgliedstaaten zugelassen sind, über eine Direktleitung mit Elektrizität versorgt werden kann (Abs 1). *Die Mitgliedstaaten legen die Kriterien für die Erteilung von Genehmigungen für den Bau von Direktleitungen in ihrem Hoheitsgebiet fest*. Diese müssen objektiv und nicht diskriminierend sein (Abs 2). Die Mitgliedstaaten können die Genehmigung zur Errichtung einer Direkt-

Fragen einer Reform des österreichischen Elektrizitätswesens 151

leitung entweder von der Verweigerung des Netzzugangs auf der Grundlage des Art 17 Abs 5 oder des Art 18 Abs 4 oder von der Einleitung eines Streitbeilegungsverfahrens gem Art 20 (zur Schlichtung eines Streites über die Verweigerung des Netzzugangs) abhängig machen. *Nach Abs 5 können die Mitgliedsstaaten die Genehmigung einer Direktleitung verweigern, wenn diese den gemeinwirtschaftlichen Interessen nach Art 3 zuwiderlaufen würde.*

Für *Ungleichgewichte* bei der Öffnung der Elektrizitätsmärkte trifft Art 19 Abs 5 der Richtlinie Vorkehrungen in Form eines *Reziprozitätsvorbehalts*. Nach lit a) dieser Vorschrift dürfen Elektrizitätslieferverträge mit einem zugelassenen Kunden aus dem System eines anderen Mitgliedstaats nicht untersagt werden, wenn der Kunde in den beiden betreffenden Systemen als zugelassener Kunde betrachtet wird. In Fällen, in denen derartige Geschäfte mit der Begründung abgelehnt werden, daß der Kunde nur in einem der beiden Systeme als zugelassener Kunde gilt, kann die Kommission auf Antrag des Mitgliedstaates, in dem der zugelassene Kunde ansässig ist, unter Berücksichtigung der Marktlage und des gemeinsamen Interesses der ablehnenden Partei auferlegen, die gewünschten Elektrizitätslieferungen auszuführen (lit b). Nach Art 3 Abs 3 können die Mitgliedstaaten beschließen, die Regelungen der Art 17, 18 (Netzzugang) und 21 (Direktleitungen) nicht anzuwenden, *soweit deren Anwendung die Erfüllung der den Elektrizitätsunternehmen übertragenen gemeinwirtschaftlichen Verpflichtungen de jure oder de facto verhindern würde und soweit die Entwicklung des Handelsverkehrs nicht in einem Ausmaß beeinträchtigt wird, das den Interessen der Gemeinschaft zuwiderläuft.* (Zu den Interessen der Gemeinschaft gehört insb der Wettbewerb um Großabnehmer als zugelassene Kunden in Übereinstimmung mit dieser Richtlinie und mit den Einschränkungsmöglichkeiten nach Art 90 des EG-Vertrags.)

Darüber hinaus kann nach Art 24 Abs 1 Mitgliedstaaten, in denen vor Inkrafttreten der Richtlinie auferlegte (gemeinwirtschaftliche) Verpflichtungen oder erteilte Betriebsgarantien aufgrund der Bestimmungen der Richtlinie möglicherweise nicht erfüllt werden können, unter Berücksichtigung der Dimension des betreffenden Systems, des Verbundgrades des Systems und der Struktur ihrer Elektrizitätsindustrie auf Antrag eine *Übergangsregelung* bewilligt werden. Die Übergangsregelung ist zeitlich begrenzt und an das Auslaufen der Verpflichtungen oder Garantien gebunden. Sie kann sich auf die Kapitel IV, VI und VII beziehen (Betrieb des Übertragungsnetzes, Entflechtung und Transparenz der Buchführung, Organisation des Netzzugangs). *Der Antrag muß spätestens ein Jahr nach Inkrafttreten der Richtlinie bei der Kommission eingebracht werden.* Ferner dürfen gemäß Art 24 Abs 3 Mitgliedstaaten, die nach Inkrafttreten der Richtlinie nachweisen können, daß sich für den Betrieb ihrer kleinen, isolierten Netze erhebliche Probleme ergeben, Ausnahmeregelungen zu den Kapiteln IV, V, VI und VII beantragen.

Nach Art 26 überprüft die Kommission die Anwendung dieser Richtlinie und legt einen Bericht über die Erfahrungen mit dem Funktionieren des Elektrizitätsbinnenmarkts und der Durchführung der allgemeinen Vorschriften des Art 3 vor, damit das Europäische Parlament und der Rat zu gegebener Zeit im Licht der gesammelten Erfahrungen die Möglichkeit einer weiteren, neun Jahre nach dem Inkrafttreten der Richtlinie wirksam werdenden Öffnung des Marktes unter Berücksichtigung des gleichzeitigen Bestehens der Systeme nach den Art 17 und 18 prüfen können.

2. Die monopolistischen Elektrizitätswirtschaften als Grund für das Alleinabnehmersystem

Die Vorschriften der Richtlinie über den Netzzugang gehen von den bestehenden unterschiedliche Strukturen der Elektrizitätswirtschaft in den Mitgliedstaaten aus. Die Richtlinie nimmt daher auf die unterschiedliche Situation in den Mitgliedstaaten Bedacht: die Mitgliedstaaten können das System wählen, „das ihrer besonderen Situation am besten entspricht" (Punkt 11 der Gründe). In Europa können nach dem Grad der staatlichen Regulierung drei Typen von Elektrizitätsmärkten unterschieden werden[72]: Monopolistische Märkte (mit einem zentralen staatlichen Versorgungsunternehmen; das gilt für alle südeuropäischen Länder sowie für Belgien, Frankreich und Österreich), Märkte in der Öffnungsphase (die bereits Deregulierungsschritte gesetzt haben; das gilt für Dänemark, Deutschland und die Niederlande) und Märkte mit Wettbewerb (dh mit einem Markt für Elektrizität und einer staatlichen Regulierungsstelle für die Überwachung des Monopols Netzbetrieb und für die Vorgabe von Marktregeln; das gilt für England, Wales, Finnland, Norwegen und Schweden). Die Elektrizitätsbinnenmarktrichtlinie stellt hinsichtlich der Marktöffnung einen *Kompromiß* zwischen der deutschen und der französischen Position dar. Durch die Offenheit der Richtlinie für die verschiedenen Strukturen der Elektrizitätswirtschaft in den europäischen Ländern soll es allen Staaten der EU möglich sein, unter grundsätzlicher Beibehaltung ihres bestehenden Systems die Richtlinie umzusetzen.

---

72 Siehe zum Stand der europäischen Elektrizitätsmärkte HASLAUER, Die Neuordnung des Wettbewerbs erfordert die strategische Neuausrichtung der Elektrizitätsversorgungsunternehmen (am Beispiel der Entwicklungen der Elektrizitätswirtschaft in Frankreich und Skandinavien), in: Schneider (Hg) Die Neuordnung des Wettbewerbs auf den Elektrizitäts- und Energiemärkten in der EU (1997) 41.

Die Elektrizitätsmärkte der Mitgliedstaaten sind zum überwiegenden Teil monopolistisch strukturiert. Frankreich kam bei der Entstehung der Richtlinie als „Vertreter" der monopolistischen Elektrizitätsmärkte eine besondere Rolle zu. Das europarechtliche „Alleinabnehmersystem" für den Netzzugang wurde auf die monopolistischen Elektrizitätsmärkte nach dem französischen Vorbild abgestimmt. Das französische System ist durch eine dirigistische Steuerung der Energieversorgung in einem Staatsunternehmen gekennzeichnet. Die französische Energiepolitik ist auf die Sicherung der französischen Autarkie in der Energieversorgung ausgerichtet. Die Energieversorgung ist eine öffentliche Aufgabe, ähnlich den Diensten der Post oder der Bahn. Die Sicherung wettbewerbsfähiger Strompreise für die Industrie wird durch die Nutzung von *Größeneffekten in staatlichen Großunternehmen* (Electricite' de France, Gaz de France) erreicht. Die Ziele und Rahmenvorgaben der Großunternehmen sind durch *jährliche Pläne* der Regierung staatlich definiert, dh die Sicherung der französischen *Autarkie in der Energieversorgung*, das Recht aller französischen Verbraucher auf den *gleichen Strompreis* unabhängig von der Region und niedrige Strompreise für die Industrie. Im staatlichen Großunternehmen EDF werden intern Synergien genutzt, die in anderen Ländern, wie zB in den skandinavischen Ländern, durch Konzentrationsbestrebungen zur Schaffung größerer Unternehmenseinheiten erst geschaffen werden müssen[73]. Aus Anlaß der Schaffung eines Elektrizitätsbinnenmarktes ist ein *europaweiter Trend zu Fusionen von Elektrizitätsversorgungsunternehmen zu größeren Einheiten* feststellbar[74]. Der Regierungsentwurf Österreichs zielt auf das Gegenteil ab.

Das Alleinabnehmersystem ist durch seinen strukturschonenden Charakter vor allem der Gemeinwirtschaft gekennzeichnet[75]. Der Alleinabnehmer ist für den einheitlichen Betrieb des Übertragungnetzes und (oder) für die zentralisierte Abnahme und den zentralisierten Verkauf von Elektrizität verantwortlich (Art 2 Z 22 der Richtlinie). In seinem Gebiet hat der Alleinabnehmer die alleinige Versorgungszuständigkeit. Nur er beliefert über den Verbund die Abnehmer in seinem Gebiet. Er ist nicht nur Lieferant der Haushalte und kleinerer Gewerbebetriebe, sondern auch der Industriekunden und der Weiterverteiler. Industriekunden und

---

73 Vgl HASLAUER, Neuordnung, 47 ff.
74 Siehe dazu SCHNEIDER, Die Neuordnung des Wettbewerbs auf den Elektrizitäts- und Energiemärkten in der EU (1997); vgl aber auch die Angaben des Vorstandsdirektor des Verbundkonzerns Sereinig in Der Standard 25. 9. 1997.
75 Siehe zum folgenden Kommission, Arbeitspapier über die Organisation des Elektrizitätsbinnenmarktes vom 22. 3. 1995, SEK (95) 464 endg; FAROSS (Europäische Kommission, Generaldirektion Energie), Liberalisierung des Europäischen Elektrizitätsmarktes, in: Schneider, Neuordnung, 21 (26 f); BRITZ, RdE 1997, 85 ff.

Verteilungsunternehmen erhalten indessen, soweit sie zugelassene Kunden sind, das Recht, Verträge mit Lieferanten über die Lieferung von Strom zu schließen. Das Problem, wie Gebietsverantwortlichkeit des Alleinabnehmers für alle im Gebiet ansässigen Kunden und individuelle Lieferkontrakte mit Lieferanten außerhalb des Systems zu vereinbaren sind, wird im Alleinabnehmersystem durch ein *ausschließliches Ankaufsrecht* des Alleinabnehmers gelöst. Der Alleinabnehmer wird daher in der englischen und in der französischen Richtlinienfassung zutreffend als „single buyer" bzw „acheteur unique" bezeichnet. Der Alleinabnehmer kauft bei seinen Kunden die Lieferkontrakte auf, die diese mit dritten Lieferanten außerhalb des Systems abgeschlossen haben. Auf diese Weise behält der Alleinabnehmer sein Verkaufsmonopol, dh die ausschließliche Lieferzuständigkeit in seinem Versorgungsgebiet. Auch zugelassene Kunden werden zu den Preisen und Konditionen des Alleinabnehmers versorgt. Die mit Dritten kontrahierten Liefermengen werden vom Alleinabnehmer nach Maßgabe seiner gesamtwirtschaftlichen Planungen in das System integriert.

Dem Einkaufs- und Verkaufsmonopol des Alleinabnehmers entspricht aber, jedenfalls im Verhältnis zu den zugelassenen Kunden, keine monopolistische Preisfestsetzungsbefugnis. Hierfür sorgt neben der staatlichen Preisregelung im Vertragsbereich ein komplizierter Kompensationsmechanismus der abgeschlossenen Lieferverträge. Dieser ist vorderhand nur für den Alleinabnehmer mit Abnahmeverpflichtung in der Richtlinie näher geregelt (Art 18 Abs 2). Grundlage der Kompensation ist ein Preisangebot, das der Alleinabnehmer in seiner Eigenschaft als Lieferant einem zugelassenen Kunden gemacht hatte, entsprechend seinem benötigten Leistungs- und Mengenprofil. Dieses Angebot, vermindert um eine tarifliche Nutzungsgebühr, stellt den Ankaufspreis dar, den der Alleinabnehmer dem Kunden für den Abkauf seiner Verträge bezahlt. Der Vorteil des Kunden liegt daher in der Differenz zweier Preise: dem ihm für den Ankauf bezahlten Preis des Alleinabnehmers und in dem von ihm an den dritten Lieferanten zu bezahlenden Preis aus dem Liefervertrag. Der Kundenvorteil ist umso größer, je mehr die Lieferpreise des Alleinabnehmers und die Lieferpreise des Drittlieferanten differieren. Will der Alleinabnehmer Drittgeschäfte von zugelassenen Kunden vermeiden, dann muß er seinen Lieferpreis an den Marktpreis angleichen.

Die in der Richtlinie ferner vorgesehenen Modifikationen des Alleinabnehmersystems als System eines Alleinabnehmers mit Netzzugang aufgrund veröffentlichter Tarife (Art 18 Abs 3 erster Fall) und das Alleinabnehmersystem auf Vertragsbasis (Art 18 Abs 3 zweiter Fall) basieren auf einem Ankaufsrecht des Alleinabnehmers betreffend Drittkontrakte zugelassener Kunden. Auch hier ist, wie die Legaldefinition im Art 2 Z 22 zwingend festlegt, von der Verantwortlichkeit des Alleinabnehmers für den zentralisierten Verkauf und für die zentralisierte Abnahme auszugehen. Der Alleinabnehmer ist aber zum Ankauf dieser Drittverträge nicht verpflichtet. Wie in einem solchen Fall die Liefergeschäfte mit Dritten ausgeführt werden sollen, ist in der Richtlinie nicht geregelt. Es ist daher Aufgabe der Mitgliedstaaten, für den Fall der Preisregelung Maßnahmen vorzusehen, die die Gebietszuständigkeit des Alleinabnehmers ebenso gewährleisten wie die Freiheit der zugelassenen Kunden, mit Dritten Verträge über Lieferungen zu schließen.

In Frankreich etwa soll das gemeinwirtschaftliche Staatsunternehmen EDF im Sinn dieser Regelungen *als ein einheitliches Staatsunternehmen* Alleinabnehmer für das binnenstaatliche Versorgungsgebiet Frankreichs sein. Von der Marktöffnung sind nur jene französischen Großkunden betroffen, für die schon heute im europäischen Vergleich niedrige Strompreise angeboten werden. Zudem wird es der Alleinabnehmerstatus der EDF den ausländischen Anbietern nahezu unmöglich machen, tatsächlich Strom zu liefern, da die EDF als Alleinabnehmer zum gleichen Preis wie der ausländische Wettbewerber in das Angebot eintreten kann. Die EDF wird daher die Marktöffnung im eigenen Land ohne Verluste von Kunden bewältigen können, in Europa aber dennoch bessere Chancen als bisher haben, neue Kunden zu gewinnen[76]. Die österreichische Elektrizitätswirtschaft ist der französischen grundsätzlich vergleichbar. Das französische System war für die Richtlinie prägend. Für eine strukturschonende und adäquate Anpassung der österreichischen Rechtslage an die Richtlinie können daher aus dem Vergleich mit Frankreich wertvolle Wegweisungen gewonnen werden. Das gilt nicht nur für den Netzbetriebverbund und für die Organisation des Netzzugangs, sondern auch für die wirtschaftliche Konzentration der Elektrizitätsversorgungsunternehmen zur Stärkung der Wettbewerbsfähigkeit der österreichischen Elektrizitätswirtschaft im europäischen Binnenmarkt.

3. Die unausgewogene und unsachliche Marktöffnung für die Landesgesellschaften und für die Verbundgesellschaft

In Ausführung der Richtlinie soll nach dem österreichischen Entwurf der Netzzugang zu den Übertragungsnetzen und zu den Verteilungsnetzen durch ein *pluralistisches, also „unechtes" Alleinabnehmersystem* geregelt werden (§ 18). Alleinabnehmer sollen nach § 18 des Entwurfs nicht nur

---
[76] Vgl HASLAUER, Neuordnung, 51 f.

die Verbundgesellschaft sein, sondern auch die in der Anlage 1 bezeichneten Landesgesellschaften und die in der Anlage 2 bezeichneten landeshauptstädtischen Unternehmen, soweit diese über ihre jeweiligen Netze zugelassene Kunden innerhalb ihres Systems unmittelbar versorgen. Nach § 15 wären *alle diese Netzbetreiber* der Unternehmen durch die Ausführungsgesetze der Länder zu verpflichten, zugelassenen Kunden, unabhängigen Erzeugern sowie Eigenerzeugern zu den genehmigten Allgemeinen Bedingungen und bestimmten Systemnutzungstarifen den Netzzugang zu gewähren. Nach § 17 Abs 1 wären die zahlreichen Alleinabnehmer, soweit sie zugelassene Kunden innerhalb ihres Systems unmittelbar versorgen, zu verpflichten den Netzzugang nach dem Alleinabnehmersystem ohne Abnahmeverpflichtung zu gewähren. In allen übrigen Fällen hätten die Ausführungsgesetze einen Rechtsanspruch der Berechtigten gemäß § 15 vorzusehen, auf Grundlage der genehmigten Allgemeinen Bedingungen und zu den vom BMWA bestimmten Systemnutzungstarifen die Benutzung des Netzes zu verlangen. Das Alleinabnehmersystem wäre nach den geplanten Regelungen teilweise nach der Art eines Alleinabnehmersystems *mit Abnahmepflicht*, teilweise aber als eine Art von Alleinabnehmersystem *ohne Abnahmepflicht* ausgestaltet[77]. Die zahlreichen Alleinabnehmer als Betreiber von Verteilernetzen dh die Landesgesellschaften und die landeshauptstädtischen Unternehmen sollen ihr gebietsmäßig aufgeteiltes *Versorgungsmonopol (Recht zur Allgemeinversorgung)* behalten (§ 27), obwohl sie bisher und in absehbarer Zukunft ihren Strombedarf bis zu 60% aus dem Bereich der Verbundgesellschaft decken müssen.

Bestimmte Endverbraucher und bestimmte (weitere) Betreiber von Verteilernetzen sollen nach dem Entwurf im Sinn der in der Richtlinie vorgezeichneten schrittweisen „Liberalisierung" zeitlich abgestuft als „zugelassene Kunden" anerkannt werden(§ 44). Ab dem Inkrafttreten des Gesetzes sollen nachgeordnete *Betreiber von Verteilernetzen, die auch Übertragungsnetzbetreiber sind,* jedenfalls zugelassene Kunden sein (§ 44 Abs 2). Betreiber von *Verteilernetzen,* die nicht auch Betreiber von Übertragungsnetzen sind, sollen ab Inkrafttreten des Gesetzes zugelassene Kunden sein, wenn ihre Energieabgabe an Endverbraucher im Abrechnungsjahr 100 GWh überschritten hat. Bis zum dem Jahr 2008 sollen Betreiber von Verteilernetzen als zugelassene Kunden gelten, wenn ihre Energieabgabe

---

77 In den Materialien wird dazu erläutert, daß im Sinn des Art 18 Abs 2 der Richtlinie der Begriff „Alleinabnehmer" sich auf die Lieferfunktion und nicht auf die Transportfunktion bezieht. Die Alleinabnehmer sind daher hinsichtlich jener zugelassenen Kunden, die zwar in dem vom Übertragungssystem abgedeckten Gebiet ihre Verbrauchsstätte haben, jedoch im Versorgungsgebiet eines anderen Verteilerunternehmens liegen und von diesem auch ein örtliches Strombezugsrecht erworben haben, nicht Alleinabnehmer im Sinn des Entwurfs (Erläuterungen, 43).

Fragen einer Reform des österreichischen Elektrizitätswesens 157

9 GWh überschritten hat[78]. Industriebetriebe und Großunternehmen als *Endverbraucher* mit einem Verbrauch (je Verbrauchsstätte und einschließlich der Eigenerzeugung) von 40 GWh sollen ab Inkrafttreten des Gesetzes zugelassene Kunden sein. Bis zum Jahr 2003 soll für die Zulassung ein Verbrauch von 9 GWh genügen (§ 44 Abs 1). Die Ausführungsgesetze hätten vorzusehen, daß Betreiber von Verteilernetzen über die Strommenge, die ihre Kunden, die als zugelassene Kunden zu benennen wären, innerhalb ihres Verteilungssystems verbrauchen, zum Zwecke der Belieferung dieser Kunden, Lieferverträge unter den Bedingungen des Netzzugangs abschließen können (Abs 3)[79].

Nach den Erläuterungen zum Entwurf[80] würden diese Vorschriften richtlinienkonform eine anfängliche Marktöffnung von ca 28 % bewirken, die knapp über dem EU-Mindestwert liege. Die faktische Marktöffnung sei aber als erheblich geringfügiger zu veranschlagen (etwa 15,7 %)[81]. *Die Richtlinie schreibt jedoch die Einbeziehung der Betreiber von Verteilernetzen in den Kreis der zugelassenen Kunden neben den großen Endverbrauchern nicht zwingend vor.* Ziel der Richtlinie ist der Marktzugang für *Großabnehmer als Endverbraucher*, vor allem der Industrie. Dennoch soll gemäß dem Entwurf auch den Betreibern von Verteilernetzen (zeitlich verzögert und nach anderen Kriterien) der direkte Zugang zum Markt eingeräumt werden[82]. Nach den Erläuterungen soll die Einbeziehung der

---

[78] Nach dem Ministerialentwurf (§ 47 Abs 2) sollten Betreiber von Verteilernetzen, die auch Übertragungsnetzbetreiber sind, ebenso diese Kriterien der Energieabgabe erfüllen.

[79] Nach § 15 Abs 1 bedarf der Betrieb eines Verteilungsnetzes innerhalb eines Landes einer Konzession. Die Voraussetzungen für die Erteilung der Konzession sind in den Ausführungsgesetzen zu regeln (Abs 2). Die Ausführungsgesetzgebung hat dabei vorzusehen, daß die bestehenden Unternehmen, die zum Zeitpunkt des Inkrafttretens dieses Gesetzes ein Verteilungsnetz rechtmäßig betreiben, im Umfang ihrer bisherigen Tätigkeit als konzessioniert gelten (Art V § 3).

[80] Siehe zum folgenden näher die Erläuterungen zum Entwurf, 50 f.

[81] Aufgrund der österreichischen Industriestruktur liegen die Verbrauchsanteile jener stromintensiven Endverbraucher (zumeist Industriebetriebe) mit einem Jahresverbrauch von mehr als 100 GWh bei ca 22 %, dh unter der in der 1. Etappe notwendigen Marktöffnung. Die faktische Öffnung, da auf Basis des Bezugs aus dem öffentlichen Netz liegt auf Grund des hohen Eigenerzeugungsanteils der Industrie über 100 GWh Jahresverbrauch bei 9,9 %. Im Jahr 1996 hatten 72 Unternehmer/Endverbraucher von elektrischer Energie einen Jahresverbrauch von mehr als 40 GWh, die als „zugelassene Kunden" vorgesehen sind. Durch die Einbeziehung von vorerst besonders exponierten Verteilunternehmen ergibt sich mit Schwellwert 40 GWh für Endverbraucher eine anfängliche Marktöffnung nach Richtliniendefinition (bei Verteilern unmittelbarer Abgabe) von etwa 28 %, dh nur knapp über dem EU-Mindestwert. Die faktische Marktöffnung liegt bei etwa 15,7 % (Erläuterungen, 50).

[82] Für die erste Etappe der Marktöffnung sind besonders exponierte Verteiler als Kunden vorgesehen, deren Energieabgabe im Jahr 100 GWh erreicht oder die auch Übertragungsnetzbetreiber sind. Das sind die Donaukraft Jochenstein Aktiengesellschaft, Passau;

Betreiber der Verteilernetze angeblich dem Ausgleich und dem Interesse der an der Marktöffnung (noch) nicht teilhabenden Endverbraucher dienen, dh den Tarifabnehmern und den örtlichen Klein- und Mittelbetrieben. Den Gebietsversorgern soll es weiterhin möglich sein, die von ihnen im Rahmen der örtlichen Daseinsvorsorge zu erbringenden gemeinwirtschaftlichen Leistungen uneingeschränkt und wirtschaftlich zu erbringen[83].

Im Verhältnis der Landesgesellschaften zur Verbundgesellschaft hätten diese Neuregelungen wegen der bisherigen gesetzlichen Aufgabenverbindung und Aufgabenteilung zwischen Verbund und Landesgesellschaften eine Verzerrung der Marktsituation zur Folge. Für die Landesgesellschaften (als Energieerzeuger, als 60 % Versorger der Landesgesellschaften und als Betreiber von Verteilernetzen mit dem ausschließlichen Recht zur Allgemeinversorgung) käme es ab dem Jahr 1999 zu einer Marktöffnung von 27%, ab dem Jahr 2002 von 50 %. Für die Verbundgesellschaft (als Großenergieerzeuger und Betreiber des Verbundnetzes) hingegen würde ohne Übergang sofort eine 100%ige Marktöffnung herbeigeführt werden[84]. Die Verbundgesellschaft bringt unter der geltenden Rechtslage mehr als die Hälfte des gesamtösterreichischen Strombedarfs auf. Der vom Verbund erzeugte Strom wird gemäß der geltenden Rechtslage zu rund zwei Dritteln an die Landesgesellschaften abgegeben[85]. Nach der Neuregelung träfe die Landesgesellschaften und Kommunalbetriebe als bisher abhängige Abnehmer des Verbundes keine gesetzliche Abnahmepflicht gegenüber dem Verbund mehr. Ausländischen Energieversorgern würde dadurch *ohne Einschränkung* die Möglichkeit der Belieferung der österreichischen Elektrizitätsunternehmen als Großabnehmer eröffnet und

---

die Ennskraftwerke Aktiengesellschaft, Steyr; die Österreichisch-Bayerische Kraftwerke Aktiengesellschaft, Simbach/Inn; die Vorarlberger Illwerke AG; die Linzer Elektrizitäts-Aktiengesellschaft (STEG) sowie die Elektrizitätswerke Reutte GmbH. Die rechnerische Marktöffnung (Verbrauch bei Endverbrauchern und unmittelbare Abgabe bei Verteilern) ab Inkrafttreten des Gesetzes würde etwa 87,5 % betragen (Erläuterungen, 50 f).

[83] Von seiten der Landesgesellschaften wird darauf hingewiesen, daß die Richtlinie die Marktöffnung an den *Endverbrauchern* orientiere. Demgemäß sollten die Verteilunternehmen neben den Verbrauchern nur in dem Maß Freiheit der Strombeschaffung erhalten, als sie selbst Kunden („Verbraucher") mit Wahlfreiheit haben. Überdies käme es durch die Nichtberücksichtigung länderspezifischer Strukturen zu einer unverhältnismäßigen Belastung einzelner Länder (siehe näher die Stellungnahme des Verbandes der Elektrizitätswerke Österreichs vom 16. 1. 1998, 22 ff).

[84] Siehe dazu die Daten in den Erläuterungen zum Entwurf, 43 und in der Analyse der Fachgruppe Marketing der Verbundgesellschaft vom 14. 11. 1997.

[85] Nur je rund 4 % fließen an die ÖBB, an die Industrie sowie in den Eigenbedarf. Rund 20 % gehen in den Export und in den Transit. Das Energievolumen der Verbundgesellschaft wird zum weitaus überwiegenden Teil, nämlich zu 83 % durch Eigenerzeugung aufgebracht. 15, 3 % des Stromes werden durch Import und Transit aufgebracht, nur 1,7 % stammen von den Landesgesellschaften (Angaben aus Österreichische Elektrizitätswirtschaft-AG, Daten, Fakten 96 [Stand des Jahres 1995]).

Fragen einer Reform des österreichischen Elektrizitätswesens 159

die Wirtschaftskapazität der Verbund wäre dem Schicksal von *stranded investments* preisgegeben. Der Ministerialentwurf sah keinen Reziprozitätsvorbehalt als Minimalerfordernis vor, obwohl dies zur Vermeidung von Ungleichgewichten bei der Öffnung der Elektrizitätsmärkte in der Richtlinie ausdrücklich vorgesehen ist (Art 19 Abs 5). Die Regierungsvorlage sieht nun einen derartigen Vorbehalt vor[86]. Den Landesgesellschaften käme künftig im Unterschied zum Verbund als Betreiber (auch) von Übertragungsnetzen überdies über den Umweg der Stromaufbringung zur Erfüllung ihrer gesetzlichen Ausgleichspflicht von Erzeugung und Bedarf die Marktöffnung unmittelbar zugute[87].

Nach § 5 Abs 1 des Entwurfs (Koordination und Kooperation) wäre vorzusehen, daß die Elektrizitätsunternehmen durch langfristige Kooperationen und Optimierung ihrer Dienstleistungen die bestmögliche Erfüllung ihrer öffentlichen Verpflichtungen anzustreben haben. § 5 Abs 2 erklärt aber jede Form von Preis- und Gebietsabsprachen für unzulässig. Durch die Neuerung einer *uneingeschränkten* Anwendung des Kartellrechts auf den Elektrizitätssektor und durch erhebliche Einschränkungen der österreichweiten Anwendbarkeit des Preisrechts des Bundes würde in die Struktur der innerösterreichischen elektrizitätswirtschaftlichen Vertragsbeziehungen zu Lasten des Verbundes gravierend einseitig eingegriffen. Eine derartige unausgewogene Marktöffnung zu Lasten des Verbundes ginge über das von der Elektrizitätsbinnenmarktrichtlinie Geforderte weit hinaus. Sie würde im Widerspruch zum verfassungsrechtlichen Gleichheitssatz und zum europarechtlichen Gleichbehandlungsgebot für die nationalen Elektrizitätswirtschaften (Art 3 Abs 1 der Richtlinie) nicht nur zu unsachlichen Verzerrungen des Wettbewerbs zwischen dem Verbund und den Landesgesellschaften sowie zwischen dem Verbund und ausländischen Energieerzeugern führen (im wesentlichen Unterschied zu ausländischen Energieerzeugern werden durch den Bund nämlich weitaus überwiegend erneuerbare Energiequellen verwendet)[88]; sie würde vor al-

---
[86] Nach § 20 Abs 1 Z 3 kann der Netzzugang verweigert werden, wenn er für Stromlieferungen für einen Kunden erfolgen soll, der in dem System, aus dem die Lieferung erfolgt oder erfolgen soll, nicht als zugelassener Kunde gilt.
[87] Von seiten der Landesgesellschaften wird beanstandet, daß die Betreiber von *Übertragungsnetzen* nicht den Status zugelassener Kunden haben. Der Übertragungsnetzbetreiber habe für jene Elektrizitätsmengen, die direkt aus dem Übertragungsnetz an zugelassene Kunden abgegeben werden, keinen freien Netzzugang. Das träfe im Widerspruch zum Gleichheitssatz und zum europarechtlichen Diskriminierungsverbot vor allem die Landesgesellschaften, weil die Verbundgesellschaft durch ihr Übertragungsnetz direkt Zugang zu den ausländischen Netzen habe (Stellungnahme des Verbandes der Elektrizitätswerke Österreichs vom 16. 1. 1998, 23).
[88] Die Eigenerzeugung der Verbundgesellschaft erfolgt überwiegend durch Wasserkraftwerke. Im Jahr 1995 wurden in 70 Wasserkraftwerken (davon 36 Laufkraftwerke, 20

lem aber auch eine Beseitigung der gesetzlich festgelegten *gemeinwirtschaftlichen Aufgaben des Verbundes* im Sinn der Gewährleistung der gesamtwirtschaftlich und gemeinwirtschaftlich konzipierten einheitlichen österreichischen Elektrizitätswirtschaft bedeuten (siehe dazu die Anerkennung gemeinwirtschaftlicher Aufgaben nach Art 3 Abs 3 der Richtlinie, ferner nach Punkt 9 und gemäß den Punkten 13–20 der Gründe). Der Verbund würde zu einem bloßen Großerzeuger (Lieferanten) reduziert, der unmittelbar einem vollen Wettbewerb ausgesetzt wäre. Der Staat würde dadurch für nicht mehr abdeckbare Investitionen, die bisher im Dienst an der Gesamtwirtschaft getätigt worden sind, letztlich zu Lasten der Bürger (Steuerzahler) haften müssen.

Im Entwurf sind keine Vorkehrungen für bisher bedarfsgerecht und zukunftsorientiert getätigte gemeinwirtschaftlich-gesamtwirtschaftliche Investitionen des Verbundes in der Vergangenheit getroffen (die künftig zu „*stranded investments*" würden), wie zB befristete Übergangsregelungen, Entschädigungszahlungen oder ein abgabenrechtlicher Ausgleich. Derartige Vorkehrungen wären aber im Sinn des Sachlichkeitsgebots gemäß dem Gleichheitssatz verfassungsgesetzlich geboten, von der Wirtschaftlichkeitsverpflichtung aller Gebietskörperschaften zur Vermeidung von *stranded investments* ganz zu schweigen. Der Gleichheitssatz gewährleistet einen Schutz des Vertrauens auf die geltende Rechtslage im Hinblick auf erworbene Rechte[89]. Nach der Rspr des VfGH sind nicht nur rückwirkende, belastende Gesetzesvorschriften unzulässig[90], sondern auch *pro futuro* wirkende schwerwiegende Beschränkungen wohlerworbener Rechte, auf deren Bestand der Betroffene (in diesem Fall auch der steuerzahlende Staatsbürger) mit guten Gründen vertrauen konnte[91]. Der Verbund hat in Erfüllung seiner *gesetzlichen* Versorgungspflicht, *unter gesetzlich vorgeschriebener Bedachtnahme auf die Energiepolitik der Bundesregierung (§ 5*

Laufkraftwerke mit Schwellbetrieb, 4 Kurzzeitspeicherkraftwerke und 10 Jahresspeicherkraftwerke) 22042 GWh erzeugt. Das entspricht einem Anteil von rund 90 % an der Erzeugungskapazität des Verbundes (Angaben aus Österreichische Elektrizitätswirtschafts-AG, Daten, Fakten 96).

89 Siehe zum Vertrauensschutz aus der Judikatur des VfGH VfSlg 11.309/1987, 12.186/1989, 12.568/1990, 13.177/1992, 13.461/1993; NOVAK, Vertrauensschutz und Verfassungsrecht, FS Wenger (1983) 159; THIENEL, Vertrauensschutz und Verfassungsrecht (1990); RASCHAUER in Raschauer (Hg) Grundriß des österreichischen Wirtschaftsrechts, Allgemeiner Teil 1 (82 ff).

90 Siehe VfSlg 12.186/1989 und 14.149/1995 (Steuerrecht).

91 Siehe VfSlg 11.309/1987 (Politikerpensionen), 12.568/1990 (eine sofortige Angleichung des unterschiedlichen Pensionsalters von Mann und Frau ist unzulässig; der Gesetzgeber muß den Abbau der Ungleichheit mit dem Vertrauensschutz abwägen) und VfSlg 13.177/1992 (Umwandlung des bis dahin freien Gewerbes der Arbeitskräfteüberlassung in ein konzessioniertes Gewerbe; Schutz faktischer Dispositionen, die im Vertrauen auf die Rechtslage getroffen wurden; Erforderlichkeit von Übergangsregelungen).

Abs 2 und § 5 Abs 6 lit b) VerstaatlichungsG) und unter *Beachtung des AtomsperrG langfristige* Investitionen getätigt (Bau von Wasserkraftwerken, Ausbau des Verbundnetzes) und ist entsprechende langfristige vertragliche Verpflichtungen eingegangen. Dabei handelt es sich um Investitionen und Verpflichtungen zum direkten oder indirekten Schutz der Umwelt und im Interesse der heimischen Volkswirtschaft. Die noch offenen Verpflichtungen liegen in der Höhe mehrfacher zweistelliger Milliardenbeträge[92]. Dabei ist auch erheblich, daß die österreichischen rechtlichen Umweltstandards für Investitionen in Erzeugungsanlagen erheblich über jenen des EU-Durchschnitts liegen. Unter den durch die Richtlinie und durch den vorliegenden Entwurf neu entstehenden Markt- und Wettbewerbsbedingungen hätte die Verbundgesellschaft diese Verpflichtungen im Interesse der Gesamtwirtschaft und der Umwelt nicht eingehen können. Im Sinn der Rechtsprechung handelt es sich daher um einen schwerwiegenden Eingriff in gesetzliche Rechtspositionen, auf deren Bestand nicht nur die betroffene Verbundgesellschaft, sondern auch der Steuerzahler als Stromkonsument und als Finanzier der Investitionen bisher mit guten Gründen vertrauen konnte.

In diesem Sinn ist im Art 24 Abs 1 der Elektrizitätsbinnenmarktrichtlinie ausdrücklich vorgesehen, daß Mitgliedstaaten entweder ihre gemeinwirtschaftlich-gesamtwirtschaftliche Elektrizitätswirtschaft aufrechterhalten oder eine *Übergangsregelung* beantragen können, „die ihnen von der Kommission unter anderem unter Berücksichtigung der Dimension des betreffenden Systems, des Verbundgrades des Systems und der Struktur seiner Elektrizitätsindustrie gewährt werden kann.", falls „aufgrund der Bestimmungen dieser Richtlinie vor Inkrafttreten dieser Richtlinie auferlegte Verpflichtungen oder erteilte Betriebsgarantien möglicherweise nicht erfüllt werden". Die Übergangsregelung kann *Ausnahmeregelungen* zu den Kapiteln IV, VI und VII enthalten (Betrieb des Übertragungsnetzes, Entflechtung und Transparenz der Buchführung, Organisation des Netzzugangs). Die Übergangsregelung ist zeitlich begrenzt und an das Auslaufen der genannten Verpflichtungen und Garantien gebunden (Abs 2). Ferner können gemäß Art 24 Abs 3 die Mitgliedstaaten, die nach Inkrafttreten der Richtlinie nachweisen können, daß sich für den Betrieb ihrer kleinen, isolierten Netze erhebliche Probleme ergeben, Ausnahmeregelun-

---

[92] Dazu gehören zB die Verfeuerung heimischer Braunkohle im Kraftwerk Voitsberg 3, Entschwefelungs- und Erstickungsanlagen in sämtlichen kalorischen Kraftwerken, der Ausbau von Wasserkraftwerken, die aus heutiger Zeit aufgrund von Umweltauflagen nicht rentabel sind, wie zB das Kraftwerk Freudenau, die Erweiterung des Kraftwerks Ybbs-Persenbeug ua. (Siehe die Daten in der Stellungnahme der Verbundgesellschaft an den BMWA vom 15. 1. 1998, 1, 9 f).

gen zu den Kapiteln IV, V, VI und VII beantragen. Art 3 Abs 3 ermächtigt die Mitgliedstaaten überdies *zeitlich unbefristet bestimmte Regelungen der Richtlinie nicht anzuwenden, soweit deren Anwendung die Erfüllung der den Elektrizitätsunternehmen übertragenen gemeinwirtschaftlichen Verpflichtungen de jure oder de facto verhindern würde* und soweit die Entwicklung des Handelsverkehrs nicht in einem Ausmaß beeinträchtigt wird, das den Interessen der Gemeinschaft zuwiderläuft. Warum ist im Regierungsentwurf davon nicht Gebrauch gemacht? Warum zielt der Regierungsentwurf nicht auf eine gesamtwirtschaftliche Substanzerhaltung der österreichischen gemeinwirtschaftlichen Verbundwirtschaft ab, anstatt ohne zwingenden Grund *stranded investments* von monströsen Ausmaßen geradezu „sehenden Auges" zu verursachen?

4. Unzureichende Regelung des Netzbetriebes und der Organisation des Netzzuganges

Die Elektrizitätsbinnenmarkt-Richtlinie schreibt zur Verwirklichung des Binnenmarkts die Benennung oder Wahl eines *Betreibers eines Verbundnetzes* in den Mitgliedstaaten vor (Art 6 Abs 2, Art 7 ff; siehe dazu näher bereits oben III. 3). Als „Verbundnetz" definiert die Richtlinie im Art 2 Z 11 „eine Anzahl von Übertragungs- und Verteilernetzen, die durch eine oder mehrere Verbindungsleitungen miteinander verbunden sind." Diesem Betreiber des Verbundnetzes obliegt es, „die Energieübertragung durch das Netz unter Berücksichtigung des Austausches mit anderen Verbundnetzen zu regeln." Er hat ein „sicheres, zuverlässiges und leistungsfähiges Elektrizitätsnetz zu unterhalten" (Art 7 Abs 3), damit ein „einwandfreies Funktionieren des Elektrizitätsbinnenmarkts gewährleistet wird." (Art 8 Abs 2) Der „Betreiber" des Verbundnetzes muß nach diesen Regelungen in der Lage sein, das *Funktionieren der Netze im Verbund zur Verwirklichung des Binnenmarkts und die gleichmäßige Versorgung im gesamten Bundesgebiet* sicherzustellen. Der Betreiber hat eine gesamtwirtschaftliche *Vorausschau über die Erzeugungs- und Übertragungskapazitäten, den Bedarf an Verbindungen mit anderen Netzen, die Übertragungspotentiale und die Elektrizitätsnachfrage umfassend zu ermitteln und zu veröffentlichen* (Art 6 Abs 1 und 2). *Seine Aufgaben entsprechen den derzeitigen gesamtwirtschaftlichen Aufgaben der Verbundgesellschaft.*

Als Betreiber des Übertragungsnetzes als Verbundnetz ist gemäß der Elektrizitätsbinnenmarkt-Richtlinie vom Staat ein übergeordnetes Versorgungsunternehmen als beliehenes Unternehmen zu benennen, das zur Erfüllung dieser öffentlichen, europarechtlichen Aufgaben *geeignet* ist. Dafür kommt in Österreich derzeit nur die Verbundgesellschaft in Frage[93]. Dieser Netzbetreiber ist staatlich (gesetzlich) zu bestimmen. Der Betreiber *ist* nach der Richtlinie entweder von den Mitgliedstaaten oder von den dazu aufgeforderten Elektrizitätsunternehmen, die Eigentümer der Netze sind, zu benennen[94]. Im Entwurf für ein ElWOG ist unter Mißachtung dieser Vorgaben kein zentraler Netzbetreiber vorgesehen. Im Entwurf wird, orientiert an den dezentralisierten *zivilrechtlichen Eigentumsrechten* von Unternehmen an den bestehenden Netzen und an bestehenden Konzessionen von einer Mehrheit gleichrangiger Netzbetreiber verschiedener Übertragungsnetze und Verteilernetze ausgegangen[95]. Diese sollen je und je für ihre Netze dezentrale plurale Alleinabnehmer im Sinn des Art 18 der Richtlinie sein (siehe § 18). Die bestehende Netzordnung ist im Entwurf anscheinend vorausgesetzt. Ein übergeordneter Betreiber des Verbundnetzes wird aber dennoch nicht benannt.

Durch die geplante Aufhebung der verfassungsgesetzlich gewährleisteten bundesweit planenden, gestaltenden und ausgleichenden Befugnisse der Verbundgesellschaft, ausgerichtet an der Aufgabe der gleichmäßigen und effizienten Versorgung aller Verbraucher im gesamten Bundesge-

---

[93] So auch bereits DRAXLER (Hg), Neuordnung der Elektrizitätswirtschaft (1997) 156 f: „Die Verbundgesellschaft ist Eigentümerin und Betreiberin der länderüberschreitenden großen Netze (...). Deshalb liegt es auf der Hand, daß sie im Sinne des Art 7 Abs 1 des RL-Vorschlages zum Netzbetreiber ernannt wird, der für den Betrieb, die Wartung und den Ausbau des Übertragungsnetzes österreichweit, sowie für die Herstellung der Verbindungsleitungen mit anderen Netzen verantwortlich ist. Dazu müßten im Sinne des Art 7 Abs 2 die nötigen technischen Vorschriften, die nicht diskriminierende Anforderungen für die Interoperabilität der Netze sicherstellt, erlassen werden."

[94] Ungenau, aber in die gleiche Richtung SCHÄFFER, Wirtschaftsaufsichtsrecht, in: Raschauer (Hg) Grundriß des österreichischen Wirtschaftsrechts (1988) 181 (198): „Denkbar wäre zB die staatliche Bestimmung eines Netzbetreibers für das Übertragungsnetz, falls sich die Branche nicht auf eine Lösung einigt."

[95] Die Verbundgesellschaft betreibt Hochspannungsleitungen mit Spannungen von 110 kV, 220 kV und mit 380 kV. Die Trassenlänge beträgt bei 110-kV-Leitungen 1077,7 km, bei 220-kV-Leitungen 1755,3 km und bei 380-kV-Leitungen 1053,2 km (Stand 31. 12. 1995). Im Jahr 2000 wird das Netz der Trassen für 380-kV-Leitungen 1129 km betragen. Eine Gegenüberstellung der Trassen von Landesgesellschaften, Sondergesellschaften sowie von Städtischen und sonstigen Elektrizitätsversorgungsunternehmen zeigt, daß die Landesgesellschaften 110-kV-Leitungen in der Trassenlänge von 5184,4 km, 220-kV-Leitungen in der Trassenlänge von 145,7 km und 380-kV-Leitungen in der Trassenlänge von 91,3 km betreiben. Die Sondergesellschaften und die städtischen Versorgungsunternehmen betreiben nur in geringem Ausmaß Hochspannungsleitungen. Die Ennskraftwerke AG, die Österreichische Draukraftwerke AG, die Tauernkraftwerke AG und die Österreichische Donaukraftwerke AG betreiben zusammen 110-kV-Leitungen in der Trassenlänge von rund 210 km, 220-kV-Leitungen in der Trassenlänge von rund 40 km, aber keine 380-kV-Leitungen. Städtische und sonstige Elektrizitätsversorgungsunternehmen betreiben nur 110 kV-Leitungen, und zwar in einer Trassenlänge von 121,4 km (Stand 31. 12. 1995; Angaben aus Österreichische Elektrizitätswirtschafts-AG, Zahlen, Daten, Fakten 96).

biet, würde die derzeitige Verbundorganisation der Elektrizitätswirtschaft nach den geplanten Regelungen *dezentralisiert* und zerbrochen. Der Entwurf regelt trotz Aufhebung des VerstaatlichungsG weder, *wer* im Sinn der Richtlinie der übergeordnete Verbundnetzbetreiber sein soll noch welchen *gemeinwirtschaftlich-gesamtwirtschaftlichen* Kriterien die zahlreichen untergeordneten Netzbetreiber von regionalen Übertragungs- und Verteilernetzen unterliegen. Das gleiche gilt für die Energieerzeugung. Nicht nur für den Netzbetrieb, auch für die Energieerzeugung wird nicht auf gemeinwirtschaftlich-gesamtwirtschaftliche Kriterien abgestellt[96]. Die Bedachtnahme auf gemeinwirtschaftlich-gesamtwirtschaftliche Kriterien ist hingegen im geltenden Bundesverfassungsrecht, im 2. VerstaatlichungsG (dazu oben III.1), im Preisrecht und im ElWG sowohl für die Stromerzeugungsanlagen als auch für den Netzbetrieb zwingend vorgeschrieben[97]. Das gleiche gilt für das Starkstromwegerecht des Bundes[98]. Abgesehen von staatlichen Energielenkungsmaßnahmen in Ausnahmesituationen (Notstand) nach dem EnergielenkungsG und von den eingeschränkten staatlichen Preisregelungsvorschriften gäbe es nach dem Entwurf daher keine bundeseinheitlich lenkende Planung und Koordinierung der Elektrizitätswirtschaft unter Respektierung des europarechtlichen Gleichheitsgebots. Durch eine derartige föderale Zersplitterung der Elektrizitätswirtschaft erscheint die Erfüllung der umfassenden Staatsaufgabe Elektrizitätswirtschaft nicht nur unter Beachtung des verfassungsrechtlichen Gebots des gemeinwirtschaftlich-gesamtwirtschaftlichen Gleichgewichts als Staatsziel (ausgewogene Infrastruktur, gleichmäßige Versorgung, einheitliche Preise, Bedarfsausgleich, gleichmäßige Belastung der Produzenten), sondern auch jenes der (betriebs)wirtschaftlichen Effizienz des Verbundkonzerns und

---

96 Vgl die Voraussetzungen des § 12 Abs 1 für die Errichtungsgenehmigung und Betriebsbewilligung für Stromerzeugungsanlagen: „Die Ausführungsgesetze haben jedenfalls die für die Errichtung und Inbetriebnahme von Stromerzeugungsanlagen sowie die für die Vornahme von Vorarbeiten geltenden Voraussetzungen auf Grundlage objektiver, transparenter und nichtdiskriminierender Kriterien im Sinne der Artikel 4 und 5 der Elektrizitätsbinnenmarktrichtlinie festzulegen, wobei unter dem Aspekt der Energieeffizienz insbesondere auch die wirtschaftlichen Effizienzpotentiale im Bereich der Endverbraucher zu berücksichtigen sind." Für die Verleihung der Konzession zum Betrieb eines Verteilernetzes werden im Grundsatzgesetz keinerlei Kriterien festgelegt (§ 26)

97 Siehe für die Elektrizitätsversorgungsunternehmen § 4 lit b) ElWG: „Die Erteilung der Konzession ... setzt voraus: b) daß im Falle des § 3 lit b [Konzession für die Lieferung elektrischer Energie an Elektrizitätsversorgungsunternehmen] eine *bestmögliche Verbundwirtschaft* gewährleistet ist". Die Vorschrift des § 4 gilt gemäß § 10 Abs 4 sinngemäß auch für die Bewilligung von Erzeugungsanlagen. Die Verbundgesellschaft hat demgemäß im Verfahren der Konzessionserteilung für Elektrizitätsversorgungsunternehmen Parteistellung (§ 4 Abs 3).

98 § 7 StarkstromwegeG fordert für die Bau- und Betriebsbewilligung von landesüberschreitenden Starkstromanlagen die Bedachtnahme auf die *Versorgung der gesamten Bevölkerung* und die *Abstimmungen mit den bereits vorhandenen Energieversorgungseinrichtungen*.

aller übrigen staatlichen Elektrizitätsunternehmen innerhalb Österreichs und im internationalen Wettbewerb in Frage gestellt, von den zu erwartenden Defiziten infolge einer überschießend liberalisierten Implementierung der Richtlinie ganz zu schweigen.

Aufgrund der Elektrizitätstransitrichtlinie haben die Mitgliedstaaten den Elektrizitätstransit im Binnenmarkt über ihre großen Netze zu gewährleisten. Nach Art 21 der Elektrizitätsbinnenmarktrichtlinie sind die Mitgliedstaaten gegebenenfalls auch verpflichtet, Direktleitungen zwischen Erzeugern und zugelassenen Kunden zu ermöglichen und für deren Errichtung nicht diskriminierende Kriterien festzulegen, wenn die vorhandenen Netzkapazitäten nicht ausreichen. In Österreich bestehen infolge des föderalistischen Systems der Stromversorgung zu denselben Umspannwerken parallel mehrere Leitungen einer oder mehrerer Landesgesellschaften, städtischer Versorgungsunternehmen und der Verbundgesellschaft. Dazu kommen noch Eigenleitungen der ÖBB. Dieses pluralistische System ist bereits jetzt (innerstaatlich gesehen) gesamtwirtschaftlich problematisch. Es hat zwangsläufig hohe Transportkosten und erhebliche Energieverluste zur Folge. Es ist daher mit Ausnahme des bundesweiten Verbundnetzes zur Erfüllung der europarechtlichen Transportpflicht unzureichend. Die einzelnen Leitungen sind zT beträchtlich überlastet (insb das gegenwärtige 220 KV-Netz) und vermöchten die Durchleitung zu den zugelassenen Kunden nicht zu leisten. Die europarechtliche Pflicht zur Durchleitung legt die Zusammenführung der großen Übertragungsnetze (380, 220 und 110 KV) in die Obsorge eines übergeordneten Zentralnetzbetreibers nahe. Im Sinn einer effizienten Rationalisierung wäre dadurch der Austausch der veralteten 110 und 220 KV-Leitungen gegen moderne 380 KV-Leitungen nach einem einheitlichen Konzept wirtschaftlich geboten. Darüber hinaus könnte ein übergeordneter (Verbund)-Netzbetreiber in Zeiten freier Kapazitäten mit der Durchleitung gegen *Peage* (das ist das Entgelt, das der Leitungsbetreiber für die Durchleitung elektrischer Energie nach KWh und Strecke einheben darf) positive Deckungsbeiträge erzielen und die gesamtwirtschaftliche österreichische Dienstleistungsbilanz verbessern[99].

Mit einer solchen Konstruktion der Elektrizitätsversorgung wäre wegen des Fehlens eines übergeordneten österreichweiten Netzbetreibers die Elektrizitätsbinnenmarktrichtlinie nicht effizient implementiert. Art 5 des EG-Vertrages legt allgemein fest, daß die Mitgliedstaaten alle *geeigneten Maßnahmen* allgemeiner oder besonderer Art zur Erfüllung der Verpflichtungen treffen, die sich aus diesem Vertrag oder aus Handlungen der Organe der Gemeinschaft ergeben. Nach Art 189 des EG-Vertrages

---

[99] Siehe dazu näher DRAXLER, Neuordnung 157 f.

sind europäische Richtlinien – ähnlich den Grundsatzgesetzen – für die Mitgliedstaaten hinsichtlich des zu erreichenden *Zieles* unmittelbar verbindlich, sie überlassen jedoch den innerstaatlichen Stellen weitgehend die Wahl der Form und der Mittel. (Im Unterschied dazu ist die europäische Verordnung in allen ihren Teilen verbindlich und gilt unmittelbar in jedem Mitgliedstaat.) Wenn und soweit aber eine Richtlinie die Mittel der Umsetzung vorgibt, sind die Staaten daran unmittelbar gebunden[100]. Richtlinien sind überdies *vollständig* und „*praktisch wirksam*" umzusetzen. Ihr Zweck darf nicht unterlaufen werden (Frustrationsverbot)[101]. Für die österreichische Elektrizitätswirtschaft dient die *Pflicht zur Benennung eines verantwortlichen Betreibers des übergeordneten Verbundnetzes* den in der Richtlinie definierten Zielen der Unterhaltung eines „sicheren, zuverlässigen und leistungsfähigen Elektrizitätsnetzes" unter Bereitstellung aller dafür erforderlichen unentbehrlichen Hilfsdienste sowie der Erfassung und Veröffentlichung der gesamtwirtschaftlichen Daten der Elektrizitätswirtschaft zur Verwirklichung des Elektrizitätsbinnenmarkts. *Deshalb wurde den Mitgliedstaaten die Pflicht zur Benennung eines verantwortlichen Netzbetreibers zwingend auferlegt.* Die einzelnen Mitgliedstaaten haben in dieser Frage keinen Ermessensspielraum.

Die geplante österreichische Neuorganisation steht aber auch im Widerspruch zu den grundsätzlichen europarechtlichen Zielen der Stärkung der Versorgungssicherheit und der Wettbewerbsfähigkeit der europäischen Wirtschaft, insbesondere der *Effizienz* bei der Erzeugung, Übertragung und Verteilung elektrischer Energie im europäischen Elektrizitätsbinnenmarkt (Punkt 4 der Gründe der Richtlinie).

In Konsequenz aus der fehlenden Benennung eines übergeordneten österreichweiten Netzbetreibers sind nach dem Entwurf aber auch die Re-

---

100 In der Praxis sind die Richtlinien häufig derart detailliert, daß sie den Mitgliedstaaten lediglich die Möglichkeit einer nahezu wortgleichen Umsetzung lassen (ÖHLINGER, Verfassungsrecht³ [1997] 84). Wenn eine Richtlinie klar und unbedingt ist und insoweit zu ihrer Anwendung keines Ausführungsakts mehr bedarf entfaltet sie nach der europäischen Judikatur und nach der hA sogar unmittelbar innerstaatliche Wirkung im Verhältnis von Privaten gegenüber dem Staat (GRILLER, Grundzüge des Rechts der Europäischen Union, 22).
101 Vgl dazu RASCHAUER in Raschauer (Hg) Grundriß des österreichischen Wirtschaftsrechts³ (1998) Allgemeiner Teil, 29 Rz 70 f, mit Nachweisen aus der Rspr des EuGH: „Entgegen dem Wortlaut des Art 189 Abs 3 EG-Vertrag genügt in der Praxis allerdings schon längst nicht mehr bloße Zielerreichung mit beliebigen nationalen Formen und Mitteln – sei dies angesichts der Konkretheit von RL-Regelungen selbst, sei dies in Anwendung des Grundsatzes der Gemeinschaftstreue (Art 5 EG-Vertrag: „praktische Wirksamkeit der RL". Im Ergebnis wird daher oft eine praktische identische ‚Umsetzung' in Außenrecht gefordert ... Die Mitgliedstaaten sind durch den Grundsatz der Gemeinschaftstreue (Art 5 EG-Vertrag) verpflichtet, die *Rl vollständig umzusetzen und jedenfalls die Zwecke der Richtlinie nicht zu unterlaufen (Frustrationsverbot).*"

gelungen der Richtlinie über die *Organisation des Zuganges* zu den Elektrizitätsnetzen im Binnenmarkt unzureichend umgesetzt. Die Richtlinie sieht dafür – orientiert an den unterschiedlichen bestehenden Ordnungen der Elektrizitätswirtschaft in den Mitgliedstaaten, insb am Grad ihrer Zentralisation, – die zwei verschiedenen Systeme Alleinabnehmersystem oder Netzzugang auf Vertragsbasis als Alternativen vor. Der „Alleinabnehmer" im Sinn des Art 18 der Richtlinie entspricht dem Betreiber eines übergeordneten Verbundnetzes in den Mitgliedstaaten: „Im Falle des Alleinabnehmersystems benennen die Mitgliedstaaten *eine juristische Person als Alleinabnehmer innerhalb des vom Netzbetreiber abgedeckten Gebiets.*" (Art 18 Abs 1) Der Alleinabnehmer hat die Aufgabe, im europäischen Binnenmarkt den Elektrizitätstransit in einen Mitgliedstaat, innerhalb des Mitgliedstaates und aus dem Mitgliedstaat zu gewährleisten (vgl Art 3, 16 ff, 21).

Nach § 18 des Regierungsentwurfs sollen zahlreiche unterschiedliche Unternehmen als Alleinabnehmer fungieren: die Verbundgesellschaft, die in der Anlage 1 bezeichneten Landesgesellschaften und die in der Anlage 2 bezeichneten landeshauptstädtischen Unternehmen. Der Entwurf entspricht daher weder dem Alleinabnehmersystem nach Art 18 der Richtlinie noch dem System des freien Netzzugangs auf Vertragsbasis nach Art 17. Die geplante Regelung liegt daher trotz ihrer Bezeichnung im Entwurf als „Alleinabnehmersystem" dem System eines privilegierten Netzzugangs auf freier Vertragsbasis näher. Ein solches System ist gewiß rechtlich nicht verboten[102]. Sein Widerspruch zum europarechtlichen Effizienzgebot im Dienst an einer Gewährleistung des Binnenmarkts ist aber angesichts der bestehenden funktionierenden österreichischen Verhältnisse offenkundig. Aus innerstaatlicher Sicht bedeutet der Regierungsplan nicht nur die Aufhebung des funktionierenden österreichischen verfassungsgesetzlichen Systems der Aufgabenverbindung und Aufgabenteilung zwischen Verbund, Landesgesellschaften und Kommunalbetrieben als Staatsunternehmen im weitesten Sinn, ohne daß dafür weder ein zwingender staatsrechtlicher oder europarechtlicher noch ein gemeinwirtschaftlich-gesamtwirtschaftlicher Grund gegeben wäre, sondern auch eine willkürliche Zerstörung eines funktionierenden Rechtsgefüges und erheblicher volkswirtschaftlicher Werte. Die geplante Auflösung der österreichischen Verbundeinheit der Elektrizitätsversorgungsunternehmen steht aber auch in einem Gegensatz zum gesamteuropäischen Trend der Fusion von Elektrizitätsversorgungs-

---

[102] Vgl den Wortlaut des Art 16: „Hinsichtlich des Netzzugangs können die Mitgliedstaaten zwischen den in Artikel 17 *und/oder* den in Artikel 18 genannten Systemen wählen."

unternehmen zur Schaffung wettbewerbsfähiger Großunternehmen im europäischen Binnenmarkt.

Das europarechtliche Alleinabnehmersystem kann in Österreich *auf der Grundlage der bestehenden Kompetenzverteilung* für die Wirtschaftslenkung der Elektrizität gemäß Art 10 Abs 1 Z 10 B-VG, im 2. VerstaatlichungsG, im Preisrecht, im Starkstromwegerecht und im Energielenkungsrecht ohne einen großen legistischen Aufwand bereits jetzt direkt übernommen werden. Die Verbundgesellschaft ist nach der geltenden Rechtslage Betreiber des österreichweiten Verbundnetzes. Sie fungiert derzeit bereits rechtlich als Alleinabnehmer, weil sie befugt ist, Stromlieferungsverträge mit dem Ausland abzuschließen und zu genehmigen. Durch entsprechende Anpassungen auf einfachgesetzlicher Ebene betreffend den Elektrizitätstransit und die Gewährleistung einer nur beschränkt geforderten etappenweisen Marktöffnung (Übernahmepflicht für Lieferungen aus den Mitgliedstaaten an zugelassene Kunden, Transportpflicht für Exporte an zugelassene Kunden in anderen Mitgliedsstaaten, Gleichbehandlungsgebot unter Bedachtnahme auf existientielle österreichische Elektrizitätserzeugung) und die bestehenden Starkstromwege des Bundes *könnten diese Aufgaben der Verbundgesellschaft gemäß den bestehenden Kompetenzgrundlagen und gemäß den im Verfassungsrang stehenden und als solche auf Gesetzes- und Vollzugsebene unmittelbar anwendbaren Richtlinien ohne die zahlreichen Verfassungsbestimmungen des Entwurfs europarechtskonform einfachgesetzlich geregelt werden.* Als sinnvolle Verfassungsmaßnahme bietet sich aus Anlaß der Umsetzung der Richtlinie lediglich die seit langem fällige verfassungsbereinigende Klarstellung der Kompetenzlage durch die Schaffung eines einheitlichen Kompetenztatbestande „Elektrizitätswesen" oder noch besser „Energiewesen" im Art 10 B-VG an, insbesondere für die Elektrizitätswirtschaft, für die elektrizitätsbezogene Energielenkung und für das elektrizitätsbezogene Preisrecht des Bundes.

IV. Die Berücksichtigung ökologischer Aspekte (erneuerbare Energie) und heimischer Primärenergieträger

1. Die europarechtlichen Regelungen

Die Verwirklichung des Elektrizitätsbinnenmarktes ist ausdrücklich an den *Umweltschutz* gebunden. Nach der Richtlinie sind die Ziele des Binnenmarktes, dh die Versorgungssicherheit, die Wettbewerbsfähigkeit und die Effizienz „unter Wahrung des Umweltschutzes" zu verfolgen (Punkt 4 der Gründe). Die den Elektrizitätsunternehmen durch die Mitgliedsstaaten auferlegten *gemeinwirtschaftlichen Verpflichtungen* müssen demgemäß neben der (technischen) Sicherheit, neben der Versorgungssicherheit, neben der Regelmäßigkeit, neben der Qualität und neben dem Preis elektrischer Energie auch den Umweltschutz miteinbeziehen. Die wettbewerbs*orientierte* Öffnung zum europäischen Binnenmarkt soll nach und nach erfolgen. Als Mittel zur Erfüllung der gemeinwirtschaftlichen Verpflichtungen ist daher eine „langfristige Planung" vorgesehen (Art 3 Abs 2). Die Erfüllung der den Elektrizitätsunternehmen übertragenen gemeinwirtschaftlichen Verpflichtungen kann sogar eine (teilweise) Nichtanwendung der Regelungen der Art 5, 6, 17, 18 und 21 der Richtlinie rechtfertigen (Art 3 Abs 3). Überdies kommt den Mitgliedsstaaten das Recht zu, Übergangsregelungen im Sinn des Art 24 auch im Interesse des Umweltschutzes zu beantragen.

In Ausführung dieser Grundsätze sieht zunächst Art 5 Abs 1 für die Genehmigung von *Erzeugungsanlagen* vor, daß die Kriterien der Genehmigung ua die Aspekte des Umweltschutzes (lit b), der Flächennutzung und Standortwahl (lit c), der Energieeffizienz (lit e) und die Art der Primärenergieträger (lit f) umfassen können. Diese Vorschrift ist angesichts des fortgeschrittenen Ausbaus der österreichischen Energieerzeugung von nachgeordneter Bedeutung. In den Kriterien für die Einspeisung elektrischer Energie aus den Stromerzeugungsanlagen in die *Verbindungsleitungen* und für die Nutzung der Verbindungsleitungen sind der „wirtschaftliche Vorrang" von Strom aus „verfügbaren Erzeugungsanlagen" oder aus dem Transfer aus Verbindungsleitungen sowie die sich für das Netz ergebenden technischen Beschränkungen zu berücksichtigen (Art 8 Abs 2). Nach Art 8 Abs 3 können die Mitgliedstaaten *„dem Betreiber des Übertragungsnetzes zur Auflage machen, bei der Inspruchnahme von Erzeugungsanlagen solchen den Vorrang zu geben, in denen erneuerbare Energieträger oder Abfälle eingesetzt werden oder die nach dem Prinzip der Kraft-Wärme Kopplung arbeiten"*[103]. Nach Art 8 Abs 4 der Richtlinie können die Mitgliedstaaten „aus Gründen der Versorgungssicherheit Anweisung geben, daß Elektrizität bis zu einer Menge, die 15 % der in einem Kalenderjahr zur Deckung des gesamten Elektrizitätsverbrauchs des betreffenden Mitgliedsstaates notwendige Energie nicht überschreitet, vorrangig aus Erzeugungsanlagen abgerufen wird, die einheimische Primärenergieträger als Brennstoffe einsetzen." Der Umweltschutz *ist* nach Art 11 Abs 1 der Richtlinie auch von den Betreibern der Verteilernetze *zwingend* zu beachten. Die Mitgliedstaaten können nach Abs 3 derselben Vorschrift dem übergeordneten Netzbetreiber nämlich zur Auflage machen, daß er „bei der Inspruchnahme von Erzeugungsanlagen solchen den Vorrang gibt,

---

[103] Energieerzeugungsanlagen nach dem Prinzip der Kraft-Wärme Kopplung sind im Dienst an der Wärmeversorgung der Allgemeinheit privilegiert.

in denen erneuerbare Energieträger oder Abfälle eingesetzt werden oder die nach dem Prinzip der Kraft-Wärme-Kopplung arbeiten."
Diese Vorschriften bieten den Mitgliedstaaten im Interesse des Umweltschutzes die Möglichkeit einer *vorrangigen* Behandlung von Energie aus erneuerbaren Energieträgern (dazu zählt vor allem die Wasserkraft) und aus einheimischen umweltschutzgesicherten Primärenergieträgern (zB Braunkohle). Art 8 Abs 3 ermöglicht jedenfalls eine uneingeschränkte Bevorzugung von Trägern erneuerbarer Energie. Abs 4 legt für Primärenergieträger eine am Gesamtverbrauch orientierte objektive Einschränkung (Quote) der Bevorzugung fest. Die Möglichkeit der *uneingeschränkten Bevorzugung erneuerbarer Energieträger* kann aufgrund von Art 3 Abs 2 und 3 sogar ein Unterschreiten der Marktöffnungsquoten der Richtlinie in einzelnen Mitgliedstaaten rechtfertigen. Die Bevorzugung muß aber nach objektiven und nicht diskriminierenden Kriterien erfolgen. Diese Regelungen sind für die österreichische Elektrizitätswirtschaft vor allem deshalb von hervorragender Bedeutung, weil der österreichische Strombedarf zum weitaus überwiegenden Teil, etwa 80% im Jahresdurchschnitt, durch *Eigenerzeugung* aus *Wasserkraftwerken* aufgebracht wird[104].

2. Die Umsetzung im Entwurf

Im Ministerialentwurf, der als Grundlage für die Regierungsvorlage dient, wurde von den Ermächtigungen der Richtlinie zur Förderung des Umweltschutzes nicht entsprechend Gebrauch gemacht. Im § 3 Abs 4 aF war zwar dem Grundsatz nach vorgesehen, daß den Elektrizitätsunternehmen die vorrangige Inanspruchnahme von Erzeugungsanlagen aufzuerlegen ist, in denen erneuerbare Energieträger oder Abfälle eingesetzt werden oder die nach dem Prinzip der Kraft-Wärme Kopplung auf Basis heimischer Energieträger arbeiten. Im § 22 aF war aber nur für den Fall *nicht ausreichender Netzkapazitäten* für Transporte zur Belieferung von Kunden aus Wasserkraftwerken ein Vorrang eingeräumt.

Nach § 27 Abs 1 Z 6 aF sollten die *Betreiber von Übertragungsnetzen* verpflichtet sein, „den Grundsätzen der Bevorzugung erneuerbarer Energieträger unter besonderer Berücksichtigung der im § 22 aF festgelegten Prioritäten Rechnung zu tragen ...". Diese Vorschrift ließ nach dem Wortlaut offen, ob die Bevorzugung nur im Fall von nicht ausreichender Netzkapazität platzgreifen sollte oder ob die Prioritäten des § 22 aF ohne

---
104 Das Energievolumen der Verbundgesellschaft wird zu 83 % durch Eigenerzeugung aufgebracht. Die Wasserkraft hat einen Anteil von rund 90 % an der Erzeugungskapazität des Verbundes (Angaben aus Österreichische Elektrizitätswirtschafts-AG, Daten, Fakten 96; Stand des Jahres 1995).

Rücksicht auf die Netzkapazität übernommen würden. Die Abnahmeverpflichtung für die zahlreichen „Alleinabnehmer" wäre geeignet, die den Netzbetreibern auferlegte Verpflichtung zur vorrangigen Inanspruchnahme erneuerbarer Energieträger praktisch wirkungslos (undurchführbar) zu machen, weil dem Einströmen ausländischer (nicht privilegierter) Energie nur netztechnische Gegebenheiten entgegengesetzt würden[105].
Diese Formulierung würde offenlassen, *wie* dem Grundsatz der Bevorzugung schutzwürdiger Energieträger Rechnung getragen werden sollte und könnte, dh mit welchen Mitteln nicht bevorzugte (ausländische) Energie zurückzudrängen wäre (etwa durch eine preisliche Bevorzugung der Energie aus Wasserkraft, aus Abfall und aus Kraft-Wärme-Anlagen?). Sie wäre praktisch nicht vollziehbar und stünde daher auch im Widerspruch zum verfassungsrechtlichen Legalitätsprinzip nach Art 18 B-VG. Das Legalitätsprinzip erfordert eine ausreichende Bestimmtheit und Eindeutigkeit der Gesetze. Der Gesetzgeber ist verpflichtet, das Handeln der Verwaltung inhaltlich hinreichend zu determinieren. Für die Adressaten der Gesetze muß ihre Rechtsposition in organisationsrechtlicher, verfahrensrechtlicher und materiellrechtlicher Hinsicht aus dem Gesetz objektiv eindeutig erkennbar sein. Andernfalls liegt eine „formalgesetzliche Delegation gesetzgeberischer Aufgaben an die Vollziehung vor[106]. Die geplanten Regelungen im Ministerialentwurf erweisen sich aber sowohl im Hinblick auf das Ob als auch des Wie der Bevorzugung erneuerbarer Energieträger als unklar, unbestimmt und widersprüchlich.

Eine derart mangelhafte und dem verfassungsrechtlichen Legalitätsgebot nicht entsprechende Regelung würde die heimische Elektrizitätswirtschaft, insbesondere die gemeinwirtschaftlich eingerichtete Verbundwirtschaft deshalb besonders hart treffen, weil diese überwiegend auf der Nutzung der Wasserkraft aufgebaut ist. Der aus heimischer Wasserkraft und aus Kraft-Wärme-Anlagen erzeugte Strom würde übergangslos in voller Konkurrenz zu der in der Gemeinschaft (kostengünstiger) vor allem durch Kernkraftwerke erzeugten Energie stehen. Dadurch würden Sinn und Zweck der in der Vergangenheit getätigten umwelt- und energiepolitischen Investitionen der Bundesregierung im Ausmaß mehrfacher zweistelliger Milliardenbeträge, die zum Ausbau der Wasserkraft, zur Entgiftung kalorischer Kraftwerke, zur Finanzierung von Umweltschutzaufla-

---
[105] Vgl die Ausführungen in der Information an den Vorstand der Verbundgesellschaft 391/97 vom 14. 11. 1997, 4 f, 7.
[106] Siehe zum Legalitätsprinzip ANTONIOLLI/KOJA, Allgemeines Verwaltungsrecht³ (1996) 222 ff; ÖHLINGER, Verfassungsrecht3 (1997) 55 f, 232 f; WALTER/MAYER, Grundriß des österreichischen Bundesverfassungsrechts⁸ (1996) 72 f, 226 ff; zum Legalitätsprinzip im Wirtschaftsrecht im besonderen WINKLER, Gesetzgebung und Verwaltung im Wirtschaftsrecht (1970).

gen investiert wurden, grundsätzlich in Frage gestellt[107]. Das erscheint umso unverständlicher, als das Europarecht eindeutige Richtungweisungen für die vorrangige Berücksichtigung gemeinwirtschaftlicher und ökologischer Aspekte darbietet.

Im Unterschied zum österreichischen Entwurf enthält der Entwurf zum deutschen Gesetz zur Neuregelung der Energiewirtschaft eine klare und eindeutige Regelung für die erneuerbare Energie sowie für Energie aus Kraft-Wärme-Anlagen (§ 3 lit c), die auch für das österreichische Recht wegweisend wäre: „Bei der Beurteilung der Zumutbarkeit [der Durchleitung fremder Energie] ist besonders zu berücksichtigen, inwieweit dadurch Elektrizität aus fernwärmeorientierten, umwelt- und ressourcenschonenden sowie technisch-wirtschaftlich sinnvollen Kraft-Wärme-Kopplungsanlagen oder aus Anlagen zur Nutzung erneuerbarer Energien *verdrängt und ein wirtschaftlicher Betrieb dieser Anlagen verhindert würde* ...". Die bevorzugte Nutzung heimischer Primärenergie (Braunkohle) wird im übrigen in Deutschland extensiv genutzt (500 Milliarden S staatliche Zuschüsse bis zum Jahr 2005; Wettbewerbsschutz)[108]. Eine vergleichbare Vorsorge wurde im österreichischen Ministerialentwurf nicht getroffen.

Angesichts dieser Mängel des Ministerialentwurfs wurden zwar die umweltschutzbezogenen Vorschriften in der Regierungsvorlage abgeändert. Nach § 3 Z 3 und 4 sind Ziele des Gesetzes, „den hohen Anteil erneuerbarer Energien[109] in der österreichischen Elektrizitätswirtschaft weiter zu erhöhen" und einen „Ausgleich für gemeinwirtschaftliche Verpflichtungen im Allgemeininteresse zu schaffen, die den Elektrizitätsunternehmen auferlegt wurden", und die sich ua „auf den Umweltschutz beziehen". § 4 Z 4 und 5 nennen unter den gemeinwirtschaftlichen Verpflichtungen der Elektrizitätsunternehmen „die vorrangige Inanspruchnahme von Erzeugungsanlagen, in denen erneuerbare Energieträger oder Abfälle eingesetzt werden oder die nach dem Prinzip der Kraft-Wärme-Kopplung arbeiten, soweit sie der öffentlichen Fernwärmeversorgung dienen" und den „Strombezug aus Erzeugungsanlagen, die den in der Europäischen Union geltenden Umweltvorschriften entsprechen." Nach § 6 ist vorzusehen, daß Elektrizitätsunternehmen „nach den Grundsätzen einer

---
107 Vgl die Daten in der Stellungnahme der Verbundgesellschaft an den BMWA vom 15. 1. 1998, 1, 9 f.
108 Angaben aus der Stellungnahme des Verbundgesellschaft an den BMWA vom 15. 1. 1998, 1 f.
109 „Erneuerbare Energien" sind Wasserkraft, Biomasse, Biogas, Wind und Sonne, soweit sie für die Erzeugung elektrischer Energie Verwendung finden (§ 7 Z 24).

umweltverträglichen ... Bereitstellung der nachgefragten Dienstleistungen ... agieren".

In Ausführung dieser Grundsätze ist zunächst nach § 19 für den Fall nicht ausreichender Leitungskapazitäten den „Transporten zur Belieferung von Kunden aus Wasserkraftwerken" ein bevorrangter Netzzugang zu gewähren. Nach § 20 Abs 1 Z 4 kann der Netzzugang überdies dann verweigert werden, „wenn dadurch Elektrizität aus fernwärmeorientierten, umwelt- und resourcenschonenden sowie technisch-wirtschaftlich sinnvollen Kraft-Wärme-Kopplungsanlagen oder aus Anlagen zur Nutzung erneuerbarer Energien *verdrängt und ein wirtschaftlicher Betrieb dieser Anlagen verhindert würde, wobei Möglichkeiten zum Verkauf dieser elektrischen Energie an Dritte zu nutzen sind.*"[110] Ferner sind nach § 23 Abs 1 Z 4 die Betreiber von Übertragungsnetzen zu verpflichten, „Erzeugungsanlagen nach wirtschaftlichen Gesichtspunkten in Anspruch zu nehmen (wirtschaftlicher Vorrang) und *im Rahmen des wirtschaftlichen Vorrangs den Grundsätzen der Bevorzugung erneuerbarer Energieträger, von Abfällen oder Anlagen, die nach dem Prinzip der Kraft-Wärme-Kopplung arbeiten, unter besonderer Beachtung des § 19 Rechnung zu tragen,* insoweit hiedurch keine Beeinträchtigung der gemeinwirtschaftlichen Verpflichtungen, insbesondere der Versorgungssicherheit erfolgt."[111] Für die Betreiber der Verteilernetze ist im § 31 Abs 2 der Regierungsvorlage vorgesehen, daß die Ausführungsgesetze bestimmen können, „ob und in welchem Ausmaß Betreiber von Verteilernetzen die für die Abgabe an Letztverbraucher erforderlichen Strommengen aus Kleinwasserkraftanlagen zu beziehen haben (Abnahmepflicht)."[112]

Nach § 31 Abs 3 ist zu bestimmen, „daß Betreiber von Verteilernetzen spätestens sechs Monate nach Inkrafttreten des jeweiligen Ausführungsgesetzes die für die Abgabe an Letztverbraucher erforderlichen Strommengen aus Anlagen, die auf der Basis der erneuerbaren Energieträger feste oder flüssige Biomasse, Biogas, Deponie- und Klärgas, Wind und Sonne in einem steigenden Ausmaß zu beziehen haben (Abnahmepflicht). Im Jahr 2005 ist ein Anteil von drei Prozent dieser erneuerbaren Energieträger an der für die Abgabe an Letztverbraucher erforderlichen Strommenge zu erreichen." § 47 Abs 3 sieht für die Preisbestimmung dieser Energieträger eine Zuständigkeit der Landeshauptmänner vor, der BMWA ist nur bei Säumnis subsidiär zuständig. § 69 enthält schließlich eine Übergangsregelung für heimische Braunkohle. Darin ist vorzusehen, daß bis zum 31. 12. des Jahres 2008 der Netzzugang auch dann verweigert

---

110 Hervorhebungen durch den Verfasser.
111 Hervorhebungen durch den Verfasser.
112 Die Kleinwasserkraftwerke sind im § 7 (Begriffsbestimmungen) nicht definiert.

werden kann, wenn ein Netzbetreiber nachweist, daß eine Verstromung von inländischer Braunkohle im Ausmaß von drei Prozent der in einem Kalenderjahr zur Deckung des gesamten österreichischen Elektrizitätsverbrauchs notwendigen Energie nicht gewährleistet ist.

In den Erläuterungen zu § 20 Abs 1 Z 4 (Netzzugangsverweigerung) wird ausgeführt, daß die vorrangige Inanspruchnahme erneuerbarer Energieträger eine *gemeinwirtschaftliche Verpflichtung* darstellt. Durch die Verpflichtung, die Möglichkeiten zum Verkauf dieser elektrischen Energie an Dritte zu nutzen, soll bewirkt werden, daß alle Möglichkeiten ausgeschöpft werden diese elektrische Energie zu marktkonformen Preisen im Europäischen Binnenmarkt abzusetzen, bevor der Netzzugang verweigert werde. Die Unternehmen seien damit auch gehalten, derartigen Anlagen effizient nach betriebswirtschaftlich-kaufmännischen Grundsätzen zu führen, um den Erfordernissen eines wettbewerbsorientierten Binnenmarktes gerecht zu werden. Anderseits bilde dieser Verweigerungstatbestand für den Netzzugang ein „letztmögliches Instrument" für den Weiterbestand dieser Erzeugungsanlagen[113]. Nach den Erläuterungen zu § 23 Abs 1 Z 4 müsse der Grundsatz des „wirtschaftlichen Vorrangs" aber auch bei der Bevorzugung der Erzeugungsanlagen aus erneuerbaren Energieträgern Beachtung finden. Unter dem wirtschaftlichen Vorrang sei der Einsatz der Erzeugungsanlagen entsprechend einer Reihung nach Wirtschaftlichkeitsaspekten zu verstehen. Grundsätzlich habe der Kraftwerksabruf in einem marktwirtschaftlichen System nach den variablen Kosten der Stromerzeugung in den einzelnen Kraftwerken zu erfolgen („merit order")[114].

Zu § 31 Abs 3 (Förderung alternativer Energieträger) wird ausgeführt, daß durch diese Regelungen ein effizientes System zur Markteinführung dieser Technologien geschaffen werden soll. Im Sinn des föderalistischen Prinzips sollen die Länder die Möglichkeit bekommen, nach ihren spezifischen energiewirtschaftlichen Gegebenheiten die Nutzung bestimmter erneuerbarer Energien zur Elektrizitätserzeugung zu forcieren. Damit verbunden sei die Zuständigkeit der Landeshauptmänner zur Bestimmung der Einspeispreise in ihrem jeweiligen Bundesland[115]. Zur Bevorzugung heimischer Braunkohle wird angemerkt, daß der Einsatz von Braunkohle als Energieträger zu wettbewerbsorientierten Bedingun-

---

113 Erläuterungen zur Regierungsvorlage, 44.
114 Erläuterungen zur Regierungsvorlage, 45.
115 Im einzelnen sollen folgende Ziele erreicht werden: Ausbau des Anteils der Stromerzeugung aus erneuerbaren Energieträgern; zur Substituierung fossiler Energieträger zur Reduktion der CO_2-Emissionen; Forcierung der Technologie von Erzeugungsanlagen zur Verstromung erneuerbarer Energieträger; Erschließung neuer Erwerbsmöglichkeiten für die bäuerliche Bevölkerung im ländlichen Raum (Erläuterungen zur Regierungsvorlage, 48).

gen nicht möglich sei. Diese Ausnahme vom wirtschaftlichen Vorrang bezwecke einen (zeitlich befristeten) Schutz von Anlagen, die heimische Braunkohle als Brennstoff einsetzen[116].

Die Festlegung eines Vorrangs erneuerbarer Energieträger sowie der Erzeuger von Kraft und Wärme in den in letzter Minute geänderten §§ 19, 20 Abs 1 Z 4 und 23 Abs 1 Z 4 unter Einbeziehung wirtschaftlicher Gesichtspunkte im Sinn einer *Abwägung von Umweltschutz und Wirtschaftlichkeit* ist demgemäß zwar grundsätzlich ein Schritt in die richtige Richtung. Die geänderten Regelungen sind aber in ihrem Zusammenhang dennoch unklar und würden wegen der föderalen Dezentralisierung der Aufgabe zwangsläufig zu föderalen Ungleichheiten führen. § 20 Abs 1 Z 4 regelt einen bedingten Vorrang von Energie aus erneuerbaren Energieträgern, soweit diese im Binnenmarkt nicht absetzbar ist. Danach ist eindeutig auch (nicht absetzbare) Energie geschützt, deren Produktion im Vergleich zu anderen Erzeugungsarten teurer ist. § 23 Abs 1 Z 4 legt im scheinbaren Widerspruch dazu auch für die erneuerbare Energie fest, daß sie bloß *„im Rahmen des wirtschaftlichen Vorrangs"*(?) privilegiert sei. Ob sich der wirtschaftliche Vorrang nur auf das Verhältnis der verschiedenen erneuerbaren Energieträger zueinander bezieht oder auch auf sonstige Energieträger (zB Atomenergie), bleibt ebenso offen wie die gemeinwirtschaftlich-gesamtwirtschaftliche Komponente. Dazu geben die Materialien trotz des Stellenwertes dieser Frage in der Richtlinie keine Auskunft. Der bloße Wortlaut der Vorschrift läßt die Deutung zu, daß erneuerbare Energie nur dann bevorzugt sein soll, wenn sie zum gleichen Preis wie andere Energie angeboten wird. Der systematischen Zusammenhang mit § 20 Abs 1 Z 4 kann aber wohl nur eine Einschränkung im Sinn eines absoluten Vorrangs der erneuerbaren Energieträger bedeuten. Diese Vorschrift entspricht nicht dem verfassungsrechtlichen Legalitätsprinzip. Der Gesetzgeber ist durch Art 18 Abs 1 B-VG gehalten, eine homogene, dem Legalitätsprinzip entsprechende eindeutige und klare Regelung zu treffen.

Darüber hinaus ist der Hinweis im § 23 Abs 1 Z 4 auf die Beachtlichkeit des § 19 (Netzzugang bei nicht ausreichenden Kapazitäten) auch nach der Neufassung dieser Vorschrift im Ministerrat unklar. Wäre er als ein bloßer Hinweis auf die Rechtslage bei nicht ausreichender Netzkapazität zu verstehen, dann würde die Regelung an dieser Stelle überflüssig. Verstünde man sie hingegen so, daß die Prioritäten des § 19 auch bei ausreichender Netzkapazität gelten, dann wäre die Regelung im Verhältnis der erneuerbaren Energieträger zueinander und zu den Kraft-Wärme-Anlagen unsachlich. Im § 19 wird nämlich aus den erneuerbaren Ener-

---

[116] Erläuterungen zur Regierungsvorlage, 53.

gieträgern nur die Wasserkraft genannt. § 19 ist zu eng gefaßt und es besteht auch ein Wertungswiderspruch zu den §§ 20 Abs 1 Z 4 und 23 Abs 1 Z 4. Daher wären in den § 19 auch die anderen erneuerbaren Energieträger aufzunehmen. Im § 23 Abs 1 Z 4 wäre der mißverständliche Hinweis auf § 19 zu streichen. Die formalgesetzliche Delegation der Entscheidung an die Länder darüber, *ob* und in welchem Umfang Kleinwasserkraftanlagen bevorzugt werden, ist nicht nur kompetenzwidrig, sondern auch gleichheitswidrig; hier wäre eine bundeseinheitliche Regelung geboten. Doch solche Verbesserungen würden nichts daran ändern, daß infolge der geplanten Dezentralisierung die Implementierung der Richtlinie auch in dieser Hinsicht nur unzureichend erfolgen würde.

VI. Schwerpunkte der verfassungsrechtlichen und europarechtlichen Kritik am Regierungsentwurf

1. Die Richtlinie

Die Richtlinie 96/92 EG des Europäischen Parlaments und des Rates vom 19. Dezember 1996, *betreffend gemeinsame Vorschriften für den Elektrizitätsbinnenmarkt",* veröffentlicht im Amtsblatt der Europäischen Gemeinschaften, in Kraft getreten gemäß ihrem Art. 28 am 19. Februar 1997, weist wesentliche Eigenarten auf.

In ihrer Regelungstechnik gleicht sie einem Verfassungsgesetz. Sie beinhaltet 39 „*Gründe*" als allgemeine Zielbestimmungen für die Neuordnung des europäischen Binnenmarktes für Elektrizität. In einer Art Erklärung dazu beinhaltet sie 23 „*Legaldefinitionen*" zur verbindlichen Begriffsdeutung. Der daran anschließende Vorschriftenteil, als eigentliche Regelung der Materie, umfaßt 29 Artikel mit Direktiven für Ermessen und Gebundenheit zur Anpassung durch staatliche Vorschriften. Der Vorschriftenteil schließt mit der Feststellung: „Die Richtlinie ist an die Mitgliedsstaaten gerichtet". Es liegt also an den Staaten, in Beachtung der Gründe und Legaldefinitionen gemäß denn Vorschriften richtlinienkonforme Maßnahmen zu ergreifen. Dabei sind mehrere Eigenarten der Regelungstechnik der Richtlinie zu beachten.

- Die Richtlinie umfaßt in den Gründen und Definitionen *unmittelbar anwendbares Recht im Verfassungsrang*, in den Vorschriften aber bloße Grundsatzbestimmungen.
- Die Richtlinie beinhaltet für die Staaten teils *ius cogens* und teils *ius dispositivum.*

- Die Richtlinie bietet den Staaten legistische *Optionen* und *Alternativen* an.
- Die Richtlinie ist beherrscht vom *Subsidiaritätsprinzip*, dh. im weiten Rahmen der Vorschriften herrscht ein Vorrang für die Rechtssetzung der Staaten gegenüber dem Europa-Recht.
- Die Richtlinie gründet sich nach ihrer eigenen Feststellung auf Art. 90 des EU-Vertrages. Danach kommt den *gemeinwirtschaftlich-gesamtwirtschaftlichen nationalen Verpflichtungen der Staaten* gegenüber dem Ziel der Richtlinie, einen wettbewerbsorientierten europäischen Binnenmarkt für die Elektrizitätswirtschaft zu schaffen, ein Vorrang zu. Die Richtlinie schränkt kraft ausdrücklicher Ermächtigung des EU-Vertrages für die gemeinwirtschaftliche Elektrizitätswirtschaft von vornherein die europarechtliche Freiheit des Waren- und Dienstleistungsverkehrs sowie des freien Wettbewerbs des EU-Vertrages ein.

Nach der Richtlinie haben die Staaten einen ausdrücklich verbrieften Anspruch auf die Erhaltung ihrer gemeinwirtschaftlich-gesamtwirtschaftlich konzipierten Elektrizitätswirtschaft. Das bedeutet nicht nur, daß sie die bestehende rechtliche Ordnung für ihre Elektrizitätswirtschaft erhalten und schützen dürfen. Das bedeutet sogar, daß sie bestimmte Artikel der Richtlinie *nicht unbedingt* anwenden müssen; nämlich soweit deren „Erfüllung die den Elektrizitätsunternehmen übertragenen gemeinwirtschaftlichen Verpflichtungen de jure oder de facto verhindern würde (Art. 3 Abs. 3)". Aber auch im Bereich zwingenden Rechts, wie etwa beim Betrieb der Elektrizitätsnetze (Art. 7, 8, 9, 10, 11 und 12) haben die Staaten die Freiheit, ihre Elektrizitätslenkung gemäß ihrem eigenen Rechtssystem im Sinn der Richtlinie organisatorisch und funktionell zu gestalten, ohne ihr eigenes Recht wesentlich ändern oder gar vollständig reformieren zu müssen.

Die Zielsetzung der Richtlinie ist auf eine beschränkte *gesamteuropäische* und nicht auf eine innerstaatliche *Wettbewerbsfreiheit* gerichtet. Diese Orientierung verlangt weder bis zum Jahr 2009 noch nachher eine volle wirtschaftliche Liberalisierung der Elektrizitätswirtschaft eines Staates nach außen (gegenüber Europa) und nach innen (gegenüber nationalen regionalen Stromerzeugern und Verteilern). Die nationalen Märkte sollen nur in Etappen und zunächst bloß für Großverbraucher als speziell zugelassene Kunden geöffnet werden. Diese Wettbewerbsorientierung bedeutet daher keine Liberalisierung, sondern vielmehr eine Privilegierung von Großverbrauchern als Stromabnehmer.

Die Anpassung des staatlichen Rechts an die Richtlinie soll innerhalb eines Jahres ab Inkrafttreten erfolgen. Mit diesem Zeitpunkt ist eine erste

Etappe der Marktöffnung vorgesehen. Darauf folgen zwei weitere Etappen von je drei Jahren für weitere Marktöffnungen für Großverbraucher. Direktleitungen zu Großverbrauchern sind nur bedingt vorgesehen.
Die Richtlinie verpflichtet *nicht:*
- zu Verfassungsänderungen,
- zur Aufhebung staatlicher Lenkungsvorschriften,
- zur Liberalisierung des staatlichen Preisrechtes,
- zu Wettbewerbsverboten nach dem Kartellrecht.

Die Richtlinie verpflichtet aber *zur effizienten Umsetzung ihrer zwingenden Vorschriften* gemäß den diesen zugrundegelegten Prinzipien (Gründen) einer *wirtschaftslenkenden* Zentralisation und einer wirtschaftlichen Konzentration der Elektrizitätswirtschaft durch Gewährleistung einerseits einer funktionierenden Lenkung, vor allem der staatlichen Elektrizitätswirtschaft, und andererseits einer etappenweisen Marktöffnung für Großabnehmer nach vorbestimmten Marktquoten der Staaten und gemäß den Bedingungen der Gemeinschaft .

Diese Zurückhaltung bei der Öffnung der staatlichen Elektrizitätswirtschaften gegenüber dem europäischen Binnenmarkt hat zwei Erklärungsgründe: Einerseits sind es die bestehenden, gemeinwirtschaftlich-gesamtwirtschaftlichen Verpflichtungen der nationalen Elektrizitätswirtschaften. Andererseits sind es die gewachsenen nationalen Elektrizitätswirtschaftsstrukturen mit ihren rechtlichen Grundordnungen. Schließlich ist es aber auch die Eigenart der Elektrizität als Ware und Wirtschaftsgut in Verbindung mit Dienstleistungen. Elektrizität ist nicht frei beweglich. Sie ist orts- und leitungsgebunden. Im Transport über lange Strecken, vor allem aber über minderwertige Netze verbraucht sie gleichsam sich selbst. Deshalb liegt das organisatorische Schwergewicht der Richtlinie bei der Regelung der Elektrizitätsnetze und deren Betreiber als Lastausgleicher und als Lastverteiler[117].

Ein zentraler Schwerpunkt der Richtlinie, nämlich die Schaffung eines Elektrizitätsnetzverbundes und eines kompakten Gefüges von Netzbetreibern, kann dem Regierungsentwurf schwerlich abgelesen werden. Dieser ist durch seine antiproduktive Dezentralisation in Wahrheit ungleich mehr ein Hindernis zur effektiven Implementierung der Richtlinie, denn ein Mittel zur Gewährleistung der Effektivität ihrer Zielsetzung, unter gleichzeitiger Wahrung nationaler Wirtschaftssubstanz. Mit der Ver-

---
117 Dieser Umstand läßt die in der Literatur aufgeworfene Frage plausibel erscheinen, ob die Regelung des Elektrizitätswesen als Energiepolitik überhaupt in die Zuständigkeit der EU fällt. siehe dazu BAUR, Die Elektrizitätsbinnenmarktrichtlinie: Gestaltungsmöglichkeiten von Mitgliedstaaten; Auswirkungen auf die Elektrizitätsunternehmen (1997) 27 ff mwN.

Fragen einer Reform des österreichischen Elektrizitätswesens 179

lagerung von verstärkter hoheitlicher Verantwortung auf die Bundesländer und auf binnenwirtschaftliche Vereinbarungen ist der Entwurf den Zielsetzungen der Elektrizitäts-Binnenmarkt-Richtlinie ebenso entgegengesetzt, wie der Grundbedingung einer jeden Richtlinie als europarechtliche Rechtsquelle, durch die Staaten als ihre Adressaten effektiv implementiert zu werden.

Gemessen an den „Gründen" und an den Vorschriften der Richtlinie läßt der vorliegende Regierungsentwurf ungleich mehr Fragen offen, als sie verbindlich zu lösen.

2. Das österreichische Verfassungsrecht

Verfassunggesetzesform und Kompetenzlage

Der vorliegende Regierungsentwurf ist ein höchst problematisches legistisches Unikum. Statt einen einheitlichen Kompetenztatbestand „Elektrizitätswesen" oder „Energiewesen" zu schaffen, der die bisher auf einige wenige Verfassungsbestimmungen verteilten Kompetenzen des Bundes zur Elektrizitätslenkung, zur Preisregelung, zur Starkstromwegeregelung und zur Energielenkung in Notfällen zu einer einheitlichen Bundeskompetenz umschließen würde, wie es dem Art. 4 B-VG, dem Art. 13 Abs. 2, dem Art. 51 ff und dem Art. 126 b B-VG gemäß wäre, sieht der Entwurf durch ausdrückliche Bezeichnung 14 Verfassungsbestimmungen und durch Verweisung auf Einzelregelungen weitere 29 Verfassungsbestimmungen vor. Welch ein grotesker Rekord des in der Literatur längst schon einmütig als Verfassungsbruch angeprangerten *Rechtsformenmißbrauchs*. Die bisher in sinnvollen Verfassungsbestimmungen bundesrechtlich gewährleistete Funktionsfähigkeit eines koordinierten, gemeinwirtschaftlich-gesamtwirtschaftlich gelenkten Verbundes der österreichischen Elektrizitätswirtschaft sollen durch den Entwurf in zahlreiche verfassungsgesetzliche Kompetenzfragmente eines unübersichtlichen Konglomerats als Grundlage für unmittelbar verbindliches Bundesrecht und für Bundesgrundsatzrecht als Grundlage für Landesausführungsrecht zersplittert werden. Es scheint, als wolle man das Rad der Geschichte der verfassungsgesetzlichen Entwicklung der österreichischen Elektrizitätswirtschaft auf das Jahr 1920 zurückdrehen, als eine gemeinwirtschaftlich-gesamtwirtschaftliche Elektrizitätswirtschaft tatsächlich noch in weiter Ferne lag und daher die gemeinsame Kompetenz von Bund und Ländern zur Gesetzgebung noch sinnvoll schien.

Die Verletzung der verfassungsgesetzlichen und
europarechtlichen Implementierungspflicht

Kernbereich der Richtlinien sind die Vorschriften über Erhaltung und Betrieb der verschiedenen Elektrizitätsnetze; und zwar:
- des Verbundnetzes,
- der Übertragungsnetze sowie
- der Verteiler- und Versorgungsnetze gemäß den Art. 7 bis 12.

Dieser Bereich beinhaltet zwingendes Recht. Die Staaten sind verpflichtet, gemäß ihrem Rechtssystem ein leistungsfähiges Elektrizitätsverbundnetz und eine homogene Organisation von Netzbetreibern zu schaffen, an deren Spitze ein gesamtverantwortlicher *Übertragungsnetzbetreiber als Verbundnetzbetreiber* steht. Nur über ein Verbundnetz und über ein hierarchisches Organisationsgefüge der Netzbetreiber sind die Lastenverteilung und der kontinuierliche Lastenausgleich der regionalen Energieerzeugung und bundesweiten Energieversorgung in einer Weise machbar, die es erlauben würde, den Zielsetzungen der Richtlinie zu einer etappenweisen *wettbewerbskonformen Marktöffnung* in Richtung Europa Folge zu leisten, weil diese leistungsfähige und effektive staatliche Energiewirtschaften notwendigerweise voraussetzt. Der Regierungsentwurf weist in dieser Hinsicht ein gewaltiges Defizit auf. Er behandelt diese Hauptfrage als eine Nebenfrage und überläßt ihre Lösung letztlich den Bundesländern; und zwar auf der Grundlage einer selbstregulierenden Vertragsfreiheit der Elektrizitätsunternehmen, die nur in Willkür münden kann und geradezu zwangsläufig zur Auflösung des derzeitigen funktionellen gemeinwirtschaftlich-gesamtwirtschaftlichen österreichischen Elektrizitätsverbundes führen muß. Der Regierungsentwurf widerspricht daher auch insofern dem Effektivitätsgebot der Richtlinie.

Gleichheitsverletzung durch Ungleichbehandlung
von Elektrizitätserzeugern

Im Regierungsentwurf werden der Verbund und die Landesgesellschaften als zugelassene Kunden gleichgestellt. Den Landesgesellschaften verbleibt dennoch ihr Gebietsmonopol und es besteht keine Abnahmepflicht gegenüber dem Verbund. Damit würde nicht nur der Vertrauensschutz verletzt, sondern eine Privilegierung geschaffen, die einer der wesentlichen Gründe für die Entstehung von *stranded investments* wären.

Der Regierungsentwurf bestätigt den unveränderten Fortbestand bestehender Verträge. Es fehlt eine gesetzliche Verpflichtung zur Anpassung der bestehenden Verträge an die gemäß der Richtlinie veränderte oder noch zu verändernde Rechtslage. Insbesondere sieht der Regierungsentwurf die Privilegierung von zwei Elektrizitätserzeugungsunternehmen vor, indem er ihre Stromlieferungsverträge sogar *im Verfassungsrang* garantiert und damit der Anpassungspflicht an die Richtlinien überhaupt entzieht.

Der Entwurf unterläßt die Einbeziehung der Kleinkraftwerke in die allgemeinen Regelungen für Kraftwerke und überläßt den Ländern die Gesetzgebungskompetenz. Dadurch verletzt er das Gebot der Richtlinie zur Gleichbehandlung von Elektrizitätserzeugungsunternehmen und öffnet überdies die Möglichkeit zur Ungleichbehandlung und Diskriminierung durch die Länder. Die Stromerzeugung durch die Kleinkraftwerke beträgt immerhin 9-10 % der österreichischen Gesamtproduktion und stammt vorwiegend aus Wasserkraft.

Stromerzeugungsanlagen aus Sonnen-, Wind-, und Bioenergie, denen vor allem aus der Perspektive des Umweltschutzes eine zukunftsweisende Bedeutung zukommt, werden wie die Kleinkraftwerke aus den bundesgesetzlichen Regelungen ausgeklammert.

Die Regelungen im Entwurf über den Vorrang erneuerbarer Energie sind trotz ihrer Bedeutung für die österreichische Elektrizitätsgemeinschaft einseitig, unklar und widersprüchlich. Insbesondere bleibt unklar, ob den erneuerbaren Energieträgern ein unbedingter Vorrang zukommt oder ob sie nur bei wirtschaftlicher Gleichwertigkeit bevorrangt sind. Sie verletzen nicht nur das Prinzip der Gemeinwirtschaft, sondern versperren auch den Weg zu einem gemeinwirtschaftlichen Lastenausgleich zwischen den verschiedenen Stromerzeugungsarten auf dem österreichischen Binnenmarkt

Gleichheitsverletzung durch Unsachlichkeit

Die Aufhebung der bisherigen Verfassungsbestimmungen zur Ordnung eines österreichweiten Lenkungsverbundes der Elektrizitätswirtschaft, ohne entsprechenden Ersatz, verstößt gegen das Wirtschaftlichkeitsgebot des B-VG (Art. 13 Abs. 2, Art. 51 ff, Art. 126 b und Art. 7 B-VG). Der Gesetzesentwurf richtet sich vor allem gegen das objektive Gebot des Art. 4 B-VG, wonach das Bundesgebiet *ein einheitliches Wirtschaftsgebiet* bildet. Das Gebot der Einheitlichkeit des Wirtschaftsgebietes, das Wirtschaftlichkeitsgebot, das Gemeinwirtschaftsprinzip, das Gleichheitsgebot des B-VG und das Effizienzgebot der Richtlinie verbieten Dezentralisation der Elektrizitätslenkung und Dekonzentration der Elektrizitätswirtschaft.

Durch die Aufhebung des Verstaatlichungsgesetzes würde auch die Rechtfertigung für die seinerzeitige konfiskatorische Verstaatlichung aufgehoben und die Unterlassung ihrer Rückgängigkeitmachung würde zu einer gleichheitswidrigen Willkür führen.

Österreich würde mit dem Regierungsentwurf dem allgemeinen Trend der europäischen Elektrizitätswirtschaften und Rechtsordnungen zu kompakten und funktionierenden Großeinheiten diametral entgegen wirken.

Während andere Staaten organisatorische Großeinheiten der Elektrizitätslenkung fördern und erhalten, will Österreich die Elektrizitätswirtschaft sogar dem Kartellgesetz unterwerfen. Die Preisregelung soll zwischen Bund und Ländern aufgespalten werden.

Das geltende Energielenkungsrecht, das auch für die Anpassung des österreichischen Elektrizitätswirtschaftsrechts an die Richtlinie wegweisend sein könnte, wird vernachlässigt. Das geltende Starkstromwegerecht, ein Hauptanliegen der Richtlinie, wird als zweitrangig eingestuft und soll anscheinend vollends dezentralisiert werden.

Diese Änderungen im Verfassungsbereich sollen vorgenommen werden, obwohl die derzeitige Verfassungslage weitestgehend geeignet wäre, die wichtigsten Zielsetzungen der Richtlinie einfachgesetzlich zu gewährleisten.

Verletzung des Legalitätsprinzips

Der Regierungsentwurf ist in vieler Hinsicht unbestimmt gehalten und bedürfte nicht nur im Bereich der Grundsatzgesetzgebung, sondern sogar im Bereich der unmittelbaren Bundesgesetzgebung zu seiner unmittelbaren Anwendbarkeit der näheren Durchführung. Es fehlen eine transparente *Richtlinienkonformität, Rechtswahrheit, Rechtsklarheit* sowie rechtliche und sachliche *Bestimmtheit*.

3. Organisationsrechtliche und materiell-rechtliche Defizite

Organisationsrechtliche Defizite

Der Regierungsentwurf hat die Beseitigung der österreichweiten Lenkungsaufgabe des Verbundes nach Maßgabe der Politik der Bundesregierung zum Ziel. An ihrer Stelle ist nichts vergleichbar Klares, Kompaktes und Effizientes vorgesehen. Offensichtlich wird die Zielsetzung der Richtlinie verkannt, ein funktionskräftiges Verbundnetz und ein Organisationsgefüge von Netzbetreibern als Lastverteiler mit Hilfe von dezentralisierten Elektrizitätsunternehmen und nicht der föderalistischen Behördenorganisation zu errichten. Die Netzbetreiber, denen auch der Lastausgleich und die Lastverteilung obliegen, sollen organisatorische Einheiten von Elektrizitätsunternehmen sein, die von deren sonstigen Aufgaben unabhängig sind. Dabei muß die bundesländerweise gegliederte Gesetzgebungs- und Vollziehungsstruktur hintangestellt bleiben. Die Netzbetreiber und Lastverteiler sollen eigenständige fachliche Organe der Elektrizitätswirtschaft sein. Mit dem Verbundnetzbetreiber an der Spitze sollten sie gleichsam einen unter Aufsicht des Staates stehenden elektrizitätswirtschaftlichen öffentlich-rechtlichen *Selbstverwaltungsverbund* bilden, als ein hierarchisches Organisationsgefüge beliehener öffentlicher Unternehmen. Der gesamtösterreichische Netzverbund unter der Leitung eines einzigen Verbundnetzbetreibers würde in Verbindung mit dem Alleinabnehmersystem und mit einer einheitlichen Preisregelung die Effizienz einer derartigen öffentlich-rechtlichen Selbstverwaltungsorganisation gewährleisten.

Materiell-rechtliche Defizite

Dem Regierungsentwurf können keine erheblichen Zielsetzungen einer gemeinwirtschaftlich-gesamtwirtschaftlichen Elektrizitätswirtschaft entnommen werden. Die Verwirklichung seines Konzeptes würde langfristig wirtschaftsstörende und wirtschaftsgüterverichtende Folgen hervorrufen. Im Entwurf ist von Stromsparmaßnahmen aus gesamtwirtschaftlichen und umweltschützenden Gründen vor allem für Großverbraucher keine Rede; von den derzeit notwendigen Sparmaßnahmen des Staates ganz zu schweigen. Als Sparziele bieten sich folgende Maßnahmen an:
– Vereinheitlichung und Ausbau der Verbundnetze.
– Schaffung eines hierarchischen Systems von Netzbetreibern und Lastverteilern.
– Planung der regionalen und nationalen Lastverteilung, des Lastenausgleichs und des Stromtransports gemäß nachbarschaftlichen regionalen Prioritäten der Stromerzeugung und der Stromversorgung nach Maßgabe kurzer Lieferwege zum Zwecke der Energieersparnis beim Stromtransport. Das gilt nicht nur national und im Binnenmarkt, sondern auch im Transit des europäischen Netzverbundes und Binnenmarktes.
– Planung und Förderung von umweltschonender Energieerzeugung aus Sonnen-, Wind- und Biokraft.
– Förderung von selbstversorgenden Stromerzeugungsanlagen und von Kleinkraftwerken.

- Planung und Förderung von Energie-Recyklingsanlagen (Kraft-Wärme-Anlagen).
- Allgemeine Vermeidung von *stranded investments* als langfristige Folge von Reformmaßnahmen; nicht nur bei der Verbund, sondern auch bei den Kleinkraftwerken u.a.
- Minimierung der Verwaltungskosten für die Anpassung an die Richtlinie durch Heranziehung bestehender Organisationseinheiten (Lastverteiler);
- Vermeidung von Prozeßkosten durch eine solide Legistik unter Beachtung von Gleichheit und Sachlichkeit.

Wirtschaftlichkeitsdefizite

Der Entwurf vernachlässigt die durch Art. 13 Abs. 2 B-VG verfassungsgesetzlich gebotene gemeinwirtschaftlich-gesamtwirtschaftliche Orientierung. Die Motive des Regierungsentwurfs enthalten überdies keine zukunftsorientierte Schätzung der durch die Neuerungen langfristig zu erwartenden Kosten und Verminderungen von Wirtschaftssubstanz.

- Versorgungspflicht und Anschlußpflicht schließen eine vollständige Liberalisierung von vornherein aus.
- Die Elektrizität (Energie) ist ein allgemeines volkswirtschaftliches Bedarfsgut, das einer bundesweit einheitlichen Preisregelung unterliegen sollte.
- Ein Versorgungsnotstand bedarf nach wie vor der Energielenkung, die auch im Sinn der Richtlinie liegt.
- Ein Europäischer Stromlieferungsverbund ist technisch und wirtschaftlich naturgemäß nur begrenzt möglich; und zwar
- wegen der gebotenen Sparsamkeit beim Transport von Energie und
- wegen der gebotenen Sparsamkeit beim Verbrauch von Energie.
- Die Rechnungskontrolle (B-VG) und der Staatshaushalt gebieten für jede Reform Wirtschaftlichkeit und Sparsamkeit.

Legislativpolitische Überlegungen

Eine privatrechtliche Lösung in Richtung auf Schaffung eines gesamtösterreichischen Elektrizitäts-Verbundkonzerns[118] ist bisher trotz mehrmaliger Versuche gescheitert. Es bleibt daher nur der Weg staatlicher Gesetzgebungs- und Vollzugsmaßnahmen *auf dem Gebiet der Energielenkung.*

---

118 Siehe dazu WINKLER, Rechtsfragen einer Neuorganisation des Verbundkonzerns. Eine verfassungsrechtliche Studie (1997)

Der Regierungsentwurf spiegelt die Tendenz wider, einen Interessenausgleich zwischen Bund und Ländern zugunsten der Landesgesellschaften zu schaffen. Gesamtstaatsinteresse und Gemeinwohlbindung haben im Entwurf keinen erheblichen Stellenwert; von Wirtschaftlichkeitsprinzipien ganz zu schweigen. Folgen davon sind eine inhomogene Materienzersplitterung und eine gewaltige Zahl von Verfassungsbestimmungen, weitgehend als ein Konglomerat von Kompetenz-Kompromissen zugunsten regionaler Interessen. Es ist daher fraglich, ob dieser formal und inhaltlich mißglückte legistische Entwurf der Regierung im Parlament die für Verfassungsgesetze geforderte Mehrheit findet. Das wäre letztlich kein Schaden. Man würde nämlich einerseits einen legistisch mißglückten Akt vermeiden. Andererseits wäre die bisherige Verfassungslage in Verbindung mit den Richtlinien ohnedies weitgehend ausreichend, um in der Form eines einfachen Gesetzes jene bundeseinheitliche Regelung zu schaffen, die einerseits die gemeinwirtschaftlich-gesamtwirtschaftliche Konzeption des derzeitigen österreichweiten Lenkungsverbundes der Elektrizitätswirtschaft richtlinienkonform unmittelbar umsetzbar macht, weil sie den zwingenden Zielsetzungen der Richtlinie bereits jetzt effizienter Rechnung tragen kann, als es die Regierungsvorlage künftig zu leisten vermöchte.

Bei allen legistischen Reformmaßnahmen bleibt jedenfalls ein kalkulierbares Prozeßrisiko aus zu erwartenden Rechtsstreitigkeiten und der damit verbundenen Kostenfrage zu bedenken.

Anhang 1: Fragen an den Gesetzgeber

1. Wissen Sie, wie die Hauptaufgaben der österreichischen Elektrizitätswirtschaft: Erzeugung, Verteilung von und Versorgung mit elektrischer Energie, derzeit organisiert sind und wie sie rechtlich funktionieren?
2. Kennen Sie den Lageplan der über ganz Österreich verstreuten Elektrizitätserzeugungsanlagen: der Verbundgesellschaft, der Sondergesellschaften, der Landesgesellschaften, der städtischen Kommunen und der zahlreichen Privaten?
3. Kennen Sie das österreichweite Netzwerk von Elektrizitätsleitungen und deren Kapazitäten:
   - die Verteilungs- und Versorgungsnetze,
   - die regionalen Übertragungsnetze,
   - das bundesweite Übertragungs- und Verbundnetz?
4. Kennen Sie das österreichische System der Schaltstellen (Umspannwerke) für den Stromtransport und für die Stromverteilung von den Erzeugern zu den Verbrauchern:
   - die örtlichen Lastverteiler mit ihren Schaltstellen
   - die regionalen Lastverteiler mit ihren Schaltstellen
   - den bundesweiten Lastverteiler der Verbundgesellschaft mit seinen Schaltstellen?
5. Wissen Sie, daß der Stromnetzverbund österreichweit und zu den Verbundnetzen der benachbarten Staaten Österreichs nur durch das Höchstspannungsnetz des Bundes, betreut von der Verbundgesellschaft hergestellt werden kann und daß daher der europäische Stromtransit ohne die Verbundgesellschaft und ihren Lastverteiler letztlich unmöglich wäre?
6. Wissen Sie, wie die Elektrizitätswirtschaft anderer europäischer Staaten (etwa Frankreichs, Spaniens, Portugals, Italiens und Griechenlands) organisiert ist und wie sie funktioniert?
7. Wissen Sie, daß europaweit die Elektrizitätswirtschaft innerhalb der Staaten seit Jahrzehnten zur Konzentration tendiert und jenseits der ehemaligen östlichen Staatswirtschaftssysteme in gemeinschaftlich-gesamtwirtschaftlich konzipierte Großunternehmen mündet (Frankreich, Italien, Spanien, Portugal, Griechen-land) und daß einzelne der acht deutschen Großunternehmen sogar größer sind, als der gesamtösterreichische Elektrizitätsverbund?
8. Haben Sie die mit dem Entwurf beabsichtigte „Reform" der österreichischen Verbundlenkung der Elektrizitätswirtschaft mit der Reform anderer europäischer Verbundwirtschaften verglichen?

Fragen einer Reform des österreichischen Elektrizitätswesens 187

9. Welche gemeinwirtschaftlich gelenkte Verbundwirtschaft Europas soll binnenwirtschaftlich und gegenüber Europa ähnlich dezentralisiert werden wie nach dem Entwurf die österreichische Elektrizitätswirtschaft?
10. Welche europäische Elektrizitäts-Verbundorganisation wird aufgrund der Anpassung an die Richtlinien vergleichbare hausgemachte *stranded investments* in Milliardenhöhe langfristig zu erleiden haben?
11. Warum ist für Österreich keine Frist für die Abwicklung der Amortisation jener Investitionskosten vorgesehen, die bisher im Dienst an einer zukunftsweisenden Sicherung der Versorgung ganz Österreichs mit elektrischem Strom entstanden sind, wenn man die derzeitige österreichweite Verbundlenkung auflösen will? Rührt die späte „Entdeckung" der langfristig zu erwartenden „stranded investments" nur von der „Reform" her?
12. Haben Sie aus dieser Sicht die Möglichkeiten bedacht, die österreichische Verbundorganisation und damit die Effizienz der Elektrizitätswirtschaft zu verstärken und zu rationalisieren, anstatt zu schwächen?
   – Entweder durch Schaffung eines privatrechtlichen Leistungspools aller staatlichen Elektrizitätsunternehmen als einen wirtschaftlichen Verbundkörper;
   – und/oder durch homogene öffentlich-rechtliche Maßnahmen zur Stromlenkung, zur Vereinheitlichung der Strompreise und unter Bedachtnahme auf einen österreichweiten Investitions-Kostenausgleich sowie zur gesamtwirtschaftlichen Stärkung des Stromverbundes, der Lastverteilung und des Lastenausgleiches (regional und bundesweit) etwa durch Verstärkung der regionalen Stromnetze und durch Vereinheitlichung des Systems der Lastverteiler?

---

13. Kennen Sie die EU-Richtlinien und wie sorgfältig haben Sie diese aus österreichischer Wirtschaftsperspektive studiert?
    – betreffend den Transit von Elektrizitätslieferungen über große Netze aus 1990
    – betreffend den europäischen Elektrizitätsbinnenmarkt aus 1996/97?
14. Wissen Sie, daß die nationale Marktöffnung gemäß den Richtlinien über den Elektrizitätsbinnenmarkt in Etappen und nur beschränkt vorgesehen ist; und zwar bloß zum Zweck einer *Wettbewerbsorientierung* und nur etappenweise

- von 1990 – 1991 (Anpassung der Vorschriften zur Transitöffnung)
- von 1997 – 1999 (Anpassung der Vorschriften zur beschränkten Marktöffnung),
- von 1999 – 2008 (wettbewerbsorientierte Öffnung für Großabnehmer in zwei Ausbauetappen nach Strommengen);
- und wissen Sie, daß ab 2008 weitere Maßnahmen zur angeblichen Liberalisierung in der Richtlinie deshalb offen geblieben sind, weil man die Folgen der bisher nur beschränkt und privilegierend für Großverbraucher geplanten Binnenmarktöffnung noch nicht absehen kann?

15. Wissen Sie, daß gemäß der Binnenmarkt-Richtlinie ein *gemeinwirtschaftlicher Verbund gemäß einem gebotenen gesamtwirtschaftlichen und sozialen Zusammenhang*, innerhalb von Schranken des *Umweltschutzes*, unter Bedachtnahme auf das Prinzip der *Subsidiarität*, unter *Privilegierung* von Wasserkraftanlagen und Kraft-Wärme-Anlagen durch den Staat *unbefristet* geschützt werden kann?

16. Wissen Sie, daß die in der Binnenmarkt-Richtlinie aus 1996/97 vorgesehene Marktöffnung der gemeinwirtschaftlich-gesamtwirtschaftlich gelenkten Elektrizitätswirtschaften der Staaten in Richtung Europa:
   - eine lex specialis ist und als solche eine erklärte Ausnahme aus dem allgemeinen Liberalisierungsprinzip des EU-Vertrages bedeutet (Art. 90 EU-Vertrag sowie Punkt 9 und Punkte 13 bis 20 der Richtlinie);
   - daß die Richtlinie über den Elektrizitätsbinnenmarkt nur eine zunehmend wettbewerbsorientierte Marktöffnung *etappenweise und beschränkt* anzielt, und die Wahrung der gesamtwirtschaftlichen und gemeinwirtschaftlichen Verpflichtungen sowie des Umweltschutzes ausdrücklich vorsieht;
   - daß die Öffnung der staatlichen Elektrizitäts-Wirtschaften zum europäischen Binnenmarkt, entgegen dem allgemeinen Liberalisierungsprinzip des EU-Vertrages, auf eine beschränkte Wettbewerbsorientierung von vornherein nur zugunsten von Großverbrauchern gerichtet ist?

17. Wissen Sie, daß die Richtlinie für den europäischen Elektrizitätsbinnenmakt auch langfristig keine bestehende, gemeinwirtschaftlich-gesamtwirtschaftlich organisierte nationale Elektrizitäts-Wirtschaft ausschließt? (Punkte 13-20 und Punkt 9 der Richtlinien).

18. Wissen Sie, daß die Richtlinien echte Alternativen anbietet und nicht eine bestimmte Lösung zwingend vorschreibt? (Punkt 23) und zwar:

- das Alleinabnehmersystem (Art. 18)
- und das Vertragssystem (Art. 17)

19. Wissen Sie, daß die Richtlinie 1996/97 daran anschließend drei Arten von Netzbetreibern zwingend vorsieht; und zwar
    - einen zentralen (Verbund) Übertragungsnetzbetreiber (Art. 7, 8, 9 der RL)
    - dezentralisierte Übertragungsnetzbetreiber (Art. 10, 11, 12 der RL) und
    - dezentralisierte Verteilernetzbetreiber (Versorgungsnetzbetreiber) (Art. 10, 11, 12 der RL);
    - und dazu passend entweder das Alleinabnehmersystem (Art. 18)
    - oder das Vertragssystem (Art. 17)?

20. Wissen Sie, daß die Richtlinie demgemäß auch drei Arten von Elektrizitätsleitungen als notwendig vorsieht:
    - die *Verbundleitungen* österreichweit; mit Transit-, Transport- und Verteilungsmöglichkeiten nach innen und nach außen (gegenüber Europa),
    - ferner regionale *Übertragungsleitungen* zwischen ortsgebundenen Erzeugungsanlagen
    - und schließlich regionale und örtliche *Verteilerleitungen* oder *Versorgungsleitungen* an die Konsumenten.

21. Wissen Sie, daß die Richtlinie Direktleitungen zu Großverbrauchern gemäß Wirtschaftlichkeitskriterien sowie unter Bedachtnahme auf Gemeinwirtschaft und Umweltschutz nur als möglich und nicht zwingend vorsieht (Art. 21 Abs. 4 und 5 in Verbindung mit Art. 17 (5) und Art. 18 (4), vor allem aber mit dem grundlegenden Art. 3 der Richtlinie)?

22. Wissen Sie, daß die österreichischen Elektrizitätsleitungsnetze über Schaltstellen (Umspannungswerke) durch technisch-wirtschaftliche Lastverteiler bisher schon regional und überregional miteinander verbunden sind, und daß ein Starkstromverbund von Höchstspannungsleitungen nach allen Richtungen zu den Nachbarstaaten durch den Verbund über dieses System derzeit bereits funktioniert?

23. Wissen Sie, daß der technisch-wirtschaftliche Lastverteiler der Verbundgesellschaft aufgrund einer Verfassungsbestimmung bereits jetzt die Funktionen eines österreichweiten Übertragungs(Verbund-)netzbetreibers und Lastverteilers nach innen und nach außen erfüllt (ein-

schließlich der Kontrolle über die zwei Höchstspannungsleitungen der TIWAG und der Illwerke)?
24. Wissen Sie, daß die Verbundgesellschaft kraft einer Verfassungsbestimmung durch ihre Vertragsabschlußbefugnis und durch ihr Genehmigungsrecht für Verträge bereits jetzt die rechtliche Funktion eines Alleinabnehmers im Sinn der Richtlinie (Art. 18) erfüllt?
25. Wissen Sie, daß die Richtlinie im Art. 8 die Staaten unbefristet ermächtigt, den Netzbetreibern zur Auflage zu machen, insbesondere den Erzeugungsanlagen für erneuerbare Energie aus Wasserkraft sowie für Kraft-Wärme-Kopplung den Vorrang vor anderen Erzeugungsanlagen zu geben und daß Strom aus umweltschutzkonformen Primärenergieträgern quantitativ bis zu 15 % einer Jahresmenge an national erzeugter Elektrizität geschützt werden kann (Art. 8 Abs. 4)? Die entsprechenden Regelungen im Reformentwurf über den Vorrang dieser Energieträger sind trotz deren Bedeutung für die österreichische Gesamtwirtschaft unzureichend, unklar und widersprüchlich.
26. Wissen Sie, daß für Strom aus allen bestehenden österreichischen Erzeugungsanlagen, einschließlich der privaten Kleinkraftwerke, ganz allgemein ein wirtschaftlicher Vorrang zulässig ist? (RL Art. 8 Abs. 2 letzter Satz).
27. Wissen Sie, daß in Österreich die Elektrizität aus Wasserkraft im Jahresdurchschnitt 80 % beträgt, und daß sie frei von Wassernutzungsgebühren überwiegend aus öffentlichen Gewässern stammt?
28. Wissen Sie, daß die Richtlinie im Verfassungsrang einen Rechtstitel für einfachgesetzliche Befristungen aller bisherigen Stromlieferungsverträge schafft und daher gesetzliche Garantien des Rechtsbestandes von Verträgen im Verfassungsrang unzulässig macht?
29. Wissen Sie, daß für Entgiftungsanlagen, etwa bei Kraft-Wärmeanlagen und bei anderen Primärenergieerzeugungsanlagen im Dienst am Umweltschutz, mit Erfolg eingerichtet und unter erheblichem finanziellen Aufwand mit Hilfe des Staates installiert wurden?
30. Wissen Sie, daß der Regierungsentwurf mit den langfristigen kapitalentwertenden Folgen seiner überzogenen Liberalisierung (*„stranded investments"*) gegen das verfassungsrechtliche Wirtschaftlichkeitsgebot nach Art. 13 Abs. 2, Art. 51 ff und Art. 126 b unseres Bundesverfassungs-Gesetzes schwerstens verstößt und sogar das Subsidiaritätsprinzip der Richtlinie außer acht läßt, obwohl eine derartige Maßnahme durch die Vorschriften der Richtlinie gar nicht geboten wäre?
31. Wissen sie, daß die Transitrichtlinie aus 1990 in ihrem Artikel 3 Abs. 2 ausdrücklich vorschreibt, daß „insbesondere auf die Nutzung der Re-

servekapazitäten der Erzeugung sowie auf eine möglichst effiziente Auslastung der *bestehenden Systeme* zu achten ist"?

32. Kennen Sie die tragenden Finanzquellen der bisherigen Finanzierung der österreichischen Elektrizitätswirtschaft:
    - Grundgebühren als Zwangsabgaben der Verbraucher,
    - gewinnorientierte Strompreise der Verbraucher,
    - wiederholte Steuernachlässe für Elektrizitätsunternehmen seit den 20er Jahren,
    - anhaltende öffentliche Förderungen für Elektrizitätsunternehmen,
    - Verstaatlichung als eine beschränkte *Konfiskation,* mit verfassungsgesetzlich geschützter Entschädigungsverminderung im Jahr 1954 (1. Verstaatlichungsentschädigungsgesetz, BGBl. 189/1954, in Verbindung mit der Verfassungsbestimmung im 2. Verstaatlichungsentschädigungsgesetz, BGBl. 3/1960).

33. Wissen Sie, daß *der Staat* im Dienst an der gemeinnützigen Versorgungsfähigkeit der Elektrizitätswirtschaft künftig auch gegenüber der europäischen Gemeinschaft *für ein leistungsfähiges Stromnetz* ähnlich subsidiär haftet, wie für ein betriebsfähiges Eisenbahnnetz der Bundesbahnen?

34. Wissen Sie um die mögliche *künftige Haftung des österreichischen Staates* sogar für Atomkatastrophen von Kraftwerken in anderen Ländern (Beispiel Tschernobyl)?

35. Wissen Sie, daß die zunehmende Privilegierung von Großverbrauchern und Verteilerunternehmen als „zugelassene Kunden" eine privilegierte Finanzierungshilfe für ausländische Atomkraftwerke bedeutet kann (garantierte Absatzrechte); vor allem falls der heimischen Produktion unter gleicher Preisbedingung kein Vorrang eingeräumt wird, und daß andernfalls deshalb eigene umweltfreundliche Neuinvestitionen in Wasserkraft langfristig bedeckungsmäßig „stranden" müssen?

36. Wissen Sie, daß die Binnenmarktrichtlinie den Staaten *Alternativen* anbietet und keine bestimmte Lösung vorschreibt und zwar:
    - Für den Betrieb des Elektrizitätsnetzes:
      Art. 10 RL = Dezentralisation / mehrere Verbundnetzbetreiber
      Art. 10 RL = Zentralisation / einen Verbundnetzbetreiber
    - Für die Stromversorgung:
      Art. 17 RL = Dezentralisation / viele nationale Großverteiler und Versorger als konkurrierende Abnehmer
      Art. 18 RL = Zentralisation / einen nationalen Großverteiler und Versorger als Alleinabnehmer

Die Regierungsvorlage sieht statt dessen ein Sammelsurium von Regelungen zur Dezentralisation mit vielen zugelassenen Käufern und Netzbetreibern vor. Überdies sind trotz des Wirtschaftlichkeitsgebotes der Richtlinien und des B-VG länderweise unterschiedliche Preisregelungen für die zahlreichen regionalen Übertragungsnetz- und Versorgungsnetzbetreiber vorgesehen. Die bestehende und funktionierende Verbundorganisation soll offenbar ungeachtet des von ihr auf der Grundlage des Starkstromwegerechtes des Bundes betreuten Verbundnetzes aus der gesamtösterreichischen Lenkungsverantwortung verdrängt werden.

37. Wissen Sie, daß bereits jetzt tragende Ausstattungen der österreichischen Elektrizitätswirtschaft als Lenkungsverbund richtliniengemäß und ausbaufähig bestehen:
   – Anlagen zur Erzeugung von Elektrizität,
   – Elektrizitätsnetze und Umspannwerke, Anlagen zur regionalen Verteilung und zum regionalen Transport von Elektrizität im Dienst an der Verteilung und individuellen Versorgung,
   – Dezentralisierte Übertragungsnetze zum regionalen Transport von Elektrizität und zum Verbund zwischen regionalen Erzeugungsanlagen
   – Das Höchstspannungsnetz des Bundes als österreichweites Verbundnetz, zur zentralisierten Lenkung des österreichweiten Transports und Ausgleichs von Elektrizität sowie zum europäischen Transitverbund mit den Verbundsystemen der Nachbarstaaten.

38. Wissen Sie, daß Elektrizität ein existenznotwendiges volkswirtschaftliches Gut ist, das keine Föderalisierung und *keine Dezentralisierung der Energielenkung* verträgt, mögen auch die Eigentumsverhältnisse an den Erzeugungsanlagen und die wirtschaftliche Stromerzeugung föderalisiert und dezentralisiert sein?
Reformziele sind daher zwangsläufig:
   – Eine Verbesserung des volkswirtschaftlichen Österreichverbundes von Erzeugung, Verteilung und Versorgung:
   zur Effizienzsteigerung nach innen und
   zur Wettbewerbsstärkung nach außen.
   – Die Absicherung von Investitionskrediten, die aus gemeinwirtschaftlich-gesamtwirtschaftlichen Gründen angefallen sind oder künftig anfallen werden (Netzausbau).
   – Die Bildung eines Preis-Kostenverbundes als Abstützung eines Elektrizitätspools durch die staatlichen Elektrizitätserzeugungsunternehmen und Lieferanten.

Fragen einer Reform des österreichischen Elektrizitätswesens 193

- Ein österreichischer finanzieller Beitrag zur Amortisation der Atomkraftwerke anderer Staaten durch zunehmende Stromabnahmeverpflichtung, unter Hintansetzung der eigenen umweltfreundlichen Produktion trotz vergleichbaren Preisbedingungen, kann nicht ein primäres Ziel der österreichischen Gesamtwirtschaft sein.
- Zu bedenken sind auch bisherige und künftige öffentliche Förderungen. Sollen Steuerbegünstigungen wie bisher auch künftig gewährt werden?
- Insgesamt sind finanzielle Folgen zu bedenken:
  Investitionsschulden als langfristig mögliche und
  zu vermeidende *„stranded investments"*,
  eine voraussichtliche Strompreiskostensteigerung
  für den steuerzahlenden Konsumenten,
  langfristig zu erwartende Vermögenswertverluste im Bereich von umweltschutzgerüsteten Kalorischen Werken, von Kleinkraftwerken und von Wasserkraftwerken.
- Schulden und Haftungen sollten weder der Verbundgesellschaft allein noch dem Staatsbudget allein aufgelastet werden, sondern über eine österreichweite einheitliche Preisregelung von der ganzen österreichischen Elektrizitätswirtschaft getragen werden.
- Mögliche künftige Elektrizitätsabgaben aus Gründen des Umweltschutzes sind im Gesamtkonzept von Preisen und Kosten für Konsumenten und für Großverbraucher mitzubedenken.
- Die österreichische Elektrizitätswirtschaft ist auf öffentliches Gut gegründet:
  Elektrizitäts-Erzeugungsanlagen als Kapitalwert des Staates,
  Verteilernetze und Lastverteilungsanlagen als Kapitalwert des Staates,
  Übertragungsnetze und Lastverteilungsanlagen als Kapitalwert des Staates,
  Verbundnetz und Lastverteilungsanlagen als Kapitalwert des Staates .
  Diese Anlagen wurden durch Steuerzahler und Stromkonsumenten, also aus öffentlichen Geldern finanziert.

Als öffentliche Gelder kommen in Betracht:
Grundgebühren mit Abgabencharakter,
Steuerbegünstigungen der Vermögenswerte der Elektrizitätsunternehmen,
Steuerbegünstigung von Reingewinnen,
Förderungen von Investitionen,
künftige Haftungen für Investitionen in das Verbundnetz,

Fragen einer Reform des österreichischen Elektrizitätswesens

österreichische Mithaftung für mögliche Atomkraftwerkskatastrophen?
39. Haben Sie bedacht, welche Kosten durch die geplante Reform entstehen?
administrative Kosten infolge der Zerschlagung der Lenkungsfunktion der Verbundgesellschaft

Einbußen an Wirtschaftsgütern (in Form von *stranded investments*)
bei Kalorischen Werken
bei Kleinkraftwerken
bei Wasserkraftwerken.

40. Wissen Sie, daß der Regierungsentwurf ganz allgemein mit *schwersten legistischen Mängeln* behaftet ist und daß der Motivenbericht zentrale Fragen der Richtlinien unerklärt läßt?
41. Wissen Sie, daß der Entwurf der Regierung insgesamt 43, direkt 14 und indirekt sogar 29 Verfassungsbestimmungen beinhaltet, obwohl gemäß Art. 44 Abs. 1 B-VG Verfassungsbestimmungen als solche *ausdrücklich* zu bezeichnen wären?
42. Wissen Sie, daß die 14 + 29 Verfassungsbestimmungen, als Ersatz für die bisherigen Verfassungsbestimmungen, ohne erkennbaren Einheitsbezug, ohne Sinnerklärung und nur scheinbar im Dienst an einer einheitlichen österreichischen Elektrizitätslenkung als Sonderform der Wirtschaftslenkung stehen, in Wahrheit aber den bereits obsolet gewordenen des Art. 12 B-VG stärken?
43. Wissen Sie, daß die Europäischen Richtlinien Verfassungsrang haben und daß sie deshalb ohne Einschaltung von österreichischem Verfassungsrecht für den einfachen Gesetzgeber zur Gänze unmittelbar durchführbar sind und daß daher österreichische Verfassungsänderungen weitestgehend entbehrlich sind?
44. Wissen Sie, daß einige wenige Regelungen durch ein einfaches Bundesgesetz und durch Verordnungen der Bundesregierung sogar aufgrund der bisherigen Verfassungsrechtslage in Verbindung mit Vorschriften der Richtlinie genügen würden?
45. Wissen Sie, daß die derzeitigen Verfassungsbestimmungen in Verbindung mit der Richtlinie über den europäischen Elektrizitätsbinnenmarkt eine ausreichende verfassungsrechtliche Grundlage für Durchführungsvorschriften sind und zwar:
im 2. Verstaatlichungsgesetz,

im Preisgesetz,
im Energielenkungsgesetz,
und im Starkstromwegerecht des Bundes [gemäß Art. 10 (1) B-VG, in Verbindung mit Art. 4, Art. 13 (2), Art 51 ff und Art. 126 b B-VG].

Wissen Sie, daß der Verbund bereits aufgrund der geltenden Verfassungslage als Alleinbetreiber des Verbundnetzes und als Alleinabnehmer, mit einheitlichen Strompreisen für die Konsumenten im Sinn der Richtlinie sofort in Funktion treten kann? Daß Klarstellungen durch ein einfaches Bundesgesetz vorderhand genügen würden, weil vor allem die Art. 12 – Kompetenz des B-VG durch die Richtlinie kaum berührt wird; zumal da sie bereits seit längerem weitgehend funktionslos oder obsolet geworden ist.

46. Wissen Sie, daß die Richtlinie gemäß ihrem Implementierungsgebot der Effektivität keinen Platz für die im Entwurf zersplitterten Kompetenzen des Bundes und der Länder, insbesondere aber von Netzbetreibern, nicht nur im ganzen EU-Bereich ein Unikum wären, sondern auch zu richtlinienwidrigen Ungleichheiten führen würden?

47. Wissen Sie, daß die Vorschriften der Richtlinie teilweise sogar unmittelbar anwendbar sind, wie etwa ihre Gründe und insbesondere ihr Art. 18, weil sie im Verfassungsrang stehen, insbesondere soweit sie für Österreich eine gemeinwirtschaftliche Wahlmöglichkeit des Staates darbieten?

48. Wissen Sie, daß einige wenige Ergänzungen der derzeitigen Rechtslage und die Erlassung von entsprechenden Rechtsverordnungen in Ergänzung des geltenden Gesetzesrechts (Preisrecht) zur Anpassung an die RL genügen würden?
Zielsetzung der RL ist nämlich die Schaffung eines Europäischen Binnenmarktes nur in Form einer *Wettbewerbsorientierung* und nicht einer echten Liberalisierung nach Europa, unter gleichzeitiger Gewährleistung des österreichischen Binnenmarkts; und zwar unter Ermöglichung der Hintanhaltung eines innerösterreichischen Wettbewerbs zugunsten der gemeinwirtschaftlich-gesamtwirtschaftlichen Konzeption der österreichischen Elektrizitätswirtschaft und ihres Lenkungsverbundes.

49. Wissen Sie, daß es im Hinblick auf Art. 18 der RL für Österreich genügen würde, den Lastverteiler der Verbundgesellschaft als österreichweiten energielenkenden *Verbundnetzbetreiber* und als einzigen *Alleinabnehmer* nach innen und nach außen durch einfaches Gesetz klarzustellen?

50. Wissen Sie, daß angesichts des Entwicklungsstandes der Elektrizitätswirtschaft die vollständige Aufhebung des 2. Verstaatlichungsgesetzes im Artikel bereits seit Jahrzehnten ein neuer Kompetenztatbestand für den Bund sinnvoll wäre und Verfassungsklarheit schaffen würde:
„Elektrizitätswesen" oder besser „Energiewesen", umfassend: Energiewirtschaft, Elektrizitätswege, Preisrecht, Energielenkung?

51. Wissen Sie, daß die Regierungsvorlage wegen ihrer Unbestimmtheit und wegen ihrer mangelnden unmittelbaren Anwendbarkeit nicht nur gegen die richtliniengemäße Implementierungspflicht, sondern auch gegen das verfassungsgesetzliche Legalitätsprinzip des Art. 18 B-VG gerichtet ist?

52. Wissen Sie, daß II des Entwurfs über die Eigentumsverhältnisse gesetzestechnisch verfehlt ist; sie sollte für die hoheitlichen Elektrizitätslenkungsaufgaben jedenfalls im § 66 des Entwurfs vorgesehen sein.

53. Wissen Sie, daß die geplante formelle Aufhebung des 2. Verstaatlichungsgesetzes den Wegfall seines ursprünglichen gemeinnützigen Enteignungstitels und -zweckes bedeuten würde? Ferner, daß durch die Aufhebung die Rechtslage für Rückgabeansprüche gegenüber den ursprünglichen Eigentümern neu geöffnet würde? (das gilt für Liegenschaften und Anteilsrechte gleichermaßen, dabei fiele auch die unterdessen eingetretene Wertsteigerung ins Gewicht).

54. Wissen Sie, daß der Regierungsentwurf durch die verfassungsgesetzliche Bestandssicherung für bestehende Verträge nicht nur gegen das österreichische, sondern auch gegen das europäische verfassungsrechtliche Gleichheitsgebot gravierend verstößt, insbesondere gegen das Diskriminierungs- und das Privilegierungsverbot?
Das gilt ganz allgemein, im besonderen Maß aber für die im Verfassungsrang vorgesehene qualifizierte Privilegierung von Verträgen einzelner Unternehmen: der TIWAG (Tirol) und der ILLWERKE (Vorarlberg).

55. Wissen Sie, daß der Entwurf durch seine unsachliche Gleichstellung der Landesgesellschaften mit der Verbundgesellschaft zu Lasten der österreichischen Volkswirtschaft geht und langfristig gravierende materiell-rechtliche Ungleichheiten zur Folge haben muß und daß die substanziellen Unsachlichkeiten infolge Aufhebung der Gemeinschaftsverpflichtungen im 2. Verstaatlichungsgesetz, aber auch bei der Behandlung der Kleinkraftwerke, langfristig zu heute noch unvorhersehbaren vielfältigen *„stranded investments"* führen würde?

56. Wissen Sie, daß ein derart unsachliches, europarechtlich und staatsrechtlich gleichheitswidriges Gesetz wie das geplante, eine Flut von Verfahren und Klagen auch vor den europäischen Instanzen auszulösen geeignet ist; und zwar nicht nur seitens der Kommunen, sondern auch seitens privater Kleinwerksbetreiber, seitens enteigneter Anteilsinhaber und sogar seitens der Verbundgesellschaft, infolge der Beseitigung der gesamtösterreichischen Verbundlenkung und einer einheitlichen Preisregelung der österreichischen Elektrizitätsversorgung und mangels einheitlicher Preisregelung?

Anhang 2: Literaturnachweis

ANTONIOLLI/KOJA, Allgemeines Verwaltungsrecht[3] (1996)
AZIZI, Zum Verfassungsgebot der Wirtschaftsgebietseinheit und zu seiner wirtschaftspolitischen Tragweite, ÖJZ 1985, 100
BAUR, Die Elektrizitätsbinnenmarktrichtlinie: Gestaltungsmöglichkeiten von Mitgliedstaaten; Auswirkungen auf die Elektrizitätsunternehmen (1997)
BRITZ, Örtliche Energieversorgung nach nationalem und europäischem Recht (1994)
BÜDENBENDER, Energierecht (1982)
DOHMS, Die Entwicklung eines wettbewerblichen europäischen Elektrizitätsbinnenmarktes, in: Oberösterreichische Kraftwerke AG (Hg), Aktuelle Probleme der Elektrizitätswirtschaft (1995) 35
DRAXLER (Hg) Neuordnung der Elektrizitätswirtschaft (1997)
FAROSS (Europäische Kommission, Generaldirektion Energie), Liberalisierung des Europäischen Elektrizitätsmarktes, in: Schneider, Neuordnung, 21
FREMUTH, Organisatorische und rechtliche Grundlagen der Elektrizitätswirtschaft in Österreich, in: FS Klecatsky (1990)
FUNK, Maßstäbe der Rechnungshofkontrolle, in: Korinek (Hg), Maßstäbe der Rechnungshofkontrolle (1986) 265
GRABENWARTER, Rechtliche und ökonomische Überlegungen zur Erwerbsfreiheit (1994)
GRILLER, Grundzüge des Rechts der Europäischen Union (1995)
HASLAUER, Die Neuordnung des Wettbewerbs erfordert die strategische Neuausrichtung der Elektrizitätsversorgungsunternehmen, in: Schneider (Hg) Die Neuordnung des Wettbewerbs auf den Elektrizitäts- und Energiemärkten in der EU (1997) 41
HEINEMANN, Grenzen staatlicher Monopole im EG-Vertrag (1996)
HENGSTSCHLÄGER, Der Rechnungshof (1982)
HIRSCH, Die Auswirkungen des Subsidiaritätsprinzips auf die Rechtsetzungsbefugnis der Europäischen Gemeinschaften (1995)
HOLOUBEK, Die Sachlichkeitsprüfung des allgemeinen Gleichheitsgrundsatzes, ÖZW 1991, 27
HUMMER/BERNHARDT, Das österreichische Elektrizitätswirtschaftsrecht im Lichte der gemeinschaftlichen Energiepolitik und des Binnenmarktes, in Rill/Griller (Hrsg) Europäischer Binnenmarkt und österreichisches Wirtschaftsverwaltungsrecht (1991) 389
KORINEK/HOLOUBEK, Grundlagen staatlicher Privatwirtschaftsverwaltung (1993)
KORINEK/RILL, Grundfragen des Wirtschaftslenkungsrechts (1982)
KOZIOL/WELSER, Grundriß des bürgerlichen Rechts I. Allgemeiner Teil, Schuldrecht[10] (1995)
MAYER, Ist der Landesgesetzgeber nach Art 10 Abs 2 B-VG zuständig, ohne ausdrückliche Ermächtigung durch einfaches Bundesgesetz, Strafbestimmungen zu erlassen, JBl 1974, 459
NOVAK, Vertrauensschutz und Verfassungsrecht, FS Wenger (1983) 159
ÖHLINGER, Verfassungsrecht[3] (1997)
ÖSTERREICHISCHE ELEKTRIZITÄTSWIRTSCHAFTS-AG, Zahlen, Daten, Fakten 96 (1996)
PAUGER, Marktwirtschaft durch EU-Recht (1996)
PAUGER/PLÖCHL, Die Aufgaben der Verbundgesellschaft, GesRZ 1988, 125
POTACS, Öffentliche Unternehmen, in: Raschauer (Hg) Wirtschaftsrecht, 355
PUCK, Wirtschaftslenkungsrecht, in: Raschauer (Hg), Wirtschaftsrecht, 229
RASCHAUER Wirtschaftsverfassungsrecht und Gemeinschaftsrecht, in: Raschauer (Hg) Grundriß des österreichischen Wirtschaftsrechts (1998) 1

RILL, Grundfragen des österreichischen Preisrechts, ÖZW 1975, 68
RASCHAUER, Besonderes Verwaltungsrecht[2] (1993
SCHÄFFER, Wirtschaftsaufsichtsrecht, in: Raschauer (Hg) Wirtschaftsrecht, 181
SCHIMA, Das Subsidiaritätsprinzip im Europäischen Gemeinschaftsrecht (1994)
SCHNEIDER (Hg), Die Neuordnung des Wettbewerbs auf den Elektrizitäts- und Energiemärkten in der EU (1997)
SCHULEV-STEINDL, Wirtschaftslenkung und Verfassung. Gesetzgebungskompetenz und grundrechtliche Schranken direkter Wirtschaftslenkung (1996)
STEIN, Subsidiarität als Rechtsprinzip? in: Merten (Hg) Die Subsidiarität Europas (1993)
STEINBERG/BRITZ, Der Energieliefer- und -erzeugungsmarkt nach nationalem und europäischem Recht (1995)
THIENEL, Vertrauensschutz und Verfassungsrecht (1990)
WALTER, Österreichisches Bundesverfassungsrecht (1972)
WALTER/MAYER, Grundriß des österreichischen Bundesverfassungsrechts[8] (1996)
WEBER, Wirtschaftseinheit und Bundesstaat – Bemerkungen zur Interpretation des Art 4 B-VG, in Seidl-Hohenveldern (Hrsg) Österreich als einheitliches Wirtschaftsgebiet und die Europäische Gemeinschaft, ZÖR Supplementum 10 (1988) 141
WELAN, Grundsätzliches zur Grundsatzgesetzgebung, Staatsbürger 1972, 1
WELAN, Grundsatzgesetzgebung und Ausführungsgesetzgebung, in: Theorie und Praxis des Bundesstaates (1974) 59
WENGER (Hrsg), Grundriß des österreichischen Wirtschaftsrechts I (1989) II (1990)
WINKLER, Das Elektrizitätsrecht, in: Weber/Wenger/Winkler, Beiträge zum österreichischen Wirtschaftsverwaltungsrecht (1962) 70 ff
WINKLER, Rechtsfragen einer Neuorganisation des Verbundkonzerns. Eine verfassungsrechtliche Studie (1997)
WINKLER, Gesetzgebung und Verwaltung im Wirtschaftsrecht (1970)
ZANON, Das 2. Verstaatlichungsgesetz 1947 im Lichte der europarechtlichen Entwicklung, Schriftenreihe des Instituts für Föderalismusforschung 69 (1996)

Planung in Staat und Gesellschaft* (1961)

I. Allgemeines

In der österreichischen Politik war die *Planung* als Wort und Begriff lange Zeit verpönt. *Planung* wurde als marxistischer Terminus empfunden, dessen spezifischer ideologischer Gehalt seine Verwendung in westlichen Demokratien ausschloß. Ein *Dreijahresplan* oder ein *Fünfjahresplan* nach dem Vorbild östlicher Demokratien wurde als marxistisches Wirtschaftslenkungsinstrument verstanden. Gewiß gab es auch in Österreich in vielen Bereichen der Verwaltung Planungen und Planungsansätze, doch wurden diese weder sprachlich noch terminologisch grundsätzlich und einheitlich so verstanden und bezeichnet. Im wesentlichen wurden nach 1945 auf der Ebene von Bundes- und Landesregierungen Planvorstellungen in ein Koalitionsabkommen aufgenommen – soferne ein solches bestand – und zum Bestandteil der jeweiligen Regierungserklärung gemacht, die auf die Wahl folgte. So gab es jedenfalls auf Regierungsebene über die in der Regierungserklärung enthaltenen Zielsetzungen für die Verwaltung als Richtlinien formulierte Planungsvorstellungen, die ihren rechtlichen Niederschlag jeweils in den Haushaltsplänen (Budgets) des Bundes, der Länder und der Gemeinden fanden.

Die Ablehnung des Begriffes *Planung* wurde aber nach 1960 mehr und mehr aufgelöst. Für einen Entwurf zu einem Koalitionspakt wurden bereits im Jahr 1961 von mir und von meinem Fachkollegen KARL WENGER Planungspostulate für die Wissenschaft, für die Landesverteidigung ua formuliert, ohne jedoch in das B-VG inartikuliert zu werden. Planungsinstrumente wurden aber bereits in der Form von Beiräten und Ministerausschüssen ad hoc geschaffen. Von da an vollzog sich die Entwicklung überaus rasch. Immer mehr setzte sich die Überzeugung durch, daß sich der moderne Staat ohne rationale Planung nicht gedeihlich weiterentwickeln kann. Eine Akademikergruppe in der ÖVP erarbeitete in Komitees und Großveranstaltungen Planungskonzepte und Reformvorschläge für das staatliche Geschehen. In vielen Diskussionen wuchs die Überzeugung, daß politisches Handeln durch rationale Argumente gestützt sein müsse. Auf Wunsch des damaligen Bundeskanzlers JOSEF KLAUS schuf eine Grup-

---

* Hauptgesichtspunkte der Planung, zusammengestellt für die Regierung Finnlands im Jahr 1974 unter der Mitarbeit meines Assistenten Dr. BERNHARD RASCHAUER.

pe von sechs Professoren, der auch ich angehörte, die sogenannte *Aktion 20*. Im Mittelpunkt stand die Forderung: *Wissenschaft und Politik an einen Tisch!* Das sollte bedeuten, daß Staat und Gesellschaft unserer Zeit Gesprächskontakte zwischen Politikern und Experten als unabweislich erscheinen lassen. Die *Aktion 20* erregte großes Aufsehen. Sie gab der ÖVP im Wahlkampf 1965/66 ein modernes Image und war sicherlich einer der Hauptgründe für den überraschend hohen Wahlsieg der ÖVP im März 1966. Die *Aktion 20* erarbeitete in der Folgezeit eine Fülle von Arbeitspapieren.

Obwohl sie sich in ihrer personellen Zusammensetzung längst aufgelöst hat, ist auch später noch die Vorstellung unbestritten geblieben, daß Politik und Wissenschaft zusammenarbeiten müssen; vor allem auf dem Gebiet der Planung. Noch während der Zeit der Regierung KLAUS eignete sich die SPÖ diesen Grundgedanken an und setzte 1.400 Experten ein, um Planungskonzepte zu entwickeln, mit deren Hilfe sie die nächste Wahl gewinnen sollte.

Heute werden in allen politischen Lagern Österreichs Planungskonzepte erarbeitet und der Begriff *Planung* hat einen selbstverständlichen rationalen Gehalt gewonnen. Man darf aber allerdings nicht ignorieren, daß Planungskonzeptionen im politischen Bereich immer wieder auch von spezifisch ideologischen Gesichtspunkten geprägt werden. Das wird besonders im Konzept der *gesellschaftspolitischen* Planung deutlich, das die SPÖ vorgelegt hat und in dessen Mittelpunkt das parteipolitisch aufgeladene Schlagwort der *Demokratisierung* steht. Dabei ist bemerkenswert, daß die Demokratisierung auch für die ÖVP ein gesellschaftspolitisches Ziel ist, freilich ohne den spezifischen ideologischen Hintergrund der Lehre des Austromarxismus.

Planungsschwerpunkte kommen aus dem gesellschaftlichen Bereich und wirken auf die staatliche Ordnung ein. Politische Parteien und Interessenverbände entwickeln Planungskonzepte, veranlassen die Regierung zu deren Übernahme in das Regierungsprogramm und sind auf dem Umweg über die vielen Beiräte mit den konkreten Planungsmaßnahmen der einzelnen Regierungsstellen ständig befaßt. Das Planungsbewußtsein, das heißt das Bewußtsein von der Notwendigkeit einer vorausschauenden Orientierung anhand von gründlichen Analysen in Belangen, die für die Gesellschaft relevant sind, ist heute in Österreich ein entscheidendes Charakteristikum des politischen Geschehens und erfährt mehr und mehr Ausweitungen in Überlegungen über die nächste Zeit hinaus, für eine fernere Zukunft (Zukunftsforschung). Wie in allen entwickelten Industriestaaten ist aber auch in Österreich die Gültigkeit jeder längerfristigen (Wirtschafts-) Planung durch strukturelle (zum Beispiel Inflationsbekämpfung) und politisch-ökonomische (zum Beispiel Erdölverknappung) Probleme entscheidend in Frage gestellt. Das institutionelle Ergebnis der österreichischen Entwicklung des Planungsgedankens ist die Bildung einer Vielzahl von Beiräten teils auf Grund von Gesetzen, teils ohne gesetzliche Grundlage, die alle jene Daten sammeln, die als Analyse und Synthese gesellschaftlicher Beziehungen Planungsvorschläge und Planungsgrundlagen für die Zukunft sind. In den Beiräten mischen sich unabhängige Experten ebenso wie Vertreter politischer, wirtschaftlicher, kultureller und anderer Interessen.

Neben diesen Beiräten gibt es heute zahlreiche Institutionen, öffentlich-rechtliche Fonds sowie private Vereine und Forschungsinstitute, die sich an der Planung beteiligen und zur Erfüllung dieses Zweckes nicht unerhebliche Mittel (Subventionen) von Staat und Wirtschaft erhalten.

II. Das österreichische politische System[1]

Österreich ist ein Bundesstaat. Die staatliche Gesetzgebungsbefugnis ist daher zwischen dem Bundesgesetzgeber und neun Landesgesetzgebern aufgeteilt (Art 10 – 15 des Bundes-Verfassungsgesetzes). Sowohl dem Bund als auch jedem der Länder steht ein dem jeweiligen Gesetzgebungsorgan verantwortlicher Verwaltungsapparat zur Verfügung, wobei grundsätzlich Bundesbehörden zur Vollziehung von Bundesgesetzen, Landesbehörden zur Vollziehung von Landesgesetzen berufen sind. Dies schließt nicht aus, daß gemäß Art 102 B-VG weite Bereiche der dem Bund zugewiesenen Materien schon von Verfassungs wegen von Landesbehörden vollzogen werden müssen. Die gegenteilige Möglichkeit, daß ein Landesgesetzgeber mit Zustimmung der Bundesregierung Bundesbehörden mit der Vollziehung eines Landesgesetzes betraut (Art 97 Abs 2 B-VG), hat demgegenüber keine gleichrangige Bedeutung erlangt.

Schließlich ist auf die dem österreichischen Verfassungsrecht eigentümliche Ausgestaltung der Selbstverwaltungskörper hinzuweisen: die Ortsgemeinden (Art 115 ff B-VG) haben einen verfassungsgesetzlich, mehrere Berufsvertretungen („Kammern") haben einen einfachgesetzlich garantierten eigenen Wirkungsbereich, in dem ausschließlich der jeweilige Selbstverwaltungskörper zur Gesetzesvollziehung zuständig ist.

Diese Skizze läßt bereits ein beträchtliches Maß an Dezentralisation innerhalb der österreichischen Verwaltung erkennen. Die Verwaltungsbehörden des Bundes, der Länder, der Gemeinden und der übrigen Selbst-

---

[1] Siehe die im Literaturverzeichnis zum *politischen System* angegebenen Hinweise.

Planung in Staat und Gesellschaft 203

verwaltungskörper sind im Rahmen ihrer Zuständigkeit mit der Vollziehung der in Gesetzesform gegossenen politischen Zielvorstellungen des jeweiligen Gesetzgebers betraut.

Es ist eine Erfahrungstatsache, daß es im modernen Sozialstaat, im *Staat der Daseinsvorsorge* nicht mehr möglich ist, die Verwaltung als reinen Gesetzesvollzug anzusehen. In weiten Bereichen (Wirtschaftslenkung, Landesverteidigung, Unterrichtsverwaltung etc) vermag der Gesetzgeber der Verwaltung nur allgemeine Zielvorstellungen vorzugeben, deren planende und gestaltende Durchführung erst von der Verwaltung wahrgenommen werden kann. Daß sich die Verwaltung dabei nicht durch Pauschaldelegationen vom Willen der Repräsentanten löst, verhindern in Österreich die ausgebauten Rechtsschutzeinrichtungen, insbesondere die überzogene Rechtsprechung des Verfassungsgerichtshofs zum Legalitätsprinzip (Art 18 B-VG).

Darüber hinaus haben vornehmlich die politischen Parteien, aber auch die Verbände[2] und sonstigen Interessenvertretungen[3] Einfluß auf die staatliche Willensbildung. Österreich ist seit Jahrzehnten ein Zweiparteienstaat (SPÖ, ÖVP) mit einer kleineren dritten Partei (FPÖ), die nur in besonderen parlamentarischen Abstimmungssituationen bisweilen ausschlaggebend wirkt.

In dem Maß, in dem die Wirtschaftspolitik in das Zentrum staatlicher Politik rückte, nahm auch die Bedeutung der verschiedenen, mehr oder minder eindeutig einer der beiden Großparteien zuordenbaren Verbände zu. Neben den beiden Urformen der Interessenpolitik, der Beeinflussung des Entscheidungsträgers und der personalen Verflechtung (die in Österreich einen hohen Grad erreicht hat), hat seit dem 2. Weltkrieg auch der Gesetzgeber der Bedeutung der Verbände Rechnung getragen und bei den einzelnen Ministerien Beiräte und Kommissionen[4] errichtet, deren Bedeutung für die ministerielle Entscheidungstätigkeit nicht hoch genug veranschlagt werden kann.

Das typische Strukturschema derartiger Gremien ist, daß es in jeweils gleicher Zahl Vertreter der Arbeiterkammer, des Österreichischen Gewerkschaftsbundes (beide SPÖ-nahe), der Bundeskammer der Gewerblichen Wirtschaft und der Präsidentenkonferenz der Landwirtschaftskam-

---

[2] WINKLER, Staat und Verbände, in: Veröffentlichungen der Vereinigung deutscher Staatsrechtslehrer, Band 24 (Berlin 1966) 34 ff, neu abgedruckt in: WINKLER, Orientierungen im öffentlichen Recht (1979) 195 ff.
[3] Vergleiche hiezu NEUHAUSER, Die verbandsmäßige Organisation der österreichischen Wirtschaft; und PÜTZ, Die Bedeutung der Wirtschaftsverbände für die Gestaltung der österreichischen Wirtschaftspolitik, in: Verbände und Wirtschaftspolitik in Österreich, Schriften des Vereins für Socialpolitik, Neue Folge, Band 39 (Berlin 1966).
[4] Vergleiche hiezu die Literaturangaben zu dem Abschnitt *Organisation und Beiräte*.

mern (beide ÖVP-nahe) enthält. Davon sind die Arbeiterkammer und die Wirtschaftskammer als Selbstverwaltungskörper mit gesetzlicher Pflichtmitgliedschaft, der Österreichische Gewerkschaftsbund und die Präsidentenkonferenz als einfache Vereine organisiert; was nicht ausschließt, daß beide einen für westliche Demokratien erstaunlich hohen Integrationsgrad aufweisen.

Dies mag als ein erster Überblick über diejenigen Organe, die gesetzlich mit Agenden der Verwaltung im weitesten Sinn betraut sind, genügen. Auf privatrechtlich organisierte Gremien und private Vereine, auf die der Bund und die Länder Verwaltungsaufgaben übertragen haben, sei an dieser Stelle nur hingewiesen.

Letztlich nimmt eine Vielzahl privater Einrichtungen Anteil am politischen Geschehen, insbesondere an der staatlichen Gesellschaftspolitik – an ihrer Spitze die katholische Kirche – aber auch die kleineren Kirchen und Religionsgesellschaften. Eine erschöpfende Aufzählung ist hier nicht möglich. Beispielhaft seien noch genannt:
- Institut für Gesellschaftspolitik;
- Institut für Höhere Studien;
- Institut für kirchliche Sozialforschung;
- Institut für empirische Sozial- und Wirtschaftsforschung;
- Institut für Raumplanung;
- Institut für Stadtforschung;
- Institut für Sozialpolitik und Sozialreform;
- Kommunalwissenschaftliches Dokumentationszentrum etc.

Speziell für den Bereich der *Landesverteidigung* ist die im Jahr 1961 gegründete *Österreichische Gesellschaft zur Förderung der Landesverteidigung* von besonderer Bedeutung[5].

III. Staatliche Planung

1. Rechtsgrundlage

Die Pflicht eines Ministers oder einer Landesregierung zur Planung ergibt sich bisweilen unmittelbar aus dem Gesetz. Das kriegsbedingt geschaffene Bundesministerium für Vermögenssicherung und Wirtschaftsplanung (§§ 3 und 4, BGBl Nr 56/1946) war zuständig zur Planung für folgende Bereiche: Bauwesen, Wohnungs- und Siedlungspolitik, Sozialpolitik, Land- und Forstwirtschaft, Gewerbe-, Handels-, Fremdenverkehrs-

---

5 Vergleiche hiezu die Literaturangaben im Abschnitt „Planung in der Landesverteidigung". Später erhielt diese Gesellschaft den Namen *„Österreichische Gesellschaft für Sicherheit und Landesverteidigung".*

und Messewesen, Währungs- und Finanz-, Preis- und Lohnpolitik der Industrie, Energie, Außenhandel und die Förderung nach dem European Recovery Program. Diese zentrale Wirtschaftsplanungskompetenz wurde bald auf mehrere Ministerien aufgeteilt.

Später finden sich gesetzliche Verpflichtungen zur ministeriellen Planung vereinzelt: zB §§ 22 und 35 des Marktordnungsgesetzes, BGBl Nr 276/1958 in der geltenden Fassung, § 53 des Wasserrechtsgesetzes, BGBl Nr 215/1959, § 9 Abs 2 des Landwirtschaftsgesetzes, BGBl Nr 155/1960 in der geltenden Fassung.

Erst in neuerer Zeit trat eine wahre Explosion von Planungspflichten ein, besonders auf dem Gebiet des Förderungswesens: Arbeitsmarktförderung, Gewerbestrukturverbesserung, Wohnbauförderung, Forschungsförderung. An dieser Entwicklung hat auch die ständig wachsende Zahl der landesgesetzlichen Planungsvorschriften Anteil, die von Raumordnungsprogrammen über Umweltschutzprogramme, Müllbeseitigungspläne bis zu Kinderspielplatz-Errichtungsprogrammen reichen.

Einige Landesgesetze verpflichten auch die Gemeinden, im Rahmen von Landesplänen (zB regionalen Entwicklungsplänen) Detailpläne (zB Flächenwidmungspläne) zu erlassen. Durch Bundesgesetz sind schließlich einige Fonds mit der Preisplanung in ihrem jeweilgen Sektor betraut.

Staatliche Planung ist aber jedenfalls auch ohne gesetzliche Ermächtigung möglich und zulässig. Dies hat erst neuerdings wieder das Bundesministeriengesetz, BGBl Nr 389/1973, in seinem § 3 Ziffer 3 und 4 klargestellt. So bestehen umfassende Pläne des Bundes im Bereich des Schul- und Hochschulwesens, der Verkehrspolitik (wobei die konkrete Planung einzelner Bauvorhaben meist auf eigene Planungs-Aktiengesellschaften überwälzt wurde), der umfassenden Landesverteidigung, der Sportförderung bis hin zur Koordinierung der Forschungsförderung und der Umweltschutzmaßnahmen. Diese haben regelmäßig die Rechtsnatur von ministeriumsinternen Verwaltungsverordnungen. Das 10-jährige Investitionsprogramm des Bundes und das Energiewirtschaftskonzept beispielsweise sind wiederum Maßnahmen der interministeriellen Koordination, getragen von der allgemeinen Koordinierungskompetenz des Bundeskanzlers (§ 5 Bundesministeriengesetz).

Die einzelnen Bundesländer koordinieren ihre Tätigkeit über die *Verbindungsstelle der österreichischen Bundesländer,* die im wesentlichen nur bei den regelmäßigen Finanzausgleichsverhandlungen in Erscheinung tritt, die Städte und Gemeinden über den *Österreichischen Städtebund* bzw den *Österreichischen Gemeindebund.*

Ein besonderes Problem jeder staatlichen Planung entsteht aus finanzrechtlichen Gründen. Sowohl das B-VG wie das Verwaltungsentlastungsgesetz 1925 gehen vom Grundsatz des Einjahresbudgets aus[6]. Alle Ansätze zu einer Mehrjahresplanung[7] können daher nur effektiv sein, wenn sie gleichzeitig eine gesetzliche Bindung der künftigen Bundesfinanzgesetze statuieren (vgl das Fernsprechbetriebs-Investitionsgesetz, BGBl Nr 26/1964 sowie § 10 des Gewerbestrukturverbesserungsgesetzes, BGBl Nr 453/1969). Derartige Bindungen lassen sich aber in Zeiten erhöhter Stabilisierungsbemühungen nur schwer erzielen.

2. Organisation[8]

a) Planungsstäbe des Bundes

Besondere Planungs- oder Grundsatzabteilungen wurden nur in einzelnen Fällen errichtet. So verfügt das Bundeskanzleramt über eine Sektion für wirtschaftliche Koordinierung[9], das Bundesministerium für Wissenschaft und Forschung über eine Abteilung für Planung und Statistik, das Bundesministerium für Handel, Gewerbe und Industrie über eine Grundsatzabteilung im Präsidium. Auch mit anderen Aufgaben betraut sind die volkswirtschaftliche Abteilung im Finanzministerium, die Abteilung für die Koordination der Umweltschutzmaßnahmen im Bundesministerium für Gesundheit und Umweltschutz, die Abteilung für Arbeitsmarktpolitik des Bundesministeriums für soziale Verwaltung, die Abteilung für Schulplanung im Bundesministerium für Unterricht und Kunst sowie die Abteilung für Verkehrspolitik im Bundesministerium für Verkehr und die Abteilungen für Straßenverkehrs-, Hochbau-, Autobahnbau-, Bundesstraßen- und Brückenplanung im Bundesministerium für Bauten und Technik.

Diese Planung vollzieht sich nicht im luftleeren Raum. Jeder Minister bringt als Ressortpolitik die Planungen der Regierungspartei mit ein. Allgemeine Schwerpunktsetzungen ergeben sich auch aus der jeweiligen Regierungserklärung des Bundeskanzlers und der Finanzpolitik des Finanzministers.

Darüber hinaus ist hervorzuheben, daß die Sozialpartnerschaft weite Entscheidungsbereiche (insbesondere die Einkommenspolitik) monopolisiert, sodaß eine autonome ministerielle Planung schon von vornherein

---

6 Vgl zu diesem Problemkreis: BLAHA-SCHWAB, in: KAISER (Hg), Planung VI (Baden-Baden 1972) 167 ff mit weiteren Literaturhinweisen.

7 Vgl beispielsweise § 13 der Regierungsvorlage zu einem Bundeshaushaltsgesetz, 609 der Beilagen zu den Stenographischen Protokollen des Nationalrats.

8 Vgl hiezu insbesondere WITTMANN, Planung und Koordination in der obersten Bundesverwaltung, in: Österreichische Zeitschrift für Politikwissenschaft, 1974, 181 ff.

9 Von besonderer Bedeutung in diesem Zusammenhang sind auch die Arbeitsausschüsse für umfassende Landesverteidigung.

zur Aussichtslosigkeit verurteilt wäre. Entscheidende Bedeutung kommt dabei der Fülle von Beiräten und Kommissionen zu [10], in denen für den Minister faktisch verbindliche Grundsatzentscheidungen gefällt werden, ohne daß diese Entscheidungen die Form einer *Planung* annähmen. Beiräte existieren nicht nur im Bereich der Wirtschafts- (zB Paritätische Kommission, Österreichische Raumordnungskonferenz) und Sozialpolitik (zB Beirat für Sozialpolitik, Beirat für Arbeitsmarktpolitik) sondern auch für rein technische Angelegenheiten (Beirat für Wohnbauforschung, ständige Kommission für Verkehrspolitik).

b) Planungsstäbe der Länder

Noch geringer ist Planungstätigkeit auf Landesebene zu veranschlagen. Institutionalisierte Planungsstäbe existieren hauptsächlich für den Bereich der Raumordnung und der Landesstraßenplanung. Ausnahmen bilden einzig die Abteilung für Raumordnungs-Grundlagenforschung bei der niederösterreichischen Landesregierung und die Abteilung für wissenschaftliche Planung und Koordination des Landes Wien (Magistratsabteilung 22).

c) Planung in den Gemeinden

Umgang, Ausmaß und Bedeutung der Planung in den 2.317 österreichischen Gemeinden (Gebietsstand 1974) hängen in erster Linie von ihrer *Größe* und von ihrer *Struktur* ab (zum Beispiel: Wohngemeinde, Fremdenverkehrsgemeinde, Industriegemeinde, Agrargemeinde). In aller Regel vollziehen die Gemeinden in den Bereichen Raumordnung, Kulturwesen, Bildungswesen, Gesundheitswesen, Verkehrswesen, Energiewesen (Wasser, Fernwärme, Gas, Elektrizität), Umweltschutz und im Zusammenhang mit dem Wohnbau *Planungsaufgaben* [11]. In den größeren Gemeinden (über 20.000 Einwohnern zumeist als *Städte mit eigenem Statut* organisiert) sind eigene Abteilungen der Verwaltung mit Planungsagenden betraut, die von einem *Planungsstadtrat* koordiniert werden (zum Beispiel in Wien, Graz, Salzburg). Um die Planungsaufgaben – sowohl die Bedarfsplanung als auch die Ausführungsplanung – zielgerecht aufzubereiten, müssen die wichtigsten bereichsspezifischen Planungsfaktoren ausgefiltert und analysiert werden. Hiebei ist jedoch davon auszugehen, daß jede Planungsentscheidung übergeordneter Entscheidungsträger (Bund

---

[10] Vergleiche hiezu WINKLER, Staat und Verbände, in: Veröffentlichungen der Vereinigung deutscher Staatsrechtslehrer, Band 24, Berlin 1966, 34 ff und KAFKA, Die Beiräte in der österreichischen Verwaltung, in: Gedenkschrift für H. Peters (Wien 1967) 168 ff.
[11] Vergleiche hiezu den „Entwurf zum Raumordnungsbericht 1974".

und Länder) auch die Planungsfaktoren in den Gemeinden nachhaltig beeinflußt und auf diese auch verändernd einwirken kann. Im Bereich der kommunalen Schulverwaltung etwa lassen sich zwei konkrete Zielsetzungen unterscheiden: einerseits die Sicherung der Schulversorgung im Gemeindegebiet und andererseits die Errichtung eines der zentral-örtlichen Funktion der Gemeinde gerecht werdenden Schulwesens (bei vielen speziellen schulischen Ausbildungsstätten geht das Einzugsgebiet einer Gemeinde nämlich weit über das unmittelbare Umland dieser Gemeinde hinaus [12]).

Die österreichische Bundeshauptstadt Wien ist zwar für das Modell einer durchschnittlichen österreichischen Gemeinde keineswegs als signifikant zu bewerten, da ihre Stellung als Bundesland *und* als Gemeinde (Stadt mit eigenem Statut) in der österreichischen Kommunalstruktur einmalig ist, für die kommunale Planungsproblematik ist Wien aber sicherlich als das markanteste Beispiel heranzuziehen: Die Gemeinde Wien hat nicht nur die meisten und die umfassendsten Planungsfaktoren zu berücksichtigen, sondern sie hat überdies in vielen Bereichen der Kommunalverwaltung bereits konkrete Aktivitäten gesetzt oder vorgesehen [13]. Die aus diesen Vorarbeiten abgeleiteten Ergebnisse über Planungsfragen sind daher für die Gemeinden wohl von grundsätzlicher Aussagekraft, wenngleich die für Wien dienlichen Lösungen nicht unkritisch auf die Situation in anderen Gemeinden übertragen werden können.

Erhebliche wirtschaftspolitische Bedeutung kommt nicht zuletzt im Hinblick auf die Tatsache, daß der Finanzausgleich immer für mehrere Jahre erstellt wird, auch der *Finanz*planung der Gemeinden zu. Man ist bestrebt, die kommunalen Gebietskörperschaften zu einer fünfjährigen Finanzplanungsperiode anzuregen (derzeit besteht hiezu noch keinerlei gesetzliche Verpflichtung). Diesem Umstand kommt vor allem auch deswegen besondere *konjunktur*politische Bedeutung zu, weil die Gemeinden insgesamt nahezu 60 % aller Investitionen der *öffentlichen Hand* (das heißt des Bundes, der Länder und der Gemeinden) tätigen. Für die Planungsproblematik, insbesondere für den Aspekt ihrer *überregionalen* Koordinierung, ist auch die Bestimmung des Art 116 Abs 4 B-VG bedeutsam, daß *durch die zuständige Gesetzgebung (Art 10 bis 15 B-VG) ... für einzelne Zwecke die Bildung von Gemeindeverbänden vorgesehen werden (kann)*. Derzeit bestehen vor allem im Zusammenhang mit der Schulorganisation

---

12 Vergleiche hiezu die Studien „Verändert die Stadt" der Jungen SPÖ, das „Modell Wien" der ÖVP und den „Entwurf für ein Kommunalprogramm der SPÖ".

13 Vgl insbesondere den Abschlußbericht der „Wiener Stadtentwicklungs-Enquete 1972/73", herausgegeben vom Institut für Stadtforschung, Wien 1972; aber auch die Studie „Aktuelle Probleme und Aufgaben im ländlichen Raum", Sonderdruck aus: „Der land- und forstwirtschaftliche Betrieb", Jahrgang 1973, Nr 3, 4, 6, 7/8 und 9.

(Schulverbände), dem Wasserwesen (Wasserverbände) und Einrichtungen des Sanitätswesens derartige Zusammenschlüsse auf kommunaler Ebene.

IV. Nichtstaatliche Planung

An nichtstaatlicher Planung ist an erster Stelle die Tätigkeit der politischen Parteien zu nennen. Während die Parteiprogramme die allgemeine ideologische Ausrichtung und gesellschaftspolitische Schwerpunktsetzungen zum Inhalt haben, schlagen Detailpläne konkrete Maßnahmen im Bereich der Gesellschaftspolitik vor, die zur Grundlage der parlamentarischen Aktivität der Parteien werden[14].

Die gesetzlich eingerichteten Selbstverwaltungskörper sind regelmäßig schon aufgrund ihres gesetzlichen Wirkungsbereichs dazu berufen, Entwicklungen in ihrem Sektor vorausschauend zu planen. Einige größere Verbände verfügen darüber hinaus über wissenschaftliche Abteilungen, die die theoretische Grundlegung der Verbandsaktivitäten, wie Gesetzesentwurf, Gesetzesbegutachtung etc. liefern. Das wichtigste Gremium für die Einkommensplanung, die Paritätische Kommission, ist nur von Vertretern der vier oben genannten Verbände besetzt. Seine Entscheidungen haben heute faktisch bindende Wirkung für den zuständigen Bundesminister.

In jüngster Zeit entstanden – überwiegend auf Vereinsbasis – regionale Planungsgemeinschaften (Aichfeld – Murboden, Bregenzer Wald und andere), die die im Rahmen der staatlichen Raumordnungspolitik der Region zugewiesenen Mittel nach Vornahme entsprechender Studien schwerpunktmäßig auf die einzelnen Gemeinden aufteilen.

Die Wirtschaft hat eigene Lenkungsinstrumente geschaffen, wie die auf gentlemen's agreements beruhende Kreditkontrolle oder den Schrottverband der Österreichischen Stahl- und Eisenwerke.

Der Staat als Träger von Privatrechten betreibt über eigene Holding-Gesellschaften Unternehmensplanung bei der Verstaatlichten Industrie, bei der Österreichischen Bundesbahn, bei der Post etc. In diesen Bereichen wirken auch Fusionen und Konzentrationen stark planungsfördernd.

V. Demokratisierung

Die mit diesem Postulat im allgemeinen verbundene Vorstellung ist ihrem Inhalt nach für die politische Wirklichkeit Österreichs zu eng. *De-*

---

[14] Zum Beispiel die „Aktion 20" der ÖVP (1965) und die Konzepte der 1.400 Experten der SPÖ (1970/71).

mokratisierung weist in ihrer Intention auf bestimmte Formen der Teilhabe an staatlichen Handlungsprozessen hin: auf die entscheidungsförmige Mitwirkung des Einzelnen oder von Interessengruppen.

Für die österreichische Situation muß aber ein Begriff mit einem weiteren Inhalt gewählt werden. Es ist dies der Begriff der *Partizipation* als einer institutionalisierten Mitwirkung des Bürgers oder ganzer Interessengruppen an staatlichen Handlungsabläufen in der Intensität der Mitwirkung bis zur entscheidungsförmigen Mitbestimmung.

Im Bereich der Gesetzgebung ist das Mitwirkungsrecht der gesetzlich eingerichteten Berufsvertretungen von Bedeutung. Die Mitwirkung vollzieht sich in der Form eines Begutachtungsrechtes jener Interessenverbände zu Regierungsvorlagen[15].

Das Recht zur Begutachtung erschöpft sich im Anspruch, am Verfahren in der Form einer sachverständigen Meinungsäußerung beteiligt zu sein und erzeugt für die Bundesregierung keinerlei inhaltliche, die Regierungsvorlage betreffende Bindung. Dennoch ist ein außerparlamentarischer Konsens der wichtigen Verbände für jede Regierung faktisch politisch weitgehend bindend.

Darüber hinaus sind den Organen der staatlichen Verwaltung, hoheitliche und nicht hoheitliche Verwaltung gleichermaßen erfassend, noch eine nahezu unübersehbare Anzahl von Beiräten zur Seite gestellt, die am jeweils konkreten Entscheidungsprozeß teilhaben. Die Mitglieder besagter Beiräte rekrutieren sich aus den Vertretern verschiedener Interessenverbände und politischer Parteien.

Auch den Beiräten kommt in der Mehrzahl der Fälle rechtlich keine echte Entscheidungsbefugnis zu, sondern ihre Aufgabe erschöpft sich in einer nur beratenden Funktion[16].

Es bestehen aber auch solche Beiräte, denen konkrete Entscheidungsbefugnisse übertragen sind[17]. In diesen Fällen sind die Grenzen zum entscheidungsbefugten Organ in der Form einer Kollegialbehörde fließend. Von einem Beirat in seiner ursprünglichen Funktionsbestimmung kann jedenfalls nicht mehr gesprochen werden.

Einen besonderen Typus der Partizipation stellen sogenannte *interministerielle Komitees* dar, welche zu ihren Beratungen auch Vertreter der je-

---

15 Zum Beispiel das Begutachtungsrecht der Bundeskammer der gewerblichen Wirtschaft gemäß §§ 6 und 19 Handelskammergesetz (BGBl Nr 182/1946) oder der Arbeiterkammer gemäß § 31 Absatz 2 Arbeiterkammergesetz (BGBl Nr 105/1954).

16 Zum Beispiel Wohnhaus-Wiederaufbaukommission beim Bundesministerium für Bauten und Technik; Wohnbauförderungsbeiräte bei den einzelnen Landesregierungen.

17 Zum Beispiel ERP-Kreditkommission beim Bundeskanzleramt nach dem ERP-Fonds-Gesetz (BGBl Nr 207/1962); Zuchtbuchkommission beim Bundesministerium für Land- und Forstwirtschaft gemäß dem Pflanzenzuchtgesetz (BGBl Nr 34/1947).

Planung in Staat und Gesellschaft 211

weils betroffenen Interessengruppen zuziehen[18]. Die Interessenvertretungen werden hiebei in die staatliche Planung miteinbezogen und erfüllen sohin eine mitwirkende Funktion, die dem Begutachtungsstadium von konkreten gesetzlichen Maßnahmen vorgelagert ist. Die stärkste Erscheinungsform gesellschaftlicher Teilhabe an staatlichen Handlungsprozessen findet sich bei der Vollziehung durch Kollegialorgane, wie etwa gemäß den Bestimmungen des Marktordnungsgesetzes (BGBl Nr 276/1958 in der Fassung des BGBl Nr 36/1968).

Durch die Angelobung der von den Verbänden entsandten Mitglieder werden diese zu Organwaltern der staatlichen Verwaltung und sind somit nicht mehr reine Interessenvertreter, die dem Gemeinwohl als Prinzip staatlicher Verwaltung nicht verpflichtet sind.

Durch die Bundesverfassung eingerichtete Kollegialbehörden besonderer Art stellen die Schulbehörden nach Art 14 Abs 3 lit a und Art 81a Abs 3 lit a B-VG dar. Darin wird den politischen Parteien eine entscheidungsförmige Mitwirkung gemäß dem Ergebnis der letzten Landtagswahl eingeräumt. Eine gänzlich neue Form der gesellschaftlichen Teilhabe am Verwaltungshandeln des Staates wurde durch das Schulunterrichtsgesetz (BGBl Nr 139/1974) geschaffen. Schüler und Elternvertreter, welche aus ihren Interessenvereinigungen gewählt werden, erhalten entscheidungsförmige Mitwirkungsrechte an der Schulverwaltung. Dieses Mitbestimmungsmodell ist in verschiedener Hinsicht bedenklich, da vor allem Interessenvertreter auf die Verwaltungsentscheidungen Einfluß erhalten, denen die verantwortliche Bindung (gemäß Art 20 Abs 1 B-VG) an übergeordnete Verwaltungsorgane fehlt, beziehungsweise die nicht in einer nach Art 133 Z 4 B-VG organisierten Kollegialbehörde tätig werden.

1. Schuldemokratie

Wichtigste Einrichtung der Schuldemokratie nach dem neuen Schulunterrichtsgesetz ist der sogenannte *Schulgemeinschaftsausschuß* gemäß § 64 Schulunterrichtsgesetz. In diesen entsenden die Lehrer, die Eltern und die Schüler je drei Vertreter. Neben wesentlichen Fragen des Unterrichts, der Erziehung und Planung von Schulveranstaltungen wird auch der Umfang der Mitbestimmungsrechte der Schüler vom Schulgemeinschaftsausschuß entschieden. Im letzten Fall herrscht Parität der Stimmen zwischen Lehrer- und Schülervertretern, da den Elternvertretern in dieser Angelegenheit kein Stimmrecht zukommt.

---

[18] Zum Beispiel das Interministerielle Komitee zur Entwicklung von Konzepten über den Bedarf von Versuchs- und Forschungsanstalten im Einvernehmen mit der Wirtschaft; Interministerielles Komitee für Fragen der umfassenden Landesverteidigung.

Zweifelsohne wäre aber eine taxative Umfangsbestimmung der Mitbestimmungsrechte der Schüler unmittelbar durch das Gesetz zielführender, da durch das paritätische Stimmverhältnis die Einräumung sachlich gebotener Mitbestimmungsrechte verhindert werden kann (§ 64 Abs 12 letzter Satz: Bei Stimmengleichheit gilt der Antrag als abgewiesen).

2. Betriebsdemokratie

Formen gesellschaftlicher Partizipation an Institutionen des Sozialbereichs stellen vor allem die Paritätische Kommission für Lohn- und Preisfragen und das Modell der betrieblichen Mitbestimmung der Arbeitnehmer nach dem Arbeitsverfassungsgesetz, BGBl Nr 1974/22, dar.

Das neue Arbeitsverfassungsgesetz regelt die Fragen der Betriebsdemokratie in seinem II. Teil, §§ 33 ff. Ziel der Regelung ist es, die Arbeitnehmerschaft durch Einrichtung eigener Organe in ihren wirtschaftlichen, sozialen, gesundheitlichen und kulturellen Interessen zu fördern, sowie zugleich den Interessensausgleich im Betrieb zum Wohle der Arbeitnehmer herbeizuführen.

Dazu ist in jedem Betrieb mit mindestens fünf Arbeitnehmern ein Betriebsrat einzurichten. Umfaßt ein Unternehmen mehrere Betriebe unter einheitlicher Leitung, dann ist für die Interessenvertretung der Arbeitnehmer gegenüber der zentralen Unternehmensleitung ein Zentralbetriebsrat zu wählen.

Nach § 39 Abs 2 Arbeitsverfassungsgesetz soll der Betriebsrat seine Interessenvertretungsaufgaben tunlichst im Einvernehmen mit der zuständigen kollektivvertragsfähigen Körperschaft der Arbeitnehmer durchführen (Arbeiterkammer).

Ein Zwang dazu besteht nicht.

Dem Betriebsrat kommt in Erfüllung seiner Aufgaben die Pflicht zu einer allgemeinen Rechtskontrolle bezüglich aller die Arbeitnehmer betreffenden Vorschriften zu sowie die Befugnis zur Intervention und Information über interessierende wirtschaftliche und soziale Fragen des Unternehmens. Besonders weitgehende Rechte hat der Betriebsrat bei der Mitwirkung an sozialen und personellen Angelegenheiten, wie auch bei Kündigungen.

Ein entscheidender Beitrag zur Demokratisierung der Betriebe wurde durch die Verankerung einer obligatorischen Drittelbeteiligung von Arbeitnehmern im Aufsichtsrat bestimmter Unternehmen vorgenommen.

Die Bestimmung des § 110 Arbeitsverfassungsgesetz findet demnach auf die Aktiengesellschaft, auf die Gesellschaft mit beschränkter Haftung unter den gesetzlichen Bedingungen des § 110 Abs 5 Ziffer 2, 3 Arbeitsverfassungsgesetz, ferner auf Versicherungsvereine auf Gegenseitigkeit, auf die österreichische Postsparkasse, auf das Dorotheum sowie auf die Genossenschaften mit mehr als 40 Arbeitnehmern Anwendung.

Dadurch ist den Belegschaftsvertretern im Aufsichtsrat die Möglichkeit maßgeblicher Einflußnahme auf die Wirtschaftsführung eines Unternehmens eröffnet. Die Entwicklung entspricht der Zielsetzung, den Gedanken der betrieblichen Partnerschaft durch fortschreitende Erweiterung der Rechte der Arbeitnehmer im Aufsichtsrat bis zur paritätischen Mitbestimmung auszubauen.

3. Demokratisierung der Hochschulen

Mit der Regierungserklärung vom 27. April 1970 und vom 5. November 1971 wurde die Demokratisierung der Hochschulen eingeleitet. Einem ersten Diskussionsentwurf vom 14. Jänner 1971, Zl 150.749-5/71, folgte ein Entwurf zu einem Universitätsorganisationsgesetz (UOG) vom 26. Mai 1972, Zl 164.224-5/72, der die Grundlage zur Regierungsvorlage über ein UOG[19] abgab.

Die Regierungsvorlage sieht in Verbindung mit einer Strukturreform der Hochschulen einen Ausbau der Mitbestimmungsrechte der am Universitätsleben beteiligten Gruppen vor. Die darin geplanten Studienkommissionen und die Institutskonferenz sind nach den Grundsätzen der Drittelbeteiligung (drittelparitätische Mitbestimmung) eingerichtet. Die Stimmrechte werden gleichmäßig unter den Professoren, dem Akademischen Mittelbau (Dozenten, Assistenten) und Studenten aufgeteilt. Ein Stimmrecht kommt auch dem Vertreter des nichtwissenschaftlichen Personals zu. In den Fakultätskollegien, den diesen zugeordneten bevollmächtigten Kommissionen und im akademischen Senat kommt dem Professorenkollegium ein vorrangiges Gewicht in der Stimmabgabe zu.

In der Kritik am geplanten Mitbestimmungsmodell wird insbesondere das Fehlen eines sogenannten Negativkatalogs bemängelt, wonach bestimmte Personengruppen von Entscheidungen über Angelegenheiten bestimmter Art von vornherein ausgeschlossen wären (zB Studenten, Vertreter des nichtwissenschaftlichen Personals). Als weiterer Mangel wird die Organhypertrophie hervorgehoben.

Die verfassungsrechtliche Absicherung dieser Argumentation erfolgt über Art 17 Staatsgrundgesetz 1867 betreffend die Freiheit der Wissenschaft. Danach sei es vor allem unzulässig, die mit wissenschaftlicher Lehre und Forschung in Zusammenhang stehenden Maßnahmen wissen-

---

[19] 888 d Beil sten Prot, XIII. GP NR.

schaftspolitischer, hochschul- und kulturpolitischer Natur durch kollegiale Institutionen vornehmen zu lassen![20]

4. Gemeindedemokratie

Seit einigen Jahren wird auch das Problem einer stärkeren *Demokratisierung* der Gemeindeverwaltung immer lebhafter diskutiert[21]. Vor allem im Hinblick auf eine deutlicher ausgeprägte *direkte* Demokratie sind Forderungen erhoben worden[22]. Diese Vorstellungen sind insbesondere für den Bereich der *Raumplanung* von entscheidender Bedeutung, weil es hier in aller Regel um politische Grundsatzentscheidungen geht, die aber zugleich außergewöhnlich intensive Folgewirkungen für den Einzelnen nach sich ziehen[23]. In jüngster Zeit werden in den politischen Parteien (insbesondere in der ÖVP) *Vorwahl*modelle in den Gemeinden diskutiert und teilweise auch praktisch verwirklicht.

Die nach 1920 und nach 1945 aufgetretenen Bestrebungen nach einer stärkeren Demokratisierung der *Bezirksverwaltung* sind durch die Bildung von Gemeindeverbänden und Verwaltungsgemeinschaften obsolet geworden.

---

20 Eine eingehende Untersuchung darüber haben Karl Wenger und Günther Winkler veröffentlicht: Wenger – Winkler, Die Freiheit der Wissenschaft und ihrer Lehre, herausgegeben von der Österreichischen Rektorenkonferenz (Wien 1974).
21 Vgl hiezu M. Welan, Demokratiereform und Gemeinde, in: Österreichische Bürgermeister-Zeitung, Wien September 1970, 1–2; und A. Lugger, Demokratieverständnis in der Gemeinde – Möglichkeiten und Grenzen, in: Österreichische Gemeinde-Zeitung, 1974, 160–165.
22 Vgl hiezu R. Rack, Einrichtungen direkter Demokratie in Österreich, in: Österreichische Gemeinde-Zeitung, 1970, 26–36.
23 Vgl hiezu P. Pernthaler, Raumplanung und Demokratie nach der österreichischen Bundesverfassung, in: Raumforschung und Raumplanung (Berichte) Heft 3 (1973) 16–22.

Literaturverzeichnis zu den Abschnitten

Politisches System

Allgemein

WALTER, Österreichisches Bundesverfassungsrecht (Wien 1971/72).
ADAMOVICH, Handbuch des österreichischen Verfassungsrechts, 6. Auflage (Wien 1972).
ERMACORA, Österreichische Verfassungslehre (Wien 1970).
PELINKA – WELAN, Demokratie und Verfassung in Österreich (Wien 1971).

Speziell

LEHMBRUCH, Das politische System Österreichs in vergleichender Perspektive, in: Österreichische Zeitschrift für Öffentliches Recht, 1971, 35 ff.
FISCHER (Hg), Das politische System Österreichs (Wien 1974).

Parteiprogramme

BERCHTOLD (Hg), Österreichische Parteiprogramme 1868 bis 1966 (Wien 1967).
SPÖ: „Programm für Österreich", 1966; weiters noch mehrere Aktionsprogramme (Humanprogramm, Justizprogramm, Wirtschaftsprogramm, Schul- und Hochschulprogramm), 1968/69.
ÖVP: „Salzburger Programm", 1972
Pläne: 1. Gesundheit – Wohnen – Umwelt, 1973
2. Sozialer Fortschritt für alle, 1974
3. Wirtschaft (im Erscheinen)
FPÖ: „Freiheitliches Manifest zur Gesellschaftspolitik", 1973.

Organisation und Beiräte

WINKLER, Staat und Verbände, in: Veröffentlichungen der Vereinigung Deutscher Staatsrechtslehrer, Band 24, 34 ff.
KLECATSKY, in: Die Verbände und ihr Ordnungsanspruch (1965).
NEUHAUSER, in: Pütz (Hg), Verbände und Wirtschaftspolitik in Österreich, in: Schriften des Vereins für Socialpolitik, Neue Folge, Band 39 (Berlin 1966) 3 ff.
KAFKA, Die Beiräte in der österreichischen Verwaltung, in: Gedenkschrift für H. Peters, (Wien 1967) 168 ff.
Bös, Wirtschaftsgeschehen und Staatsgewalt (Wien-Freiburg-Basel 1970).
PUCK, Beiräte, in: Wirtschaftspolitische Blätter, 1970, 38 ff
WITTMANN, Planung und Koordination in der obersten Bundesverwaltung, in: Österreichische Zeitschrift für Politikwissenschaft, 1974, 181 ff.

Wirtschaftsplanung

WENGER, in: Kaiser (Hg), Planung I (Baden-Baden 1966).
WEBER – RUPPE, in: Kaiser (Hg), Planung III (Baden-Baden 1968) 215 ff.
FRÖHLER – OBERNDORFER, Das Wirtschaftsrecht als Instrument der Wirtschaftspolitik (Wien-New York 1969) 128 ff.

BLAHA – SCHWAB, in: Kaiser (Hg), Planung VI (Baden-Baden 1972) 167 ff.

Rechtsnatur der Pläne

WINKLER, in: Veröffentlichungen der Vereinigung Deutscher Staatsrechtslehrer, Band 18, 180 (Diskussionsbeitrag).
SCHANTL, in: Österreichische Zeitschrift für Öffentliches Recht, 1966, 84 ff.
MELICHAR, in: Hellbling-Festschrift (Salzburg 1971) 495 ff.

Planung in der Landesverteidigung

Handbuch für die geistige Landesverteidigung, herausgegeben vom Bundesministerium für Unterricht (Teile I, II und III).
HANISCH, „Alle guten Dinge sind drin": Haushaltsbevorratung in Österreich, herausgegeben von der Österreichischen Gesellschaft zur Förderung der Landesverteidigung.
NEUHOLD, Rechtliche und politische Aspekte der dauernden Neutralität Österreichs, herausgegeben von der Österreichischen Gesellschaft zur Förderung der Landesverteidigung.
Sicherung der Versorgung mit Grundnahrungsmitteln für die Bevölkerung der Bundeshauptstadt Wien in einer Krisensituation, herausgegeben von der Österreichischen Gesellschaft zur Förderung der Landesverteidigung.
Probleme der Krisenvorsorge im Bereich der Land- und Forstwirtschaft, herausgegeben von der Österreichischen Gesellschaft zur Förderung der Landesverteidigung.
DANZMAYR, Anmerkungen zur österreichischen Landesverteidigung, herausgegeben von der Österreichischen Gesellschaft zur Förderung der Landesverteidigung.
Die Österreicher und ihr Bundesheer, Ergebnisse einer Umfrage des Institutes für empirische Sozialforschung im Auftrag des Bundesministeriums für Landesverteidigung.
KRENN, Vorkehrungen für wirtschaftliche Krisen- bzw Katastrophenfälle (ein Standpunkt von Arbeitnehmerseite), herausgegeben von der Österreichischen Gesellschaft zur Förderung der Landesverteidigung.
Als Gesamtstudie zu einigen österreichischen Planungsbereichen vergleiche: OECD-Bericht „Erziehungsplanung und Wirtschaftswachstum in Österreich 1965–1975".
Zur Lage der Landesverteidigung vergleiche ERMACORA, „WEISSBUCH zur Lage der Landesverteidigung", Wien 1973.

Planung und Demokratisierung in den Gemeinden

PETER PERNTHALER, Raumplanung und Demokratie nach der österreichischen Bundesverfassung, in: Raumforschung und Raumplanung (1973) Heft 3, 16 ff.
„MODELL WIEN", Verlag der österreichischen Gesellschaft für Politik, Wien 1972.
„VERÄNDERT DIE STADT", Thesen der Jungen Generation in der SPÖ-Wien zur sozialistischen Kommunalpolitik.
REINHARD RACK, Einrichtungen direkter Demokratie in Österreichs Gemeinden, in: Österreichische Gemeindezeitung, 1970, 26 ff.
Entwurf zum Raumordnungsbericht (Wien 1974).
MANFRIED WELAN, Demokratiereform und Gemeinden, in: Österreichische Bürgermeister-Zeitung, September 1970, 1 f.
ALOIS LUGGER, Demokratieverständnis in der Gemeinde – Möglichkeiten und Grenzen, in: Österreichische Gemeindezeitung, 1974, 160 ff.

Raumplanung als gesellschaftspolitische Aufgabe, Ausführungen von Staatssekretär EUGEN VESELSKY auf dem Parteitag der SPÖ am 18. April 1972 in Villach.

REINHARD HENDLER, Gemeindliche Selbstverwaltungsgarantie und Raumordnung, in: Der Städtetag, 1972, Heft 12, 680 ff.

EDWIN KUBE, Zur Notwendigkeit der Demokratisierung der Bebauungspläne im ländlichen Raum, in: Die öffentliche Verwaltung, 1972, Heft 4, 118 ff.

EGON MATZNER, Neuere wissenschaftliche Methoden in der Gemeinde- und Regionalplanung, Vortrag vom 18. November 1971 auf dem 1. Seminar für leitende Beamte der Studienrichtung Raumplanung und Raumordnung an der Technischen Hochschule in Wien.

KURT AURIN, Zur regionalen Differenzierung schulischen Begabungspotentials, Raumforschung und Raumordnung, 1970, Heft 5, 202 ff.

GEORG-CHRISTOPH VON UNRUH, Die repräsentative Demokratie in der Gemeinde, in: Kommunalwirtschaft, 1971, 261 ff.

GERTRUD FREIFRAU VON SCHRÖTTER, Pluralistische Planungsvorstellungen – ein Weg zur Demokratisierung der Planung? in: Die Verwaltung, 1971, 127 ff.

FRANZ GREIF, Aktuelle Probleme und Aufgaben im ländlichen Raum, Sonderdruck aus „Der land- und forstwirtschaftliche Betrieb", 1973, Nr 3, 4, 6, 7/8 und 9.

WIENER STADTENTWICKLUNGS-ENQUETE 1972/73 (Wien 1973).

LEITLINIEN FÜR DIE STADTENTWICKLUNG (Wien 1973).

ENTWURF FÜR EIN KOMMUNALPROGRAMM DER SPÖ, herausgegeben von der SPÖ-Wien, Juli 1974.

MITTEILUNGEN DES INSTITUTS FÜR GESELLSCHAFTSPOLITIK, Heft 1, 3 und 4.

„Demokratisierung" und „Partizipation"

Arbeitsverfassungsgesetz, BGBl 1974/22, Textausgabe mit erläuternden Bemerkungen, herausgegeben vom ARD Zeitschriftenverlag (Wien 1974).

Das Schulunterrichtsgesetz, BGBl 1974/139, Manzsche Gesetzesausgabe (Wien 1974).

PELINKA – WELAN, Demokratie und Verfassung in Österreich, Europa-Verlag (Wien 1971).

PELINKA, Dynamische Demokratie (Wien 1974).

WALTER, Partizipation an Verwaltungsentscheidungen, in: Veröffentlichungen der Vereinigung Deutscher Staatsrechtslehrer, Band 31 (Berlin 1973) 147 ff.

WINKLER, Staat und Verbände, in: Veröffentlichungen der Vereinigung Deutscher Staatsrechtslehrer, Band 24 (Berlin 1966) 34 ff.

OBERNDORFER, Partizipation an Verwaltungsentscheidungen in Österreich, Die öffentliche Verwaltung (1972) Heft 15/16, 529 ff.

MERKL, Demokratie und Verwaltung (Wien-Leipzig 1923).

KELSEN, Demokratie und Verwaltung, in: Wiener rechtstheoretische Schule (Wien 1968) Band II, 1581 ff.

KELSEN, Zur Soziologie der Demokratie, in: Wiener rechtstheoretische Schule (Wien 1968) Band II, 1729 ff.

KELSEN, Vom Wesen und Wert der Demokratie (Thübingen 1920, Neudruck: Aalen-Scientia 1963/VIII).

BRODA, Die Stunde der Parlamentsreform ist gekommen, Europa-Verlag (Wien 1970).

BRODA – GRATZ, Für ein besseres Parlament – für eine funktionierende Demokratie, Wiener Volksbuchhandlung (Wien 1969).

PUCK, Die Beiräte in der Verwaltung, in: Wirtschaftspolitische Blätter, 1970, Heft 1–2, 38 ff.

KAFKA, Die Beiräte in der österreichischen Verwaltung, in: Gedächtnisschrift für Hans Peters (Wien 1967).

DIEM – NEISSER, Zeit zur Reform (Wien-München 1969).

WENGER – WINKLER, Die Freiheit der Wissenschaft und ihrer Lehre, erschienen im Selbstverlag der Österreichischen Rektorenkonferenz (Wien 1974).

HOCHSCHULBERICHT 1969, herausgegeben vom Bundesministerium für Unterricht.

Forschungen aus Staat und Recht

Herausgegeben von Univ.-Prof. Dr. DDr. h. c. GÜNTHER WINKLER im Zusammenwirken mit Univ.-Prof. Dr. Dr. h. c. WALTER ANTONIOLLI und Univ.-Prof. Dr. BERNHARD RASCHAUER, Universität Wien.

1: **Das Verfassungsrecht der österreichischen Bundesländer.** Von Univ.-Prof. DDr. FRIEDRICH KOJA. XIV, 389 Seiten. 1967. Vergriffen

2: **Die Weisung.** Eine verfassungs- und verwaltungsrechtliche Studie. Von Univ.-Prof. DDr. WALTER BARFUSS. VIII, 117 Seiten. 1967. Vergriffen

3: **Die Problematik der Reinen Rechtslehre.** Von Dr. KARL LEIMINGER. VIII, 102 Seiten. 1967. Vergriffen

4: **Die Entscheidungsbefugnis in der Verwaltungsgerichtsbarkeit.** Eine rechtsvergleichende Studie zum österreichischen und deutschen Recht. Von Univ.-Prof. DDr. GEORG RESS. XII, 282 Seiten. 1968. Geheftet DM 58,-, S 398,-

5: **Die Fehlerhaftigkeit von Gesetzen und Verordnungen.** Zugleich ein Beitrag zur Gesetzes- und Verordnungskontrolle durch den Verfassungsgerichtshof. Von Univ.-Prof. Dr. RICHARD NOVAK. VIII, 218 Seiten. 1967. Geheftet DM 43,-, S 294,-

6: **Norm, Recht und Staat.** Überlegungen zu Hans Kelsens Theorie der Reinen Rechtslehre. Von DDr. RAIMUND HAUSER. 7 Abbildungen. VIII, 168 Seiten. 1968. Geheftet DM 35,-, S 240,-

7: **Ressortzuständigkeit und Vollzugsklausel.** Eine verfassungs- und verwaltungsrechtliche Untersuchung zur Zuständigkeit der Bundesminister. Von Univ.-Prof. DDr. WALTER BARFUSS. VIII, 130 Seiten. 1968. Geheftet DM 28,-, S 192,-

8: **Die völkerrechtliche Verantwortlichkeit internationaler Organisationen gegenüber Drittstaaten.** Von Univ.-Prof. Dr. KONRAD GINTHER. VII, 202 Seiten. 1969. Geheftet DM 42,-, S 288,-

9: **Der Bundespräsident.** Eine Untersuchung zur Verfassungstheorie und zum österreichischen Verfassungsrecht. Von Univ.-Doz. Dr. KLAUS BERCHTOLD. XIV, 354 Seiten. 1969. Geheftet DM 69,-, S 475,-

10: **Die öffentliche Unternehmung.** Ein Beitrag zur Lehre von der Wirtschaftsverwaltung und zur Theorie des Wirtschaftsverwaltungsrechts. Von Univ.-Prof. DDr. KARL WENGER. XVII, 673 Seiten. 1969. Vergriffen

11: **Die Identität der Tat.** Der Umfang von Prozeßgegenstand und Sperrwirkung im Strafverfahren. Von Univ.-Prof. Dr. CHRISTIAN BERTEL. X, 208 Seiten. 1970. Geheftet DM 45,-, S 312,-

12: **Wertbetrachtung im Recht und ihre Grenzen.** Von Univ.-Prof. Dr. DDr. h. c. GÜNTHER WINKLER. VIII, 59 Seiten. 1969. Vergriffen

13: **Rechtslogik.** Versuch einer Anwendung moderner Logik auf das juristische Denken. Von Univ.-Prof. DDr. OTA WEINBERGER. 21 Abbildungen. XVIII, 396 Seiten. 1970. Vergriffen

14: **Umfassende Landesverteidigung.** Eine verfassungsdogmatische und verfassungspolitische Grundlagenuntersuchung für den Bundesstaat Österreich. Von Univ.-Prof. Dr. PETER PERNTHALER. VIII, 172 Seiten. 1970. Vergriffen

15: **Materiales Verfassungsverständnis.** Ein Beitrag zur Theorie der Verfassungsinterpretation. Von Univ.-Prof. Dr. NORBERT WIMMER. VIII, 141 Seiten. 1971.
Geheftet DM 38,–, S 260,–

16: **Versicherungsaufsichtsrecht.** Eine Studie zum deutschen und zum österreichischen Recht. Von Dipl.-Ing. Dr. HEINZ KRAUS. XVIII, 329 Seiten. 1971.
Geheftet DM 64,–, S 440,–

17: **Gliedstaatsverträge.** Eine Untersuchung nach österreichischem und deutschem Recht. Von Univ.-Prof. Dr. HEINZ PETER RILL. XIX, 711 Seiten. 1972.
Geheftet DM 144,–, S 990,–

18: **Verfassungsinterpretation in Österreich.** Eine kritische Bestandsaufnahme. Von Univ.-Prof. Dr. HEINZ SCHÄFFER. XI, 228 Seiten. 1971. Geheftet DM 55,–, S 380,–

19: **Gemeindeaufsicht.** Von Univ.-Doz. Dr. KLAUS BERCHTOLD. X, 223 Seiten. 1972.
Geheftet DM 46,–, S 320,–

20: **Vereine als öffentliche Unternehmen.** Voraussetzungen und Folgen organisatorischer Beherrschung öffentlicher Unternehmen durch den Staat; dargestellt am Beispiel der Landesversicherungsanstalten. Von Univ.-Prof. Dr. GERHARDT PLÖCHL. XXIII, 387 Seiten. 1972. Geheftet DM 86,–, S 590,–

21: **Parlamentarische Kontrolle im politischen System.** Die Verwaltungsfunktionen des Nationalrates in Recht und Wirklichkeit. Von Univ.-Prof. Dr. PETER GERLICH. XV, 354 Seiten. 1973. Geheftet DM 84,–, S 580,–

22: **Handbuch des Gemeinderechts.** Organisation und Aufgaben der Gemeinden Österreichs. Von Univ.-Prof. Dr. HANS NEUHOFER. XVIII, 449 Seiten. 1972.
Vergriffen

23: **Der völkerrechtliche Vertrag im staatlichen Recht.** Eine theoretische, dogmatische und vergleichende Untersuchung am Beispiel Österreichs. Von Univ.-Prof. Dr. THEO ÖHLINGER. XV, 397 Seiten. 1973. Geheftet DM 97,–, S 670,–

24: **Förderungsverwaltung.** Gesamtredaktion: Univ.-Prof. DDr. KARL WENGER. XVII, 434 Seiten. 1973. Geheftet DM 125,–, S 862,–

25: **Ordinale Deontik.** Zusammenhänge zwischen Präferenztheorie, Normlogik und Rechtstheorie. Von Univ.-Prof. Dr. THOMAS CORNIDES. 41 Abbildungen. X, 210 Seiten. 1974. Geheftet DM 79,–, S 565,–

26: **Die Zuständigkeit der Verwaltungsbehörden im Vollstreckungsverfahren.** Von Univ.-Prof. DDr. HEINZ MAYER. XII, 120 Seiten. 1974. Geheftet DM 36,–, S 258,–

27: **Die internationale Konzession.** Theorie und Praxis der Rechtsinstitute in den internationalen Wirtschaftsbeziehungen. Von Univ.-Prof. Dr. PETER FISCHER. 2 Abbildungen. XXI, 594 Seiten. 1974. Geheftet DM 165,–, S 1180,–

28: **Der verfahrensfreie Verwaltungsakt.** Die „faktische Amtshandlung" in Praxis und Lehre. Eine Integration von Ordnungsvorstellungen auf dem Gebiete des Verwaltungsaktes. Von Univ.-Prof. Dr. BERND-CHRISTIAN FUNK. XV, 247 Seiten. 1975.
Geheftet DM 82,–, S 566,–

29: **Repräsentation und Identität.** Demokratie im Konflikt. Ein Beitrag zur modernen Staatsformenlehre. Von Univ.-Prof. Dr. WOLFGANG MANTL. X, 391 Seiten. 1975.
Geheftet DM 129,–, S 890,–

30: **Die Gehorsamspflicht der Verwaltungsorgane.** Eine verfassungsrechtliche Untersuchung zum Dienstrecht. Gleichzeitig ein Beitrag zur Lehre vom Verwaltungsakt. Von DDr. KARL LENGHEIMER. X, 124 Seiten. 1975. Geheftet DM 42,–, S 290,–

31: **Neutralität und Neutralitätspolitik.** Die österreichische Neutralität zwischen Schweizer Muster und sowjetischer Koexistenzdoktrin. Von Univ.-Prof. Dr. KONRAD GINTHER. X, 168 Seiten. 1975. Geheftet DM 65,–, S 446,–

32: **Rechtstheorie und Rechtsinformatik.** Voraussetzungen und Möglichkeiten formaler Erkenntnis des Rechts. Gesamtredaktion: Univ.-Prof. Dr. DDr. h. c. GÜNTHER WINKLER. 39 Abbildungen. XVI, 248 Seiten. 1975. Geheftet DM 66,–, S 455,–

33: **Die Völkerrechtssubjektivität der Unionsrepubliken der UdSSR.** Von Univ.-Prof. Dr. HENN-JÜRI UIBOPUU. XV, 341 Seiten. 1975. Geheftet DM 118,–, S 814,–

34: **Staatsmonopole.** Von Univ.-Prof. DDr. HEINZ MAYER. XVI, 424 Seiten. 1976.
Geheftet DM 89,–, S 612,–

35: **Logische Verfahren der juristischen Begründung.** Eine Einführung. Von Univ.-Prof. Mag. Dr. ILMAR TAMMELO und Dr. GABRIËL MOENS. VIII, 111 Seiten. 1976.
Vergriffen

36: **Rechtsphilosophie und Gesetzgebung.** Überlegungen zu den Grundlagen der modernen Gesetzgebung und Gesetzesanwendung. Gesamtredaktion: Univ.-Prof. DDDr. JOHANN MOKRE und Univ.-Prof. DDr. OTA WEINBERGER. 4 Abbildungen. VII, 199 Seiten. 1976. Geheftet DM 84,–, S 580,–

37: **Internationale Konflikte – verbotene und erlaubte Mittel ihrer Austragung.** Versuche einer transdisziplinären Betrachtung der Grundsätze des Gewalt- und Interventionsverbots sowie der friedlichen Streitbeilegung im Lichte der UN-Prinzipiendeklaration 1970 und der modernen Sozialwissenschaften. Von Univ.-Prof. Dr. HANSPETER NEUHOLD. XX, 598 Seiten. 1977.
Geheftet DM 123,–, S 850,–

38: **Juristische Entscheidung und wissenschaftliche Erkenntnis.** Eine Untersuchung zum Verhältnis von dogmatischer Rechtswissenschaft und rechtswissenschaftlicher Grundlagenforschung. Von Univ.-Prof. DDr. WERNER KRAWIETZ. XXI, 316 Seiten. 1978. Geheftet DM 127,–, S 878,–

39: **Grundfragen der Philosophie des Rechts.** Von Univ.-Prof. Dr. VLADIMÍR KUBEŠ. VIII, 87 Seiten. 1977. Geheftet DM 35,–, S 240,–

40: **Dauernde Neutralität und europäische Integration.** Von Univ.-Prof. Dr. MICHAEL SCHWEITZER. XVI, 347 Seiten. 1977. Geheftet DM 120,–, S 828,–

41: **Politische Planung im parlamentarischen Regierungssystem.** Dargestellt am Beispiel der mittelfristigen Finanzplanung. Von Univ.-Prof. Dr. CHRISTIAN BRÜNNER. XVI, 395 Seiten. 1978. Geheftet DM 139,–, S 960,–

42: Freiheit und Gleichheit. Die Aktualität im politischen Denken Kants. Von Univ.-Prof. Dr. GERHARD LUF. VII, 197 Seiten. 1978. Geheftet DM 76,–, S 524,–

43: Strukturierungen und Entscheidungen im Rechtsdenken. Notation, Terminologie und Datenverarbeitung in der Rechtslogik. Gesamtredaktion: Univ.-Prof. Dr. ILMAR TAMMELO † und Dr. HELMUT SCHREINER. 6 Abbildungen. VIII, 316 Seiten. 1978. Geheftet DM 57,–, S 394,–

44: Die Staatslehre des Han Fei. Ein Beitrag zur chinesischen Idee der Staatsräson. Von Univ.-Prof. Dr. GENG WU. X, 108 Seiten. 1978. Geheftet DM 48,–, S 332,–

45: Namensrecht. Eine systematische Darstellung des geltenden österreichischen und des geltenden deutschen Rechts. Von Univ.-Prof. Dr. BERNHARD RASCHAUER. XIX, 356 Seiten. 1978. Geheftet DM 138,–, S 952,–

46: Orientierungen im öffentlichen Recht. Ausgewählte Abhandlungen. Von Univ.-Prof. Dr. DDr. h. c. GÜNTHER WINKLER. 2 Abbildungen. VII, 300 Seiten. 1979. Geheftet DM 65,–, S 448,–

47: Die Prüfung von Gesetzen. Ein Beitrag zur verfassungsgerichtlichen Normenkontrolle. Von Univ.-Prof. Dr. HERBERT HALLER. X, 300 Seiten. 1979. Geheftet DM 98,–, S 680,–

48: Denkweisen der Rechtswissenschaft. Einführung in die Theorie der rechtswissenschaftlichen Forschung. Von Univ.-Prof. Dr. AULIS AARNIO. XVI, 246 Seiten. 1979. Geheftet DM 84,–, S 580,–

49: Grundrechtsverständnis und Normenkontrolle. Eine Vergleichung der Rechtslage in Österreich und in Deutschland. Kolloquium zum 70. Geburtstag von H. Spanner. Gesamtredaktion: Univ.-Prof. Dr. KLAUS VOGEL. 1 Porträt. XX, 106 Seiten. 1979. Geheftet DM 46,–, S 330,–

50: Gesetzgebung. Kritische Überlegungen zur Gesetzgebungslehre und zur Gesetzgebungstechnik. Gesamtredaktion: Univ.-Prof. Dr. DDr. h. c. GÜNTHER WINKLER und Univ.-Prof. Dr. BERND SCHILCHER. IX, 285 Seiten. 1981. Geheftet DM 91,–, S 648,–

51: Der Staat als Träger von Privatrechten. Von Univ.-Prof. Dr. BRUNO BINDER. XIX, 400 Seiten. 1980. Geheftet DM 95,–, S 678,–

52: Verfassungswirklichkeit in Osteuropa. Dargestellt am Beispiel der Präsidia der obersten Vertretungsorgane. Von Univ.-Prof. Dr. HANS-GEORG HEINRICH. 2 Abbildungen. XII, 389 Seiten. 1980. Geheftet DM 105,–, S 754,–

53: Perspektiven zur Strafrechtsdogmatik. Ausgewählte Abhandlungen. Von Univ.-Prof. Dr. FRIEDRICH NOWAKOWSKI. VII, 327 Seiten. 1981. Geheftet DM 86,–, S 620,–

54: Die Vertretung der Gebietskörperschaften im Privatrecht. Von Univ.-Prof. Dr. GEORG WILHELM. XVI, 295 Seiten. 1981. Geheftet DM 96,–, S 690,–

55: Rundfunkfreiheit. Öffentlichrechtliche Grundlagen des Rundfunks in Österreich. Von Univ.-Prof. Dr. HEINZ WITTMANN. XVI, 246 Seiten. 1981. Geheftet DM 108,–, S 770,–

56: **Das Ermessen im Spannungsfeld von Rechtsanwendung und Kontrolle.** Von Univ.-Prof. Dr. HERBERT HOFER-ZENI. VIII, 179 Seiten. 1981.
Geheftet DM 69,–, S 494,–

57: **Methodik der Gesetzgebung.** Legistische Richtlinien in Theorie und Praxis. Gesamtredaktion: Univ.-Prof. Dr. THEO ÖHLINGER. 1 Abbildung. XIV, 260 Seiten. 1982.
Geheftet DM 70,–, S 490,–

58: **Die Rechtspflicht.** Von Univ.-Prof. Dr. VLADIMÍR KUBEŠ. VIII, 140 Seiten. 1981.
Geheftet DM 54,–, S 390,–

59: **Mehrdeutigkeit und juristische Auslegung.** Von Univ.-Prof. Dr. MICHAEL THALER. VII, 187 Seiten. 1982.
Geheftet DM 79,–, S 553,–

60: **Öffentliche Fonds.** Eine Untersuchung ihrer verfassungs- und verwaltungsrechtlichen Hauptprobleme. Von Univ.-Prof. Dr. HARALD STOLZLECHNER. XVII, 389 Seiten. 1982.
Geheftet DM 114,–, S 795,–

61: **Der internationale Regionalismus.** Integration und Desintegration von Staatenbeziehungen in weltweiter Verflechtung. Von Univ.-Doz. Dr. WINFRIED LANG. XIII, 217 Seiten. 1982.
Geheftet DM 98,–, S 686,–

62: **Rechtsstaat und Planung.** Gesamtredaktion: Dr. JOSEF AZIZI und Univ.-Prof. Dr. STEFAN GRILLER. XII, 124 Seiten. 1982.
Geheftet DM 49,–, S 343,–

63: **Medienfreiheit und Persönlichkeitsschutz.** Die Freiheit der Medien und ihre Verantwortung im System der Grundrechte. Von Univ.-Prof. Dr. WALTER BERKA. XIII, 375 Seiten. 1982.
Geheftet DM 134,–, S 940,–

64: **Grundlagen der juristischen Argumentation.** Von Univ.-Prof. Dr. ALEKSANDER PECZENIK. 5 Abbildungen. XIII, 266 Seiten. 1983.
Geheftet DM 120,–, S 840,–

65: **Evolution des Rechts.** Eine Vorstudie zu den Evolutionsprinzipien des Rechts auf anthropologischer Grundlage. Von Univ.-Prof. Dr. HERBERT ZEMEN, M. C. L. (Columbia). XIII, 135 Seiten. 1983.
Geheftet DM 56,–, S 390,–

66: **Bereicherung im öffentlichen Recht.** Von Univ.-Prof. Dr. FERDINAND KERSCHNER. XVI, 158 Seiten. 1983.
Geheftet DM 68,–, S 480,–

67: **Das Disziplinarrecht der Beamten.** Von Univ.-Prof. Dr. GARBIELE KUCSKO-STADLMAYER. XVII, 622 Seiten. 1985.
Vergriffen

68: **Freiheit und Gleichgewicht im Denken Montesquieus und Burkes.** Ein analytischer Beitrag zur Geschichte der Lehre vom Staat im 18. Jahrhundert. Von Hon.-Prof. DDr. THOMAS CHAIMOWICZ. XI, 202 Seiten. 1985.
Vergriffen

69: **Rohstoffgewinnung in der Antarktis.** Völkerrechtliche Grundlagen der Nutzung Nichtlebender Ressourcen. Von Dr. ULRICH J. NUSSBAUM. 1 Abbildung. XIII, 236 Seiten. 1985.
Geheftet DM 98,–, S 686,–

70: **Theorie der Direktiven und der Normen.** Von Univ.-Prof. Dr. KAZIMIERZ OPAŁEK. VII, 178 Seiten. 1986.
Geheftet DM 84,–, S 590,–

71: **Die seerechtliche Verteilung von Nutzungsrechten.** Rechte der Binnenstaaten in der ausschließlichen Wirtschaftszone. Von Univ.-Prof. Dr. GERHARD HAFNER. XV, 533 Seiten. 1987.
Geheftet DM 172,–, S 1200,–

72: Der Landeshauptmann. Historische Entwicklung, Wesen und verfassungsrechtliche Gestalt einer Institution. Von Univ.-Doz. Dr. WOLFGANG PESENDORFER. 1 Abbildung. XIV, 243 Seiten. 1986. Geheftet DM 104,–, S 730,–

73: Das Bewegliche System im geltenden und künftigen Recht. Gesamtredaktion: Univ.-Prof. Dr. FRANZ BYDLINSKI, Univ.-Prof. Dr. HEINZ KREJCI, Univ.-Prof. Dr. BERND SCHILCHER und Univ.-Prof. Dr. VIKTOR STEININGER. X, 327 Seiten. 1986.
Geheftet DM 112,–, S 780,–

74: Rechtsregeln und Spielregeln. Eine Abhandlung zur analytischen Rechtstheorie. Von Univ.-Prof. Dr. GREGORIO ROBLES. Aus dem Spanischen übersetzt von Dr. ULRIKE STEINHÄUSL und HEDWIG CIUPKA. IX, 230 Seiten. 1987.
Geheftet DM 96,–, S 670,–

75: Rechtslogik und Rechtswirklichkeit. Eine empirisch-realistische Studie. Von Sen.-Präs. tit. a. o. Univ.-Prof. Hofrat Dr. FRIEDRICH TEZNER. Unveränderter Nachdruck der ersten Auflage 1925. Mit einem Geleitwort von Univ.-Prof. Dr. DDr. h. c. GÜNTHER WINKLER. XI, 194 Seiten. 1986. Geheftet DM 82,–, S 570,–

76: Theorie der Gesetzgebung. Materiale und formale Bestimmungsgründe der Gesetzgebung in Geschichte und Gegenwart. Von Univ.-Prof. Dr. VLADIMÍR KUBEŠ. XII, 299 Seiten. 1987. Geheftet DM 129,–, S 900,–

77: Die Sicherheitspolizei und ihre Handlungsformen. Von Dr. WOLFGANG BLUM. XII, 181 Seiten. 1987. Geheftet DM 82,–, S 570,–

78/79: Politische Grundrechte. Von Univ.-Prof. Dr. MANFRED NOWAK. XXIV, 585 Seiten. 1988. Geheftet DM 197,–, S 1380,–.

80: Die Rechtspersönlichkeit der Universitäten. Rechtshistorische, rechtsdogmatische und rechtstheoretische Untersuchungen zur wissenschaftlichen Selbstverwaltung. Von Univ.-Prof. Dr. DDr. h. c. GÜNTHER WINKLER. XVI, 451 Seiten. 1988.
Geheftet DM 119,–, S 830,–

81: Reine Rechtslehre im Spiegel ihrer Fortsetzer und Kritiker. Gesamtredaktion: Univ.-Prof. DDr. OTA WEINBERGER und Univ.-Prof. DDr. WERNER KRAWIETZ. VII, 393 Seiten. 1988. Geheftet DM 172,–, S 1200,–

82: Organgewinnung zu Zwecken der Transplantation. Eine systematische Analyse des geltenden Rechts. Von Univ.-Prof. DDr. CHRISTIAN KOPETZKI. XIV, 294 Seiten. 1988. Geheftet DM 84,–, S 585,–

83: Rechtsphilosophie zwischen Ost und West. Eine vergleichende Analyse der frühen rechtsphilosophischen Gedanken von John C. H. Wu. Von Dr. MATTHIAS CHRISTIAN. VIII, 220 Seiten. 1988. Geheftet DM 98,–, S 690,–

84: Islam und Friedensvölkerrechtsordnung. Die dogmatischen Grundlagen der Teilnahme eines islamischen Staates am modernen Völkerrechtssystem am Beispiel Ägyptens. Von Dr. DIETRICH F. R. POHL. XXI, 174 Seiten. 1988.
Geheftet DM 74,–, S 520,–

85: Theorie und Methode in der Rechtswissenschaft. Ausgewählte Abhandlungen. Von Univ.-Prof. Dr. DDr. h. c. GÜNTHER WINKLER. XII, 282 Seiten. 1989.
Geheftet DM 69,–, S 485,–

86: Die einstweilige Verfügung im schiedsgerichtlichen Verfahren. Von Univ.-Doz. Dr. Christian Hausmaninger. XII, 182 Seiten. 1989. Geheftet DM 55,–, S 385,–

87: Reine Rechtslehre und Strafrechtsdoktrin. Zur Theorienstruktur in der Rechtswissenschaft am Beispiel der Allgemeinen Strafrechtslehre. Von Dr. Rainer Lippold. XII, 458 Seiten. 1989. Geheftet DM 115,–, S 805,–

88: Die Übertragung von Hoheitsrechten auf zwischenstaatliche Einrichtungen. Eine Untersuchung zu Art 9 Abs 2 des Bundes-Verfassungsgesetzes. Von Univ.-Prof. Dr. Stefan Griller. XXVIII, 558 Seiten. 1989. Geheftet DM 134,–, S 935,–

89: Entwicklungstendenzen im Verwaltungsverfahrensrecht und in der Verwaltungsgerichtsbarkeit. Rechtsvergleichende Analysen zum österreichischen und deutschen Recht. Gesamtredaktion: Univ.-Prof. DDr. Georg Ress. V, 333 Seiten. 1990. Geheftet DM 104,–, S 728,–

90: Rechtstheorie und Erkenntnislehre. Kritische Anmerkungen zum Dilemma von Sein und Sollen in der Reinen Rechtslehre aus geistesgeschichtlicher und erkenntnistheoretischer Sicht. Von Univ.-Prof. Dr. DDr. h. c. Günther Winkler. XXI, 249 Seiten. 1990. Geheftet DM 69,–, S 485,–

91: Gefahrenabwehr im Anlagenrecht. Von Univ.-Prof. Dr. Benjamin Davy. XXV, 865 Seiten. 1990. Geheftet DM 178,–, S 1246,–

92: Rechtswissenschaft als Sozialwissenschaft. Juristisches Denken und Sozialdynamik des Rechts. Von RA Dr. Karl Georg Wurzel. XI, 223 Seiten. 1991. Geheftet DM 69,–, S 485,–

93: Devisenbewirtschaftung. Eine verfassungs- und verwaltungsrechtliche Untersuchung unter Berücksichtigung des Völker- und Europarechts. Von Univ.-Doz. DDr. Michael Potacs. XVIII, 566 Seiten. 1991. Geheftet DM 115,–, S 805,–

94: Das Wesensgehaltsargument und der Grundsatz der Verhältnismäßigkeit. Von Univ.-Prof. Dr. Manfred Stelzer. VIII, 333 Seiten. 1991. Geheftet DM 82,–, S 570,–

95: Studien zum Verfassungsrecht. Das institutionelle Rechtsdenken in Rechtstheorie und Rechtsdogmatik. Von Univ.-Prof. Dr. DDr. h. c. Günther Winkler. XVIII, 455 Seiten. 1991. Geheftet DM 108,–, S 756,–

96: Jagdrecht. Von Dr. Helmut Binder. XV, 145 Seiten. 1992. Geheftet DM 56,–, S 390,–

97: Ladenschlußrecht. Von Univ.-Prof. DDr. Christoph Grabenwarter. XV, 236 Seiten. 1992. Geheftet DM 70,–, S 490,–

98: Rechtssystem und Republik. Über die politische Funktion des systematischen Rechtsdenkens. Von Univ.-Prof. Dr. Alexander Somek. XIV, 622 Seiten. 1992. Geheftet DM 107,–, S 750,–

99: Der Rechtsträger im Verfassungsrecht. Das Zurechnungssubjekt von Handlungen und Rechtsfolgen in der Amtshaftung und in der Rechnungskontrolle. Von Dr. Wilhelm Klagian. XII, 133 Seiten. 1992. Geheftet DM 46,–, S 320,–

100: **Zeit und Recht.** Kritische Anmerkungen zur Zeitgebundenheit des Rechts und des Rechtsdenkens. Von Univ.-Prof. Dr. DDr. h. c. GÜNTHER WINKLER. XVI, 610 Seiten. 1995. Vergriffen

101: **Der Umweltschutz als Staatsaufgabe.** Möglichkeiten und Grenzen einer verfassungsrechtlichen Verankerung des Umweltschutzes. Von Dr. DORIS HATTENBERGER. XVI, 213 Seiten. 1993. Geheftet DM 64,–, S 450,–

102: **Juristisches Verstehen und Entscheiden.** Vom Lebenssachverhalt zur Rechtsentscheidung. Ein Beitrag zur Argumentation im Recht. Von Univ.-Prof. Dr. MARIJAN PAVČNIK. XI, 182 Seiten. 1993. Geheftet DM 60,–, S 420,–

103: **Das Vorsorgeprinzip als vorverlagerte Gefahrenabwehr.** Eine rechtsvergleichende Studie zur Reinhaltung der Luft. Von Dr. MATTHIAS GERMANN. XIV, 263 Seiten. 1993. Geheftet DM 76,–, S 530,–

104: **Rechtserfahrung und Reine Rechtslehre.** Gesamtredaktion: Univ.-Prof. Dr. AGOSTINO CARRINO und Univ.-Prof. Dr. DDr. h. c. GÜNTHER WINKLER. VII, 181 Seiten. 1995. Geheftet DM 40,–, S 280,–

105: **Rechtswissenschaft und Rechtserfahrung.** Methoden- und erkenntniskritische Gedanken über Hans Kelsens Lehre und das Verwaltungsrecht. Von Univ.-Prof. Dr. DDr. h. c. GÜNTHER WINKLER. IX, 147 Seiten. 1994. Geheftet DM 54,–, S 380,–

106: **Berufliche Selbstverwaltung und autonomes Satzungsrecht.** Von Dr. GEORG STILLFRIED. X, 223 Seiten. 1994. Geheftet DM 59,–, S 415,–

107: **Öffentliche Nutzungsrechte und Gemeingebrauch.** Von Univ.-Prof. Dr. FRANZ MERLI. XIII, 483 Seiten. 1995. Geheftet DM 98,–, S 686,–

108: **Unterbringungsrecht.** Erster Band: Historische Entwicklung und verfassungsrechtliche Grundlagen. Von Univ.-Prof. DDr. CHRISTIAN KOPETZKI. XXXIV, 429 Seiten. 1995.

109: **Unterbringungsrecht.** Zweiter Band: Materielles Recht. Verfahren und Vollzug. Von Univ.-Prof. DDr. CHRISTIAN KOPETZKI. XV, 663 Seiten. 1995.
Band 108 und 109 gemeinsam: Geheftet DM 127,–, S 890,–

110: **Rechtswissenschaft und Politik.** Die Freiheit des Menschen in der Ordnung des Rechts. Von Univ.-Prof. Dr. DDr. h. c. GÜNTHER WINKLER. XX, 466 Seiten. 1998.
Geheftet DM 118,–, S 798,–

111: **Bundesrecht und Landesrecht.** Zugleich ein Beitrag zu Strukturproblemen der bundesstaatlichen Kompetenzverteilung in Österreich und in Deutschland. Von Univ.-Prof. Dr. EWALD WIEDERIN. XXII, 455 Seiten. 1995. Geheftet DM 84,–, S 590,–

112: **Wirtschaftslenkung und Verfassung.** Gesetzgebungskompetenz und grundrechtliche Schranken direkter Wirtschaftslenkung. Von Dr. EVA SCHULEV-STEINDL. XVII, 223 Seiten. 1996. Geheftet DM 68,–, S 476,–

113: **Über den Begriff der juristischen Person.** Kritische Studien über den Begriff der juristischen Person und über die juristische Persönlichkeit der Behörden insbesondere. Von o. Prof. Dr. EDMUND BERNATZIK. XV, 116 Seiten. 1996.
Geheftet DM 49,–, S 345,–

114: **Grundrechtliche Gewährleistungspflichten.** Ein Beitrag zu einer allgemeinen Grundrechtsdogmatik. Von Univ.-Prof. Dr. MICHAEL HOLOUBEK. X, 416 Seiten. 1997. Vergriffen

115: **Verfahrensgarantien in der Verwaltungsgerichtsbarkeit.** Eine Studie zu Artikel 6 EMRK auf der Grundlage einer rechtsvergleichenden Untersuchung der Verwaltungsgerichtsbarkeit Frankreichs, Deutschlands und Österreichs. Von Univ.-Prof. DDr. CHRISTOPH GRABENWARTER. XXV, 758 Seiten. 1997. Vergriffen

116: **Über die juristische Methode.** Kritische Studien zur Wissenschaft vom öffentlichen Recht und zur soziologischen Rechtslehre. Von o. Prof. Dr. FELIX STOERK. XXX, 197 Seiten. 1996. Geheftet DM 68,–, S 476,–

117: **Der Staatssekretär.** Eine Untersuchung zum Organtypus des politischen Ministergehilfen. Von Univ.-Prof. DDr. BERND WIESER. XVIII, 407 Seiten. 1997.
Geheftet DM 84,–, S 590,–

118: **Theorie und Methode im Staatsrecht.** Studien zu einem soziologisch fundierten Staatsrechtsdenken. Von Univ.-Prof. Dr. GUSTAV SEIDLER. XXVII, 129 Seiten. 1997.
Geheftet DM 52,–, S 366,–

119: **Der autoritäre Staat.** Ein Versuch über das österreichische Staatsproblem. Von Univ.-Prof. Dr. ERICH VOEGELIN. XXXV, 292 Seiten. 1997. Geheftet DM 78,–, S 546,–

120: **Raum und Recht.** Dogmatische und theoretische Perspektiven eines empirisch-rationalen Rechtsdenkens. Von Univ.-Prof. Dr. DDr. h. c. GÜNTHER WINKLER. X, 314 Seiten. 1999. Geheftet DM 78,–, S 546,–

121: **Die Normenordnung.** Staat und Recht in der Lehre Kelsens. Univ.-Prof. Dr. AGOSTINO CARRINO. XI, 174 Seiten. 1998. Geheftet DM 57,–, S 396,–

122: **Vereinsfreiheit.** Eine rechtsdogmatische Untersuchung der Grundfragen des Vereinsrechts. Von Univ.-Ass. Dr. JOHANNES BRIC. XI, 363 Seiten. 1998.
Geheftet DM 84,–, S 590,–

123: **Die sozialwissenschaftliche Erkenntnis.** Von o. Univ.-Prof. HR Dr. ERNST SEIDLER. LI, 283 Seiten. 1999 Geheftet DM 89,–, S 625,–

124: **Rechtsinformatik und Wissensrepräsentation.** Automatische Textanalyse im Völkerrecht und Europarecht. Von. Univ.-Prof. Mag. DDr. ERICH SCHWEIGHOFER. XX, 440 Seiten. 1999. Geheftet DM 112,–, S 784,–

125: **Das Elektrizitätsrecht.** Die Gesetzgebung als Instrument der staatlichen Wirtschaftspolitik. Von Univ.-Prof. Dr. DDr. h. c. GÜNTHER WINKLER. XXVII, 214 Seiten. 1999. Geheftet DM 85,–, S 595,–

126: **Verfassungsfragen einer Mitgliedschaft zur Europäischen Union.** Ausgewählte Abhandlungen. Von Univ.-Prof. Dr. THEO ÖHLINGER. XVI, 238 Seiten. 1999.
Geheftet DM 68,–, S 476,–

127: **Kapitalmarktrecht.** Eine Untersuchung des österreichischen Rechts und des Europäischen Gemeinschaftsrechts. Von Univ.-Doz. Dr. STEFAN WEBER. XIX, 485 Seiten. 1999. Geheftet DM 124,–, S 870,–

128: **Methodenlehre der Sozialwissenschaften.** Von Priv.-Doz. Dr. FELIX KAUFMANN. LXX, 325 Seiten. 1999. Geheftet DM 98,–, S 686,–

130: **Die Rechtswissenschaft als empirische Sozialwissenschaft.** Biographische und methodologische Anmerkungen zur Staatsrechtslehre. Von Univ.-Prof. Dr. DDr. h. c. GÜNTHER WINKLER. XLIV, 240 Seiten. 1999. Geheftet DM 78,–, S 546,–

Springer-Verlag und Umwelt

ALS INTERNATIONALER WISSENSCHAFTLICHER VERLAG sind wir uns unserer besonderen Verpflichtung der Umwelt gegenüber bewußt und beziehen umweltorientierte Grundsätze in Unternehmensentscheidungen mit ein.

VON UNSEREN GESCHÄFTSPARTNERN (DRUCKEREIEN, Papierfabriken, Verpackungsherstellern usw.) verlangen wir, daß sie sowohl beim Herstellungsprozeß selbst als auch beim Einsatz der zur Verwendung kommenden Materialien ökologische Gesichtspunkte berücksichtigen.

DAS FÜR DIESES BUCH VERWENDETE PAPIER IST AUS chlorfrei hergestelltem Zellstoff gefertigt und im pH-Wert neutral.